DEPOIMENTOS

"Conheci o Paulo pessoalmente em 2011 em São Paulo, mas já o acompanhava online antes disso. Sempre me admirou a quantidade de material que ele produzia e a profundidade, não só técnica, mas estratégica. Cada texto dele entrava em um nível de detalhes que pouco se vê em qualquer lugar, mesmo em livros. Tenho o prazer de trabalhar em projetos com ele desde 2013 e posso afirmar que aprendo sempre algo novo estando perto dele."

Rafael Rez - Fundador @ Web Estratégica

"As estratégias do Paulo para os negócios são algo fora do comum. É um profissional a se seguir de perto para aprender como trabalhar a sério com negócios digitais, sem enrolação e com foco em colocar os projetos para rodar. Seja você novato ou experiente, esse livro com certeza vai ensina-lo muito sobre o real caminho das pedras digital."

Camilo Coutinho - Owner @ Double Play Media

"O Paulo Faustino é para mim o melhor e mais sério dos profissionais do marketing digital da atualidade. Com ele consegui usar as melhores ferramentas do mercado e ainda me destacar entre os meus concorrentes usando as suas estratégias divulgadas em seus cursos online e de um dos eventos presenciais que tive o prazer de participar em 2017 em Goiânia-GO. Obrigado Paulo pela sua experiência e de seus ensinamentos. Sou um grande fã de seu trabalho e desejo muito sucesso!"

Fabrício Alves de Moura - Administrador @ Geração Trader

"Paulo tem o dom de transmitir conhecimentos mesclando a seriedade, a técnica e a diversão com maestria. Sou fã e extremamente grato por toda orientação, dicas e companheirismo que esse portuga trouxe para o nosso Brasil. Você merece todos os ombros amigos, pois os seus ombros e sua história estão marcados pelas milhares de pessoas que receberam a sua ajuda nos momentos mais adversos. Feliz por todas as suas realizações, hoje e sempre!"
Luiz Monteiro - CEO @ Brasil na Web

"Anos atrás quando estava pesquisando conteúdo para otimizar meus sites encontrei artigos riquíssimos do Paulo que me ajudaram a aumentar meus resultados. Nessa época conhecia só uma parte do Marketing Digital. Por meio da página dele conheci e me aprofundei no Marketing Digital de Afiliados. Um ano depois comecei a viver só disso e estou agora há 4 anos nesse mercado. O Paulo é referência em se manter no topo mesmo em um mercado mutante como esse."
Meison Almeida - Gerente de Afiliados @ Realidade Digital

"Eu nem consigo medir em palavras o impacto que o Paulo Faustino teve na minha vida pessoal e profissional. Ao longo dos anos, sempre o acompanhei de perto e tentei aprender com ele. Todo o início da minha caminhada empreendedora foi muito marcado por vários projetos do Paulo. Por meio de seus sites e blogs, pude aprender. Em seus eventos, me conectei com grandes amigos e parceiros de negócios. Serei eternamente grato."
Murilo Andrade - Sócio e Diretor de Marketing @ Clube da Aposta

"Antes mesmo de começar meu blog, que após 7 anos de muito trabalho se tornou uma referência no nicho de viagens no Brasil, eu já acompanhava o trabalho do Paulo Faustino. Foi a Escola WP que me ajudou a dar os primeiros passos no mundo dos blogs, e serei eternamente grato por isso. Sempre consumi seu conteúdo, até o momento em que tive a chance de participar de um curso ministrado pelo Paulo na minha cidade, São Paulo, 7 anos após o primeiro contato. É difícil colocar em palavras o tamanho de minha admiração, ainda mais após o conteúdo riquíssimo apresentado nos dias do curso. Para mim, o Paulo é uma lenda do marketing digital."
Guilherme Tetamanti - Fundador @ Quero Viajar Mais

"O Faustino é uma inspiração pra mim. Já o acompanho há anos e seus conteúdos me ajudam muito no meu trabalho. Recomendo demais que sigam suas orientações."
Maicon Rissi - CEO @ MR Marketing Digital

"Conheci o Paulo em 2012 em um evento, mas já acompanhava seu site Escola Dinheiro e admirava sua escrita. Em 2013, tivemos um contato mais próximo por causa do Afiliados Brasil e vi o imenso profissional e pessoa que ele é. Paulo é um profissional que sigo e tenho como referência justamente por sua perspicácia e inteligência em tudo que faz, de forma estratégica e pensada. Ele sempre pensa de forma simples como pode encontrar soluções. Se eu pudesse dizer, ele foi um growth hacker sem nem saber que isso existia :)"
Rodrigo Nascimento - CEO @ Buscar ID

"O Paulo é A referência no marketing digital. Tanto as suas palestras, quanto as suas aulas presenciais vão muito além do esperado. Prática atrás de prática, ensinamentos feitos e comprovados por ele próprio. Infelizmente o mercado digital carece de profissionais assim."
Victor Sheguti - Analista de Sistemas @ Resource It

MARKETING DIGITAL
NA PRÁTICA

PAULO FAUSTINO

MARKETING DIGITAL NA PRÁTICA

Como criar do zero uma estratégia de marketing digital para promover negócios ou produtos

São Paulo, 2019
www.dvseditora.com.br

MARKETING DIGITAL NA PRÁTICA

© 2019 by Marcador Editora

© DVS Editora 2019
Todos os direitos para a língua portuguesa (Brasil) reservados pela editora.

Nenhuma parte deste livro poderá ser reproduzida, armazenada em sistema de recuperação, ou transmitida por qualquer meio, seja na forma eletrônica, mecânica, fotocopiada, gravada ou qualquer outra, sem a autorização por escrito do autor.

Capa: Liliana Novais
Diagramação: Gráfica 99, Lda.
Revisão: Alessandra Angelo e José Carlos da Silva

Dados Internacionais de Catalogação na Publicação (CIP)
(Câmara Brasileira do Livro, SP, Brasil)

Faustino, Paulo
  Marketing digital na prática : como criar do zero uma estratégia de marketing digital para promover negócios ou produtos / Paulo Faustino. -- São Paulo : DVS Editora, 2019.

  ISBN 978-85-8289-215-2

  1. Marketing 2. Marketing digital 3. Planejamento estratégico I. Título.

19-26463   CDD-658.85

Índices para catálogo sistemático:

1. Internet : Vendas : Marketing digital : Administração   658.85

Iolanda Rodrigues Biode - Bibliotecária - CRB-8/10014

Dedico este livro à minha mulher, Regina, que, de todas as formas possíveis, me tornou um melhor profissional e um melhor ser humano. Ter a oportunidade de aprender com uma das mentes mais brilhantes que já conheci é um enorme privilégio para mim.

ÍNDICE

Sobre o autor 15
Prefácio 17
Introdução 21

Estratégia de Marketing Digital

O que é marketing digital? 23
Marketing digital *vs.* marketing tradicional 24
Estratégia de marketing digital 26

Capítulo I – Construir a sua *persona*

Diferenças entre *persona* e público-alvo 30
Como criar uma *persona*? 30
Pesquisa de mercado 31
Análise de dados via Analytics 32
Análise de dados via redes sociais 35
    1. Facebook 35
    2. Twitter 36
    3. Instagram 38
Análise de tendências 40
Ferramentas para criação de *personas* 41
Preparado para criar as suas *personas*? 42

Capítulo II – O conteúdo ainda é rei

Introdução ao marketing de conteúdo 43
Publicidade *vs.* marketing de conteúdo 45
Objetivos do marketing de conteúdo.. 47
    1. Gerar mais tráfego para o seu *site* ou blog 47
    2. Gerar mais *leads* 48
    3. Aumentar a notoriedade da sua marca 48
    4. Baixar o custo de aquisição de clientes.. 49
Como se faz marketing de conteúdo?.. 50
    1. Criar um blog... 51
        1.1. Um bom SEO é fundamental.. 52
            1.1.1. Escreva sobre assuntos acerca dos quais as pessoas pesquisam ... 53
            1.1.2. Densidade de palavra-chave no conteúdo 55
            1.1.3. *Links* internos e externos 55
            1.1.4. Utilização de imagens nos textos 56
            1.1.5. Otimizar o seu conteúdo de uma forma eficaz..................... 56
            1.1.6. Fazer um bom SEO é não pensar em SEO 62
        1.2. Ser consistente é importante... 63
        1.3. Diversificar os temas abordados... 64
    2. Redes sociais.. 65
        2.1. Cada perfil tem uma abordagem diferente.. 65
        2.2. Vender sem vender 66
        2.3. Interação gera confiança... 66
        2.4. Medir, melhorar, medir.. 67
    3. *E-mail* marketing... 68
    4. *E-books*.. 69
    5. Vídeos 70
    6. Ferramentas 70
Como não fazer marketing de conteúdo... 71
Preparado para adotar uma estratégia de conteúdo? 72

Capítulo III – Otimização para motores de pesquisa (SEO)

O que é SEO (otimização para motores de pesquisa)? 74
Diferença entre SEO e *links* patrocinados... 74
Qual a vantagem do SEO?.. 76

Como funciona o Googlebot? ... 77
Como funciona o SEO? ... 78
Fatores de ranqueamento em SEO ... 78
On-page SEO ... 79
    1. Título das páginas ... 79
    2. Metadescrição ... 80
    3. Endereços URL amigáveis ... 81
    4. Atributos de título e texto alternativo em imagens ... 81
    5. *Tags* de cabeçalho ... 82
    6. Utilização da palavra-chave ... 83
    7. Qualidade do conteúdo ... 84
    8. Tempo de carregamento das páginas ... 85
Off-page SEO ... 86
    1. Autoridade ... 87
    2. *Link building* ... 88
        Como o Google avalia o *link building*? ... 88
        Links de qualidade *vs. links* em quantidade ... 89
        Link building interno ... 89
        Tipos de conteúdos que geram muitos *links* ... 90
    2.1. Infográficos ... 90
    2.2. Artigos com listas ... 91
    2.3. *Guest posts* ... 92
    2.4. *Press releases* e assessoria de imprensa ... 92
    2.5. Estratégias de *link building* que funcionam ... 92
        2.5.1. Reclame os seus *links* ... 93
        2.5.2. Divulgue os seus artigos nas redes sociais ... 95
        2.5.3. Espie os *links* dos seus concorrentes ... 95
        2.5.4 Ferramentas de *link building* ... 98
    3. Sinais sociais ... 99
Planejamento em SEO é fundamental ... 100
Console de pesquisa do Google ... 101
Criar um *sitemap* XML ... 102
Estatísticas de pesquisa ... 105
Segmentação internacional ... 108
Usabilidade e navegabilidade ... 110

Capítulo IV – *Landing pages* e otimização de conversão (CRO)

O que são *landing pages*? 112
    Regra n.º 1: Sem *links* de saída 113
    Regra n.º 2: Relevância e objetividade 114
    Regra n.º 3: Estrutura e prova social 115
    Regra n.º 4: *Design* responsivo 116
    Regra n.º 5: Automação de marketing 116
Como criar *landing pages* que convertem 117
    1. Identifique a sua *persona* 117
    2. Menos informação é mais conversão 118
    3. Crie chamadas para a ação personalizadas 120
    4. Foco na dor ou necessidade 121
    5. Título objetivo e direto ao assunto 121
    6. Deixe o utilizador tomar a decisão 123
    7. Proposta de valor e benefício 123
    8. Gerar ansiedade e escassez funciona 123
    9. Faça uso da psicologia das cores 124
    10. Faça testes A/B (sempre!) 126
    11. Pistas direcionais e rastreio ocular 128
    12. Testar, testar e testar! 131
    13. Otimização de conversão (CRO) 132
        13.1. Mapa de calor 132
        13.2. Padrão F de leitura 133
        13.3. Velocidade de carregamento 136
        13.4. Ferramentas para otimização 137

Capítulo V – Facebook marketing

Custo dos anúncios de Facebook 141
Como anunciar no Facebook 144
    1. Criar uma página no Facebook 144
    2. Criar uma conta de anúncios 149
    3. Criar o seu primeiro anúncio 153
Regras para anúncios no Facebook 169

Analisar as métricas de uma campanha	170
Promover uma publicação	175
Criação do pixel do Facebook	180
Criação de públicos personalizados e semelhantes	186
Público personalizado de arquivo de clientes	187
Público personalizado de tráfego no *site*	190
Público personalizado de interação	192
Público personalizado de interação com vídeo	193
Público personalizado de interação com página do Facebook	196
Público personalizado de interação com perfil do Instagram	198
Público semelhante	198
Criar anúncios para públicos personalizados e semelhantes	200
Gestor de negócios do Facebook (Business Manager)	201
Adicionar utilizadores ao Gestor de Negócios	205
Adicionar páginas ao Gestor de Negócios	207
Adicionar contas de anúncios ao Gestor de Negócios	211
Começar a utilizar o Gestor de Negócios do Facebook	212

Capítulo VI – Instagram marketing

Defina os seus objetivos de marketing para o Instagram	217
Crie uma estratégia de conteúdo para o Instagram	217
Crie o seu calendário editorial de conteúdo	219
1. Defina a frequência de publicação	221
2. Crie conteúdo único	221
3. Os *insta stories* são fundamentais	221
4. Utilize *hashtags* na medida certa	223
Aumente a interação com as suas publicações	225
Utilize imagens nas dimensões certas	227
Tire partido do seu perfil	228
Crie um estilo próprio	229
Crie um perfil comercial/profissional	232
Trabalhe com influenciadores	234
Acompanhamento de métricas e estatísticas	235
Faça publicidade no Instagram	237

Capítulo VII – LinkedIn marketing

Por que usar o LinkedIn? 241
Formatos de conteúdo que funcionam melhor no LinkedIn 243
    1. Conteúdo de texto simples 244
    2. Conteúdo de vídeo 245
    3. Conteúdo de imagem 246
Plataforma de anúncios do LinkedIn 247
    1. Hipersegmentação de público 248
    2. *Leads* mais qualificados 249
    3. Iniciação de conversas *inbox* 249
    4. Geração de *leads* 249
    5. Pixel de conversão 249
Como anunciar no LinkedIn Ads 250
Criar uma página de empresa 250
Crie uma conta de anúncios no LinkedIn 252
Criar a sua primeira campanha no LinkedIn 254
Métricas e resultados no LinkedIn 262

Capítulo VIII – Google Ads

Criar a sua primeira campanha de Google Ads 267
Tipos de correspondência 282
Correspondência ampla 283
Correspondência ampla modificada 284
Correspondência de expressão 285
Correspondência exata 285
Correspondência negativa 286
Análise de palavras-chaves 287
Criação do anúncio e conclusão da campanha 289
Métricas e resultados em Google Ads 290
Acompanhamento de conversões 292
Associar o Google Analytics ao Google Ads 299
Anúncios de remarketing em Google Ads 302
Faturamento e pagamentos em Google Ads 304

Capítulo IX – Automação de marketing

O que é o *e-mail* marketing? 306
Porque deve utilizar o *e-mail* marketing na sua estratégia 307
   1. Interação com o seu público 307
   2. Educar o seu público 308
   3. Alcance incrível 308
   4. Promover conteúdos 309
   5. Vender os seus produtos 309
   6. Automação da comunicação 309
Erros a evitar no *e-mail* marketing 310
Softwares de automação de marketing 312
Como funciona a automação de marketing 313
Como criar a sua primeira automação de marketing 314
Criar uma lista de contatos no MailChimp 315
Criar uma automação no MailChimp 319
Relatórios de *performance* no MailChimp 325
Como evitar que *e-mails* caiam no *spam* 326
Dicas para melhorar as suas campanhas de *e-mail* marketing 327
   1. Um bom título faz toda a diferença 327
   2. Um bom *call-to-action* faz toda a diferença 328
   3. *E-mails* responsivos 328
   4. Personalização dos *e-mails* 329
   5. Pense no utilizador primeiro 329
   6. Utilize um P. S. para chamar a atenção 329
   7. Faça testes A/B para tudo 330
   8. Use um endereço de resposta válido 330
   9. Mantenha a sua lista de contatos limpa 330

Conclusão 333

Notas 335

SOBRE O AUTOR

Paulo Faustino criou em 2008 o blog Escola Dinheiro e da rede de blogs educacionais Escolas Plus, que em conjunto foram lidos por mais de 50 milhões de pessoas em todo o mundo, tendo sido um dos pioneiros do marketing de conteúdo em língua portuguesa.

É co-fundador e COO da agência de marketing digital Get Digital, co-fundador dos eventos Afiliados Brasil e Think Conference, co-fundador do Centro Terapêutico Habitus Zen, co-autor dos livros *Marketing Digital para Empresas* e *Marketing Digital & ECommerce*, escritor e palestrante internacional.

Paulo ajuda empresas em todo o mundo a melhorar as suas conversões e vendas online. **É reconhecido como um dos profissionais mais influentes na área do Marketing Digital e Marketing de Afiliados em língua portuguesa.**

Já palestrou em eventos como o Search Masters Brasil, Afiliados Brasil, ClickSummit, Digitalks São Paulo, Marketing Journeys, TEDx Matosinhos, The European Summit, SHARE Algarve, Awin Day São Paulo, Atualiza-te Aveiro, Growth Marketing Conference, entre muitos outros.

Paulo Faustino é também professor convidado na Pós-Graduação em Negócios Digitais do Instituto Politécnico de Leiria, professor convidado do MBA em Marketing Digital do ISLA Santarém, professor convidado da Pós-Graduação em Imagem, Protocolo e Organização de Eventos da Universidade Europeia e ainda Profissional de Marketing certificado, com o grau de Senior Manager, atribuído pela Associação Portuguesa de Profissionais de Marketing.

É também Diretor Executivo da Startup Leiria, associação de promoção do Empreendedorismo e Inovação Tecnológica e Coordenador Executivo da Aveiro Digital School, onde coordena a Pós-Graduação em Marketing Digital.

Paulo Faustino é também responsável por diversos cursos presenciais de marketing digital, Facebook e Instagram marketing e marketing de afiliados em Portugal e no Brasil, que já formaram milhares de alunos e **esgotam frequentemente em ambos os países**.

É certificado em *Digital Marketing Strategy* (Estratégia de Marketing Digital) pela Harvard University dos Estados Unidos da América e em *Coaching de Alta Performance* pela High Performance Coaching Corporation Ltd do Reino Unido.

Adora viajar, escrever e ensinar. Os seus conteúdos estão disponíveis em Português, Inglês e Espanhol no seu blog **www.paulofaustino.com**.

Poderá consultar o calendário das suas formações presenciais e online no seu website em **https://www.paulofaustino.com/cursos/**

Conecte-se com o autor nas Mídias Sociais:

Site do livro: *br.marketingdigitalnapratica.com*
Site: *https://www.paulofaustino.com*
Mentoria Digital para Negócios: https://mentoriadigitalparanegocios.com
Facebook: *https://www.facebook.com/paulofilipefaustino*
Instagram: *https://www.instagram.com/paulofaustino*
LinkedIn: *https://www.linkedIn.com/in/paulofaustino*
Twitter: *https://twitter.com/pauloffaustino*
YouTube: *https://www.youtube.com/user/paulofilipefaustino*

PREFÁCIO

A Internet comercial tem pouco mais de 24 anos de idade. É bem pouco tempo para o tamanho do impacto que causou na sociedade, no modo como vivemos, compramos e nos relacionamos.

Comecei a trabalhar em 1997 como webdesigner, uma das primeiras "profissões digitais" que nasceram com a Internet. Na época era tudo muito novo, foi o primeiro ano em que o Imposto de Renda pôde ser entregue pela Internet e o Brasil atingiu 1,8 milhão de usuários ativos, cerca de cinquenta vezes menos o que tinha no final de 2018.

Nesse tempo todo vimos nascer megaempresas digitais como Google, Amazon, Facebook, Netflix e tantas outras.

Vimos a Apple lançar o iMac, o iPod, o iPhone, o iPad e a Apple Store, que criou o conceito de aplicativos, os softwares para *smartphones*.

Todas essas tecnologias mudaram intensamente a sociedade nesses vinte e poucos anos.

As redes sociais se tornaram uma epidemia no mundo, criaram verdadeiras celebridades e muitos negócios no mundo todo dependem delas para existir e vender. O YouTube é a televisão da geração millennial e das gerações que vieram depois.

A Amazon mudou a forma como compramos e recomendamos produtos.

O Google se tornou indispensável no dia a dia de qualquer pessoa, seja na busca por informações, seja por mapas, voos, hotéis, restaurantes ou tratamentos médicos.

Muita gente prefere ser contatada pelo WhatsApp ou Telegram do que receber uma ligação telefônica. A navegação pela tela do celular já supera a navegação pelo computador em grande parte dos países. O celular é a última coisa que olhamos antes de dormir e a primeira ao acordar.

Os celulares controlam a nossa agenda, acessam os nossos e-mails, trazem dezenas de notificações de redes sociais o tempo todo, monitoram o clima, tiram fotos, filmam vídeos, eventualmente servem até para... telefonar!

Percebe como seu próprio cotidiano é completamente diferente do que era uma década atrás?

Neste livro você verá exatamente como utilizar as melhores ferramentas que a Internet proporciona para gerar negócios. Não importa se você é um profissional liberal, se tem uma pequena empresa, se trabalha na área de marketing ou se dirige o departamento de marketing de uma multinacional, eu tenho certeza de que os insights, técnicas e ferramentas que existem aqui serão úteis para o seu dia a dia profissional.

Este não é um livro teórico sobre marketing, é um livro totalmente prático, um guia empírico sobre as melhores práticas do que chamamos de "marketing digital".

Conheço o Paulo Faustino desde 2011 e posso atestar a imensidão de pessoas que já foram inspiradas pelas suas palestras, cursos e artigos. Literalmente centenas de milhares de pessoas já leram os blogs dele, algumas milhares viram as palestras e mais de 3 mil alunos já fizeram seus cursos presenciais.

Por ter testemunhado vários desses momentos, conheço profundamente a competência do autor e a capacidade de transmitir o que sabe com objetividade e clareza. Você tem em mãos um guia de ponta a ponta para atingir o sucesso no mundo digital.

Através de exemplos e ferramentas que realmente usamos na rotina dos profissionais da área, você aprenderá como explorar informações sobre os seus clientes e pesquisar o que eles querem saber sobre o seu negócio, seu mercado e sua marca.

O marketing digital é baseado em alguns parâmetros, entre eles o conteúdo, as buscas e as redes sociais. Cada fundamento tem suas particularidades e está interligado a outros critérios, de forma que quanto mais você usa e conhece cada um deles, melhor estará habilitado a explorar os outros.

Deixo inclusive um conselho importante: não leia este livro com a expectativa de aprender tudo de uma só vez e implementar tudo na sua empresa imediatamente. Alguns capítulos demandarão semanas de implementação e aprendizados até que você comece a sentir segurança e domínio das ferramentas daquele princípio.

Você também terá inúmeras percepções durante a leitura, então anote-os! Quando for colocar em prática o que viu naquele capítulo, eles serão importantes para os seus resultados.

Novamente: este não é um livro teórico!

Cada item dentro de cada capítulo possui ações a serem listadas e implementadas. Eu posso assegurar, até mesmo garantir, que se você puder realizar pelo menos um terço do que verá aqui, conseguirá alcançar resultados exponencialmente maiores do que possui atualmente.

Ao dominar as táticas, as ferramentas e os conceitos explicados neste livro, você estará apto a explorar com mais profundidade esse oceano digital que é a Internet. É uma vasta extensão de oportunidades esperando para acontecer.

Se você já trabalha na área, poderá rever os principais pontos de cada fundamento digital. Se você está iniciando neste mundo agora, verá que há muitas formas de alcançar clientes e se relacionar com eles.

Mais importante que começar, é manter a consistência: continuar praticando, tentando, acertando e errando para aprender dia após dia. Quando pintar uma dúvida, recorra ao livro novamente para saber o que fazer.

Bem-vindo a uma experiência totalmente diferente de qualquer outro livro sobre marketing digital!

Boa leitura!

Rafael Rez
Autor do livro *Marketing de Conteúdo: A Moeda do Século XXI*, *best-seller* no Brasil e em Portugal, fundador da consultoria Web Estratégica e da Nova Escola de Marketing.

INTRODUÇÃO

O marketing tem vindo a sofrer alterações e metamorfoses constantes, à medida que o próprio mundo e a civilização moderna vão evoluindo também. Com a introdução da tecnologia, o surgimento dos computadores e da Internet e, mais tarde, dos *smartphones*, o marketing tem sofrido constantes mutações, adaptando-se rapidamente aos novos meios e canais de comunicação que vão surgindo.

"Marketing digital" é uma expressão cada vez mais popular nos dias de hoje; no entanto, a sua popularização aconteceu somente no início do novo milênio, acompanhando a da Internet. O acesso à Internet criou rapidamente uma nova categoria de marketing, à qual chamamos digital, que é, nada mais, nada menos, do que a aplicação dos conceitos de marketing tradicionais aos meios digitais disponíveis hoje em dia.

O marketing digital consiste no desenvolvimento de estratégias de marketing com vista à promoção de produtos ou serviços através de canais digitais e de aparelhos eletrônicos, tais como computadores, *notebooks*, *smartphones* ou *tablets*. **Em teoria, o marketing digital não existe.** O que existe é a aplicação dos conceitos de marketing tradicionais e de marketing de relacionamento aos meios digitais disponíveis hoje em dia. É comum confundir o marketing digital com o domínio de uma ferramenta digital, tal como os anúncios de Facebook Ads ou de Google Ads. Na realidade, o marketing digital é muito mais do que isso.

É importante também entender que, embora o marketing digital consista na aplicação dos conceitos tradicionais de marketing aos canais digitais, **hoje é importante entender a tecnologia e saber utilizá-la da forma mais assertiva possível**. O comportamento do consumidor em ambiente digital mudou consideravelmente e a tecnologia ao nosso dispor também dificulta muitas vezes a aplicação dos conceitos. Não é que o marketing digital não exista, mas é muito mais complexo e exige conhecimentos técnicos que até então não eram necessários dominar.

Contrariamente ao que acontece com toda a naturalidade, o marketing digital consiste essencialmente na integração/fusão dos conceitos de marketing tradicionais com a tecnologia e os meios digitais disponíveis atualmente, razão pela qual não é suficiente entender de tecnologia, bem como de marketing.

Um profissional de marketing digital deverá conseguir conciliar ambos na perfeição, criando estratégias de comunicação eficazes, aliadas ao domínio da tecnologia e dos meios digitais ao seu dispor nos dias de hoje.

A criação deste livro tem como objetivo ajudá-lo, de uma forma prática e assertiva, a navegar num mar turbulento de tecnologias, conhecimentos técnicos, ferramentas e plataformas, que muitas vezes tornam a visão de um profissional pouco clara sobre qual o melhor caminho a seguir para a divulgação eficaz do seu negócio ou do seu trabalho. Aquilo a que chamamos comumente estratégia de marketing digital.

Ao longo dos últimos anos, temos assistido a um crescimento acelerado do número de ferramentas e tecnologias disponíveis para tornar negócios mais visíveis numa Internet cada vez mais complexa. Hoje, luta-se pela atenção do consumidor de uma forma feroz, sabendo que este passa mais tempo interagindo com o seu *smartphone* do que com as pessoas que o rodeiam. É um novo mundo de possibilidades e desafios.

Ao longo dos últimos catorze anos, desenvolvi inúmeros projetos na Internet, desde *sites* a blogs, aplicações móveis, portais, lojas de *e-commerce*, entre outros, e produzi mais de 5 mil artigos *online* sobre diversos temas, direta e indiretamente relacionados com marketing digital.

Este livro é o resultado desses catorze anos de testes e estudos que me permitem hoje conhecer o marketing digital de uma forma profunda, entendendo claramente o que faz a diferença na divulgação de um negócio e o que não faz.

Espero que encontre nesta leitura o caminho das pedras que lhe faltava para entender como criar uma estratégia de marketing digital na prática.

Bem-vindo ao marketing digital na prática.

Boa leitura!

Paulo Faustino

ESTRATÉGIA DE MARKETING DIGITAL

O QUE É MARKETING DIGITAL?

Marketing digital é a aplicação de estratégias de comunicação e marketing com vista à promoção/marketing de produtos ou serviços, através de canais digitais (*websites*, blogs, redes sociais, aplicações móveis, etc.) e de aparelhos eletrônicos.

Tarefas simples, como encontrar um restaurante no Google, saber se uma loja vende um determinado produto, comparar preços de um modelo de TV ou comprar um livro *online*, são, nos dias de hoje, comuns à grande maioria das pessoas com acesso à Internet.

Com o desenvolvimento do mercado de *smartphones* – o lançamento do primeiro iPhone aconteceu em 2007 –, a grande maioria dos utilizadores passa hoje mais tempo neles do que em qualquer outro dispositivo, interagindo com essa pequena tela cerca de 2.617 vezes por dia.[1]

Isso significa que o seu público-alvo está constantemente conectado e *online*. É através do marketing digital que procuramos impactar positivamente esses utilizadores, gerando uma maior procura por produtos ou serviços que possam suprir as suas necessidades.

Se tivermos em consideração que, de acordo com o Global Web Index, cerca de 87% dos utilizadores com acesso à Internet possuem um *smartphone*[2] e que, em 2020, existirão mais pessoas no mundo com acesso a um aparelho destes do que a eletricidade,[3] então fica claro que esse trabalho é realizado hoje essencialmente em *mobile*. Esqueça aquela ideia de que o *mobile* é o futuro. **O *mobile* é o presente e o futuro**.

Se dúvidas existissem de que vivemos na era *mobile*, a demonstração de resultados do primeiro trimestre de 2018 por parte do Facebook não deixou dúvidas: um resultado de 11,97 bilhões de dólares em receita e 4,98 bilhões de dólares em lucro, sendo que 91% da receita desta rede social foi gerada exclusivamente através de anúncios em *mobile*.[4]

Isto demonstra também que em marketing digital a mutação é constante. Há cerca de dez anos trabalhava-se exclusivamente em ambiente *desktop* e hoje trabalha-se exclusivamente em ambiente *mobile*. Ser ágil na transição e adaptação a novas realidades é fundamental.

MARKETING DIGITAL *VS.* MARKETING TRADICIONAL

Com a evolução natural do marketing digital, muito se fala sobre a guerra entre este e o tradicional. Em termos práticos, nenhum matou o outro, uma vez que eles se complementam na perfeição.

O marketing tradicional continua a existir e a funcionar bem em alguns segmentos de mercado e/ou para alguns canais específicos, como revistas ou televisão. A grande diferença para o marketing digital reside no fato de que, neste, é possível medir em tempo real o retorno sobre qualquer investimento, ao contrário do que acontece com o tradicional, vulgarmente conhecido como *outbound* marketing.

Uma vez que em marketing digital é possível medir o retorno sobre qualquer investimento, incluindo o número de visualizações, pessoas alcançadas, ações e interações realizadas, conversões, etc; costuma-se dizer que é mais interessante do que o tradicional ou o relacional. Se a tudo isso juntarmos a possibilidade de segmentar uma comunicação, para um público-alvo específico, então o digital é uma oportunidade incrível de divulgação de negócios.

Ao contrário do que acontece com um anúncio numa revista ou na televisão, em marketing digital é possível segmentar o público-alvo de uma forma precisa, incluindo dados demográficos, geográficos, interesses, entre outros. Isso permite direcionar a mensagem às pessoas certas, ao invés de comunicar para todo mundo na esperança de que alguém lhe preste atenção.

Não diria que o marketing tradicional é pior do que o digital ou vice-versa. Diria que cada um deles tem hoje uma função bem específica e, quando combinados numa estratégia de marketing global, podem apresentar resultados muito positivos. Em alguns países, como no Brasil e em Portugal, a televisão continua a ter um impacto muito grande na população e é um canal de marketing a ter em consideração. Já nos países do Norte da Europa, isso não acontece, por exemplo.

Algumas das vantagens do marketing digital em relação ao tradicional são:

1. **Segmentação de público-alvo** – ao contrário do que acontece no marketing tradicional, em que a mensagem é apresentada ao maior número possível de

pessoas na esperança de que uma parte delas demonstre interesse no produto, no digital a segmentação de público-alvo permite que façamos campanhas direcionadas apenas a um segmento específico de público, sem necessidade de mostrar a mensagem a todo mundo.

2. **Análise de dados em tempo real** – no marketing tradicional, as métricas correspondem normalmente à quantidade de pessoas impactadas pela mensagem e não necessariamente àquelas que estão interessadas nela. No caso da televisão, seria a quantidade de pessoas que estavam a assistir ao programa, enquanto, no caso de um *outdoor*, se trataria da quantidade de carros que passaram por essa estrada. Isso não significa que essas pessoas tenham demonstrado interesse na mensagem e/ou prestado atenção a ela sequer. Já no que diz respeito ao marketing digital, é possível medir tudo isso em tempo real, incluindo as pessoas que interagiram com a mensagem, que compraram o produto e/ou que manifestaram qualquer tipo de interesse.

3. **Custo menor e mais assertivo** – no marketing digital, o custo para anunciar é consideravelmente mais baixo do que no tradicional, com a vantagem de que é possível ser muito mais assertivo, anunciando diretamente para um segmento de público específico. Ainda assim, com a diminuição do número de anunciantes nos meios tradicionais, os preços têm vindo a baixar consideravelmente e hoje é muito mais barato anunciar em televisão, na rádio ou na imprensa do que era há dez anos.

4. **Interação com o seu público** – contrariamente ao marketing tradicional, em que a mensagem é enviada e não existe qualquer tipo de retorno, sendo o público um sujeito passivo, no digital todas a campanhas pressupõem uma interação entre quem anuncia e quem recebe a mensagem. É extremamente comum vermos comentários em campanhas nas redes sociais, partilha de conteúdos, etc. A interação é elevada a um outro nível, pelo que é necessário ter muito cuidado na elaboração de uma campanha de marketing digital, porque, naturalmente, essa interação pode ser positiva ou negativa. No caso de ser negativa, é necessário ter um plano de contingência e de gestão de crise preparado no tempo adequado.

5. **Agilidade na implementação de campanhas** – contrariamente a uma campanha de *outdoor* ou televisão, em marketing digital é possível criar, editar e substituir qualquer tipo de campanha em poucos minutos e sem necessidade de um conhecimento técnico extremamente avançado. Essa agilidade permite afinar campanhas mais rapidamente e entregar melhores resultados. Além do mais, com acesso à Internet, qualquer pessoa pode aprender facilmente a criar as suas campanhas digitais e começar a anunciar em poucos minutos para qualquer parte do mundo.

Embora seja possível conciliar o marketing digital com o marketing tradicional, para a grande maioria dos negócios isso não faz sentido, especialmente se tiver em consideração os custos envolvidos no processo.

ESTRATÉGIA DE MARKETING DIGITAL

Ao longo das próximas páginas deste livro, encontrará aquilo que considero ser uma verdadeira estratégia de marketing digital, que não contempla apenas ferramentas ou plataformas, mas sim o todo, sendo que o todo é tudo aquilo que gravita em redor de uma marca, de uma empresa, de um produto ou serviço.

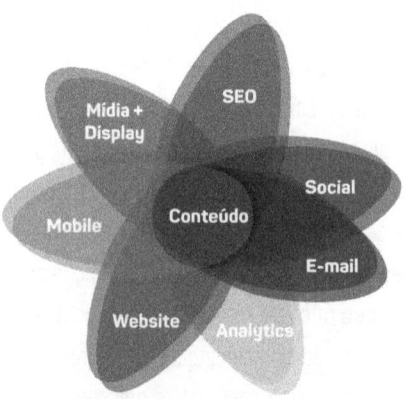

Figura 1. Estratégia de marketing digital integrada.

Uma estratégia de marketing digital é muito mais eficaz quanto maior for o número de elementos que colocamos nessa mesma estratégia. Considere-se elementos todas as ações realizadas em ambiente digital que tornam o consumo e a relação com uma marca ou produto numa verdadeira experiência.

Contrariamente ao que se preconiza neste mercado, uma estratégia de marketing ou de comunicação digital está longe de ser criar anúncios no Facebook ou partilhar conteúdos no Instagram. É muito mais do que isso.

O conteúdo deverá ser sempre o epicentro de qualquer estratégia de marketing digital, uma vez que tudo aquilo que criamos, sejam fotografias, textos, vídeos ou qualquer outra coisa, é conteúdo. E o conteúdo é que nos permite influenciar pessoas a tomar a decisão de comprar um produto ou serviço da nossa empresa em detrimento de um concorrente.

Ao longo deste livro, encontrará diversos elementos que compõem uma estratégia de marketing digital, os quais deverão ser utilizados de forma agregada e nunca separada, por forma a gerar o maior impacto positivo possível no seu negócio.

Encontrará uma estrutura de peças, como se se tratasse de um *puzzle*, que depois de construído lhe permitirá desenvolver uma estratégia de marketing digital prática e onde todos os elementos trabalham no sentido de gerar resultados. Porque, no fim de contas, tudo se irá resumir a resultados (vendas).

A estruturação que preparei implica um estudo cuidado daqueles que considero serem os principais e mais importantes elementos de uma estratégia de marketing digital integrada nos dias de hoje:

1. **Estratégia de marketing digital** – não seria justo se este livro não começasse por aquilo que é o conceito de uma estratégia de marketing digital e como todos os pontos se conectam entre si de uma forma harmoniosa, gerando impacto e vendas nos negócios.
2. **Psicologia do consumidor** – entender o público-alvo e o seu comportamento é fundamental para definir como atuar estrategicamente na implementação de soluções de marketing digital.
3. **Marketing de conteúdo e *inbound* marketing** – o conteúdo ainda é rei e continua a ser o elemento mais importante da estratégia. Independentemente do formato do conteúdo, é primordial que este esteja no epicentro de toda a estratégia de comunicação digital.
4. **Otimização para motores de pesquisa (SEO)** – entender a forma como as pessoas pesquisam e o que elas pesquisam é um fator totalmente diferenciador. O SEO, ou otimização para motores de pesquisa, é uma bússola imprescindível numa estratégia de marketing digital.
5. *Landing pages* **e otimização de conversão (CRO)** – os dados são o novo petróleo. É com base nessa premissa que as *landing pages* e a otimização de conversão entram numa equação de marketing digital, como uma forma de exponenciar e potenciar a captação de dados e o trabalho de acompanhamento e conversão desses *leads* em vendas e clientes satisfeitos.
6. **Facebook marketing** – a maior rede social do mundo é o palco de uma revolução digital e mostra-se imprescindível a qualquer negócio que pretenda comunicar com o seu público. Naturalmente, faz parte de uma estratégia de marketing para redes sociais.

7. **Instagram marketing** – com um crescimento acelerado, o Instagram posicionou-se como a segunda maior rede social do mundo e hoje é um importante instrumento de comunicação digital e de construção de notoriedade de marca.
8. **LinkedIn marketing** – a maior rede social profissional do mundo é um verdadeiro diamante em bruto, com oportunidades incríveis de estabelecer contatos e criar influência em novos mercados.
9. **Google Ads** – uma estratégia de marketing digital não seria seguramente igual se não tivesse na sua equação a mãe de todas as plataformas de publicidade digital. O Google Ads é, também ele, uma oportunidade única de abrir novos mercados e fazer chegar a sua mensagem ao público certo, no momento certo.
10. **Automação de marketing** – a automação de marketing é o último capítulo, mas possivelmente um dos mais interessantes, na medida em que é possível (e recomendável) automatizar processos e deixar a tecnologia trabalhar por você de uma forma mágica e com resultados incríveis.

Ao longo dos vários capítulos e de cada um destes dez princípios de uma estratégia de marketing digital, aprofundarei diversos outros aspectos mais técnicos e teóricos, como a análise de métricas e resultados, o acompanhamento de conversões, como pensar estrategicamente na elaboração de uma campanha ou de uma *landing page* com o objetivo de gerar *leads*, etc.

Todo o livro foi pensado e estruturado por forma a atender às necessidades de qualquer empreendedor, empresário, profissional de marketing ou simplesmente curioso que pretenda entender como funciona o marketing digital, na prática.

> **Esta é a <u>primeira peça</u> do seu *puzzle* de estratégia de marketing digital.**

CAPÍTULO I
CONSTRUIR A SUA *PERSONA*

Quando falamos de marketing digital e especialmente de vendas *online*, uma das melhores formas de comunicarmos assertivamente é sabendo de forma antecipada para quem o fazemos. Não há forma de sermos assertivos na comunicação se não fizermos ideia de para quem comunicamos. Seria o mesmo que tentar vender um creme de barbear a uma mulher. Não faz sentido.

A *persona*, também conhecida como *buyer persona* ou avatar, é um termo que se crê ter sido criado na década de 60 e trata-se de um perfil que representa o seu cliente ideal. É a personificação do seu cliente, a utilizar numa estratégia de comunicação digital. A *persona* é uma personagem que resume de forma simples todos os principais atributos e características do consumidor ideal da sua marca.

Esses atributos e características são identificados através de pesquisas reais, olhando para as informações do seu negócio, das suas redes sociais, das métricas de análise do seu *website*, entre outros.

Ao construir a sua *persona*, ganha a habilidade de poder comunicar e conectar-se de forma eficaz e assertiva com o seu público-alvo, por forma a satisfazer as necessidades e resolver os problemas deste.

Contrariamente ao que acontece comumente no mercado, a construção de uma *persona* não é feita de forma aleatória ou sem critério. É muito comum em marketing acharmos que o nosso público-alvo é A ou B, quando na realidade não temos de achar nada. É necessário olhar para os dados e entender realmente quem é o público.

A construção de *personas* apresenta inúmeras vantagens para negócios de âmbito digital, entre as quais:

- Ajuda a definir o tom e o estilo da mensagem;
- Ajuda a determinar que conteúdos e mensagens deve escrever com vista a cumprir o objetivo de vender o seu produto;

- Ajuda a delinear uma estratégia de comunicação digital alinhada com o público comprador do produto;
- Ajuda a entender o comportamento de compra dos seus clientes, como eles pesquisam e como desejam comprar.

DIFERENÇAS ENTRE *PERSONA* E PÚBLICO-ALVO

Uma das grandes dificuldades nos dias de hoje é entender a diferença entre *persona* e público-alvo. Embora possam parecer conceitos semelhantes, na realidade são bem distintos no nível de profundidade e, contrariamente àquilo que se pensa, não são sinónimos um do outro.

Para simplificar o entendimento, veja o exemplo:

- ***Persona****:* Anabela Faria tem 28 anos, é formada em gestão. Adora viajar e praticar desporto com regularidade. É adepta de uma alimentação saudável à base de alimentos biológicos. Trabalha 50 horas por semana e apresenta um rendimento anual de 25 mil euros. Tem o sonho de criar o seu próprio negócio de gestão de empresas.
- **Público-alvo**: homens e mulheres, entre os 22 e os 35 anos, formados em gestão, com interesse em gestão de empresas e negócios.

Embora possam assemelhar-se na concepção, *persona* e público-alvo são coisas bem distintas. Comunicar diretamente com a Anabela é bem mais fácil do que comunicar para um público-alvo pouco detalhado e em que não é possível entender de forma antecipada quais os seus gostos, interesses, hábitos ou até mesmo sonhos. No exemplo acima descrito, a Anabela Faria representa o cliente ideal, incluindo a personalização e a humanização inerentes.

É comum nos negócios criar-se mais do que uma *persona*. Muitas vezes construir apenas uma *persona* pode ser limitador, enquanto criar demasiadas também pode ser prejudicial, retirando o foco de quem é realmente o consumidor.

De acordo com um estudo realizado por Mark W. Schaefer,[1] cerca de 90% das vendas realizadas por uma empresa correspondem a três ou quatro *personas* apenas, pelo que esse seria o número limite de *personas* a criar para o seu negócio ou produto.

COMO CRIAR UMA *PERSONA*?

Agora que já entendeu o que é uma *persona*, vamos construir a sua, partindo do exemplo do seu cliente ideal, ou seja, necessitamos construir um perfil dessa mesma pessoa com base em inúmeras perguntas que podem ser feitas. Quanto mais profunda for a informação, menor será a sua capacidade de a obter.

Vejamos algumas perguntas que poderá colocar (mais à frente veremos como o fazer) por forma a construir a sua *persona* mais facilmente:

- Nome, idade e sexo;
- Cidade onde vive atualmente;
- Cargo e ocupação atual;
- Área de atividade;
- Nível de escolaridade;
- Rendimento mensal ou anual;
- *Hobbies* e programas de TV favoritos;
- Redes sociais favoritas;
- Hábitos de consumo *online*;
- Meios de comunicação utilizados diariamente;
- Objetivos profissionais e pessoais;
- Desafios profissionais e pessoais;
- Etc.

Em termos práticos, não existem limites de perguntas na construção de uma *persona*; no entanto, quanto mais informação ponderar, maiores serão as dificuldades em obter essa mesma informação. O mesmo acontece no que diz respeito ao nível de profundidade das questões. Se questionar uma pessoa a respeito da sua orientação sexual, religiosa, política ou do seu nível de endividamento, por exemplo, é bem possível que crie alguma entropia com a sua pesquisa ou com o seu negócio.

Para o ajudar a encontrar respostas para essas perguntas mais facilmente, existem diversas coisas que poderá fazer, desde pesquisas de mercado, análise de dados do seu *website* e redes sociais, análise competitiva, entre outras.

Preparei diversas abordagens e ferramentas que o poderão auxiliar durante a construção das suas *personas*:

PESQUISA DE MERCADO

As pesquisas de mercado têm como grande vantagem a escalabilidade e o nível de profundidade das informações que é possível obter, tanto do ponto de vista quantitativo, como qualitativo.

Sites como o *www.typeform.com* permitem-lhe construir facilmente formulários dinâmicos, elegantes e com um nível de profundidade elevado, ideais para a captação de dados em alto volume.

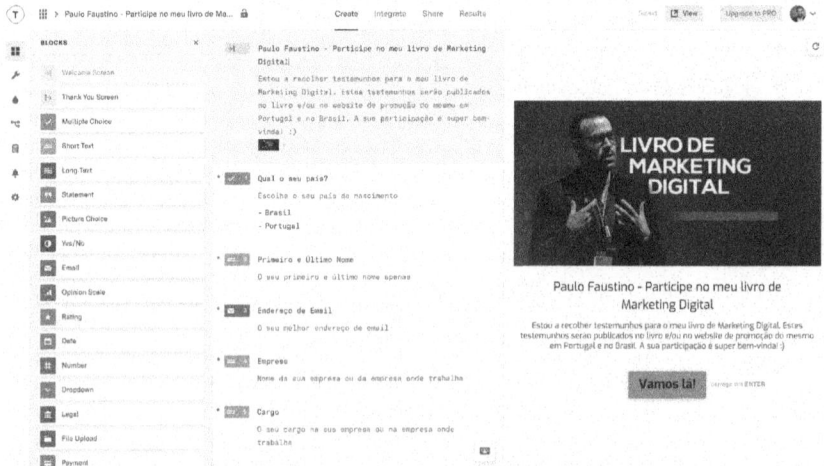

Figura 2. Construção de formulários no TypeForm.

Posteriormente, poderá divulgar o seu formulário de pesquisa através das redes sociais, dos seus contatos profissionais de *e-mail*, de uma *newsletter*, etc. O mais importante é que a mensagem inicial seja clara, para que todos os participantes entendam o objetivo da pesquisa de mercado que realiza, de forma a não obter informações desnecessárias sobre pessoas que não constituem o seu cliente-alvo.

ANÁLISE DE DADOS VIA ANALYTICS

Se o seu negócio ou produto já tem um *website* ou blog publicado na Internet, com o Google Analytics instalado e funcionando corretamente, então é interessante analisar os dados fornecidos pelo Google para entender quem é o público que visita o seu *website* ou blog para ler os seus conteúdos e/ou para se informar a respeito do seu negócio.

Comece por entrar no Google Analytics ou por criar uma conta gratuitamente a partir do endereço *www.google.com/analytics*. Na sua conta, clique em **Público-Alvo > Dados Demográficos > Descrição Geral** para visualizar os indicadores de idade e sexo de quem visita o seu *website* ou blog.

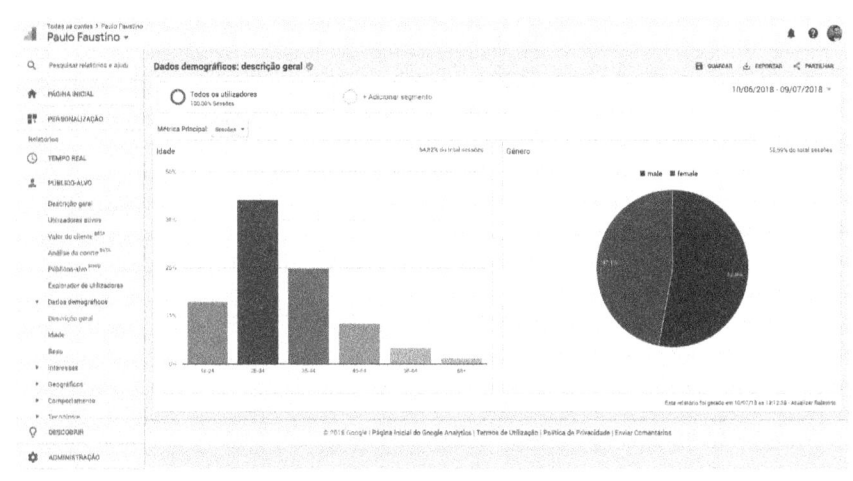

Figura 3. Dados demográficos do Google Analytics.

Conforme pode ver na imagem acima, 52,9% das visitas do meu blog (*www.paulofaustino.com*) são de homens e 47,1% de mulheres. O segmento de idade que mais visita o blog situa-se entre os 25 e os 34 anos de idade, mas também existe uma grande parcela de público entre os 35 e os 44 anos.

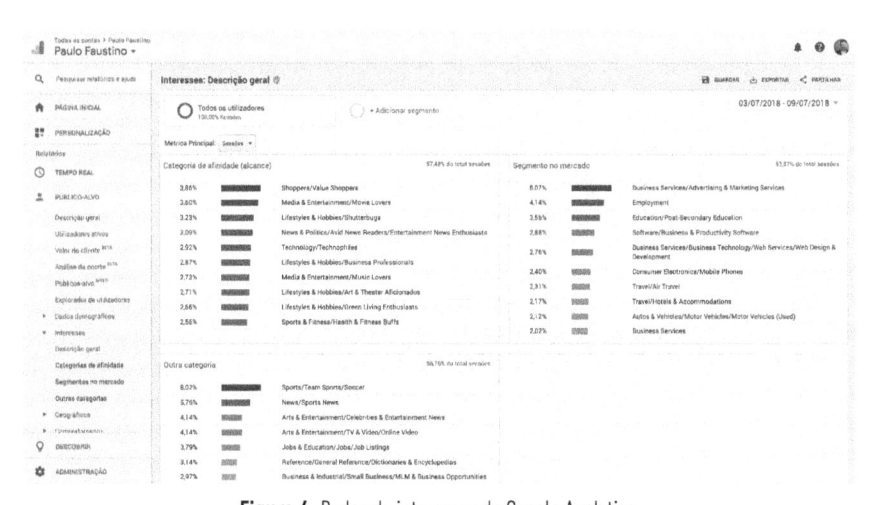

Figura 4. Dados de interesses do Google Analytics.

Além destas informações, é possível através do Google Analytics obter mais algumas informações sobre os comportamentos destes utilizadores. Para o efeito, clique em **Público--Alvo > Interesses > Descrição Geral** para visualizar.

Conforme pode ver na imagem anterior, na categoria de afinidade, a grande maioria do público que visita o meu blog são pessoas consideradas compradores valiosos (compram com frequência *online*), precedidas de pessoas que gostam de entretenimento e *media*, filmes, *hobbies* e *lifestyle*.

No que diz respeito a segmento de mercado, a maioria dos leitores são pessoas ligadas a negócios, publicidade e serviços de marketing.

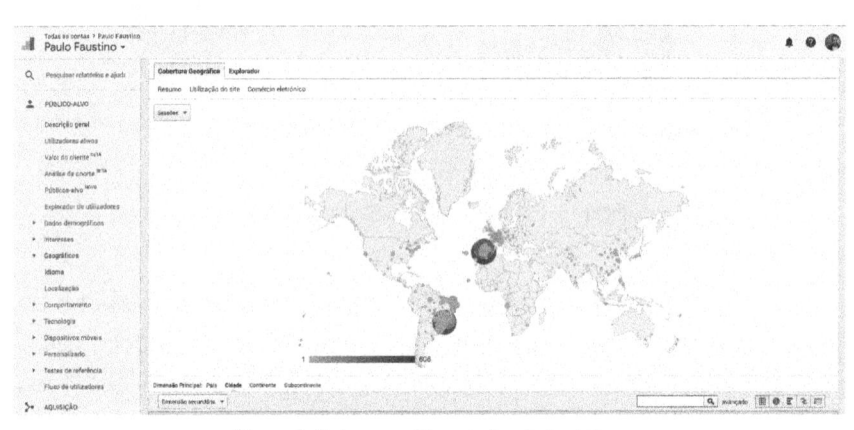

Figura 5. Dados geográficos do Google Analytics.

Por fim, é possível traçar também um perfil geográfico através dos dados e métricas do próprio Google Analytics. Para o efeito, clique em **Público-Alvo > Geográficos > Localização** para conseguir visualizar o gráfico de países ou cidades e entender onde se encontram as pessoas que visitam o seu *website* ou leem os seus artigos.

1.	Portugal	19 401 (45,07%)		1.	Lisbon	5 372 (12,48%)
2.	Brazil	19 145 (44,48%)		2.	Sao Paulo	3 896 (9,05%)
3.	United States	1 245 (2,89%)		3.	(not set)	3 184 (7,40%)
4.	United Kingdom	282 (0,66%)		4.	Porto	2 949 (6,85%)
5.	China	275 (0,64%)		5.	Rio de Janeiro	1 229 (2,86%)
6.	France	226 (0,53%)		6.	Belo Horizonte	998 (2,32%)
7.	Spain	216 (0,50%)		7.	Leiria	805 (1,87%)
8.	Peru	214 (0,50%)		8.	Curitiba	654 (1,52%)
9.	Germany	142 (0,33%)		9.	Braga	609 (1,41%)
10.	Uruguay	142 (0,33%)		10.	Vila Nova de Gaia	564 (1,31%)

Figuras 6 e 7. Dados geográficos do Google Analytics.

Estes dados geográficos são especialmente interessantes para entender em que países ou cidades se encontram os seus potenciais clientes, traçando mais facilmente um perfil do cliente ideal através da construção de uma *persona*. São igualmente importantes para definir quais as regiões a trabalhar preferencialmente numa estratégia de marketing digital.

ANÁLISE DE DADOS VIA REDES SOCIAIS

As redes sociais são também uma excelente forma de construir a sua *persona* através de informações privadas a respeito dos seus seguidores, nomeadamente dados demográficos e geográficos que o podem ajudar a construir mais facilmente o perfil do seu cliente.

1. Facebook

O Facebook, por exemplo, partilha informações extremamente interessantes sobre os fãs de uma página, nomeadamente dados demográficos e geográficos que o podem nortear mais facilmente na construção da sua *persona*, mas também em ações de marketing digital nas redes sociais. Veja:

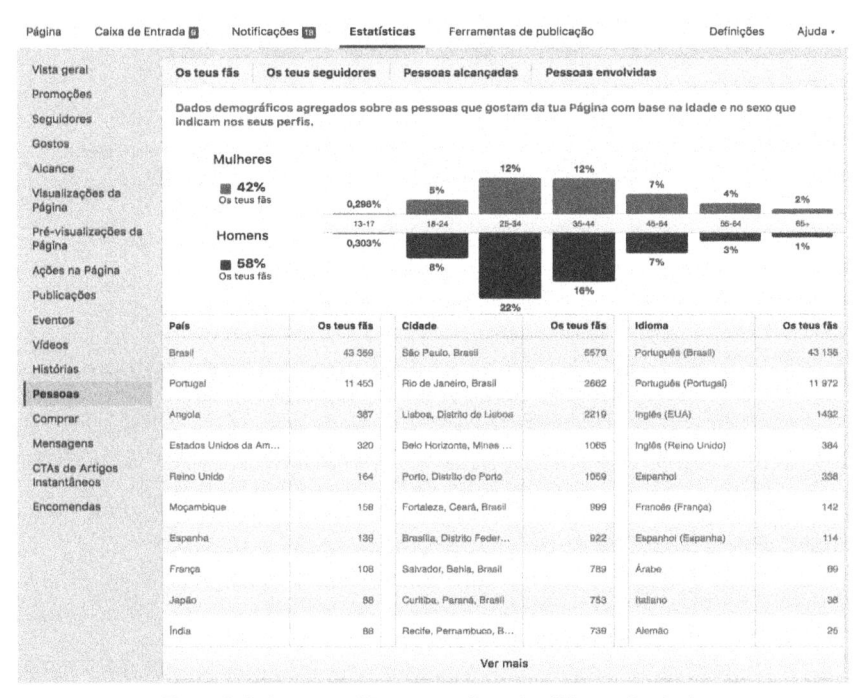

Figura 8. Dados demográficos e geográficos de público no Facebook.

Estas informações são privadas e estão disponíveis apenas para os administradores de páginas de Facebook. Dizem respeito ao perfil dos fãs da sua própria página, nomeadamente à percentagem de homens e mulheres, aos países de origem dessas pessoas, às cidades e também ao idioma. Além disso, o Facebook partilha também informações super-relevantes a respeito das idades em cada um dos segmentos (homens e mulheres), organizadas de uma forma visualmente atrativa e simples de compreender. Estas informações poderão ser uma excelente ajuda na construção da sua *persona*, mas também para futuras ações de marketing digital a realizar em redes sociais.

Para aceder a estas informações, deverá entrar na sua **Página de Facebook > Estatísticas > Pessoas**. Encontrará na aba de estatísticas diversas outras informações relevantes sobre a sua página de Facebook e também sobre o comportamento dos seus visitantes a ter em consideração.

Figura 9. Dados sobre o público via Facebook Analytics.

Outra ferramenta disponível no Facebook e ainda pouco utilizada por profissionais é o Facebook Analytics. Disponível no endereço *www.facebook.com/analytics*, oferece ainda mais informações a respeito do seu público, mas principalmente de todas as ações que acontecem nas suas páginas de Facebook. É também um excelente local para recolher informações para a construção da sua *persona*.

2. Twitter

O Twitter inclui também uma ferramenta de Analytics com dados interessantes a respeito dos seus seguidores, que o poderão ajudar a traçar mais facilmente o perfil do seu cliente ideal na construção da sua *persona*. Disponível no endereço *https://analytics.twitter.com*, a ferramenta inclui dados relacionados com interesses, demografia, estilo de vida e ainda sobre o uso de dispositivos móveis.

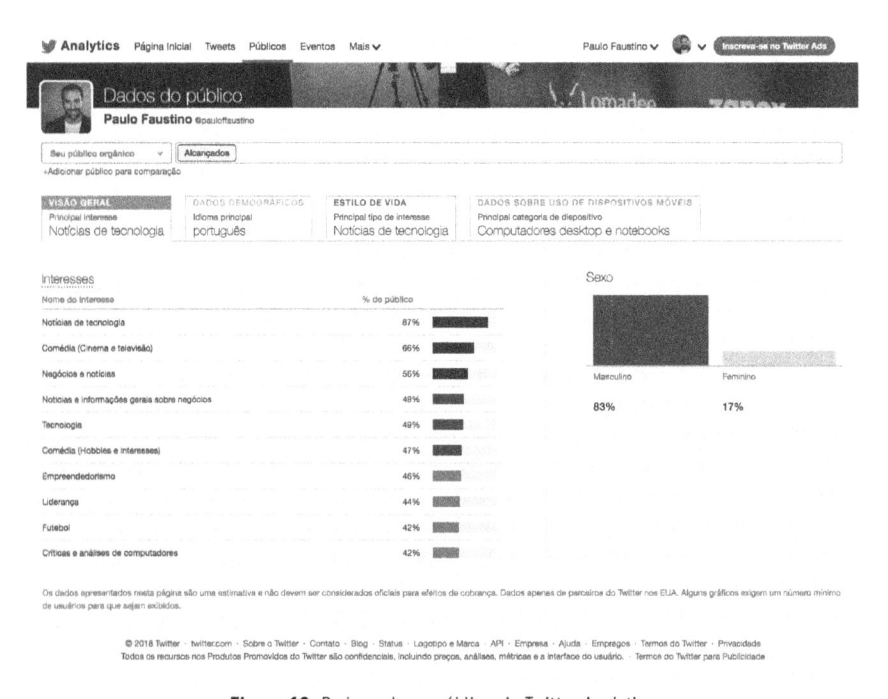

Figura 10. Dados sobre o público via Twitter Analytics.

Com cerca de 11.000 seguidores no Twitter (@pauloffaustino), consigo perceber rapidamente que o público que me segue nesta rede social tem um comportamento direcionado sobretudo para notícias sobre tecnologia, cinema, televisão e negócios, que 83% dessas pessoas são homens e apenas 17% são mulheres.

Estas informações são particularmente relevantes na construção das várias *personas* com quem comunico. Se se recorda, o ideal será construir entre três e quatro *personas* que representem o público do seu negócio e/ou os diferentes tipos de clientes ideais para quem deseja vender.

Neste caso concreto, o Twitter tem um perfil consideravelmente diferente do público do Facebook, pelo que será interessante construir especificamente uma *persona* para a comunicação com este público no Twitter, que é majoritariamente masculino e centrado em tecnologia e negócios.

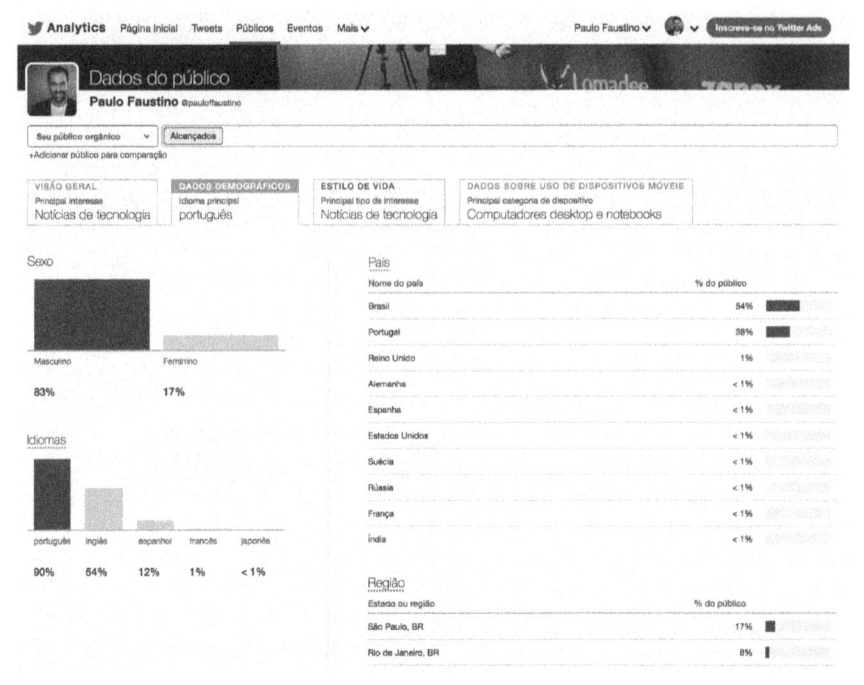

Figura 11. Dados demográficos e geográficos via Twitter Analytics.

Ao nível dos dados demográficos e geográficos, é possível ter uma noção clara de quem é o público que o segue no Twitter. Esta rede social partilha informações úteis sobre o sexo, o idioma, o país e a região dos seguidores, o que é, sem dúvida, uma excelente ajuda na construção das nossas *personas*.

3. Instagram

A conta profissional de Instagram é também um excelente recurso a ter em consideração na construção de uma *persona*. Embora o nível de informação não seja profundo, ajuda a ter uma noção mais clara sobre o perfil dos seus seguidores, faixas etárias, sexo e também alguns comportamentos como o nível de interação e envolvimento com as suas próprias publicações.

Sendo a rede social que mais cresce em Portugal, e com uma audiência de 1 bilhão de pessoas, o Instagram tornou-se rapidamente um canal importantíssimo de marketing digital. A par disso, é uma ferramenta incrível de análise de comportamentos e tendências, pelo que utilizá-la na construção de uma *persona* é primordial.

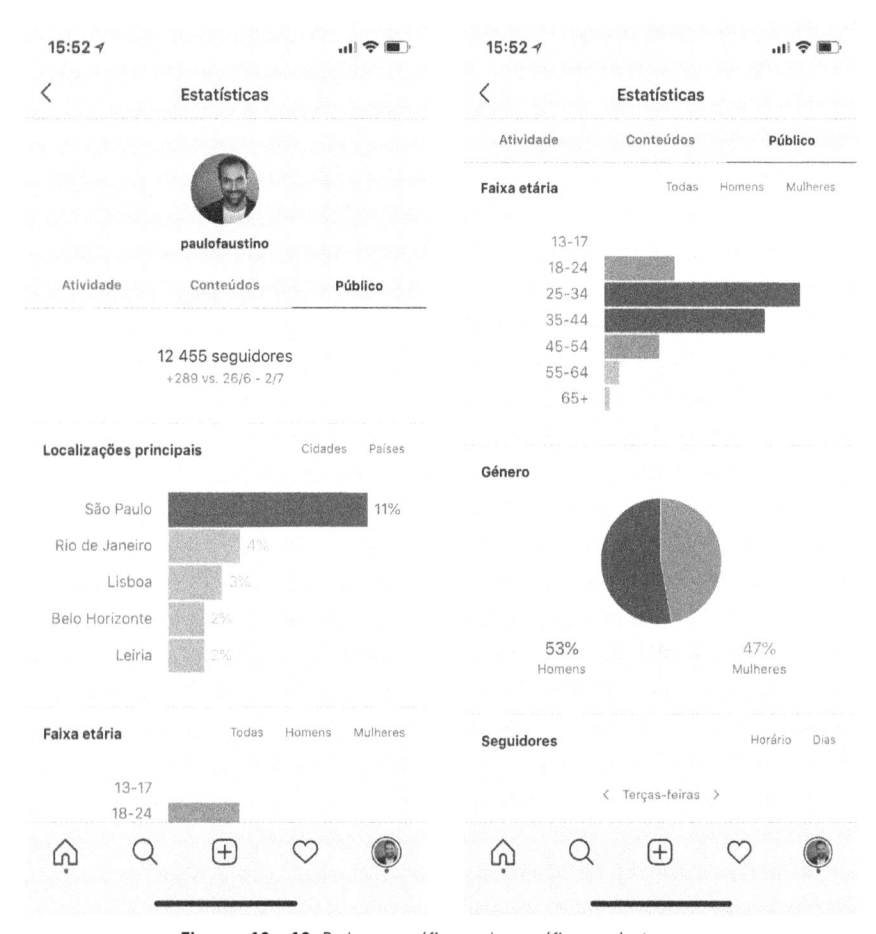

Figuras 12 e 13. Dados geográficos e demográficos no Instagram.

Com uma conta profissional de Instagram (é gratuita também) é possível ter acesso a dados estatísticos extremamente relevantes sobre a atividade da conta, sobre os conteúdos e também sobre o público.

Para ter acesso a estas informações, deverá aceder ao seu Instagram e, no canto superior direito, clicar no ícone de estatísticas e, posteriormente, no separador público. Aqui encontrará dados relativos às principais cidades e países, faixas etárias e gênero dos seguidores da sua conta, bem como os horários e dias de maior atividade.

Estas informações, juntamente com todas as demais já mencionadas, são um excelente auxílio na criação das suas *personas*.

ANÁLISE DE TENDÊNCIAS

Outro aspecto importante na construção de uma *persona* é a análise de tendências. Uma das principais ferramentas de análise de tendências é o BuzzSumo. Disponível gratuitamente de forma limitada no endereço *www.buzzsumo.com*, esta ferramenta, além de encontrar tendências de conteúdo, permite-nos espiar e analisar os concorrentes para entender padrões de comportamento junto do seu público-alvo.

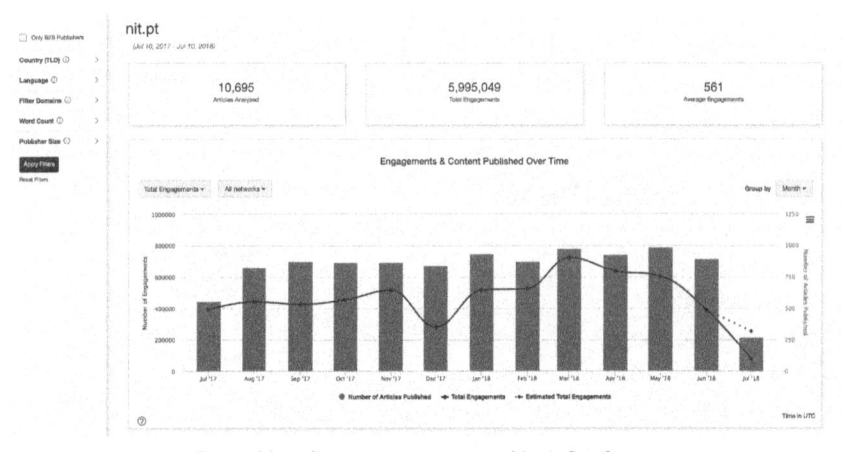

Figura 14. Análise de interação e conteúdo via BuzzSumo.

Imaginemos que está decidido a construir um portal de conteúdos para concorrer com o famoso *nit.pt* e precisa entender antecipadamente quais os conteúdos que esse público mais consome ou mais gosta.

Entrando no BuzzSumo em **Content Research > Content Analysis**, é possível ter acesso a informações extremamente relevantes a respeito do comportamento de qualquer concorrente. No caso do *nit.pt*, foram analisados pelo BuzzSumo 10.695 artigos e mais de cinco milhões de interações nas redes sociais.

Além de dispor dessas informações separadas por meses e nível de interação, é possível ter acesso também a outras, como os tipos de conteúdo que geram mais interação, a dimensão dos artigos publicados *vs.* o volume de interação, a análise da interação por rede social e por dia da semana, e ainda os conteúdos que geraram mais interação ao longo do tempo.

Isto permite-lhe entender mais facilmente o comportamento do público e ajuda-o na construção da sua *persona* sem a necessidade de perguntar a essas pessoas que tipos de conteúdo é que mais gostam de consumir.

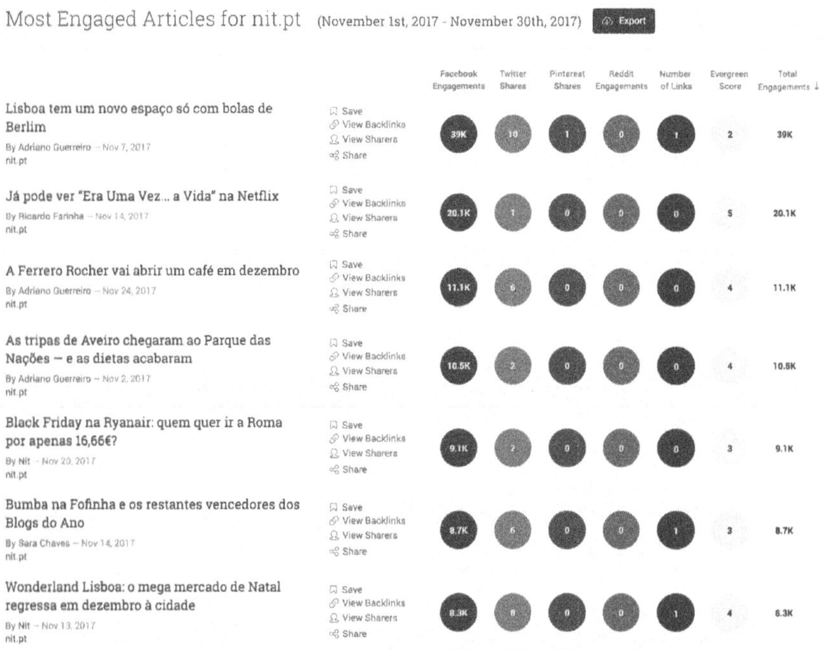
Most Engaged Articles for nit.pt (November 1st, 2017 - November 30th, 2017) Export

		Facebook Engagements	Twitter Shares	Pinterest Shares	Reddit Engagements	Number of Links	Evergreen Score	Total Engagements ↓
Lisboa tem um novo espaço só com bolas de Berlim By Adriano Guerreiro – Nov 7, 2017 nit.pt	Save View Backlinks View Sharers Share	39K	10	1	0	1	2	39K
Já pode ver "Era Uma Vez... a Vida" na Netflix By Ricardo Farinha – Nov 14, 2017 nit.pt	Save View Backlinks View Sharers Share	20.1K	1	0	0	0	5	20.1K
A Ferrero Rocher vai abrir um café em dezembro By Adriano Guerreiro – Nov 24, 2017 nit.pt	Save View Backlinks View Sharers Share	11.1K	6	0	0	0	4	11.1K
As tripas de Aveiro chegaram ao Parque das Nações – e as dietas acabaram By Adriano Guerreiro – Nov 2, 2017 nit.pt	Save View Backlinks View Sharers Share	10.5K	2	0	0	0	4	10.5K
Black Friday na Ryanair: quem quer ir a Roma por apenas 16,66€? By Nit – Nov 20, 2017 nit.pt	Save View Backlinks View Sharers Share	9.1K	2	0	0	0	3	9.1K
Bumba na Fofinha e os restantes vencedores dos Blogs do Ano By Sara Chaves – Nov 14, 2017 nit.pt	Save View Backlinks View Sharers Share	8.7K	6	0	0	1	3	8.7K
Wonderland Lisboa: o mega mercado de Natal regressa em dezembro à cidade By Nit – Nov 13, 2017 nit.pt	Save View Backlinks View Sharers Share	8.3K	8	0	0	1	4	8.3K

Figura 15. Conteúdos mais populares nas redes sociais via BuzzSumo.

Clicando em cada um dos meses do gráfico de barras apresentado, é possível visualizar especificamente quais os conteúdos que tiveram uma maior interação nas redes sociais, o que certamente o ajudará a entender quem é o seu público e que tipo de conteúdo é que ele consome com maior frequência.

Além disso, esta ferramenta é particularmente interessante numa estratégia de marketing de conteúdo (abordaremos isto mais à frente), porque permite-nos saber antecipadamente quais os tipos de conteúdo que geram mais interação e partilhas nas redes sociais.

FERRAMENTAS PARA CRIAÇÃO DE *PERSONAS*

Existem diversas ferramentas gratuitas na Internet para o ajudar a construir as suas *personas* mais facilmente. Destaco três que poderão auxiliar neste processo criativo:

1. *www.criesuapersona.com.br*
2. *www.geradordepersonas.com.br*
3. *www.makemypersona.com*

Em termos práticos, o que estas ferramentas fazem é processar a informação submetida e ajudá-lo no processo de criação das suas *personas*, entregando no final o resultado e o perfil destas.

PREPARADO PARA CRIAR AS SUAS *PERSONAS*?

Quando falamos de marketing digital, ou mesmo marketing tradicional, é inegável a necessidade de construir *personas* antes de começar a divulgar um negócio ou produto. É impossível comunicar de forma correta e assertiva sem se saber antecipadamente quem é o público para o qual nos dirigimos.

Espero que, com este capítulo, tenha ficado esclarecido sobre a importância de criar *personas* e como o fazer de uma forma simples, rápida e prática. Este é o primeiro passo de uma estratégia de marketing digital de sucesso!

> Esta é a segunda peça do seu *puzzle* de estratégia de marketing digital.

CAPÍTULO II
O CONTEÚDO AINDA É REI

Falar de marketing digital sem abordar o marketing de conteúdo é impensável, ainda mais se tivermos em consideração que tudo na Internet é conteúdo. Sejam artigos, vídeos, fotografias, etc; toda a Internet é feita de conteúdo.

Possivelmente já terá ouvido falar em *youtubers*. São profissionais ou amadores que, pela dimensão da sua audiência no YouTube, conseguem acumular milhares (ou milhões) de seguidores e ganhar milhares de reais em publicidade. O segredo de um *youtuber* é a qualidade do seu conteúdo em vídeo.

Também já terá ouvido falar de influenciadores digitais, ou *influencers*. São profissionais ou amadores que, pela dimensão da sua audiência, conseguem influenciar a tomada de decisão de quem os segue, gerando vendas e autoridade para os produtos e marcas com os quais trabalham. O segredo de um influenciador é a qualidade do seu conteúdo.

Já deve ter, igualmente, ouvido falar em bloggers. São profissionais ou amadores que, através dos seus conteúdos escritos, geram milhares de visitantes aos seus blogs, construindo audiências gigantescas que rentabilizam com publicidade e patrocínios. O segredo de um blogger também é a qualidade do seu conteúdo.

Poderia dar mais exemplos, mas acho que já percebeu a ideia. Contrariamente ao que se fala pela Internet, o conteúdo está longe de estar morto. O conteúdo ainda é rei e continuará a sê-lo enquanto a Internet existir.

INTRODUÇÃO AO MARKETING DE CONTEÚDO

Quando falamos de marketing de conteúdo, inevitavelmente falamos da expressão "O conteúdo é rei", ou *"The content is king"*, cunhada por Bill Gates, fundador da Microsoft, em 1996, num artigo publicado no *site* oficial da Microsoft.[1] Quando Bill Gates proferiu esta frase, antevia a necessidade de se produzir conteúdo como forma de criar autoridade e relevância na Internet, realizando um paralelismo com a televisão, que na altura era extremamente popular nos Estados Unidos.

Num excerto retirado dessa publicação, Bill Gates referia: "É com o conteúdo que eu espero que muito do dinheiro real seja feito na Internet, assim como com a sua transmissão (...)", indicando o caminho para o sucesso *online*. Não poderia estar mais certo na sua visão, vinte e três anos depois.

Marketing de conteúdo, ou *content* marketing, é um conceito que se popularizou novamente nos últimos anos. No entanto, há marketing de conteúdo desde que a Internet existe. No seu conceito geral, significa produzir conteúdos relevantes para o seu público, como forma de o ajudar a esclarecer as suas dúvidas, a atrair potenciais clientes ou simplesmente a fazer de si uma autoridade num determinado nicho de mercado. Naturalmente, quanto melhor for o conteúdo que produzir, maior será a perceção do seu público de que é uma autoridade no assunto.

Não é à toa que grandes nomes como Gary Vaynerchuk, Tony Robbins, Marie Forleo, Robin Sharma, Brendon Burchard, entre outros, se tornaram autoridades nos seus nichos de mercado. Através de conteúdo escrito, de vídeo ou de qualquer outro tipo, foi graças a uma estratégia de marketing de conteúdo que rapidamente se posicionaram como autoridades nos seus nichos de mercado.

O marketing de conteúdo é o pilar do *inbound* marketing e consiste, essencialmente, em produzir conteúdos relevantes ou de impacto extremamente positivo na sua audiência-alvo, sejam eles educacionais, profissionais, tutoriais ou simplesmente de entretenimento.

Quer se trate de um Gary Vaynerchuck produzindo material para atrair novos clientes para a sua agência de publicidade, quer seja uma Kéfera Buchmann elaborando vídeos de entretenimento que geram visualizações e, com isso, patrocinadores e dinheiro em anúncios, este género de marketing começa e termina no momento em que se produz qualquer tipo de conteúdo.

Uma das grandes confusões em torno do tema marketing de conteúdo está associada ao conteúdo a produzir. Há profissionais ou empresas que acham que marketing de conteúdo significa escrever sobre o que fazem, as vantagens dos seus produtos, o quão fantásticos são, etc. Na realidade, o marketing de conteúdo é o oposto disso. É escrever sobre as dores do seu cliente, as dificuldades deles, é entregar um conteúdo incrível sobre um determinado tema. Tudo isto sem pedir rigorosamente nada em troca.

O marketing de conteúdo é o melhor exemplo de bom karma que pode existir. Um bom conteúdo, que ajude o seu público, terá um retorno incrível sem que precise de publicitar o seu negócio ou o seu trabalho.

Resumindo, o marketing de conteúdo é o processo de criação que faz com que, indiretamente, através de uma peça de conteúdo, consiga construir autoridade ou atrair potenciais novos clientes sem fazer qualquer tipo de esforço em marketing direto aos seus produtos/serviços. É falar sobre o seu nicho de mercado e aquilo de que os seus clientes precisam.

PUBLICIDADE *VS.* MARKETING DE CONTEÚDO

Um dos temas muitas vezes debatidos entre os fãs da publicidade e os fãs do *inbound* marketing é a eficácia de cada uma dessas estratégias. Como saberá, anúncios permitem colocar os seus produtos ou serviços à frente de milhares de pessoas por um custo baixo, sem necessidade de um trabalho extra. No entanto, o *inbound* marketing defende que a criação de conteúdos relevantes para o seu público, não só o ajuda a estabelecer-se como uma autoridade no seu nicho de mercado, como também a converter drasticamente mais nas suas ações publicitárias futuras.

Caso não tenha entendido a diferença, atente, por exemplo, ao meu percurso profissional. Quando comecei o meu primeiro blog de conteúdo, em 2008, era um perfeito desconhecido no mercado de marketing digital.

Na realidade, naquela altura ninguém falava sobre marketing de conteúdo ou marketing digital. Nesse tempo, esses termos ainda eram uma miragem. No entanto, foi através da produção de conteúdos em texto (artigos e tutoriais) e vídeo (aulas, webinários, palestras, etc.) que me posicionei como um especialista em marketing digital, sem que na verdade tenha de alguma forma publicitado essa característica profissional.

O próprio mercado, ao longo dos anos e através dos conteúdos que produzia, foi determinando que eu era um especialista em marketing digital e marketing de afiliados, os dois temas que mais abordei ao longo dos últimos 14 anos.

Se quiser outros exemplos, basta ver os blogs da Expedia, McDonald's, Red Bull, GoPro, entre outras empresas que utilizam o marketing de conteúdo como uma estratégia importante na geração de *leads* (contatos) e interesse sobre as marcas. É o mesmo que vender sem a necessidade de o tentar fazer. O posicionamento faz isso naturalmente.

Num estudo realizado pela HubSpot[2], em 2011, a respeito da importância de as empresas e os negócios terem um blog e produzirem conteúdos, chegou-se a conclusões muito interessantes sobre o impacto positivo que uma página deste tipo pode ter num negócio. Veja:

- Uma empresa que tenha um blog recebe 55% mais visitantes, 97% mais *links* orgânicos, e indexa 434% mais páginas no Google;

- Cerca de 69% das empresas atribuem a geração de *leads* ao sucesso dos seus blogs;
- Cerca de 57% das empresas adquiriram um cliente através do seu blog;
- A empresa de estudos de mercado Nielsen referiu que nos Estados Unidos os utilizadores de Internet passam três vezes mais tempo em blogs e redes sociais do que a ler *e-mails*;
- O *inbound* marketing custa 62% menos por *lead* do que o *outbound* marketing.

Números extremamente importantes que demonstram a importância de ter uma estratégia de marketing de conteúdo, independentemente do seu negócio, produto ou serviço.

Possivelmente poderá questionar-se neste momento: "Mas vou escrever sobre o quê, concretamente? O meu produto não é assim tão interessante!" Para o ajudar a entender o contexto, vou contar-lhe uma história...

A empresa River Pools and Spas (*www.riverpoolsandspas.com*) tem uma das histórias mais inspiradoras do mundo, que virou um caso de estudo.[3] Quando abriu as portas, em 2001, pela mão do fundador Marcus Sheridan, era apenas mais uma empresa de venda de piscinas na Virgínia e no Maryland, nos Estados Unidos.

Depois de um arranque modesto, Marcus decidiu investir entre 2007 e 2009 mais de 200 mil dólares em publicidade paga nos meios tradicionais, para perceber que o custo era exageradamente elevado relativamente ao número de vendas geradas. Depois de chegar a essa conclusão, Marcus decidiu que iria apostar na criação de um blog.

Em fevereiro de 2009, nasceu o blog da River Pools and Spas. Na época, a empresa recebia inúmeras dúvidas de potenciais clientes, às quais Marcus respondia por *e-mail* de uma forma detalhada e personalizada. Pensando nisso, começou a publicar esses conteúdos no blog da empresa, como forma de esclarecer outras pessoas com as mesmas dúvidas.

Em 2010, Marcus Sheridan tinha criado o blog mais popular desta indústria nos Estados Unidos, tendo gerado 600 vendas de piscinas através do seu conteúdo. Com isso, a River Pools and Spas tornou-se uma das maiores empresas de venda de piscinas na América e a maior do país especializada em piscinas de fibra de vidro. E isso não significava necessariamente ter muito tráfego. No melhor mês de sempre, o blog recebeu apenas cerca de 40 mil visitantes.

Como se isso não fosse suficientemente interessante, posso dar-lhe nota de que com apenas um artigo no blog da empresa, intitulado "Fiberglass Pool Prices: How Much is My Pool Really Going to Cost?", Marcus gerou dois milhões de dólares em vendas de piscinas.[4]

Foi uma dúvida colocada por um potencial cliente que deu origem a esse artigo, que continha informação detalhada sobre os diversos tipos de piscinas que Marcus vendia e os seus respectivos preços. O artigo registrou 20.359 leituras e 84 *links* orgânicos, o melhor resultado na história do blog, gerando em torno de 24 a 57 vendas de piscinas, de acordo com os preços praticados na altura.

Esta história ilustra de forma perfeita a importância do marketing de conteúdo numa estratégia de marketing digital. Ao contrário do que se possa pensar, ter um blog com pouco tráfego não é necessariamente um mau negócio, antes pelo contrário. **Mais importante do que a quantidade de tráfego é a qualidade desse mesmo tráfego** (falaremos mais à frente sobre isto) e, nesse aspecto, a River Pools and Spas recebia visitas altamente qualificadas e preparadas para comprar.

OBJETIVOS DO MARKETING DE CONTEÚDO

O marketing de conteúdo é fundamental não só pelo tráfego orgânico (gerado de forma natural sem necessidade de investimento financeiro) que gera, como principalmente pela perceção que cria junto do seu público.

Se analisar alguns dos exemplos de que falei anteriormente, entenderá facilmente que aqueles que hoje são considerados especialistas nas suas áreas de atuação vivem, acima de tudo, do conteúdo que produzem (e da qualidade deste). Essa perceção de que são especialistas vem, precisamente, do conteúdo gerado e compartilhado pela sua audiência. Logicamente, o mesmo se aplica a empresas. Empresas que geram conteúdos relevantes acabam por criar uma perceção muito positiva sobre as marcas.

A tudo isso deveremos somar o fato de o marketing de conteúdo ser normalmente feito com base num objetivo concreto. Dependendo do objetivo que tiver, terá de adaptar o discurso e, inclusive, o tipo de conteúdo que pretende criar para o público em questão (a sua *persona*). Vejamos:

1. Gerar mais tráfego para o seu *site* ou blog

Um dos principais resultados de uma boa estratégia de marketing de conteúdo é a geração de tráfego orgânico através dos motores de pesquisa (falaremos sobre isso mais à frente). Se produzir conteúdos realmente muito bons, eles não só irão gerar *links* orgânicos de qualidade para o seu *site*, como também terão um impacto positivo na captação de tráfego por meio das redes sociais. Naturalmente, bons conteúdos geram mais *links* e partilhas nas redes sociais e isso tenderá a ajudar o seu *site* a ganhar uma maior visibilidade nas páginas de resultados orgânicos de motores de pesquisa.

2. Gerar mais *leads*

O marketing de conteúdo é igualmente pródigo na geração de *leads* orgânicos (contatos gerados de forma natural sem necessidade de investimento financeiro). Muitas vezes as pessoas seguem o seu trabalho, mas não compram os seus produtos. Isso acontece, na grande maioria dos casos, porque elas ainda não estão preparadas para comprar e/ou não se sentem confiantes o suficiente para tomar essa decisão.

Isso acontece comigo todos os dias. Ao produzir conteúdos para o meu blog, consigo não só gerar *leads* qualificados, como ajudar essas pessoas no esclarecimento das suas principais dúvidas sobre marketing digital. Os meus conteúdos geram uma maior confiança nessas pessoas e, indiretamente, isso ajuda-as a tomar decisões de compra de uma forma mais segura.

Através do marketing de conteúdo, além de ser possível nutrir *leads* com conteúdo relevante e que provavelmente irá ajudar as pessoas a dissipar as suas dúvidas (lembre-se do caso da River Pools and Spa), o seu negócio gerará uma maior confiança junto delas, garantindo que, no momento em que se sentirem confortáveis para comprar esse produto/serviço, irão se lembrar de fazê-lo.

À medida que vai criando conteúdo, vai construindo uma base de *leads* orgânicos muito grande. Os seus conteúdos criam tráfego orgânico, que, por sua vez, gera *leads*, e estes convertem-se em oportunidades de negócio. Tudo isso em piloto automático, sem necessidade de ter qualquer tipo de ação direta sobre esse tráfego.

NOTA: naturalmente que, para gerar *leads* qualificados com os seus conteúdos, é importante que o seu *site* ou blog tenha formulários de captação de contatos e/ou *newsletter*, posicionados em locais importantes e visíveis na página.

3. Aumentar a notoriedade da sua marca

Esteja a utilizar o marketing de conteúdo como uma estratégia de *branding* pessoal, ou como uma estratégia de *branding* empresarial, indubitavelmente aumentará de forma exponencial a notoriedade da sua marca, seja ela pessoal ou empresarial. Conteúdo relevante gera autoridade. Simples.

A criação de conteúdos relevantes, além de gerar comentários e interesse junto do seu público, faz aumentar também o nível de interação com os seus seguidores. Isso fará com que a sua notoriedade nesse mercado vá aumentando progressivamente, gerando um maior interesse pelo seu trabalho ou pela sua empresa.

Quando os meus leitores me citam, apontando-me como uma autoridade em marketing digital, na realidade essa concepção de valor foi criada através da qualidade dos meus conteúdos. A repercussão de um bom conteúdo molda a forma como o seu público o vê ou ao seu negócio.

A forma como os seus potenciais clientes interagem com os seus conteúdos determina parte do valor da sua marca. Conteúdos altamente relevantes geram uma maior interação, enquanto conteúdos menos interessantes levam a uma menor interação e, naturalmente, a uma menor amplificação nas redes sociais. A criação dessa interação com os seus leitores é fundamental, por várias razões:

- Cria uma ligação mais forte com potenciais compradores dos seus produtos/serviços;
- Aumenta gradualmente a notoriedade da sua marca para esse segmento de mercado;
- Ajuda a construir ao longo do tempo uma base de fiéis seguidores do seu trabalho;
- Permite-lhe fechar mais negócios e gerar mais vendas a longo prazo;
- Ajuda-o a entender as dificuldades do seu público e a adaptar os seus conteúdos e produtos nesse sentido;
- Gera tráfego orgânico para o seu *site* em piloto automático e aumenta a visibilidade do seu negócio.

4. Baixar o custo de aquisição de clientes

Neste assunto, existem várias coisas a ter em consideração. Costumo dizer muitas vezes para alunos meus que, ao comprar publicidade, reduzimos uma janela de tempo de seis meses para, provavelmente, seis dias.

Quando temos um objetivo comercial, o tempo é fundamental e, muitas vezes, o próprio cliente não quer esperar ou adotar uma estratégia de marketing de conteúdo simplesmente porque necessita de um resultado imediato.

No entanto, quando trabalhamos com marketing de conteúdo, ainda que os resultados possam demorar muito mais tempo, a longo prazo isso será muito rentável a vários níveis, particularmente no que diz respeito ao custo de aquisição de clientes (CAC).

Se imaginarmos um blog de uma empresa que gera 50 mil visitas orgânicas por mês a partir do motor de pesquisa do Google, falamos de um potencial de aquisição de clientes incrível, por um custo extremamente reduzido. Embora a publicidade muitas vezes signifique um investimento elevado, é necessário considerar também que o marketing de conteúdo tem um custo associado. Pensar, idealizar, produzir, editar, rever e publicar um conteúdo ou vários conteúdos também têm um custo, que normalmente está associado ao tempo de que a pessoa necessita para produzir esse mesmo conteúdo. Mas esse custo existe.

A grande vantagem do marketing de conteúdo é que, dependendo do tipo de conteúdo que escrever, pode gerar tráfego orgânico perpétuo, o que significa atrair potenciais clientes para o seu negócio ao longo de vários meses ou anos.

Imagine publicar 30 artigos no *site* da sua empresa ou no seu blog pessoal que possam atrair mensalmente entre cinco e dez novos clientes. Ao longo do tempo, o custo de aquisição de cada um desses clientes irá diluir-se drasticamente, porque o investimento foi realizado apenas no início, quando da produção dessa peça de conteúdo.

Figura 16. Funil de marketing digital para vendas.

COMO SE FAZ MARKETING DE CONTEÚDO?

Embora, à primeira vista, possa parecer uma ciência exata ou simples de colocar em prática, na realidade o marketing de conteúdo exige muita determinação, foco e atenção. É importante planejar de forma correta e antecipada todos os conteúdos que será preciso criar, definir objetivos para cada um deles, estruturar um calendário editorial, etc.

Existem diferentes tipos de conteúdos que poderá produzir, seja para o seu blog pessoal, seja para o da sua empresa. É recomendável começar por decidir que conteúdos irá produzir e qual a estratégia a implementar, mas é importante que tenha noção daquilo que cada um desses pontos lhe exigirá em termos de esforço e dedicação. Não é tão simples quanto parece, mas, ao mesmo tempo, é um desafio que causa prazer.

Tipos de conteúdos que poderá produzir com base numa estratégia de marketing de conteúdo:

- Um blog;
- Conteúdos para redes sociais;
- Campanhas de *e-mail* marketing;
- *Landing page*s;
- *E-books*;
- Vídeos;
- Infográficos;
- *Podcasts*;
- Aplicações móveis;
- Testes *online*;
- Comparativos;
- Webinários;
- Ferramentas;
- *Kits*;
- *Templates*;
- Etc.

Como pode ver, há muito que fazer quando o tema é o marketing de conteúdo. No entanto, é fundamental definir uma estratégia para cada um desses conteúdos, uma vez que não bastará produzir um texto para o seu blog, publicar um vídeo no YouTube ou fazer um *post* no Facebook. É preciso entender como cada um desses formatos de conteúdo funciona, como fazer a divulgação e, acima de tudo, como amplificar a sua mensagem para que ela chegue ao maior número de pessoas possível. Além disso, é recomendável que exista um objetivo associado, seja ele gerar mais *leads*, mais notoriedade, mais tráfego ou mais vendas.

Para o ajudar neste processo, vamos aprofundar os principais tipos de conteúdos, estratégias e táticas que poderá implementar de imediato no seu negócio ou na sua marca pessoal.

1. Criar um blog
Quando comecei os meus primeiros blogs, em 2007, nada fazia prever a importância deste instrumento hoje numa estratégia de marketing de conteúdo. Passaram-se doze anos e o blog continua a ser a principal fonte de tráfego da grande maioria dos empreendedores e empresas em todo o mundo. E a minha também!

Se nunca criou um blog, tenha em consideração que, além de ser uma ferramenta incrível de geração de tráfego, lhe permite também controlar facilmente todas as suas ações e analisar de forma eficaz o comportamento dos seus potenciais clientes.

Um blog bem estruturado, com um bom SEO (*search engine optimization*, ou otimização para motores de pesquisa) e um conteúdo relevante pode gerar muito tráfego a longo prazo e, dessa forma, atrair potenciais novos clientes para o seu negócio, seja ele qual for.

Se estiver pensando em vender cursos *online*, se tiver uma empresa de instalação de ar condicionado ou se quiser lançar uma consultora empresarial, um blog é uma ferramenta indispensável para encontrar novos clientes. Independentemente do negócio que tiver, um blog é sempre uma boa opção numa estratégia de marketing digital. Por norma, não é a prioridade das empresas e dos empresários, pelo trabalho que está associado à produção de conteúdos relevantes, pelo que isso se torna uma vantagem competitiva ainda maior face aos seus concorrentes.

1.1. Um bom SEO é fundamental

Se não entende rigorosamente nada de SEO, é importante começar por aí antes de criar o seu blog (mais à frente falarei sobre como otimizar conteúdo para SEO). Entender como funciona a otimização para motores de pesquisa poderá fazer uma diferença muito grande no impacto e nos resultados dos seus conteúdos.

Comece por estudar um pouco sobre SEO e entender a estruturação HTML de um blog, para evitar cometer erros desnecessários e/ou escrever conteúdos sobre temas que ninguém lê ou que não geram tráfego, simplesmente porque não são encontrados facilmente numa pesquisa realizada no Google.

Depois disso, é importante que os seus conteúdos estejam devidamente otimizados, de forma que o robô de rastreio do Google (ou de qualquer outro motor de pesquisa) entenda o seu conteúdo, qual a hierarquia de importância deste e, principalmente, qual a palavra-chave que define a sua peça.

NOTA: isto não significa que deverá escrever a mesma palavra-chave inúmeras vezes ao longo do artigo! A isso chama-se manipulação de palavra-chave, e pode resultar numa penalização por parte do Google. Seja natural na sua escrita.

Embora nos dias de hoje o algoritmo do Google procure acima de tudo autenticidade no que diz respeito ao material publicado em *sites* e blogs, continua a utilizar diversos fatores internos e externos para determinar se um conteúdo é mais relevante do que outro disponível na Internet. Ao contrário daquilo em que muita gente acredita, o Google não se importa se um determinado conteúdo é melhor ou pior do que outro. O trabalho do Google não é analisar isso, mas sim a relevância daquele conteúdo para a pesquisa que o utilizador realiza.

Quando digita alguma coisa no seu *browser*, o Google procura a melhor resposta possível para a sua dúvida. Não é necessariamente o "melhor" conteúdo que aparece na frente, uma vez que o significado de "melhor" é muito subjetivo. Para o Google, o que interessa é a relevância desse conteúdo para o utilizador que realizou aquela pesquisa. Se esse artigo responder às dúvidas do utilizador e o esclarecer em relação a esse tema, então esse conteúdo é mais relevante do que qualquer outro.

Logicamente, escrever um bom conteúdo não é só isso. Porém, se partirmos do princípio de que os seus conteúdos não cumprem esse requisito, então todo o resto será em vão. Mais importante do que uma boa otimização é pensar sempre no utilizador que realiza a pesquisa e no conteúdo que será entregue em resposta a essa dúvida.

1.1.1. Escreva sobre assuntos acerca dos quais as pessoas pesquisam

Embora a grande maioria dos autores não pense a respeito deste assunto, a realidade é que nem todas as palavras-chaves são relevantes ao nível da pesquisa. Se pensar em escrever um artigo sobre emagrecimento rápido, por exemplo, sabia que existem dezenas de outras palavras-chaves mais interessantes de se trabalhar do que "como emagrecer rápido"?

Para entender quais as palavras-chaves mais interessantes a utilizar nos meus artigos, utilizo a ferramenta de análise de palavras-chaves KWFinder (*http://bit.ly/appkwfinder*), que é absolutamente fantástica. Com esta ferramenta consigo facilmente entender o que devo fazer em cada momento da minha estratégia de conteúdo e, mais importante do que isso, o que devo escrever, antes de o escrever.

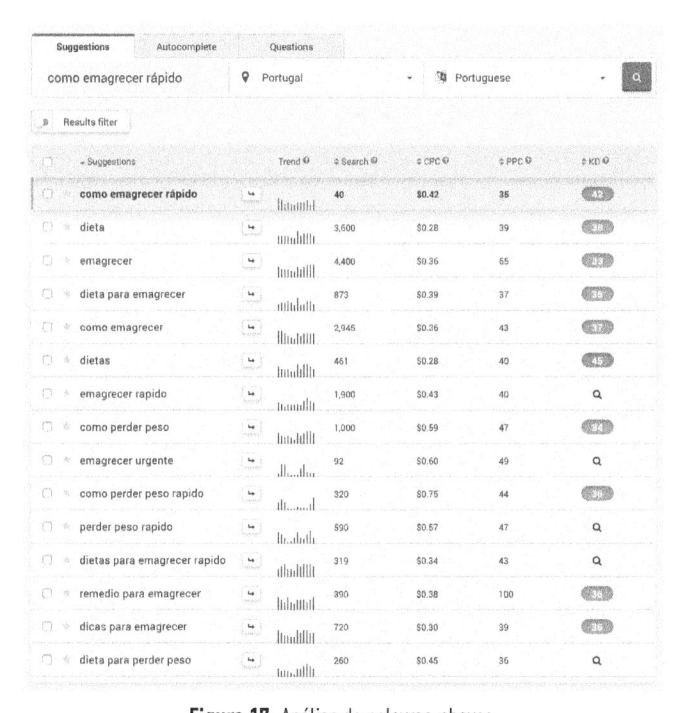

Figura 17. Análise de palavras-chaves.

Ao escrever "como emagrecer rápido" no KWFinder, descubro rapidamente que essas palavras-chaves têm somente 40 pesquisas mensais no Google em Portugal, um volume extremamente baixo. Logo abaixo, o KWFinder apresenta-me dezenas de outras opções de palavras-chaves relacionadas com o mesmo nicho de mercado. Se organizar os resultados pela coluna "Search" (volume de pesquisa), consigo saber que palavras-chaves são mais pesquisadas no Google em Portugal todos os meses sobre este tema. Ora, veja:

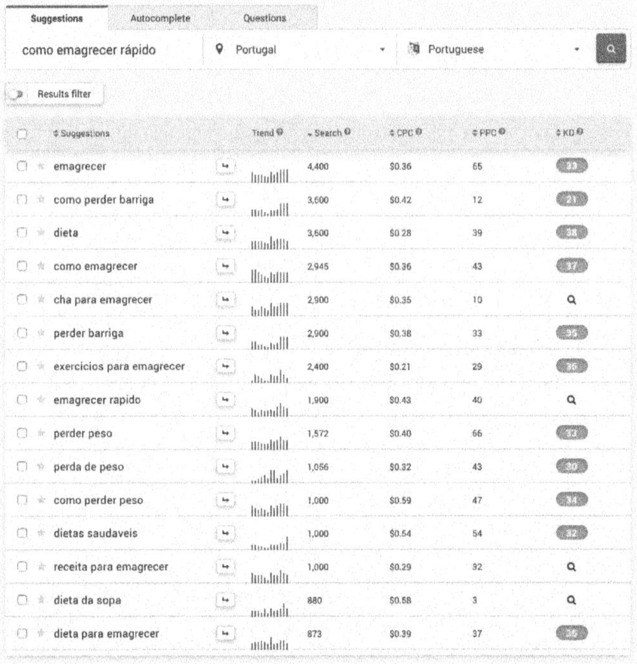

Suggestions	Trend	Search	CPC	PPC	KD
emagrecer		4.400	$0.36	65	33
como perder barriga		3.600	$0.42	12	21
dieta		3.600	$0.28	39	36
como emagrecer		2.945	$0.36	43	37
cha para emagrecer		2.900	$0.35	10	Q
perder barriga		2.900	$0.38	33	35
exercicios para emagrecer		2.400	$0.21	29	36
emagrecer rapido		1.900	$0.43	40	Q
perder peso		1.572	$0.40	66	32
perda de peso		1.056	$0.32	43	30
como perder peso		1.000	$0.59	47	34
dietas saudaveis		1.000	$0.54	54	32
receita para emagrecer		1.000	$0.29	32	Q
dieta da sopa		880	$0.58	3	Q
dieta para emagrecer		873	$0.39	37	35

Figura 18. Análise de palavras-chaves organizadas por volume de pesquisa.

Desta forma, percebo rapidamente que existem dezenas de palavras-chaves com muito mais pesquisas mensais e poderei adaptar a minha estratégia de conteúdo para ir ao encontro dessa análise. Isto logicamente não significa que irei produzir um conteúdo de menor qualidade, antes pelo contrário. Significa, isso sim, que terei de criar um conteúdo focado nessa palavra-chave e não na outra que tinha pensado inicialmente. Idealmente, deverei produzir um conteúdo para ambas!

Outra vantagem desta ferramenta é que ela dá também uma análise holística de tudo o que esteja relacionado com estas palavras-chaves, nomeadamente o valor de CPC médio para anunciar no Google Ads, o nível de competição para anunciar em PPC e ainda o *Keyword SEO Difficulty*, que é um índice de 0 a 100 que mede basicamente a dificuldade em posicionar um conteúdo em primeiro lugar no Google para esse termo de pesquisa, tendo em consideração todos os concorrentes posicionados nos resultados orgânicos deste motor de busca para essa pesquisa.

Esta ferramenta dá-lhe uma noção mais ampla e objetiva da sua estratégia de conteúdo, para que possa começar a produzir conteúdos relevantes e que sejam realmente pesquisados na Internet. Não faz sentido escrever sobre assuntos acerca dos quais as pessoas não pesquisam. É pura perda de tempo.

1.1.2. Densidade de palavra-chave no conteúdo
Possivelmente já terá ouvido falar na ideia de que, se repetir a palavra-chave do seu artigo em 3% do texto, isso irá ajudá-lo a melhorar o seu posicionamento no Google. Contudo, as coisas não funcionam assim. Quando o objetivo passa por otimizar conteúdo para SEO, a densidade de palavra-chave, embora seja relevante, não é o mais importante na equação.

Na realidade, uma densidade de 0,7% ~ 0,9% pode ser o suficiente para conseguir posicionar um conteúdo corretamente nos primeiros resultados de uma pesquisa no Google. Mais importante do que a densidade da palavra-chave no conteúdo é a qualidade deste.

De pouco vale produzir um conteúdo fraco e colocar a palavra-chave em foco 37 vezes. O resultado não será positivo. Foque-se na criação de uma estratégia à base de conteúdo que realmente possa ajudar o seu público a esclarecer as dúvidas que tem sobre o tema em questão. Se quiser adotar uma estratégia em torno da palavra-chave, tenha em consideração a semântica e os termos relacionados. O Google tem isso em consideração.

1.1.3. Links internos e externos
Um dos aspectos menos tidos em consideração por autores são os *links* internos e externos nos seus conteúdos. Contrariamente ao que se fala pela Internet, criar *links* para outros *sites* não retira qualquer relevância aos seus conteúdos. Na realidade, o que acontece é precisamente o oposto, ou seja, o seu conteúdo ganha uma maior relevância aos olhos do Google.

Quando cria um *link* para um conteúdo relevante de um outro *site*, além de ajudar os seus utilizadores, também melhora a relevância do seu próprio conteúdo, uma vez que cita fontes confiáveis que auxiliarão o leitor durante o processo de pesquisa pelo tema em questão.

Os *links* internos são igualmente muito importantes. Sempre que possível, crie entre um e três *links* internos para os seus próprios conteúdos. Além de criar *links* para outras matérias relevantes do seu blog, que poderão ser um complemento de leitura aos seus utilizadores, também reforçará esses artigos para determinadas palavras-chaves. Obviamente, sempre que criar um *link* interno para outro material do seu blog, é importante que utilize um texto-âncora (texto visível de uma hiperligação) relevante para o posicionamento desse outro conteúdo.

1.1.4. Utilização de imagens nos textos

A utilização de imagens nos textos é feita por dois motivos: primeiro, como forma de tornar o seu conteúdo visualmente mais apelativo, facilitando a leitura e conferindo uma maior relevância a determinados temas do seu texto. Segundo, porque elas são otimizadas com atributos de título e texto alternativos, o que permite posicionar a sua palavra-chave também na otimização das suas imagens e gerar tráfego a partir de figuras no Google.

1.1.5. Otimizar o seu conteúdo de uma forma eficaz

Além de escrever um bom conteúdo, precisará também de ter em consideração diversos aspectos mais técnicos relacionados com SEO (otimização para motores de pesquisa).

Otimizar conteúdo para SEO é importante por diversas razões, mas principalmente pelo fato de permitir que ele seja encontrado mais facilmente pelos utilizadores. De pouco vale escrever dezenas de artigos para o seu blog se ninguém consegue encontrá-los quando realiza uma pesquisa no Google.

Quando escreve um artigo para o blog da sua empresa ou para o seu blog pessoal, a otimização desse texto é igualmente importante para que o Google entenda aquilo que é mais relevante, mas principalmente para que o leitor consiga consumir esse conteúdo de uma forma simples e fácil.

Aquilo a que normalmente chamamos "ler na diagonal", além de ser importante, ajuda a estruturar corretamente o conteúdo, organizando toda a informação de uma forma lógica e otimizando-a para SEO.

A utilização de cabeçalhos de títulos, subtítulos, listas com pontos ou numeração, negritos, itálicos, etc; além de ser uma forma de estilizar o seu conteúdo, é, acima de tudo, um modo de dizer ao Google qual a hierarquia de relevância desse mesmo conteúdo.

Quando escreve um artigo de mil ou 2 mil palavras, essa informação tem de ser repartida em pequenos blocos de texto, não apenas para que os leitores consigam consumir a informação mais rapidamente, como principalmente para que o Google também entenda como ela está organizada, já que nem todo o conteúdo tem o mesmo peso ou grau de relevância.

Para quem escreve conteúdos com regularidade, recomendo a utilização do WordPress. O editor do WordPress é superintuitivo e permite a utilização de *plugins* (extensões para integrar diferentes funcionalidades) para diversas finalidades, incluindo para o melhoramento do SEO do seu blog. Um exemplo de *plugin* é o Yoast SEO.

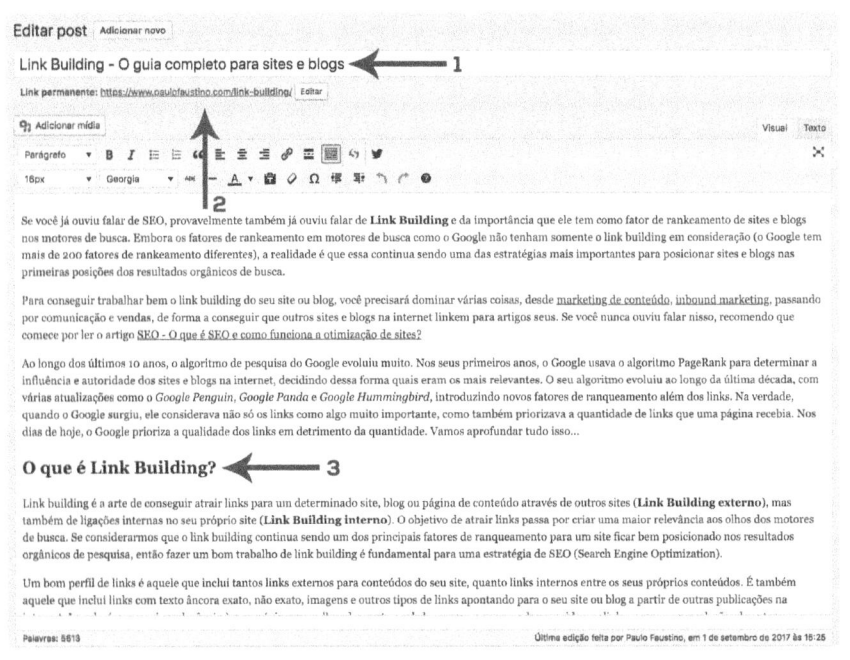

Figura 19. Otimização de títulos para SEO.

Conforme pode ver na "Figura 19", retirada de um artigo que eu escrevi no meu blog, existem três pontos fundamentais a considerar logo no início de um artigo. A saber:

1. **Cabeçalho H1** – cada artigo ou página que publica no seu blog só pode ter um cabeçalho H1. Um blog, ou mesmo um *site*, não pode ter mais do que um cabeçalho H1 por página. Esse é um dos erros mais básicos de SEO cometidos amplamente por toda a Internet. O título do seu artigo deverá conter também a palavra-chave através da qual você deseja otimizar e posicionar esse conteúdo. O título é um dos elementos mais importantes de um artigo.

2. **URL otimizado** – se quer posicionar o seu artigo para "como emagrecer rápido", mas decidiu escrever um título do tipo "10 estratégias que aprendi sobre como emagrecer rápido", é importante que otimize o endereço URL para que ele contenha somente as palavras-chaves mais relevantes. Todo o resto é supérfluo e totalmente desnecessário. Ter a sua palavra-chave no URL é também importante para posicionar melhor o seu conteúdo.

3. **Subtítulos H2** – os subtítulos principais do seu conteúdo deverão utilizar uma marcação de cabeçalho H2. Um artigo com vários subtítulos principais terá, logicamente, vários cabeçalhos H2. Aqui, não existe problema absolutamente nenhum em se repetir vários H2. Em termos hierárquicos é assim mesmo. No entanto, se o seu artigo tiver um subtítulo secundário dentro de um subtítulo principal, já será necessário utilizar um cabeçalho H3, e por aí adiante.

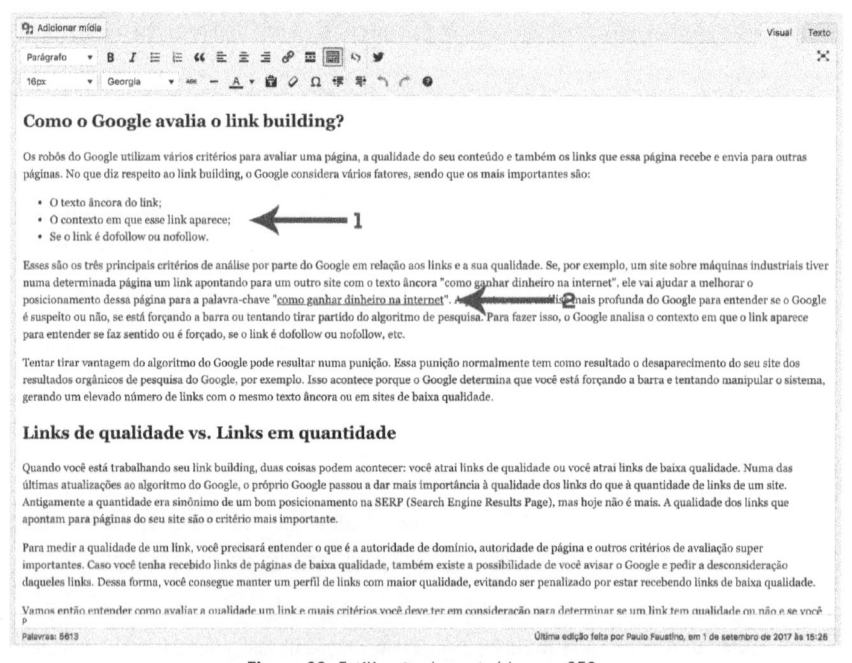

Figura 20. Estilização de conteúdo para SEO.

Ao longo da estrutura do seu conteúdo, existem, como vimos anteriormente, diversas formas de estilizar e organizar a informação. Isso não só ajuda o leitor, como também o robô do Google a interpretar essa informação em termos de relevância.

1. **Listas com pontos** – as listagens com pontos são uma excelente forma de sintetizar conteúdo e de o tornar mais legível para os leitores. É igualmente uma forma interessante de resumir determinados parágrafos do seu conteúdo. O WordPress inclui também uma marcação para listas por pontos e números e isso ajudará o Google a entender que aquele conteúdo é uma listagem e/ou um resumo daquele que foi anteriormente abordado.

2. **links externos** – *links* externos ajudam o leitor a compreender melhor determinados temas que são abordados no seu texto. Não é recomendável criar *links* para um concorrente seu com a mesma palavra-chave que utiliza nos seus conteúdos. No entanto, é relevante criar *links* para outros *sites*, seus ou mesmo de concorrentes, quando percebe que esses conteúdos poderão ajudar a esclarecer os seus leitores. O Google considera isso relevante, o que é positivo.

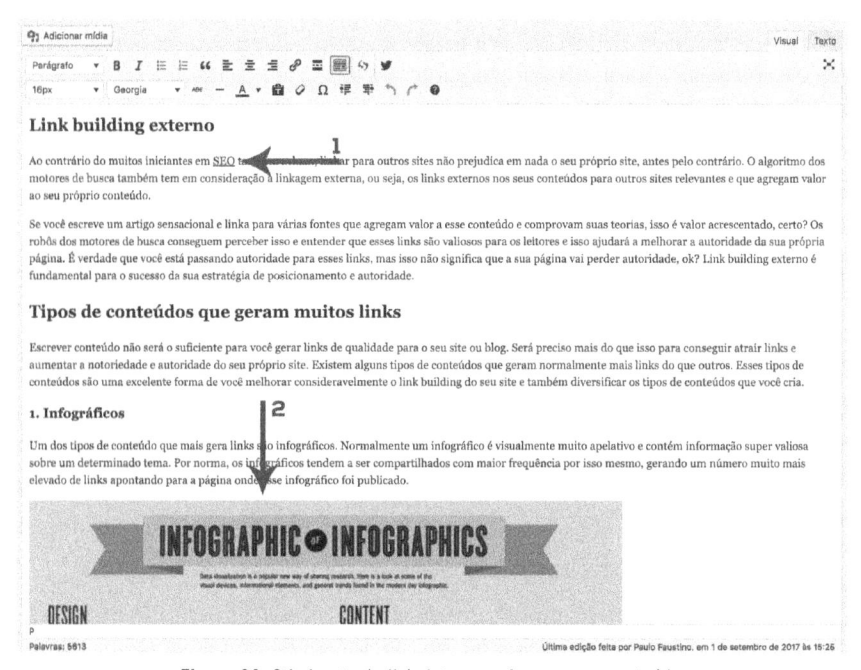

Figura 21. Otimização de *links* internos e imagens em conteúdo.

Textos com mais de 1.500 palavras precisam de um nível de organização e estruturação muito maior. Imagine-se lendo um artigo com 3 mil ou 4 mil palavras, provavelmente considerará que não o conseguiria ler se fosse escrito continuamente como num livro, correto? Por isso, é importante otimizar cada aspecto visual e estrutural desses textos, com recurso a imagens e outros elementos relevantes.

1. **Otimização de imagens** – as imagens têm três atributos que precisará trabalhar até a exaustão: nome do arquivo, atributo de título e texto alternativo. Em cada um dos atributos, é importante colocar a palavra-chave relacionada com o conteúdo da imagem e, sempre que possível, a palavra-chave do seu artigo, quando isso faz sentido.

Esses atributos são importantes e de extrema relevância para que o Google entenda aquilo que essas imagens tratam. Relativamente ao nome do arquivo, procure utilizar nomes que incluam também palavras-chave que possam beneficiar o seu blog na pesquisa do Google (ex.: funil-marketing-digital.jpg).

2. Links internos – tal como nos links externos para artigos de outros sites, é necessário criar links internos para os seus próprios conteúdos. Conforme falei no início deste capítulo, os links internos ajudam a reter os leitores no blog durante mais tempo e, principalmente, a posicionar melhor outros conteúdos no Google para determinadas palavras-chaves. Se tem um artigo sobre "automóveis desportivos" e quer posicioná-lo para essa palavra-chave, deverá criar links internos para ele quando escrever esse texto-âncora em algum dos seus novos artigos.

IMPORTANTE: a criação de *links* internos e externos tem de ser o mais diversificada possível. Se criar *links* para artigos sempre com o mesmo texto-âncora, forçará uma tentativa de posicionamento para essa palavra-chave e o Google irá entender isso. O mesmo acontece quando alguém cria *links* para o seu blog. Se deseja ser o primeiro no Google quando alguém pesquisar por "consultor imobiliário", é importante que receba *links* não apenas com esse texto-âncora, mas com vários outros, como o URL do seu *site* e textos-âncora menos exatos, como, por exemplo, "consultor", "consultor de imóveis", entre outros. Isso seria um perfil de *links* diversificado e natural, que não implicaria qualquer problema com o Google no futuro.

Outro dos aspectos importantes a ter em consideração são os *links* externos para *sites* pouco relevantes ou *links* de programas de afiliados. Sempre que cria um *link* que aponta para um programa de afiliados e não coloca uma *tag nofollow*, basicamente o que acontece é que passará autoridade do seu blog para um *link* de afiliado, o que não faz sentido absolutamente nenhum, uma vez que não se pretende que aquela página, proveniente daquele *link*, fique bem posicionada no Google.

Os *links* podem ser categorizados de duas formas: internos e externos. E podem ter dois tipos de atributos: *dofollow* e *nofollow*.

Links dofollow são todos aqueles que provavelmente já são criados em todos os seus artigos quando se colocam ligações para outros blogs ou matérias disponíveis na Internet. Os *nofollow* são aqueles que indicam ao robô dos motores de pesquisa que aquele *link* em concreto não é para ser seguido, pelo que é relevante passar autoridade para ele. Os *links nofollow* são clicáveis de igual forma pelos leitores, mas simplesmente não são seguidos pelo robô do Google e não recebem qualquer tipo de autoridade a partir do seu blog.

Sempre que criar *links* externos que apontem para programas de afiliados, para a sua página de Facebook ou mesmo para o seu perfil de Instagram ou LinkedIn, deverá utilizar sempre o atributo *nofollow*, uma vez que não faz sentido passar autoridade para esse tipo de *links*.

Link dofollow

<a href="http://www.facebook.com">Facebook</a>

Link nofollow

<a href="http://www.facebook.com" rel="*nofollow*">Facebook</a>

Ao colocar a *tag rel=nofollow* avisamos o robô do Google que esse *link* não deve ser seguido por ele e que não é relevante. Isso não significa que não seja relevante para o seu leitor, pelo que continua a ser clicável de igual forma. É simplesmente uma forma de desconsiderar determinados *links* sem ter de passar autoridade para eles.

Redes sociais como o Facebook ou o LinkedIn, por exemplo, criam automaticamente *links* externos com *nofollow*. Provavelmente nunca irá obter um *link dofollow* de uma dessas redes sociais.

Elas fazem isso como uma forma de não passar autoridade para *sites* ou blogs de conteúdo de baixa qualidade. Como não haveria forma de controlar isso manualmente, dada a escala de conteúdos e *links* presentes nessas redes sociais, a melhor forma de se protegerem é criando *links nofollow* automaticamente para tudo o que são *links* externos.

Figura 22. Título e metadescrição de SEO.

Por fim, é necessário o título e a metadescrição do seu artigo, que são dois elementos extremamente importantes do ponto de vista da otimização SEO. Estas duas informações vão aparecer nos resultados orgânicos do Google quando alguém pesquisar sobre um assunto relacionado com o tema do seu artigo, pelo que é fundamental otimizá-las.

1. **Título –** é o título que será apresentado quando alguém realizar uma pesquisa no Google e o seu artigo aparecer listado na página de resultados. Este título normalmente é igual ao do artigo e deverá conter a palavra-chave principal deste. Tenha atenção para não escrever títulos muito longos, porque o Google tem um limite de caracteres para os títulos.

2. **Metadescrição –** a metadescrição é, basicamente, a descrição do seu artigo nos resultados de pesquisa do Google. Deverá resumir o conteúdo do artigo e/ou aliciar o utilizador a clicar para o ler. É importante também que o resumo seja um espelho daquilo que o utilizador irá encontrar, caso contrário ele se sentirá defraudado, gerando uma maior taxa de rejeição em relação ao conteúdo.

1.1.6. Fazer um bom SEO é não pensar em SEO

Por fim, resta-me dizer-lhe que, ao longo dos últimos 14 anos que trabalho com SEO e marketing de conteúdo, uma das coisas que aprendi foi que um bom SEO é quando não se faz SEO. Ou seja, quanto menos eu penso em SEO, melhores conteúdos produzo e melhores resultados consigo.

Quando se começa a tentar tirar vantagem do SEO para manipular o algoritmo de pesquisa, acaba-se por não se ser natural na forma de escrever. Além de o Google entender isso, os seus leitores irão percebê-lo também. O mais importante é escrever sempre com o leitor em primeiro lugar. Feito isso, todo o resto será secundário, ainda que possa ser otimizado e melhorado.

Se quiser aprender mais sobre SEO, recomendo a leitura dos seguintes blogs:

- *www.paulofaustino.com/blog*
- *www.searchengineland.com*
- *www.moz.com/blog*
- *www.backlinko.com/blog*
- *www.searchenginejournal.com*
- *www.searchenginewatch.com*
- *www.yoast.com/seo-blog*

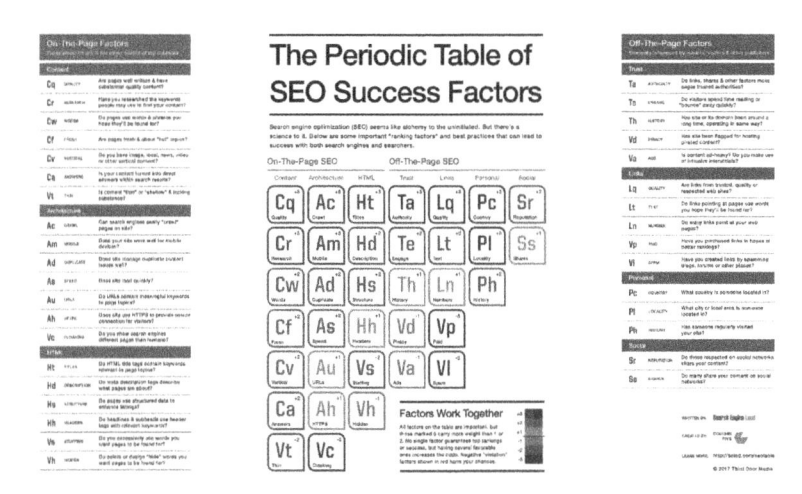

Figura 23. Tabela periódica dos fatores de sucesso em SEO.[5]

1.2. Ser consistente é importante

Ao longo dos últimos dez anos, já escrevi mais de 5 mil artigos em *sites* e blogs meus. Uma das coisas que aprendi com esta experiência é que a consistência é fundamental para se atingir bons resultados a médio/longo prazo. Isso significa publicar novos conteúdos com alguma cadência.

Naturalmente, não existe uma regra definida para isso, pelo que poderá escrever um novo artigo a cada semana, dois artigos por semana ou até mesmo um por dia. Tome uma decisão consciente relativamente ao número de conteúdos a publicar e à frequência de publicação e comprometa-se com esse objetivo. Não defina metas inatingíveis. É preferível começar de forma modesta, mas cumprir.

A consistência é fundamental, porque cria uma rotina junto dos seus leitores. Não é à toa que a *youtuber* brasileira Kéfera Buchmann publica um vídeo novo todas as quintas-feiras ou que o canal Porta dos Fundos coloca novos vídeos todas as segundas, quintas e sábados. Isso ajuda a criar consistência e rotina de consumo junto do público.

Ao definir que publica um novo conteúdo uma vez por semana, está se pressionando para o efeito, ao mesmo tempo que cria também uma consistência muito importante, que gera não só tráfego recorrente de leitores assíduos, como também tráfego de novos visitantes, que o descobrirão pela primeira vez.

No ano inaugural do meu primeiro blog (chamava-se *Fique-Rico.com*, passando, mais tarde, a *EscolaDinheiro.com*), publiquei 550 artigos. Durante quase um ano, publiquei dois novos artigos por dia no blog e isso foi parte da razão do sucesso que ele teve. Além disso, ajudou-me a criar disciplina na hora de produzir conteúdos para a Internet.

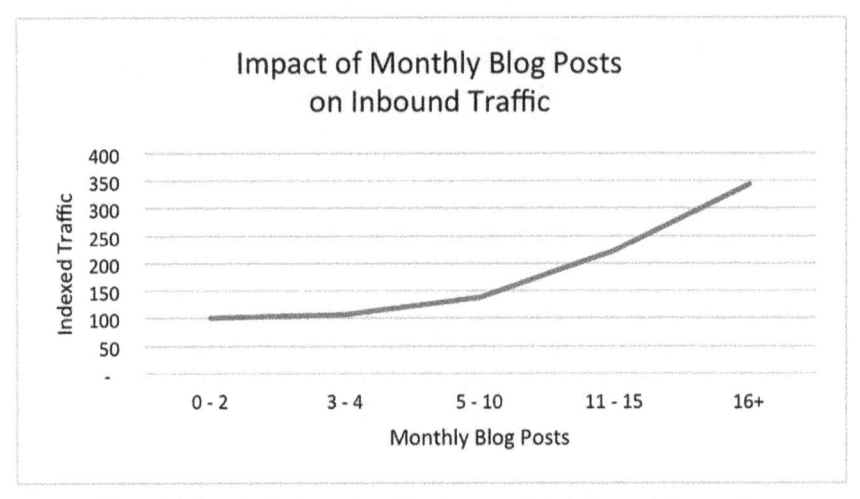

Figura 24. Impacto do número de publicações mensais *vs.* tráfego orgânico gerado.

Um estudo realizado pela HubSpot em 2015[6] apontou que *sites* e blogs que publicam com maior frequência tendem a gerar mais tráfego orgânico e mais *leads*. Na realidade, a equipe do HubSpot chegou à conclusão de que quem publicava mais de 16 artigos por mês registrava, em média, 3,5 vezes mais tráfego e 4,5 vezes mais *leads* do que outros *sites* ou blogs, que publicavam entre um e cinco artigos por mês.

1.3. Diversificar os temas abordados

Outro aspecto importante é a diversificação dos temas abordados. Se escrever com frequência sobre Instagram, chegará a hora em que não saberá sobre o que escrever mais. Abrindo ligeiramente o espectro do nicho de mercado como, por exemplo, para o tema marketing digital, será possível escrever não só acerca de Instagram, como também sobre Facebook, *e-mail* marketing, automação de marketing, entre outros assuntos. Nem sempre um nicho muito específico é positivo, especialmente se for limitado em termos criativos.

Se tem um pequeno estúdio de *fitness* e aulas de *personal training*, por exemplo, poderá falar não apenas sobre isso, como também acerca de exercícios específicos para as diversas áreas do corpo, alimentação ideal para a prática de exercício físico, entre diversos outros assuntos relacionados.

A diversificação não só é fundamental, como o ajuda a ter mais facilmente ideias para novos conteúdos. No entanto, caso esteja numa área de negócio muito específica, onde não existe margem para abordar assuntos conexos, é recomendável construir a sua autoridade falando somente sobre o assunto principal.

2. Redes sociais

Muitos empreendedores e empresas confundem redes sociais com entretenimento. Embora as redes sociais tenham sido criadas originalmente com esse propósito, hoje não só cumprem esse objetivo, como também diversos outros, inclusivamente profissionais.

Hoje, temos páginas de grandes empresas no Facebook prestando atendimento personalizado aos seus clientes e potenciais clientes. Temos no LinkedIn uma rede social puramente profissional e com um nível de conteúdo altíssimo, temos o Instagram, onde já estão presentes todas as principais marcas de luxo do mundo, entre outras.

As redes sociais deixaram de ser meramente lúdicas, para se tornarem um espaço importante na estratégia de marketing digital e marketing de conteúdo das empresas na comunicação com o seu público.

É aqui que o marketing de conteúdo entra. Produzir conteúdos para as redes sociais não significa necessariamente entretenimento. As redes sociais são hoje utilizadas como principal meio de comunicação quando o objetivo é consumir conteúdo, encontrar informação ou simplesmente a diversão. A sua presença e o seu posicionamento nas redes sociais deverão refletir aquilo que pretende alcançar em termos profissionais, ou seja, se tiver uma presença profissional, partilhar conteúdo profissional, escrever conteúdos interessantes que ajudem a sua audiência, etc; dará ao seu negócio ou ao seu produto um posicionamento profissional nessa área.

Eis algumas das razões para trabalhar os seus conteúdos nas redes sociais:

1. É o local onde o seu público está presente e onde as pessoas passam mais tempo ao longo do dia;
2. Nas redes sociais, o seu conteúdo é amplificado de uma forma incrível. Partilhas de conteúdo geram uma amplificação fantástica das suas matérias;
3. As redes sociais são o local correto para atender potenciais clientes e esclarecer dúvidas;
4. Os anúncios de Facebook, Instagram, LinkedIn, etc; são extremamente acessíveis e permitem que a sua mensagem chegue a milhares de pessoas a um custo superbaixo;
5. As redes sociais são um local extremamente importante de geração de tráfego, autoridade e *leads*;
6. As redes sociais são um complemento para todas as outras estratégias de conteúdo: blog, vídeos, cursos, etc.

2.1. Cada perfil tem uma abordagem diferente

É muito comum ver negócios criarem perfis em várias redes sociais (Facebook, Instagram, Twitter, LinkedIn, YouTube, Snapchat, Pinterest, etc.) e depois publicarem exatamente os mesmos conteúdos em todas elas. Isso é um erro tremendo. É o mesmo que imaginar a Volkswagen, que tem as marcas Audi, Skoda, Porsche, Lamborghini, Bentley, entre outras, a começar agora a produzir todos os carros iguais, mas com marcas diferentes. Faz sentido?

Se criar um perfil no Instagram e outro no Facebook, os conteúdos que publicar em cada uma dessas redes têm obrigatoriamente de ser diferentes.

São públicos diferentes, que consomem conteúdos de formas diferentes. Por isso é que, muitas vezes, não é importante estar presente em todas as redes, mas somente naquelas que realmente fazem sentido para os seus objetivos profissionais, sejam eles quais forem. Um negócio não precisa estar presente em todas as redes sociais. Isso é um erro.

2.2. Vender sem vender

Já mencionei anteriormente a expressão "vender sem vender", que é basicamente a estratégia-mãe do marketing de conteúdo. Através de um conteúdo altamente relevante, além de ajudar o seu público, ainda conseguirá melhorar a sua autoridade e atrair potenciais clientes.

Infelizmente, as redes sociais continuam a ser utilizadas por muitos profissionais da forma mais errada, que consiste basicamente em fazer *spam* em todos os grupos possíveis, tentando divulgar o seu negócio ou os seus produtos. Não faça isso!

Através de um bom conteúdo e de uma boa estratégia de divulgação, é possível gerar vendas sem a necessidade de realizar um esforço de marketing tão grande e, ao mesmo tempo, tão negativo para o seu negócio.

2.3. Interação gera confiança

As redes sociais são o local certo para criar interações com outras pessoas. Ao contrário do mundo real, onde provavelmente terá vergonha de abordar uma outra pessoa para falar com ela sobre qualquer assunto trivial, nas redes sociais é possível fazê-lo sem ter de passar por esse constrangimento.

As redes sociais são ótimas para criar interações com outros profissionais, estabelecer ligações, etc. Essas interações geram uma maior confiança em si e no seu trabalho e isso naturalmente cria uma maior interação e por aí adiante. É o "efeito bola de neve".

Relacione-se com as pessoas. Isso é fundamental para o seu crescimento!

A importância do *networking* e da criação de redes de contatos não existe apenas no mundo *offline*. Hoje, existem sobretudo no mundo *online*, pela facilidade com que é possível conectarmo-nos com qualquer pessoa, de qualquer parte do mundo.

2.4. Medir, melhorar, medir

Tal como no tópico anterior, medir os seus indicadores-chave de *performance* (KPI), o impacto dos seus conteúdos e das suas ações, lhe dará uma visão holística sobre a forma como poderá melhorar os conteúdos e a sua interação nas redes sociais.

A grande vantagem do ambiente digital é que tudo é mensurável, o que significa que todas as suas ações nas redes sociais podem ser medidas até o mais ínfimo pormenor, gerando informações extremamente relevantes sobre como atuar nos próximos conteúdos que produzir, para atingir de forma mais positiva e relevante a sua audiência-alvo.

- Analise o impacto dos seus conteúdos ao nível das pessoas alcançadas, mas não apenas isso. Alcance não significa, necessariamente, vendas!
- Analise o número de impressões das suas publicações;
- Analise o número de interações realizadas com essas publicações ("likes", comentários, partilhas, etc.);
- Analise a taxa de cliques em cada uma das suas publicações e a correspondência no Analytics do seu blog, por exemplo;
- Analise o número de pessoas que realizou alguma ação no seu *site* ou blog depois de visualizar um conteúdo nas redes sociais;
- Analise o número de *leads* captados através dessa ação de marketing de conteúdo;
- Os comentários ao seu conteúdo são também uma das métricas mais importantes, porque lhe dão uma visão mais objetiva de como ele ajudou a pessoa ou não. Monitore esse tipo de métrica para entender mais facilmente o impacto real dos seus conteúdos;
- O número de partilhas de um conteúdo determina o quanto ele é popular. O Google já utiliza as redes sociais como um fator de ranqueamento, ou seja, conteúdos com maior interação social tendem a ser mais importantes para este motor de busca do que conteúdos que geram pouco interesse;
- Se realizar uma campanha publicitária para um determinado conteúdo, tente compreender até que ponto isso foi positivo para o seu negócio ou para a divulgação desse conteúdo;
- Medir as conversões geradas via redes sociais em novos *leads* é fundamental para entender se o conteúdo está realmente funcionando e gerando um interesse grande no seu negócio ou produto.

3. *E-mail* marketing

Há quem diga que o *e-mail* marketing está morto. As pessoas estão cansadas de receber comunicações não solicitadas e o poder do *e-mail* marketing perdeu-se. Discordo completamente de quem pensa desta forma.

O *e-mail* marketing continua a ser uma das principais fontes de conversão em vendas das minhas ações de marketing digital e é uma ferramenta extremamente poderosa de persuasão, comunicação e conversão.

Naturalmente, uma boa estratégia de *e-mail* marketing prevê uma boa segmentação do público. Tal como em qualquer outra ação de marketing digital, a segmentação é o segredo para a conversão. Não faz sentido enviar um conteúdo sobre automóveis para uma pessoa que está interessada em saber mais sobre motos. Essa segmentação é primordial para que os resultados sejam eficazes.

No capítulo sobre *e-mail* marketing, abordaremos de forma mais profunda esta temática, no entanto, tenha em consideração que, numa estratégia de marketing de conteúdo, estas são as principais estratégias a ter em consideração e que poderão ajudá-lo a alcançar bons resultados com as suas campanhas de *e-mail*:

- **Segmentação é o segredo** – sem uma boa segmentação da sua base de dados, principalmente por interesses, fará como as empresas que anunciam na televisão para qualquer público, na esperança de que uma parte delas preste atenção à mensagem. Seria o mesmo que enviar uma mensagem para qualquer pessoa sem entender se ela está realmente interessada no assunto ou não.
- **Um bom *design* vende mais** – a grande maioria dos profissionais e empresas tende a descuidar por completo a imagem dos seus negócios ou produtos, seja através da comunicação por *newsletters*, seja nos seus *posts* nas redes sociais. A sua imagem dita não só a qualidade do seu trabalho, como também contribui para se vender mais ou menos. É o mesmo que imaginar uma empresa de limpezas que tem um escritório completamente desarrumado e sujo. Coerência é fundamental. Preocupar-se com o *design* das suas *newsletters* é importante para atingir bons resultados.
- **Menos imagens e mais texto** – as *newsletters* com muitas imagens normalmente tendem a parar na caixa de *spam* com maior frequência. Isso acontece por causa da relação entre texto e imagem. Mensagens com muitas imagens são, tendencialmente, entendidas pelos filtros como sendo *spam*. Mensagens de texto também são mais leves e isso é um ponto a seu favor.
- **Um bom título aumenta a taxa de abertura** – um bom título de *e-mail* melhora tendencialmente a sua taxa de abertura. O ideal nesta situação é realizar diversos testes

A/B para entender quais os títulos que geram mais interesse junto da sua audiência. Entender o comportamento dos seus leitores é fundamental para atingir resultados.
- **Não compre e-mails** – comprar listas de *e-mails* para enviar *newsletters* chama-se spam. Procure trabalhar com a sua própria lista de *e-mails* e foque-se numa estratégia de captação de novos contatos e *leads* interessados no seu negócio ou produto.
- **Medir, medir e medir** – como falei anteriormente, medir os resultados de todas as suas ações é fundamental para entender o seu público e as futuras ações dele. Se não medir os resultados das suas campanhas de *e-mail* marketing, nunca saberá o que funciona melhor para um determinado segmento do seu público e isso significa perder vendas a longo prazo.

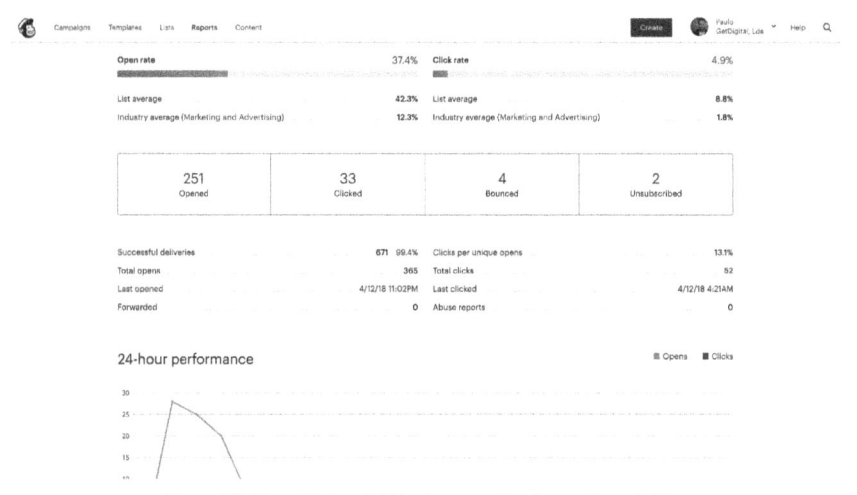

Figura 25. Exemplo de relatório de campanha de *e-mail* marketing.

4. E-books

A criação de *e-books* é outra importante forma de colocar o marketing de conteúdo a trabalhar a seu favor. Imagine, por exemplo, que escreve 30 artigos no seu blog e que dez deles estão relacionados com um único tema. Poderá facilmente compilar esses dez artigos num *e-book*, ajustar os textos, rever o conteúdo e publicar um *e-book* prático que os seus potenciais clientes possam descarregar em troca dos seus dados pessoais, como nome e *e-mail*.

Naturalmente, isso é uma excelente forma de geração de *leads*, que poderá posteriormente nutrir através de uma estratégia de conteúdo via *e-mail* marketing, passando esses *leads* a clientes do seu negócio ou do seu produto.

Este tipo de oferta de conteúdo é fantástico num processo de captação de *leads*, ao mesmo tempo que auxilia o seu público de uma forma prática e impactante. Um bom *e-book* pode ter uma repercussão incrível. Para ter uma ideia, o primeiro *e-book* que escrevi para este efeito, em 2010, gerou mais de 45.000 *downloads*, o que significa que fiquei com 45.000 contatos de potenciais novos clientes.

5. Vídeos

O vídeo é provavelmente o formato de conteúdo que gera mais autoridade nos dias de hoje. Se imaginar que um conteúdo escrito, embora relevante, não tem o seu autor em primeiro plano e que um vídeo o coloca em frente ao seu potencial cliente, provavelmente entenderá a diferença.

O vídeo humaniza o seu conteúdo e coloca-o numa posição de maior destaque, o que aumenta a sua notoriedade e gera uma maior confiança junto do seu público. Vários estudos indicam que um vídeo numa página de venda de um produto aumenta em mais de 80% a intenção de compra do cliente,[7] o que traduz bem a confiança que esse formato pode gerar.

Os *smartphones* mais modernos já possuem câmeras de alta resolução. Não precisa comprar uma filmadora ou uma máquina fotográfica profissional para gravar vídeos com qualidade. Um equipamento básico, que garanta alguma qualidade, é o suficiente para gerar um excelente resultado.

Podemos falar também sobre os *lives*, que estão tão na moda nos dias de hoje. Um *Facebook live* ou um *Instagram live* têm um potencial incrível de visualização e, na grande maioria das vezes, são feitos com um simples *smartphone*. A partir do momento em que existe algo para dizer, o meio não é o mais importante, mas sim a mensagem.

6. Ferramentas

Muitas empresas criam ferramentas simples para auxiliar os seus potenciais clientes. Isso é uma estratégia fantástica de marketing de conteúdo, porque, além de servirem como forma de gerar *leads*, essas ferramentas resolvem um problema ao próprio utilizador. Um dos melhores exemplos são, por exemplo, as ferramentas de criação de *personas*, algo de que falamos no primeiro capítulo deste livro. Trata-se de ferramentas extremamente simples, mas que auxiliam qualquer profissional na criação das suas *personas*.

De todos os tipos de ações de marketing de conteúdo que existem, esta é uma das mais complexas. Muitas vezes a criação de ferramentas exige a criação de um *design* e, posteriormente, o desenvolvimento da própria ferramenta para ambiente *desktop* e *mobile*, o que naturalmente se traduz num investimento alto, seja ao nível financeiro, seja ao nível de recursos humanos.

No entanto, caso tenha essa possibilidade, é uma excelente forma de entregar algo realmente útil para os seus clientes e, com isso, gerar uma base de dados de *leads* extremamente rica e com um potencial tremendo.

COMO NÃO FAZER MARKETING DE CONTEÚDO

Quando falamos de marketing de conteúdo, devemos abordar também o que não se deve fazer ou o que é errado fazer. Já falei anteriormente sobre várias das coisas que se deve evitar quando trabalha os seus conteúdos e, principalmente, quando monta uma estratégia de divulgação destes; no entanto, é importante relembrar alguns princípios básicos do marketing de conteúdo e erros que podem ser facilmente evitados:

1. **Marketing de conteúdo demora tempo** – um dos principais erros cometidos por quem se inicia em marketing de conteúdo é não dar tempo para que os resultados apareçam. Se porventura acredita que começa hoje a escrever conteúdos no seu blog e amanhã já receberá milhares de visitantes a partir do Google, deixe-me avisá-lo de que isso não vai acontecer! O marketing de conteúdo demora tempo, é exigente e, naturalmente, é preciso uma boa dose de paciência.
2. **Analisar o mercado antes de produzir conteúdo** – embora possa ter uma ideia sobre o que escrever, é fundamental que a valide no mercado e entenda antecipadamente se os seus potenciais clientes realmente se interessam pelos temas acerca dos quais está disposto a escrever. Nem sempre aquilo que pensamos ser um bom conteúdo realmente o é. Faça uma pesquisa de mercado através do Google ou de ferramentas como o KWFinder ou o Google Keyword Planner para entender o que é que o mercado realmente pesquisa.
3. **Contextualização é importante** – se tem uma empresa de venda de equipamentos informáticos, não faz sentido escrever conteúdos sobre programação ou *e-commerce*. Por mais que a diversificação possa gerar resultados, a falta de contextualização acabará por matar a sua estratégia de marketing de conteúdo e o seu negócio. Foque-se naquilo que realmente interessa.
4. **Consistência é fundamental** – a célebre frase "quem não aparece rapidamente é esquecido" faz todo o sentido quando aplicada a uma estratégia de marketing de conteúdo. A consistência das suas ações irá determinar o sucesso do seu negócio. Se decidir começar por publicar um artigo por semana no seu blog, é extremamente importante que mantenha essa consistência, caso contrário os seus leitores ficarão dececionados consigo e/ou não criarão hábitos de consumo do seu conteúdo.
5. **Métricas são métricas. Vendas são dinheiro!** – pouco importa se a sua página de Facebook tem 5.000 ou 50.000 "likes". Pouco importa se o seu blog recebeu 15.000

visitantes ontem. No final do dia, o que interessa é o resultado prático disso tudo, ou seja, as vendas. Se não vendeu, a sua estratégia provavelmente precisa ser repensada.
6. **Responsabilidade e atribuição de tarefas** – costuma-se dizer que "um cão com dois donos passa fome". Isso acontece porque cada um dos donos acha que o outro fez o trabalho de alimentar o cão. Isto significa que, se não existir alguém responsável pela tarefa de produção de conteúdo, seja ela gravar um vídeo ou escrever um texto para o blog, ela não vai ser cumprida. Caso tenha várias pessoas na sua equipe, considere atribuir a cada uma delas a tarefa de produzir um determinado conteúdo e defina o tempo ideal para que ele fique pronto e seja publicado.

PREPARADO PARA ADOTAR UMA ESTRATÉGIA DE CONTEÚDO?

Contrariamente àquilo que se fala pela Internet, o conteúdo continua a ser rei em todos os aspectos e mais alguns. Seja por meio de texto, vídeo ou fotografia, o conteúdo continuará perpetuado na Internet, sendo um dos pilares fundamentais da sua própria existência.

Aproveite este momento para delinear uma estratégia de conteúdo que faça sentido para o seu negócio ou para o seu produto, defina quais as redes sociais onde estará presente, identifique quais os tipos de conteúdo que deseja criar, crie um cronograma e comece a fazer.

Mais importante do que ter o desejo de fazer é fazer. O mundo está cheio de boas ideias que nunca saem do papel.

> Esta é a terceira peça do seu *puzzle* de estratégia de marketing digital.

CAPÍTULO III
OTIMIZAÇÃO PARA MOTORES DE PESQUISA (SEO)

É bem provável que já tenha ouvido falar no termo SEO (*search engine optimization*) ou na expressão "otimização para motores de pesquisa" antes de ler este capítulo. No entanto, ainda existem milhões de pessoas que diariamente se questionam sobre o que é SEO, como isso funciona ou então como melhorar a sua presença nos resultados de pesquisa do Google.

Embora este seja um termo muito comum em marketing digital, a realidade é que continua a criar alguma confusão quando o assunto se mistura com *links* patrocinados, marketing de conteúdo ou marketing para motores de pesquisa. Tudo isso são coisas diferentes, com objetivos diferentes.

O termo SEO significa *search engine optimization*, que, traduzido de forma literal para português, será algo como "otimização para motores de pesquisa". SEO consiste num conjunto de várias estratégias e técnicas de otimização de *sites* ou blogs para que estes sejam mais facilmente entendidos pelos motores de pesquisa, como o Google, por exemplo.

A aplicação dessas estratégias e técnicas de otimização ajudam os robôs dos motores de busca a entender os conteúdos, a sua hierarquia e relevância, bem como a determinar se um é mais ou menos relevante do que outro, posicionando os mais relevantes no topo das páginas de resultados orgânicos de pesquisa.

Quando o assunto é conteúdo e otimização de *sites* ou blogs, o objetivo é sempre chegar ao primeiro lugar no Google. No entanto, existe uma grande confusão em relação a tudo o que diz respeito a SEO e a como utilizar a otimização para motores de busca como uma forma de posicionar melhor o seu *site* nos resultados orgânicos, quando um utilizador realiza uma pesquisa por um determinado assunto.

Colocar o seu *site* ou blog *online* não é garantia de que conseguirá ficar bem posicionado no Google e receber tráfego através de pesquisas realizadas por utilizadores comuns da Internet. É necessário primeiro entender o que significa SEO, qual o impacto dele no seu negócio e, principalmente, como é que esta estratégia de otimização pode ajudar o seu *site* ou blog a gerar mais tráfego orgânico.

O QUE É SEO (OTIMIZAÇÃO PARA MOTORES DE PESQUISA)?

SEO, ou *search engine optimization* (otimização para motores de pesquisa), como vimos anteriormente, é um conjunto de técnicas e estratégias de otimização de *sites* e blogs que visam tornar os seus projetos mais facilmente entendidos pelos robôs dos motores de busca, gerando um melhor posicionamento das suas páginas nos resultados orgânicos de pesquisa. No entanto, SEO não é apenas arquitetura e hierarquia de informação. Inclui também diversos fatores de ranqueamento, com um peso considerável no resultado final da sua estratégia.

A grande vantagem do SEO é claramente a melhoria do posicionamento nos resultados orgânicos de pesquisa, o que faz com que o seu *site* ou blog receba mais tráfego orgânico a partir de buscas realizadas no Google ou em outros motores do gênero. Como consequência, conseguirá gerar mais *leads* e mais vendas.

Se considerarmos que 10% das pessoas clicam num *link* patrocinado quando realizam uma pesquisa no Google, então os restantes 90% clicam em resultados orgânicos.

O posicionamento na primeira página de resultados do Google tem grandes diferenças em termos de volume de tráfego orgânico recebido, com a primeira posição a gerar em média 32,5% do tráfego, seguido da segunda, com 17,6% do tráfego dessa pesquisa. O último resultado da primeira página de resultados recebe apenas 2,4% do tráfego dessa pesquisa, de acordo com vários estudos realizados na indústria.[1]

Posto isto, o principal objetivo de uma estratégia de SEO é gerar mais tráfego orgânico para um *site* ou blog. Quando trabalhamos com SEO, trabalhamos com usabilidade, navegabilidade, relevância, arquitetura e hierarquia de conteúdo, além dos fatores de ranqueamento, que também temos de ter em consideração.

DIFERENÇA ENTRE SEO E *LINKS* PATROCINADOS

Ainda existem muitas pessoas que confundem os resultados orgânicos e os *links* patrocinados. Entender a diferença entre ambos é fundamental, uma vez que, no caso dos *links* patrocinados, as empresas que anunciam para essas pesquisas através do Google Ads pagam para aparecer associadas a esses resultados, enquanto os resultados orgânicos não pagarão absolutamente nada.

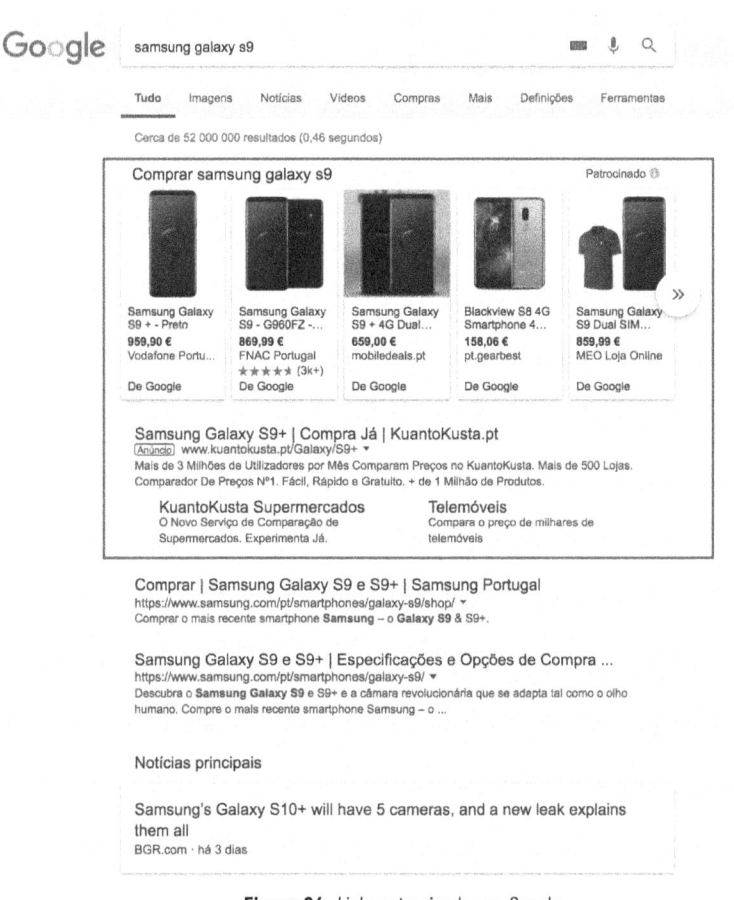

Figura 26. *Links* patrocinados no Google.

Assinalados na "Figura 26" temos os *links* patrocinados do Google. Esses primeiros resultados são, na realidade, publicidade paga, ou seja, as empresas anunciarão para a pesquisa por "Samsung Galaxy S9" e pagarão para que os seus resultados apareçam sempre que o utilizador realizar uma pesquisa por essas palavras-chave e clicar num desses anúncios. Quando se anunciar no Google Ads, na realidade só se paga pelo clique, sendo que, se o utilizador não clicar, o anunciante não terá de despender nada.

Logo abaixo, temos os resultados orgânicos, que não pagarão para aparecer quando alguém pesquisa pela mesma palavra-chave. Em SEO, o nosso trabalho é posicionar *sites*, blogs ou páginas específicas entre os resultados orgânicos para determinadas pesquisas, como neste exemplo.

Vamos imaginar que tem como desejo que o seu *site* apareça bem posicionado quando alguém pesquisa por "agência de marketing digital". Ao trabalhar corretamente a otimização do seu *site* ou de uma determinada página deste, poderá conseguir posicioná-los num dos primeiros resultados para essa pesquisa, tendo em consideração tudo o que é necessário fazer para que tal aconteça.

QUAL A VANTAGEM DO SEO?

Existem inúmeras vantagens ao se trabalhar com uma estratégia de SEO, sendo a mais importante de todas a obtenção de um maior tráfego orgânico para o seu *site* ou blog.

Um maior tráfego orgânico significa, na grande maioria das vezes, a geração de mais *leads*, a obtenção de mais clientes e/ou o aumento da faturação através da monetização dos conteúdos com publicidade.

Isto significa que, a partir de um bom trabalho de SEO, poderá aumentar consideravelmente as vendas da sua empresa, o número de páginas visualizadas do seu *site* ou o número de *leads* capturados, entre outros benefícios. E o melhor de tudo isso é que o tráfego orgânico é gerado de uma forma totalmente gratuita, ainda que haja um custo associado a esse trabalho de posicionamento.

Figura 27. Exemplo de crescimento do volume de tráfego orgânico a partir de pesquisas realizadas por internautas no Google de 2016 a 2018.

No entanto, é importante entender que o SEO é uma maratona e não um *sprint*. Isso significa que muito do trabalho que realiza com base na sua estratégia de SEO só produzirá efeitos a médio ou longo prazo, à medida que o seu *site* e as suas páginas forem ganhando uma maior autoridade e relevância no entendimento do Google.

Em média, uma boa estratégia de SEO produz resultados entre os seis e os 12 meses, o que significa que, se começar hoje, provavelmente os seus resultados começarão a melhorar de forma considerável daqui a meio ano.

COMO FUNCIONA O GOOGLEBOT?

Antes de tentarmos entender como funciona o SEO, precisamos perceber como é que o Google encontra as páginas publicadas na Internet e as organiza através do seu algoritmo avançado de pesquisa.

Para esse efeito, ele utiliza o Googlebot, que é basicamente constituído por vários robôs que rastreiam a Internet à procura de novas páginas, *sites*, blogs, vídeos, etc.

O objetivo destes robôs é analisar todo o conteúdo de todas as páginas existentes na Internet, seguindo todos os *links* contidos nelas. É precisamente através dos *links* internos e externos que o Google descobre novas páginas e *sites* disponíveis na Internet. Estes robôs pesquisam também as imagens contidas em textos e outras informações relevantes, guardando toda essa informação nos servidores do Google.

Embora se fale muito sobre a experiência do utilizador e a importância de se escrever para o leitor em primeiro lugar, precisamos entender primeiro que o motor de pesquisa do Google não vê as coisas exatamente da mesma forma que os humanos. Uma vez que o Googlebot é um algoritmo informático, ele vê os *sites*, blogs e páginas da Internet de uma forma totalmente diferente, tendo em consideração somente o código da página.

Para todos os efeitos, o Googlebot não tem qualquer opinião a respeito do seu *site*, do seu conteúdo e/ou da importância deste para o seu público. Ele utiliza uma lógica algorítmica, baseada em matemática e estatística, para determinar se os seus conteúdos são mais relevantes ou não, comparados com outros já existentes na Internet, tendo por base não apenas o comportamento do utilizador dentro do seu *site*, como principalmente na página de resultados de pesquisa do Google.

Isto significa que, se um utilizador realizar uma pesquisa no Google acerca de um determinado tema e clicar num resultado, o motor de busca terá isso em consideração. Se esse mesmo utilizador clicar no resultado, entrar e permanecer por algum tempo, o Google também terá isso em consideração. Se ele sair rapidamente, isso também será analisado.

O fato de se tratar de um robô significa que parte do nosso trabalho é fazer com que ele consiga interpretar o nosso conteúdo da forma mais correta possível, entender quais as características do nosso *site*, que conteúdos dentro deste são mais importantes, ou o que significam as imagens dentro dos textos, entre diversos outros aspectos técnicos, que ajudarão esses robôs a tomar melhores decisões a respeito do nosso conteúdo e a posicioná-lo de acordo com a sua relevância.

COMO FUNCIONA O SEO?

O SEO, ou otimização para motores de pesquisa, divide-se em duas vertentes distintas: *on-page* SEO e *off-page* SEO. No primeiro caso, falamos de toda a otimização de SEO que é realizada dentro do seu *site*; no segundo, da otimização de SEO que acontece fora dele.

Os fatores *on-page* estão diretamente relacionados com a estrutura do seu *site* e dos seus conteúdos, enquanto os *off-page* se relacionam com *link building*, redes sociais, entre outros.

Para o ajudar a entender a importância de todos estes fatores, vamos analisar tanto os *on-page como* os *off-page* e o que devemos fazer em cada uma das situações, por forma a melhorar a relevância e a autoridade do nosso *site*.

FATORES DE RANQUEAMENTO EM SEO

Quando o assunto é o posicionamento nos resultados de pesquisa do Google, uma das certezas é que o algoritmo deste motor de busca é muito mais complexo do que aquilo que podemos alguma vez imaginar.

Vários artigos disponíveis na Internet apontam para que o Google tenha no seu algoritmo mais de 200 diferentes fatores de ranqueamento,[2] o que significa que, se focarmos a nossa estratégia somente em *link building*, por exemplo, é bem possível que os resultados não sejam os melhores.

Dentre os vários fatores de ranqueamento no Google, estão a estruturação e a hierarquia de conteúdos, os títulos e as metadescrições de páginas, *tags* de cabeçalho, *link building*, redes sociais e, claro, o conteúdo propriamente dito. Grande parte destes itens estão relacionados com *on-page* SEO e *off-page* SEO, como vimos anteriormente.

Vamos começar pelos fatores *on-page*, ou seja, aqueles que estão diretamente relacionados com as páginas do seu *site*.

ON-PAGE SEO

Os fatores *on-page* são todos aqueles que estão relacionados com as páginas do seu *site*. Como o próprio nome indica, são fatores dentro da sua página, e incluem os títulos, a hierarquia de conteúdo, entre outros. Esses fatores determinam a forma como os motores de pesquisa entendem o conteúdo do seu *site*, a sua relevância e semântica e, principalmente, com que pesquisas esses conteúdos estão relacionados quando um utilizador realiza uma busca no Google.

1. Título das páginas

O título das suas páginas é extremamente importante, sendo um dos fatores de ranqueamento com maior peso para o Google. Cada uma das páginas do seu *site* ou blog inclui um título principal. Este ajuda a determinar o assunto do conteúdo, mas, principalmente, a chamar a atenção de quem realiza uma pesquisa num motor de busca como o Google.

Existem algumas sugestões que poderá ter em consideração para construir corretamente os títulos das suas páginas. A saber:

- Posicione a sua palavra-chave o mais à esquerda possível (logo no início do título);
- Os títulos de páginas não deverão ter mais de 55-70 caracteres, incluindo espaços;
- Construa títulos relevantes e objetivos em relação ao tema do conteúdo;
- Utilize uma *tag* de cabeçalho <H1> para o título principal de cada página.

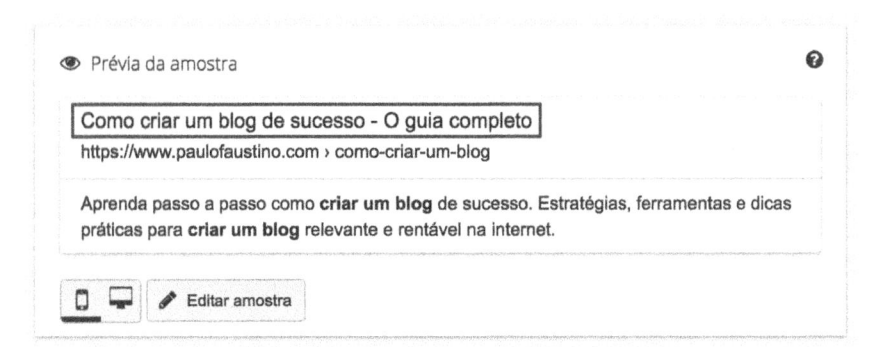

Figura 28. Exemplo de título de SEO.

Se o seu *site* for construído com o WordPress, existem vários *plugins* de SEO que podem ajudar a construir mais facilmente os títulos das suas páginas de forma correta, como o Yoast SEO (*https://pt.wordpress.org/plugins/wordpress-seo/*). O mais importante é que os títulos das suas páginas sejam sempre diferentes e o mais objetivos possível em relação ao conteúdo abordado.

2. Metadescrição

A metadescrição é outro dos elementos mais importantes a configurar. Primeiro, ajuda o utilizador a entender de forma resumida de que trata o seu conteúdo. Segundo, é uma oportunidade tremenda para utilizar novamente a sua palavra-chave e ajudar o Googlebot a entender o tema do artigo mais facilmente. Não é recomendável repetir diversas vezes a mesma palavra-chave numa metadescrição.

Para o ajudar a configurar de forma correta a sua metadescrição, tenha o seguinte em consideração:

- Utilize a palavra-chave em qualquer posição da metadescrição, mas não a repita, exceto se for mesmo necessário;
- A metadescrição não pode ultrapassar os 230 caracteres, incluindo espaços;
- A metadescrição é um resumo daquilo que é abordado no conteúdo do artigo;
- A metadescrição deve ser atrativa o suficiente para gerar interesse no utilizador quando ele realizar uma pesquisa no Google;
- Não construa as suas metadescrições com base no primeiro parágrafo dos seus artigos. Crie as suas próprias metadescrições!

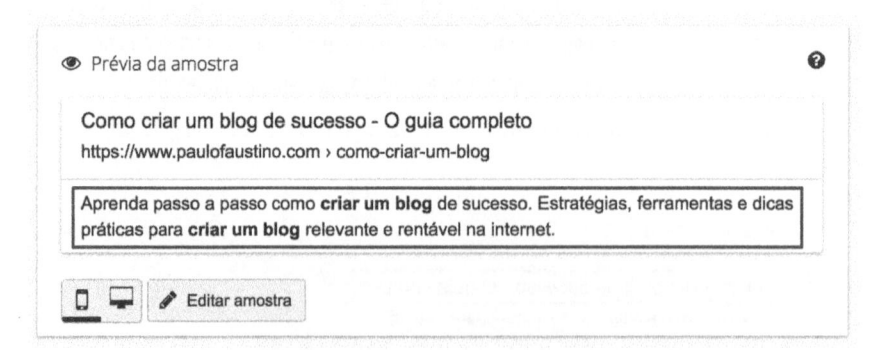

Figura 29. Exemplo de metadescrição de SEO.

A metadescrição de uma página é uma oportunidade incrível de despertar o interesse de quem realiza pesquisas. Desperdiçar a oportunidade de configurar corretamente essa descrição é um tremendo erro do ponto de vista da otimização para motores de busca.

3. Endereços URL amigáveis

Os endereços URL das suas páginas também são um elemento importante no que diz respeito ao SEO. Um robô de um motor de pesquisa conseguirá interpretar muito mais facilmente um URL amigável do que um URL não amigável. Além do mais, o próprio URL ajuda o utilizador a entender o tema do artigo e é também uma forma de posicionar os conteúdos para determinadas palavras-chaves, ou seja, incluir essas palavras-chaves no URL.

Para o ajudar a construir endereços URL amigáveis e evitar erros desnecessários, siga sempre os seguintes passos:

- Utilize a palavra-chave no URL do artigo;
- Utilize, sempre que possível, um URL curto e objetivo;
- Utilize sempre hífens para separar as palavras;
- Relacione o URL do seu artigo ao tema desse mesmo artigo;
- Não utilize números no URL, uma vez que não ajudarão em nada;
- Não utilize maiúsculas, *underlines*, números ou outros caracteres especiais numa URL.

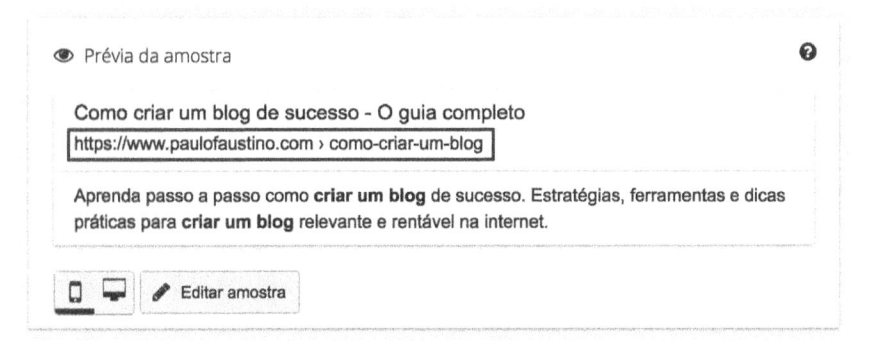

Figura 30. Exemplo de URL amigável.

4. Atributos de título e texto alternativo em imagens

Outro aspecto muito importante são os atributos de imagens. Uma vez que o robô do Google não consegue entender o conteúdo de uma imagem pixel a pixel, ele utiliza informações como o texto alternativo (*Alt Text*) e o título (*Title*) para perceber o que aquela imagem representa de verdade.

Esses atributos são também importantes do ponto de vista do SEO, uma vez que contribuem para uma boa usabilidade e permitem também o posicionamento de determinadas palavras-chaves nesses textos.

O texto alternativo foi criado a pensar nas pessoas com deficiência visual, que utilizam *software* de leitura de texto nos seus computadores. O texto alternativo é lido por esses *softwares* de leitura e recitado por meio de voz.

Recomendo que preencha os atributos de texto alternativo das suas imagens e o título com informações relevantes, para que as pessoas com deficiência visual consigam entendê-las, uma vez que não as poderão visualizar.

O editor de conteúdos do WordPress, por exemplo, já inclui na edição de imagem a possibilidade de preenchimento dos campos de texto alternativo e título das imagens.

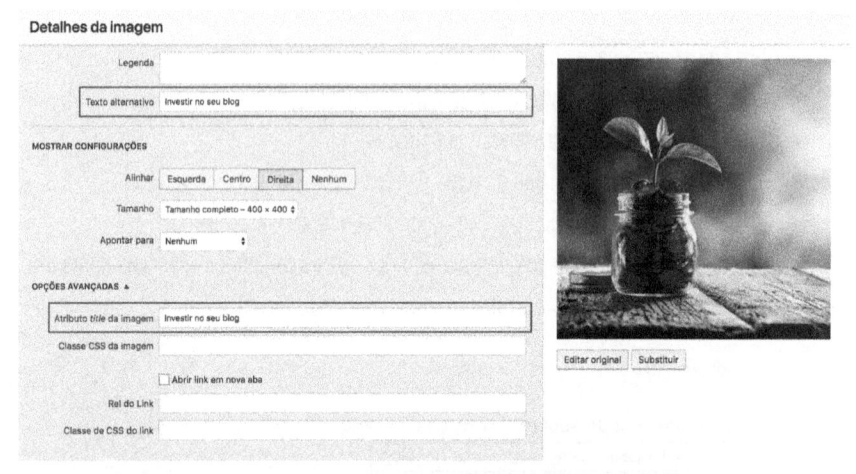

Figura 31. Atributos de texto alternativo e título de imagem no WordPress.

É muito importante também que tenha em consideração os nomes dos seus arquivos de imagens. Não carregue no seu *site* arquivos com nomes abstratos, do tipo "8667348.jpg", quando na realidade este se poderia chamar "beneficios-da-laranja-na-dieta.jpg".

Aproveite também os nomes dos arquivos para posicionar as palavras-chaves relacionadas com o conteúdo dessas imagens. Isso ajudará o robô do Google a entender o conteúdo da imagem e a posicioná-la melhor nos resultados do Google Imagens.

O peso das imagens é também um assunto a ter em consideração. Dentro dos seus conteúdos, utilize sempre imagens no formato JPG, de preferência otimizado para a *Web*. Isso gera um arquivo com um nível de compreensão maior, mantendo a qualidade da imagem. Dessa forma, o seu *site* ou blog apresentará os conteúdos de uma forma mais rápida e não irá sobrecarregar o seu servidor desnecessariamente.

5. *Tags* de cabeçalho

As *tags* de cabeçalho são também essenciais quando o assunto é SEO, uma vez que elas não só permitem tornar a informação mais legível e organizada, como, acima de tudo, auxiliam o robô do motor de pesquisa a entender seções de texto, cabeçalhos de parágrafo e, principalmente, a prioridade dos conteúdos, uma vez que nem todos os conteúdos de uma determinada página têm o mesmo grau de relevância ou importância.

O título de uma página utiliza uma *tag* de cabeçalho H1. No entanto, os subtítulos de um artigo devem utilizar *tags* de cabeçalho H2 e H3, consoante o grau de importância do conteúdo ou o seu relacionamento. Desta forma, o robô saberá entender a hierarquia dos seus conteúdos e o grau de importância de cada porção dos seus textos.

Para o ajudar a trabalhar corretamente as suas *tags* de cabeçalho, siga os seguintes passos:

- O título do seu artigo ou página tem de utilizar sempre uma *tag* de cabeçalho H1. Uma página não pode ter mais do que uma *tag* H1;
- Os seus textos devem utilizar *tags* de cabeçalho H2 e H3, consoante a prioridade ou relevância dos conteúdos. Pense de forma hierárquica;
- Sempre que possível, utilize a sua palavra-chave em foco no título H1 da página e num dos subtítulos H2;
- Os seus subtítulos H2 e H3 deverão conter palavras-chaves relacionadas ou mais complexas;
- Não abuse dos subtítulos. Pense sempre no utilizador em primeiro lugar!

6. Utilização da palavra-chave

É comum a grande maioria das pessoas continuar a acreditar na ideia de que o mais importante num texto é a utilização da palavra-chave de forma repetida. No entanto, desde o lançamento do Google Hummingbird, em 2013,[3] uma atualização que ocorreu ao algoritmo do Google, esse tipo de estratégia deixou de funcionar.

Na realidade, o robô do Google caminha para um desenvolvimento da sua inteligência artificial, como forma de entender a semântica e construção de textos, evitando que os autores tentem tirar partido do algoritmo para posicionarem melhor os seus conteúdos nas páginas de resultados deste motor de busca.

É importante que tenha em consideração que deverá utilizar a sua palavra-chave ao longo do seu artigo, mas sem o fazer repetidamente para tentar tirar maior partido desta.

Se escrever um texto baseado na palavra-chave, o Google irá perceber a falta de naturalidade do conteúdo e, muito provavelmente, este não será considerado tão relevante quanto o de um concorrente seu.

A juntar a isso, o Google já utiliza uma análise semântica de texto, o que significa que para ele é mais importante existirem palavras-chaves secundárias relacionadas com a palavra-chave principal do que propriamente a repetição desta última.

Aqui ficam algumas dicas para o posicionamento da sua palavra-chave que poderá ter em consideração, desde que não se esqueça de pensar primeiro no seu leitor:

- Utilizar a palavra-chave no título do artigo, preferencialmente o mais à esquerda possível;
- Utilizar a palavra-chave no primeiro parágrafo do artigo;
- Utilizar a palavra-chave em pelo menos um dos subtítulos do artigo;
- Não utilizar a palavra-chave em mais de 1% do seu texto;
- Utilizar variações da palavra-chave ou palavras-chaves secundárias.

7. Qualidade do conteúdo

Naturalmente, a qualidade do conteúdo é também um dos aspectos mais importantes para o Google numa análise de SEO. No que diz respeito à qualidade, o Google dá prioridade à relevância do conteúdo relacionado com a pesquisa realizada pelo utilizador no seu motor de busca. Ou seja, o seu conteúdo precisa ser o mais relevante e esclarecedor possível para o utilizador que realiza uma pesquisa por um determinado assunto e chega até ele.

É recomendável também que os seus artigos não sejam demasiadamente pequenos. Embora em alguns nichos de mercado seja extremamente difícil conseguir escrever conteúdos muito extensos, noutros é fundamental que sejam o mais completos e relevantes possível.

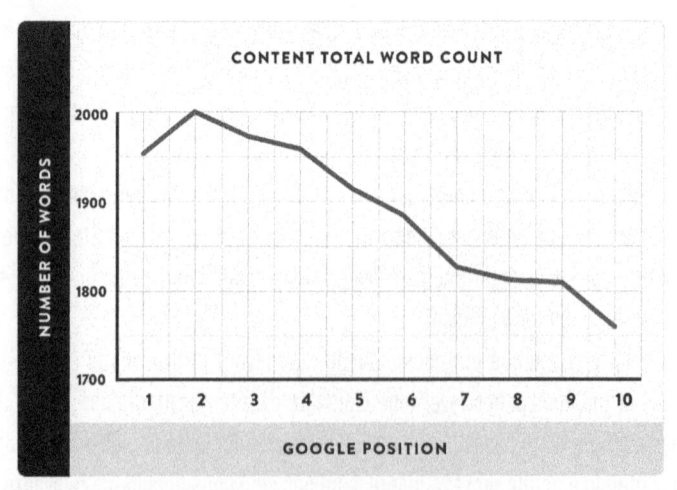

Figura 32. Estudo do blog *backlinko.com* sobre a correlação entre a dimensão dos artigos e o seu posicionamento nas páginas de resultados de pesquisa do Google.

Isso pode representar textos muito longos e com uma dimensão entre 1.500 e 5.000 palavras. Existem vários estudos na Internet que comprovam que uma boa parte dos primeiros resultados em pesquisas orgânicas no Google é ocupada por textos muito longos e detalhados.[4]

Outro aspecto importante está relacionado com a estilização dos conteúdos. Hoje em dia, estilizar corretamente um artigo é fundamental para tornar a experiência de leitura o mais agradável possível, e o Google também tem isso em consideração.

A estilização de conteúdos pode incluir, entre outras coisas, o seguinte:

- Utilização de subtítulos para a organização dos conteúdos abordados ao longo do artigo;
- Utilização de itálicos, negritos e sublinhados para destacar porções de conteúdo;
- Utilização de citações durante o conteúdo para destacar momentos importantes;
- Utilização de imagens, com ou sem alinhamento, para quebrar a leitura;
- Utilização de listas com pontos ou números, para sintetizar a informação;
- Utilização de *links* internos para outros artigos dentro do seu *site*;
- Utilização de *links* externos para fontes fidedignas e que agreguem valor ao seu conteúdo;
- Utilização de uma fonte de fácil leitura tanto em *desktop*, como em *mobile*;
- Utilização de *design* responsivo com uma leitura fácil e agradável em *smartphones* e *tablets*.

Obviamente, a qualidade de uma peça de conteúdo é muito subjetiva; no entanto, é fundamental que procure colocar-se sempre no lugar do seu leitor. Caso entrasse no artigo que acabou de publicar, depois de realizar uma pesquisa no Google, ele corresponderia às suas necessidades?

Responder às necessidades do seu público é fundamental para atingir bons resultados em SEO. Faça também uma boa análise das palavras-chaves antes de escrever os seus conteúdos. Como já foi referido, escrever sobre temas que ninguém pesquisa é pura perda de tempo.

8. Tempo de carregamento das páginas

Desde há algum tempo que o Google começou a dar uma importância considerável ao tempo de carregamento das páginas. O motor de busca depreende que uma boa experiência para o utilizador inclui um carregamento rápido do seu *site* e das suas páginas de conteúdo.

A partir de julho de 2018, o tempo de carregamento de páginas passou também a ser considerado um fator de ranqueamento no Google em *mobile*.[5] Isto significa que páginas que demoram muito tempo a carregar ficam posicionadas abaixo dos seus concorrentes nas pesquisas.

Um bom tempo de carregamento é algo inferior a um ou dois segundos, mas tudo o que seja abaixo de quatro segundos de carregamento é considerado um resultado bom e não há lugar a qualquer tipo de penalização.

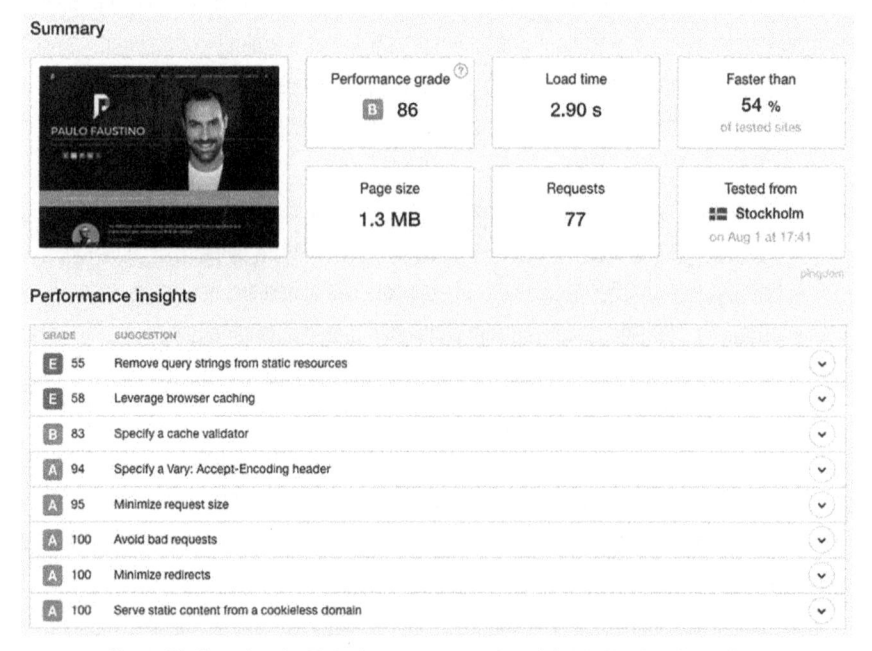

Figura 33. Teste de velocidade de carregamento de *website* via Pingdom Speed Test.

O Pingdom Speed Test (*https://tools.pingdom.com*) é uma ferramenta interessante para testar o tempo de carregamento do seu *site* ou de uma página específica deste. Apresenta os resultados e também uma lista das coisas que precisa fazer para melhorar o tempo de carregamento das suas páginas, tais como a compressão de arquivos, a utilização de *cache*, entre outros recursos técnicos, o que provavelmente terá de resolver juntamente com um programador.

OFF-PAGE SEO

Os fatores *off-page* são todos aqueles que acontecem fora do seu *site*, ou seja, que não se conseguem controlar diretamente, mas sim indiretamente. O Google considera diferentes fatores externos como fatores de ranqueamento, tais como o número de *links* em outros *sites* que apontam para o seu e para os seus conteúdos, os fatores de redes sociais, que incluem o número de "likes" e partilhas dos seus conteúdos nestas estruturas, a autoridade e confiança do endereço de domínio do seu *site* e das suas páginas de conteúdos, entre outros.

1. Autoridade

Durante anos, o Google utilizou um algoritmo próprio, intitulado Google Page Rank, como uma forma de medir a autoridade e relevância de um *site* ou blog, numa escala de 1 a 10. De vários anos para cá, o Google deixou de utilizar o Page Rank e este deixou de ser relevante em SEO, mas a autoridade e a confiança de um *site* ou das suas páginas continuam a ser fundamentais para determinar a sua relevância em comparação com outros resultados existentes na Internet.

A autoridade de um *site* é determinada com base em dois tipos de autoridade:

- **Autoridade do domínio** – a autoridade do domínio determina o quão relevante é o domínio principal de um *site*, baseado em vários fatores, como a quantidade de *links* que apontam para o domínio, o número de partilhas do domínio principal nas redes sociais, entre outros relacionados única e exclusivamente com o domínio principal.
- **Autoridade de página** – cada página do seu *site* tem uma autoridade diferente, baseada nos mesmos fatores – como *links* externos, sinais sociais, etc. –, que determina o quão autoritária é essa página, ou artigo, aos olhos do Google.

Poderá utilizar o Open *Site* Explorer da Moz (*https://moz.com/researchtools/ose*) para visualizar a autoridade de domínio e autoridade das suas páginas, numa escala de 0 a 10.

Embora isso não seja determinante para um bom posicionamento nos resultados orgânicos do Google, ajuda-o a entender corretamente o que precisa fazer para melhorar a sua autoridade e tornar o seu *site* mais relevante.

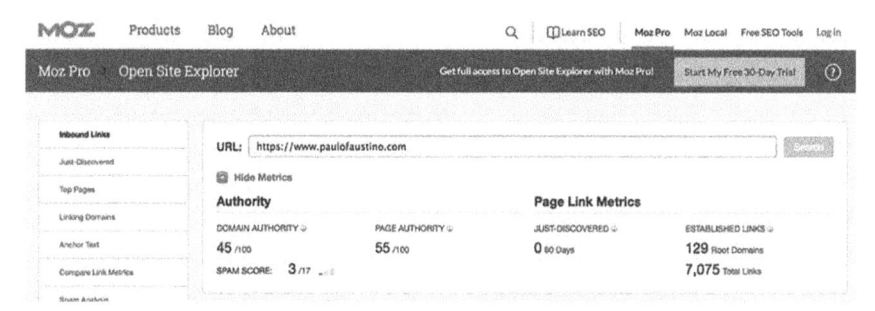

Figura 34. Exemplo de resultado de autoridade de domínio e página.

2. Link building

Link building, ou construção de *links*, é a arte de conseguir atrair *links* para um determinado *site*, blog ou página de conteúdo através de outros *sites* (*link building* externo), mas também de ligações internas no seu próprio *site* (*link building* interno).

O objetivo de atrair *links* passa por criar uma maior relevância aos olhos dos motores de pesquisa. Se considerarmos que o *link building* continua a ser um dos principais fatores de ranqueamento para um *site* ficar bem posicionado nos resultados orgânicos de pesquisa, então fazer um bom trabalho de construção de *links* é fundamental para uma estratégia de SEO.

Um bom perfil de *links* é aquele que inclui tanto *links* externos para conteúdos do seu *site*, como *links* internos entre os seus próprios conteúdos. É também aquele que inclui *links* com texto-âncora exato, não exato, imagens e outros tipos que apontam para o seu *site* ou blog a partir de outras publicações na Internet. Isso dará uma maior relevância às suas páginas, aos olhos dos motores de pesquisa, uma vez que eles consideram *links* como recomendações de outros autores em relação aos seus próprios conteúdos.

Como o Google avalia o link building?
Os robôs do Google utilizam diferentes critérios para avaliar uma página, passando pela qualidade do conteúdo e também pelos *links* que ela recebe e envia para outras páginas. No que diz respeito ao *link building*, o Google tem em consideração diversos fatores, sendo estes os mais importantes:

- O texto-âncora do *link*, ou seja, o texto onde a hiperligação é feita;
- O contexto em que esse *link* aparece dentro do seu conteúdo;
- Se o *link* é *dofollow* (passa autoridade) ou *nofollow* (não passa autoridade).

Estes são os três principais critérios de análise por parte do Google em relação aos *links* e à sua qualidade. Se, por exemplo, um *site* sobre máquinas industriais tiver, numa determinada página, um *link* que aponta para um outro *site* com o texto-âncora "Como ganhar dinheiro na Internet", o Google irá desconfiar. Para fazer isso, o Google analisa o contexto em que o *link* aparece para entender se faz sentido ou se é forçado, se é *dofollow* ou *nofollow*, etc.

Tentar tirar partido do algoritmo do Google pode resultar numa punição. Esta normalmente tem como resultado o desaparecimento do seu *site* dos resultados orgânicos de pesquisa do Google, por exemplo.

Isso acontece porque o Google determina que existe uma tentativa clara de manipulação do sistema, gerando um elevado número de *links* com o mesmo texto-âncora ou em *sites* de baixa qualidade ou fora de contexto.

Em 2011, o *New York Times* denunciou, através de um artigo,[6] um esquema fraudulento da empresa JC Penny, uma retalhista *online* extremamente popular nos Estados Unidos da América, por esta manipular de forma evidente o algoritmo do Google, por forma a colocar páginas do seu *site* nas primeiras posições do motor de busca quando um utilizador pesquisa por assuntos tão abrangentes quanto "vestidos" ou "roupa de cama". A denúncia resultou numa punição severa do Google, que retirou do seu motor de busca todas as páginas da JC Penny durante 90 dias.

No mesmo ano, o popular *site* de viagens *Decolar.com*, um dos maiores da América Latina, foi banido do Google também pelas mesmas razões.[7]

Links de qualidade vs. links em quantidade
Quando trabalhamos o *link building*, duas coisas podem acontecer: atraímos *links* de qualidade ou atraímos *links* de baixa qualidade. Numa das últimas atualizações ao algoritmo do Google, o próprio motor de busca passou a dar mais importância à qualidade dos *links* do que à quantidade de *links* de um *site*. Antigamente, a quantidade era sinônimo de um bom posicionamento nos resultados de pesquisas, mas hoje já não o é. A qualidade dos *links* que apontam para páginas do seu *site* são o critério mais importante.

Para medir a qualidade de um *link*, precisará ter em consideração os dois fatores de autoridade indicados anteriormente: autoridade de domínio e autoridade de página.

Caso tenha recebido *links* de páginas de baixa qualidade, também existe a possibilidade de avisar o Google e pedir que os desconsidere. Dessa forma, é possível manter um perfil de *links* com maior qualidade, evitando ser penalizado por receber ligações de baixa qualidade.

Além da autoridade de domínio e autoridade de página, também necessitamos ter em consideração a relevância do *site* em questão, a posição e a contextualização do *link* na página e o seu texto-âncora. Logicamente, o atributo *dofollow* ou *nofollow* tem um peso muito grande também, especialmente considerando que os *links dofollow* passam autoridade e os *nofollow* não.

Link building interno
O *link building* interno é o processo de criação de *links* para páginas dentro do seu próprio *site*, ou seja, conteúdos que estejam dentro do mesmo domínio. A criação de *links* internos, além de recomendada, é extremamente valiosa numa estratégia de *link building*.

Ao contrário do que se possa pensar, não interessa apenas receber *links* de outros *sites*. A criação de *links* internos entre os seus conteúdos é uma forma de ajudar os seus leitores, criando uma navegação interna relevante, mas também uma forma de passar autoridade de uma página para outra no seu *site*.

Imagine que um artigo seu recebe imensos *links* de outros *sites* (*links* externos). Esse artigo tem uma autoridade e uma relevância enormes aos olhos dos motores de busca e está provavelmente bem posicionado nos resultados orgânicos de pesquisa. Um *link* interno nessa página para uma outra matéria dentro do seu *site* irá passar parte dessa autoridade para a outra página. Se não criar *links* internos, não conseguirá passar autoridade de um conteúdo para outro e vice-versa.

A criação de *links* internos é também uma forma de aumentar o número de páginas visualizadas pelos seus leitores, mantendo-os mais tempo dentro do seu *site*. Ao clicar num *link* interno de uma matéria, o utilizador é direcionado para outro conteúdo e, caso este seja relevante para ele, se manterá durante mais tempo dentro do seu *site*.

Tipos de conteúdos que geram muitos links
Escrever conteúdo não será o suficiente para gerar *links* de qualidade para o seu *site* ou blog. Será preciso mais do que isso para conseguir atrair *links* e aumentar a notoriedade e a autoridade do seu próprio *site* a longo prazo.

Existem alguns tipos de conteúdos que, por norma, tendem a gerar mais *links* do que outros. Esses tipos de conteúdos são uma excelente forma de melhorar consideravelmente o *link building* do seu *site* e também de diversificar os tipos de publicações que cria.

2.1. Infográficos

Um dos tipos de conteúdo que mais gera *links* é o infográfico. Normalmente, um infográfico é visualmente apelativo e contém informação supervaliosa sobre um determinado tema. Por norma, os infográficos tendem a ser compartilhados com maior frequência por isso mesmo, gerando um número muito mais elevado de *links* que apontam para a página onde eles foram publicados.

Os infográficos são uma excelente forma de produzir um conteúdo diferente e ao mesmo tempo visualmente apelativo. Um dos aspectos mais importantes a ter em conta é que deve disponibilizar o código de partilha do infográfico para que outros autores possam publicá-lo nos seus artigos. Isso dará uma ajuda muito grande na geração de *links* para essa página.

Existem várias ferramentas que o podem ajudar na criação dos seus infográficos, a grande maioria delas sem necessidade de conhecimentos técnicos ou de *design*. As que recomendo são:

- *www.canva.com*
- *www.easel.ly*
- *www.visme.co*
- *www.infogram.com*

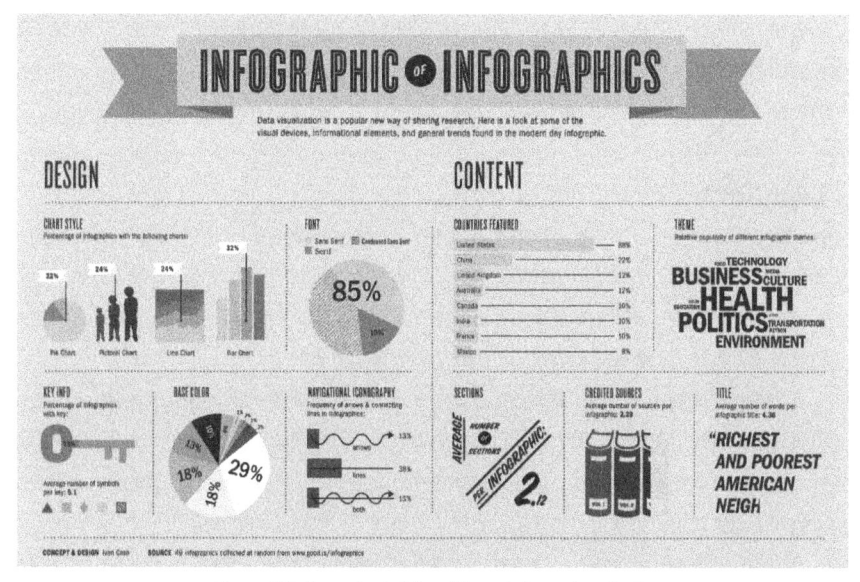

Figura 35. Exemplo de infográfico criado por Ivan Cash.

2.2. Artigos com listas

Os artigos com listas do tipo "20 ferramentas para fazer *bricolage* em casa" ou "100 dicas para perder peso em seis meses" normalmente tendem a ter uma repercussão muito positiva junto do público, gerando um número muito mais elevado de *links* para esse tipo de conteúdo quando comparado com outros formatos. Em 2015, a Moz e o BuzzSumo analisaram mais de um milhão de artigos[8] e chegaram à conclusão de que os que têm listas geram muito mais compartilhamentos nas redes sociais e também muito mais *links*.

Content Type	Number in sample	Average Total Shares	Average Referring Domain Links	Correlation of total shares & referring domain links
List post	99,935	10,734	6.19	0.092
Quiz	69,757	1,374	1.6	0.048
Why post	99,876	1,443	5.66	0.125
How to post	99,937	1,782	4.41	0.025
Infographic	98,912	268	3.67	0.017
Video	99,520	8,572	4.13	0.091

Figura 36. Estudo sobre o tipo de conteúdos que geram mais *links* e partilhas nas redes sociais.

Além de um número de *links* maior, este tipo de conteúdo também gera muito mais compartilhamentos nas redes sociais, o que significa que é muito interessante para se utilizar numa estratégia de *link building*.

2.3. Guest posts
Tal como o nome indica, os *guest posts* são artigos de convidados. A ideia consiste basicamente em escrever um conteúdo extremamente completo e publicá-lo gratuitamente noutro blog. Em troca, esse artigo deverá contar com um ou dois *links* orgânicos para artigos do seu próprio blog, por exemplo, caso eles agreguem valor ao conteúdo em si.

A parte mais complicada dos *guest posts* é ter tempo para os redigir, já que o trabalho em si deverá ser semelhante àquele que já produz no seu próprio blog. Tenha também em atenção o fato de que a contextualização é extremamente importante. Não faz sentido publicar *guest posts* em blogs sobre automóveis, se o seu for acerca de finanças pessoais.

Aquele onde vai publicar esse *guest post* deve ser da mesma área do seu ou tratar de assuntos relacionados com isso, para que faça sentido não só publicar um artigo lá, como principalmente gerar *links* orgânicos para conteúdos do seu próprio blog.

2.4. Press releases e assessoria de imprensa
A assessoria de imprensa e, principalmente, os *press releases* são uma excelente estratégia de *link building* para muitos projetos. Com os contatos certos, poderá conseguir gerar um elevado número de *links* de qualidade para o seu *site*. A vantagem desta estratégia é que a grande maioria dos *links* tem uma qualidade muito grande, uma vez que provêm de órgãos de comunicação e grandes portais.

Foi com base nessa estratégia que conseguimos um *link* para o *site* do evento Afiliados Brasil (*www.afiliadosbrasil.com.br*) a partir de um artigo na Bloomberg, um dos maiores meios de comunicação do mundo, com uma autoridade monstruosa e milhares de novos conteúdos publicados todos os dias.

2.5. Estratégias de link building que funcionam
Quando o objetivo é gerar *links* de qualidade para o seu *site* ou blog, ou para uma página em particular, existem diferentes tipos de estratégias e abordagens que poderá seguir. Como expliquei anteriormente, na grande maioria dos casos escrever conteúdo não é o suficiente para atrair *links* de outros *sites*; é necessário mais do que isso.

Um bom planejamento estratégico de *link building* pode fazer toda a diferença na otimização do seu *site*. Ao longo dos últimos anos, experimentei diferentes tipos de estratégias que

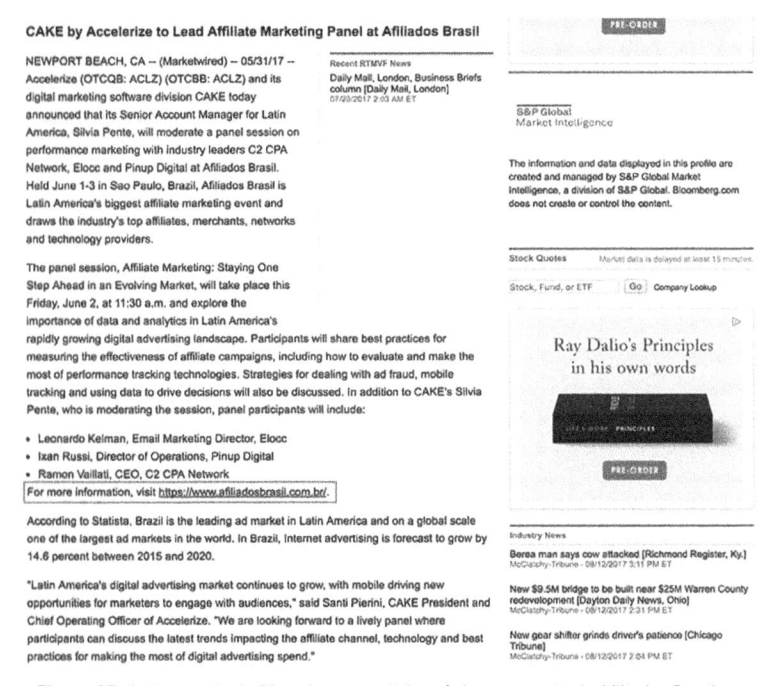

Figura 37. Artigo no *site* da Bloomberg com *link* orgânico para o *site* do Afiliados Brasil.

deram excelentes resultados. Essas estratégias também o podem ajudar a conseguir mais *links* orgânicos de qualidade para os seus conteúdos.

2.5.1. Reclame os seus links
Uma técnica extremamente eficaz é ficar atento às citações da sua marca, negócio ou pessoa. Sempre que é citado em outros *sites* e blogs na Internet, mas não recebe um *link* como sendo a fonte desse conteúdo, pode e deve reclamar que o façam. Poderá fazer isso facilmente utilizando uma ferramenta gratuita chamada Google Alerts (*www.google.pt/alerts*).

Ao entrar no Google Alerts, precisa criar uma palavra-chave, que no caso pode ser o seu nome, o do seu blog ou uma outra que considere relevante para o caso, e programar os alertas diariamente, recolher alertas de *sites* de notícias, blogs ou todo o tipo de fontes que o Google encontrar, bem como definir a quantidade de alertas e as regiões onde pretende fazer isso. Depois, escolha o seu endereço de *e-mail*, para que o Google lhe envie uma mensagem sempre que a sua palavra-chave for citada na Internet.

Ficará surpreendido com a quantidade de vezes que o seu nome ou blog é citado na Internet sem que haja um *link* para a fonte do conteúdo. Descubra o contato do autor desse artigo e peça-lhe para incluir um *link* para o seu blog ou para o seu artigo, se for o caso.

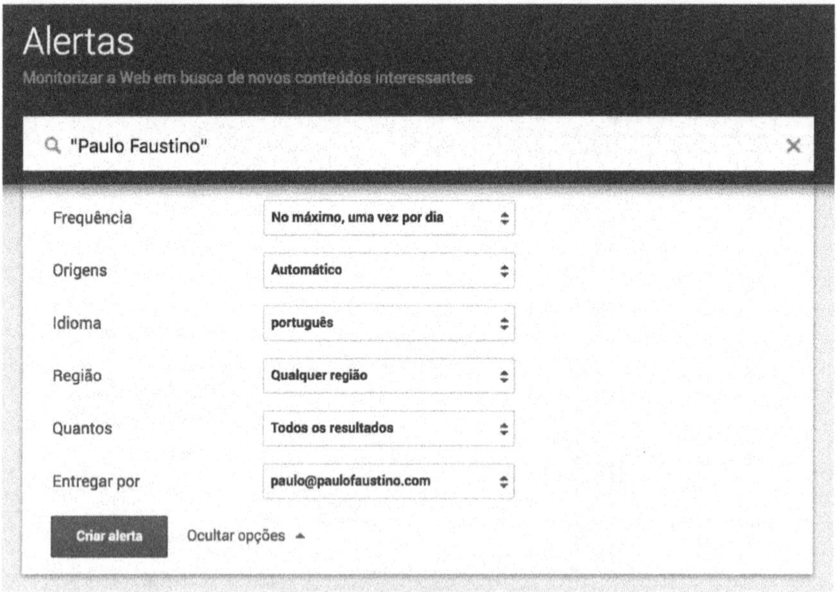

Figura 38. Criação de um alerta no Google Alerts.

Figura 39. *E-mail* do Google Alerts.

2.5.2. Divulgue os seus artigos nas redes sociais
Embora a grande maioria dos *links* em redes sociais sejam *nofollow*, isso não significa que não deve apostar numa estratégia de divulgação dos seus conteúdos nas redes sociais, antes pelo contrário. Os sinais sociais são considerados também um dos fatores de ranqueamento no Google, o que significa que conteúdos que geram mais partilhas, "likes" e comentários tendem a posicionar-se melhor nos resultados orgânicos de pesquisa.

No entanto, a divulgação nas redes sociais não serve exclusivamente para gerar partilhas ou "likes", mas essencialmente como um complemento à sua estratégia de *link building*. Se formos analisar alguns conteúdos na Internet, percebemos muito rapidamente que os que geram mais impacto nas redes sociais tendem a gerar mais *links* orgânicos também em outros *sites*.

Com um investimento muito reduzido, é possível fazer os seus artigos chegar a milhares de pessoas no Facebook, Twitter e LinkedIn, amplificando a sua mensagem de uma forma drasticamente positiva. Isso fará com que, além de gerar mais tráfego para o seu *site*, ainda exista uma forte possibilidade de alguns desses leitores criarem *links* para o seu artigo, gerando um número maior de *links* orgânicos.

2.5.3. Espie os links dos seus concorrentes
Espiar os seus concorrentes não é uma estratégia errada, antes pelo contrário. Quem acha que não faz sentido olhar para o que os concorrentes farão está literalmente deixando inúmeras oportunidades de crescimento em cima da mesa. Uma das formas mais eficazes de conseguir

Figura 40. Exemplo de pesquisa pela palavra-chave "marketing" em *google.pt*.

links orgânicos de qualidade é precisamente olhando para onde os seus concorrentes conseguem *links* e replicam estratégias.

Vamos imaginar que faz uma pesquisa em *google.pt* pela palavra-chave "marketing". Os primeiros resultados são os seus concorrentes diretos, logo, precisamos entender onde é que eles conseguem *links* para as páginas que aparecem mais bem posicionadas para essa busca.

Para fazermos uma análise de concorrência e descobrirmos oportunidades de crescimento em *link building*, necessitaremos de uma ferramenta chamada SEMrush (*http://bit.ly/appsemrush*), a partir da qual podemos analisar qualquer *site* ou blog publicado na Internet.

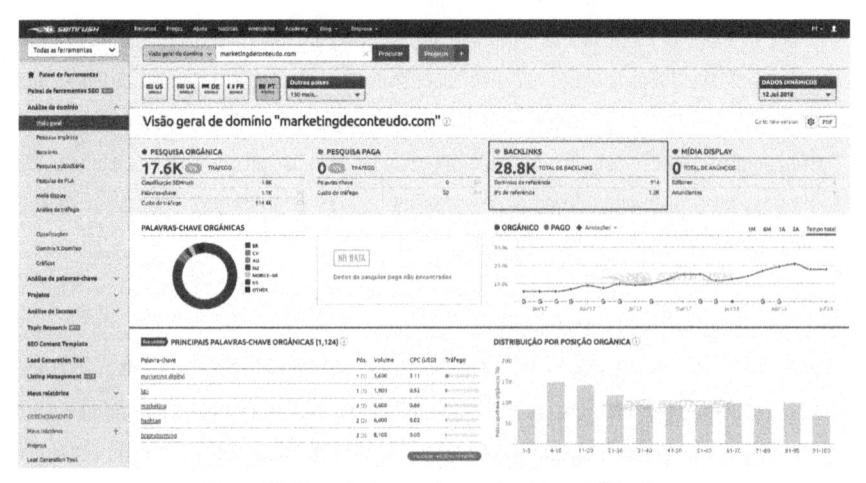

Figura 41. Exemplo de pesquisa por domínio no SEMrush.

Para analisarmos um concorrente, basta escrever na barra de pesquisa superior o endereço do *site* concorrente e selecionar o motor de pesquisa do Google para o país onde desejamos fazer a análise, neste caso concreto, Portugal.

Na parte superior, onde aparece o número de *backlinks* (*links* que apontam para um *site*), podemos verificar que, no caso deste *site*, o número é de 28.800 *links*, um valor muito elevado e que deixa antever algumas oportunidades interessantes de explorar.

Analisando os resultados gerados pelo SEMrush, podemos perceber que existem milhares de *links* que apontam para esta página a partir de vários *sites* diferentes. Estes são oportunidades de *link building* a explorar.

Isto significa que terá de analisar cada um desses *sites* que criaram *links* apontando para conteúdos do seu concorrente, entrar em contato com esses autores e pedir-lhes para citarem um conteúdo seu também, como um complemento ao conteúdo deles sobre marketing, por exemplo.

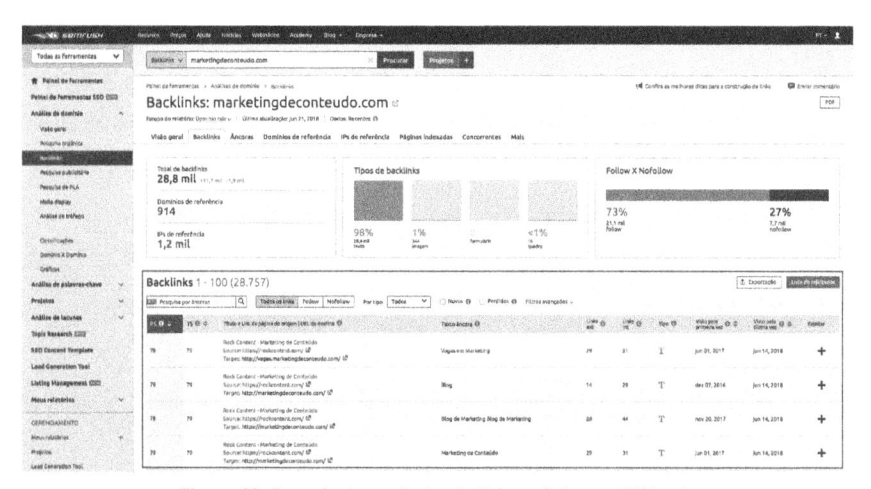

Figura 42. Exemplo de resultados de *links* orgânicos no SEMrush.

Figura 43. Resultado de *links* orgânicos organizados por relevância via SEMrush.

O SEMrush apresenta todos os *links* do concorrente organizados por ordem de relevância e autoridade, incluindo o *site* que os criou e as páginas para as quais eles apontam, o texto--âncora utilizado no *link*, o tipo de *link* e ainda a data da última visualização por parte do robô de rastreio deste *software*.

Embora possa parecer um trabalho aborrecido, na realidade é através de ferramentas como estas que se encontram oportunidades de crescimento fantásticas, como, por exemplo, *sites* ou blogs que aceitam *guest posts*.

Além disso, existe uma correlação grande entre o número de *links* externos que apontam para uma página e o seu posicionamento nos resultados orgânicos do Google. Isto significa que, quanto mais *links* apontarem para uma determinada página do seu *site*, maior é a probabilidade de ela ficar bem posicionada.

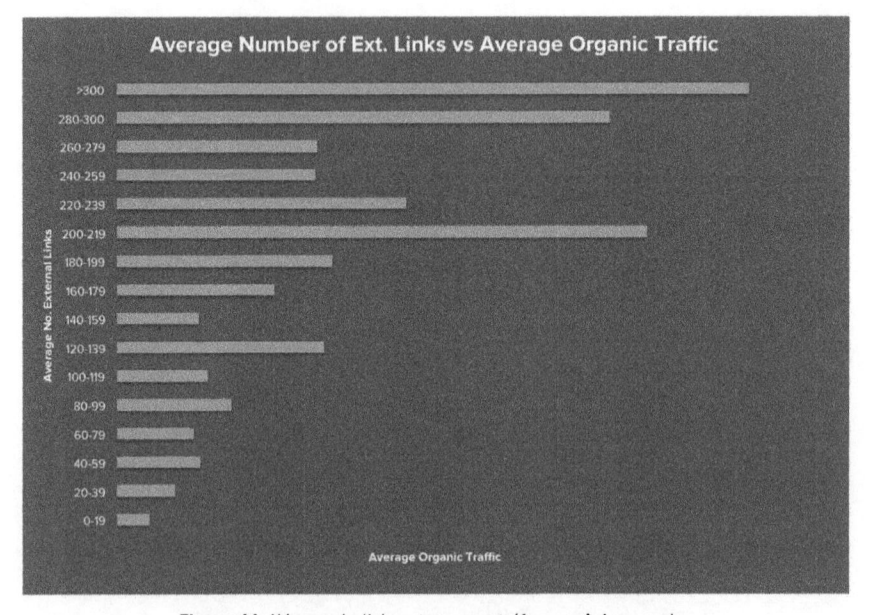

Figura 44. Número de *links* externos *vs.* tráfego orgânico gerado.

Num outro estudo realizado pela HubSpot, em 2015,[9] chegou-se à conclusão de que o número de *links* que os artigos de um blog recebem tem uma influência tremenda no tráfego orgânico que estes geram a partir dos motores de pesquisa.

Isto significa que, embora o seu blog possa ter muitos *links* que apontam para o domínio principal, as páginas dos artigos também têm de receber *links* para se conseguirem posicionar bem nos resultados orgânicos do Google e, com isso, gerarem tráfego orgânico em maior quantidade. Não basta o domínio principal ser forte; é preciso que os artigos também recebam *links* e/ou sejam citados por outros *sites* e blogs.

2.5.4. Ferramentas de link building

Existem no mercado diversas ferramentas que o podem ajudar a trabalhar de forma mais correta o seu *link building*, espiar mais facilmente os seus concorrentes, analisar o seu próprio *site* e descobrir erros, etc.

Todas essas ferramentas são excelentes instrumentos de trabalho e podem dar uma ajuda preciosa na resolução de problemas, mas principalmente encontrar oportunidades neste mercado tão competitivo que é a Internet.

Dominando uma ou várias destas ferramentas, estará vários passos à frente da grande maioria dos empresários ou profissionais de marketing, o que significa que conseguirá com maior facilidade posicionar os seus conteúdos nos primeiros resultados orgânicos dos motores de pesquisa.

As principais ferramentas que utilizo e recomendo são as seguintes:

- **SEMrush:** *http://bit.ly/appsemrush*
- **Open Site Explorer:** *https://moz.com/researchtools/ose*
- **Ahrefs:** *https://ahrefs.com*
- **Majestic:** *https://pt.majestic.com*
- **Screaming Frog:** *https://www.screamingfrog.co.uk*

3. Sinais sociais

De uns três ou quatro anos para cá, o Google tem dado cada vez mais importância aos chamados sinais sociais. Esses sinais incluem todo o tipo de interação nas principais redes sociais do mercado, incluindo "likes", partilhas e comentários. O algoritmo do Google considera que um conteúdo que é muito compartilhado ou comentado é, inicialmente, mais relevante para o público do que outro que não gera qualquer tipo de interação nas redes sociais, o que até faz sentido.

Obviamente, o algoritmo não é taxativo, mas os sinais sociais são importantíssimos numa estratégia de SEO, sendo recomendável que trabalhe corretamente todos os seus canais digitais e sociais. Quanto maior for a interação com os seus conteúdos, maiores serão as chances de eles se posicionarem bem nos resultados orgânicos dos motores de pesquisa.

Uma ferramenta como o BuzzSumo, já falada anteriormente neste livro, poderá ajudá-lo a entender quais os seus conteúdos com maiores sinais sociais e quais aqueles que precisa trabalhar melhor. "Likes" e partilhas são fundamentais nesta estratégia, mas tenha em consideração que a qualidade das partilhas e dos comentários também é tida em conta pelo algoritmo do Google.

Outro fator importante é a análise de concorrência. Espiar que conteúdos terão um maior impacto junto dos seus concorrentes poderá ajudá-lo a entender mais facilmente para onde deve caminhar.

Se um concorrente seu tem um determinado tipo de conteúdos com grande popularidade, possivelmente será interessante desenvolver alguns conteúdos próprios para concorrer com eles.

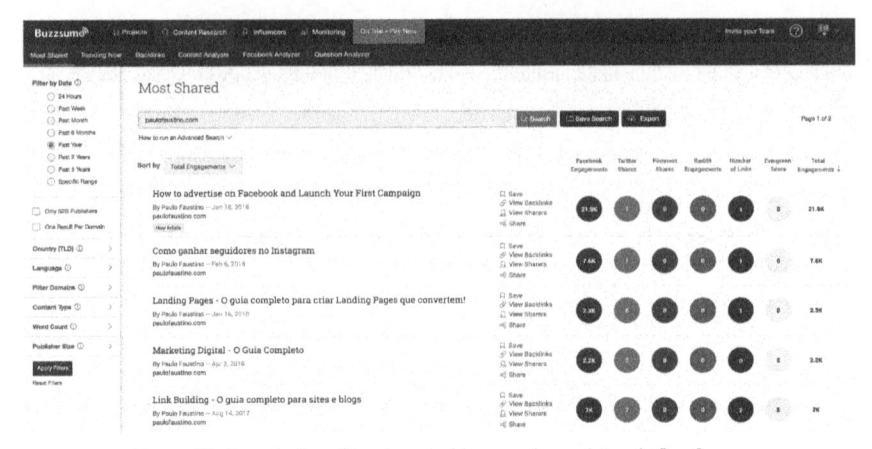

Figura 45. Exemplo de análise de conteúdo nas redes sociais pelo BuzzSumo.

Planejamento em SEO é fundamental

Costumo dizer que fazer um bom SEO é não pensar em SEO. No entanto, com todo este conhecimento, poderá preparar a sua estratégia de SEO em antecipação e trabalhar no sentido de tornar o seu *site* e os seus conteúdos o mais relevantes possível.

Primeiro, para o utilizador que realiza uma pesquisa e, segundo, para o próprio motor de busca, como o Google. Na realidade, não precisa ser um *expert* ou um profissional com um conhecimento superavançado para conseguir fazer um bom SEO e posicionar bem o seu *site* e as suas páginas nos resultados orgânicos das pesquisas.

Um bom planejamento é fundamental para não perder o norte. Isso inclui um calendário editorial de conteúdo a publicar no seu *site*, conteúdos a publicar noutros *sites* (*guest posts*), trabalho nas redes sociais, oportunidades de *link building* a explorar, entre outros aspectos considerados importantes numa estratégia de SEO.

Figura 46. Calendário editorial de conteúdos e ações de *link building*.

Se a isso juntarmos um *site* hierarquicamente bem construído, com um HTML otimizado e uma usabilidade acima da média, não é possível não ter bons resultados com SEO e aumentar consideravelmente o tráfego orgânico.

Uma simples tabela no Google Drive é o suficiente para organizar o calendário editorial de conteúdos a publicar no seu *site*, mas também para organizar os seus *guest posts* e estratégias de *link building* a trabalhar nas próximas semanas.

Console de pesquisa do Google

Para controlar a *performance* do seu *site* ou blog no que diz respeito às páginas de resultados de busca no Google, existe um console de pesquisa dedicado especialmente a esse efeito. Foi criado pelo próprio Google para ajudar os proprietários de *sites* e blogs na gestão das suas propriedades e agilizar a comunicação com o motor de busca.

Chamado Google Search Console, ou console de pesquisa do Google, é uma ferramenta gratuita a partir da qual é possível conectar os seus *sites* e blogs diretamente com o motor de busca, para que a indexação (processo de listar páginas no Google) dos seus conteúdos seja mais rápida, e também por forma a entender o comportamento do seu *site* ou blog no próprio Google.

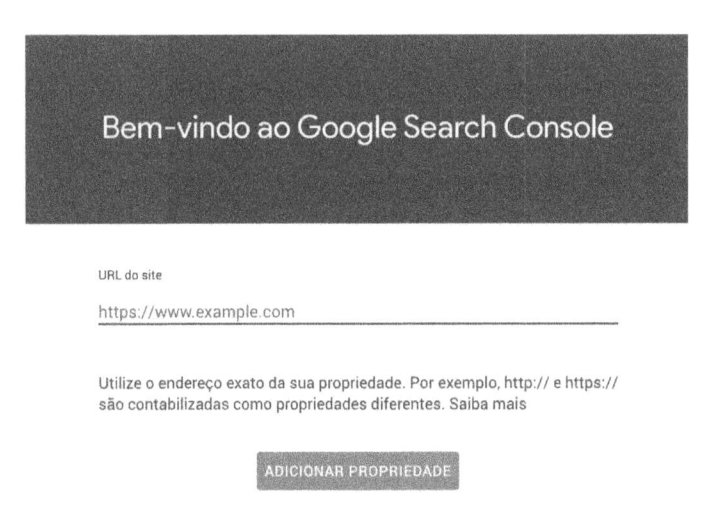

Figura 47. Página de entrada do Google Search Console.

Para entrar no console de pesquisa do Google, basta ter um endereço de *e-mail* do Gmail. Ao efetuar *login*, irá visualizar uma página semelhante à representada na "Figura 47", com uma caixa ao centro, para iniciar o processo de adição de uma propriedade ao seu console de pesquisa.

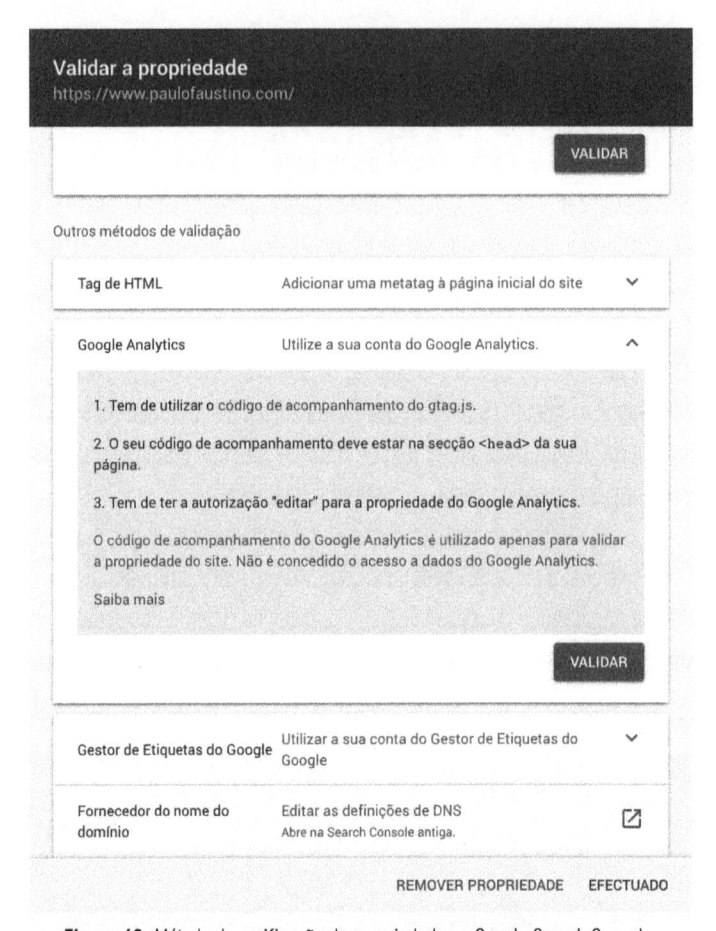

Figura 48. Método de verificação da propriedade na Google Search Console.

No passo seguinte, é necessário fazer a validação da propriedade. E a validação através de Google Analytics é o processo mais simples. Isto porque o próprio Google verifica se o titular da conta de Google Analytics é o mesmo que tenta validar a propriedade no Search Console. Em caso afirmativo, a validação da propriedade é imediata e não precisará fazer mais nada. Tenha em consideração que, para o Google o detectar como proprietário de ambas as coisas, terá de usar o mesmo *e-mail* do Gmail para o Analytics e para a Search Console.

Criar um sitemap XML
Um *sitemap*, tal como o próprio nome indica, é um mapa do *site*. O formato XML significa *extensible markup language* e é próprio de organização de conteúdo. É comumente utilizado em RSS Feeds e permite uma atualização automática.

Por norma, o arquivo de *sitemap* apresenta a terminologia *sitemap.xml* e tem como objetivo listar todas as páginas de um *site* ou blog.

Um *sitemap* XML também pode incluir imagens e vídeos a serem indexados pelo motor de pesquisa do Google. Este arquivo é utilizado como forma de o Google aceder facilmente a todas as páginas e conteúdos publicados no seu *site* e é atualizado automaticamente sempre que criar um novo conteúdo ou carregar um novo arquivo de imagem ou vídeo.

É também, através deste arquivo *sitemap.xml*, que notificamos o Google de novas atualizações existentes no *site*. Embora a indexação do conteúdo do seu *site* não esteja dependente da existência de um *sitemap*, porque os robôs de rastreio do Google encontram as páginas nela, esta é uma forma não só de acelerar o processo, como, principalmente, de entender que erros existem no seu *site* e qual o comportamento do seu conteúdo nos resultados de pesquisa.

Caso o *site* da sua empresa tenha sido criado com o WordPress, o *plugin* Yoast SEO inclui este recurso, criando um mapa de todos os conteúdos a serem enviados para o Google, incluindo a última data de modificação e a quantidade de imagens presentes nessa página.

Caso o seu *site* ou blog não tenha sido criado com o WordPress, poderá optar por uma solução externa, como o *www.xml-sitemaps.com*, que é um gerador *online* de *sitemaps*, com algumas limitações na sua versão gratuita, mas que oferece também uma versão profissional paga como solução.

Caso o *site* da sua empresa não tenha sido feito em WordPress, poderá utilizar uma das várias ferramentas gratuitas de criação de *sitemaps* XML existentes na Internet, como é o caso do XML-*site*maps.com (*https://www.xml-sitemaps.com*), que permite criá-los gratuitamente até 500 páginas.

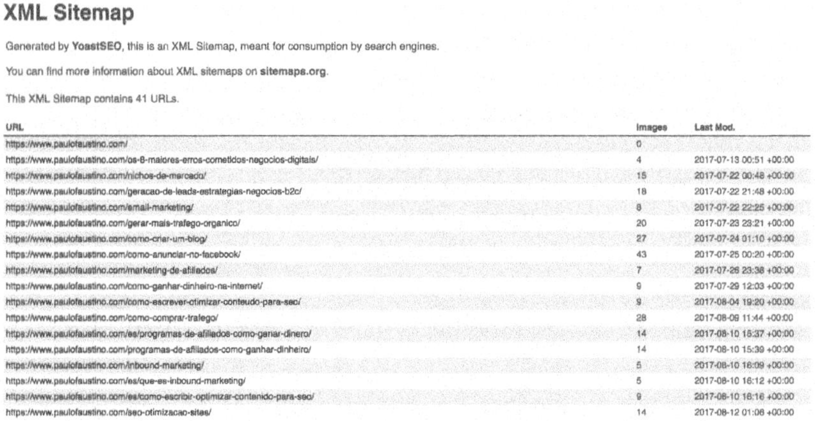

XML Sitemap

Generated by **YoastSEO**, this is an XML Sitemap, meant for consumption by search engines.

You can find more information about XML sitemaps on **sitemaps.org**.

This XML Sitemap contains 41 URLs.

URL	Images	Last Mod.
https://www.paulofaustino.com/	0	
https://www.paulofaustino.com/os-8-maiores-erros-cometidos-negocios-digitais/	4	2017-07-13 00:51 +00:00
https://www.paulofaustino.com/nichos-de-mercado/	15	2017-07-22 00:48 +00:00
https://www.paulofaustino.com/geracao-de-leads-estrategias-negocios-b2c/	18	2017-07-22 21:48 +00:00
https://www.paulofaustino.com/email-marketing/	8	2017-07-22 22:25 +00:00
https://www.paulofaustino.com/gerar-mais-trafego-organico/	20	2017-07-23 23:21 +00:00
https://www.paulofaustino.com/como-criar-um-blog/	27	2017-07-24 01:10 +00:00
https://www.paulofaustino.com/como-anunciar-no-facebook/	43	2017-07-25 00:20 +00:00
https://www.paulofaustino.com/marketing-de-afiliados/	7	2017-07-26 23:38 +00:00
https://www.paulofaustino.com/como-ganhar-dinheiro-na-internet/	9	2017-07-29 12:03 +00:00
https://www.paulofaustino.com/como-escrever-otimizar-conteudo-para-seo/	9	2017-08-04 19:20 +00:00
https://www.paulofaustino.com/como-comprar-trafego/	28	2017-08-09 11:44 +00:00
https://www.paulofaustino.com/es/programas-de-afiliados-como-ganar-dinero/	14	2017-08-10 15:37 +00:00
https://www.paulofaustino.com/programas-de-afiliados-como-ganhar-dinheiro/	14	2017-08-10 15:39 +00:00
https://www.paulofaustino.com/inbound-marketing/	5	2017-08-10 16:09 +00:00
https://www.paulofaustino.com/es/que-es-inbound-marketing/	5	2017-08-10 16:12 +00:00
https://www.paulofaustino.com/es/como-escribir-optimizar-contenido-para-seo/	9	2017-08-10 16:16 +00:00
https://www.paulofaustino.com/seo-otimizacao-sites/	14	2017-08-12 01:06 +00:00

Figura 49. Exemplo de *sitemap* XML.

Depois de criado o *sitemap* do seu *site* ou blog, é necessário conectá-lo com o seu console de pesquisa do Google, não só para que o próprio motor de busca entenda que conteúdos existem para indexar, mas essencialmente para que tenha acesso às estatísticas de pesquisa da Google Search Console.

Figura 50. Painel administrativo da propriedade no Google Search Console.

Ao entrar no painel administrativo da sua propriedade, após a validação desta através do código do Google Analytics, terá a oportunidade de ver inúmeras opções disponíveis para administrar a forma como o seu *site* ou blog aparece no Google.

Figura 51. Método para adicionar um *sitemap* no Google Search Console.

Dentre essas opções, existe uma coluna intitulada *sitemaps*. Ao clicar nela, é enviado para a página de gestão dos seus *sitemaps*, a partir da qual é possível adicionar um novo. Deverá colocar o endereço URL do *sitemap* em questão – por exemplo, *www.paulofaustino.com/sitemap.xml* – e clicar no botão azul "Enviar".

Após o envio do seu *sitemap*, tenha em consideração que a apresentação de resultados por parte do Google poderá demorar alguns dias a acontecer. Não é imediato.

Caso não existam erros no seu *sitemap*, o Google apresentará os resultados no console de pesquisa, indicando a quantidade de páginas, imagens ou vídeos enviados e indexados.

Estatísticas de pesquisa

A partir da integração do seu arquivo de *sitemap* com o console de pesquisa do Google, passará a ser possível acompanhar as estatísticas de desempenho do seu *site* ou blog a partir do console de pesquisa.

As estatísticas de desempenho na pesquisa refletem o comportamento das páginas do seu *site* nas pesquisas realizadas por utilizadores no Google, incluindo o número de vezes que uma delas apareceu como resposta para essa busca, o número de cliques que recebeu, ou a posição média em que aparece para essa pesquisa em particular.

Na barra lateral do Google Search Console, existe a aba "Desempenho". Clique nela para entrar no painel de estatísticas e *performance* do seu *site*.

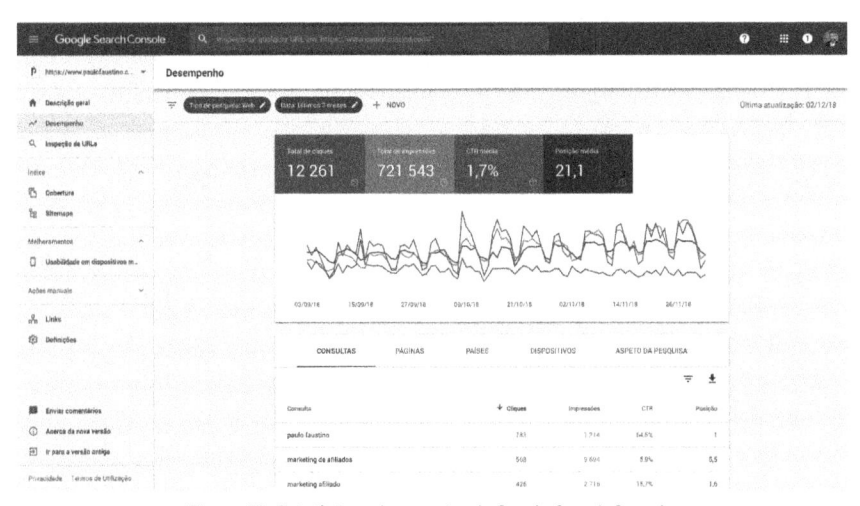

Figura 52. Estatísticas de pesquisa do Google Search Console.

Dentro da página de estatísticas de pesquisa, ative as opções "Total de Cliques", "Total de Impressões", "CTR média" e "Posição média", que constam no menu superior.

No menu inferior, é possível visualizar os resultados com base em consultas de palavras--chave no Google, páginas, países, dispositivos, tipos de pesquisa e intervalos de datas.

Começando pela análise de dados estatísticos a partir de consultas de palavras-chaves realizadas por utilizadores no Google, conseguimos perceber quais as que geram mais tráfego para um *site* e com isso entender se as respectivas páginas de conteúdo estão bem posicionadas ou não.

No caso das impressões, falamos do número de vezes que uma página do nosso *site* apareceu listada quando um utilizador realizou uma pesquisa no Google para essa mesma palavra-chave. Para cada vez que o nosso resultado aparece, o Google contabiliza uma impressão.

Uma página que gera muitas impressões e poucos cliques, por norma, está mal posicionada na primeira ou na segunda página de resultados orgânicos do Google. Isso significa que é necessário fazer um trabalho adicional de SEO para conseguir melhorar o posicionamento orgânico para essa pesquisa.

CTR significa *click through rate*, ou taxa de cliques, e é calculada com base numa fórmula extremamente simples:

CTR = Número de cliques / Número de impressões x 100

Isto significa que, se uma página do seu *site* gera 1.000 impressões e recebe apenas 100 cliques, tem um CTR médio de 10%.

As estatísticas de pesquisa apresentadas pelo console de pesquisa do Google ajudam-no a tomar decisões do ponto de vista de SEO e, principalmente, do ponto de vista do conteúdo. Por norma, o conteúdo tem uma influência muito maior sobre os resultados, pelo que é necessário entender como extrair mais valor dos dados apresentados pelo Google.

- Se uma página do seu *site* gera muitas impressões e muitos cliques, está tendencialmente bem posicionada para uma determinada pesquisa no Google. É necessário continuar trabalhando para manter esse bom posicionamento. Não há garantia nenhuma de que permanecerá no primeiro lugar.
- Se uma página do seu *site* gera muitas impressões e poucos cliques, significa que está posicionada na primeira página de resultados do Google para uma determinada palavra-chave, mas mal posicionada entre os dez resultados que aparecem na primeira página. É importante rever esse conteúdo, reforçar a estratégia de *link building* dessa página e acompanhar o progresso desta em termos de posicionamento. Por vezes, uma melhoria ao nível do conteúdo é suficiente para subir algumas posições.
- Uma página do seu *site* com uma taxa de cliques (CTR) alta, por norma significa que está bem posicionada para uma determinada pesquisa. Ainda assim, como não temos

garantias de que permanecerá bem posicionada, é necessário continuar a trabalhando e a reforçando a qualidade do conteúdo dessa mesma página.

- O fato de uma página apresentar uma taxa de cliques (CTR) baixa não significa necessariamente que ela esteja mal posicionada, mas certamente não estará na primeira posição. É importante reforçar a qualidade do conteúdo e procurar subir alguns lugares, por forma a melhorar a taxa de cliques.

Com base nos dados apresentados pelo Google no seu console de pesquisa, é fácil compreender que caminho traçar na gestão do seu conteúdo. Recomendo que comece pelas páginas menos bem posicionadas, as reforce com um conteúdo mais completo e profundo e que trabalhe melhor o número de *links* internos e externos que apontam para essa página.

Se trabalhar corretamente o *link building* interno do seu *site*, perceberá que, ao reforçar o número de *links* e sinais sociais de uma determinada página, isso gerará um impacto positivo em todas as outras páginas pela interligação que existe entre elas.

CONSULTAS | **PÁGINAS** | PAÍSES | DISPOSITIVOS | ASPETO DA PESQUISA

Página	Cliques	↓ Impressões	CTR	Posição
https://www.paulofaustino.com/google-meu-negocio/	226	135 849	0,2%	8,9
https://www.paulofaustino.com/marketing-de-conteudo/	1 029	97 073	1,1%	13,2
https://www.paulofaustino.com/como-criar-um-blog/	639	55 730	1,1%	14,9
https://www.paulofaustino.com/seo-otimizacao-sites/	326	50 386	0,6%	24,6
https://www.paulofaustino.com/marketing-de-afiliados/	2 271	45 582	5%	15,5
https://www.paulofaustino.com/como-anunciar-no-facebook/	226	34 707	0,7%	25,5
https://www.paulofaustino.com/linkedin-ads/	739	29 729	2,5%	16,9
https://www.paulofaustino.com/ganhar-seguidores-no-instagram/	298	25 821	1,2%	37,6
https://www.paulofaustino.com/marketing-digital-guia-completo/	477	25 816	1,8%	18
https://www.paulofaustino.com/inbound-marketing/	92	23 609	0,4%	32,4

Figura 53. Exemplo de visualização de estatísticas por páginas de conteúdo.

No topo da página de estatísticas de pesquisa, se fizer a alteração de "Consultas" para "Páginas", é possível analisar a *performance* página a página, interpretando os resultados de igual forma. As páginas apresentadas são as do seu próprio *site* e o número de cliques, impressões, CTR e posição média de cada uma delas nos resultados orgânicos do Google.

Quando um resultado de posição aparece como 4,5, por exemplo, significa que existe uma flutuação entre a posição 4 e a posição 5 nos resultados de pesquisa do Google.

Procure estudar a informação que o Google apresenta e melhore o seu conteúdo de acordo com ela. Não é assim tão difícil perceber o que fazer em cada uma das situações, uma vez que a base de tudo é o conteúdo das páginas e o quão relevantes elas são para o assunto que tratam.

Segmentação internacional

Quando se trata de *sites* de empresas, é comum falarmos de páginas em vários idiomas. As empresas hoje querem-se globais, e comunicar apenas em português não faz sentido. No entanto, no que diz respeito ao SEO, os *sites* com vários idiomas necessitam ter características próprias que muitas vezes não têm, por desconhecimento do próprio.

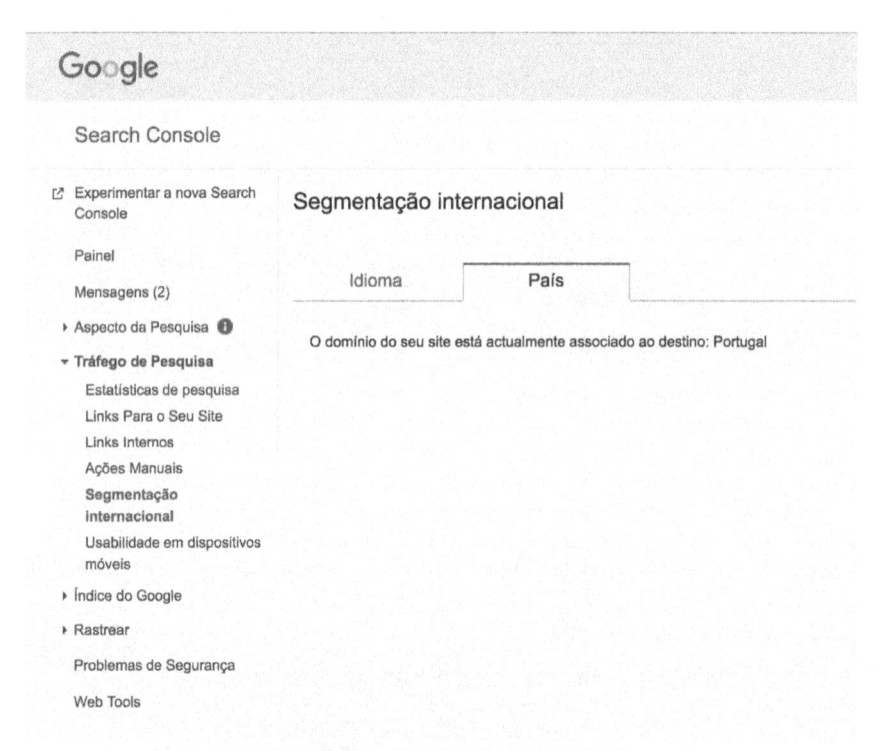

Figura 54. Segmentação internacional para um domínio do tipo ".pt".*

* Disponível apenas na versão antiga da Google Search Console.

Um domínio com uma extensão de país, por norma conhecidos por ccTLD, que significa *country code top-level domain* e que traduzido ao pé da letra significa "domínio de topo de código de país", é interpretado de forma automática pelo Google como sendo um determinado país. Um domínio com extensão ".br" ou "com.br" entra nesta categoria.

Isto significa que, se utilizarmos num *site* um domínio ".br", o console de pesquisa do Google interpretará automaticamente que este tem como destino o motor de pesquisa do Google no Brasil.

O problema está quando se pretende criar um *site* para uma empresa em vários idiomas. **Um *site* com vários idiomas não pode estar sob um domínio ".br"**, porque o Google automaticamente irá detectar o país de destino do tráfego, o que significa que todas as diferentes versões da página, nos vários idiomas, serão indexadas automaticamente em *google.br* e não em outras versões do motor de pesquisa do Google.

A única forma de ter um *site* com vários idiomas a indexar nos respectivos países é utilizando um domínio internacional.

Os domínios internacionais, vulgarmente conhecidos por TLD, que significa *top-level domain* e que, traduzido à letra, quer dizer "domínio de topo", são geralmente extensões internacionais do tipo ".com", ".net", ".org", ".info", ".biz", ".name" e ".pro".

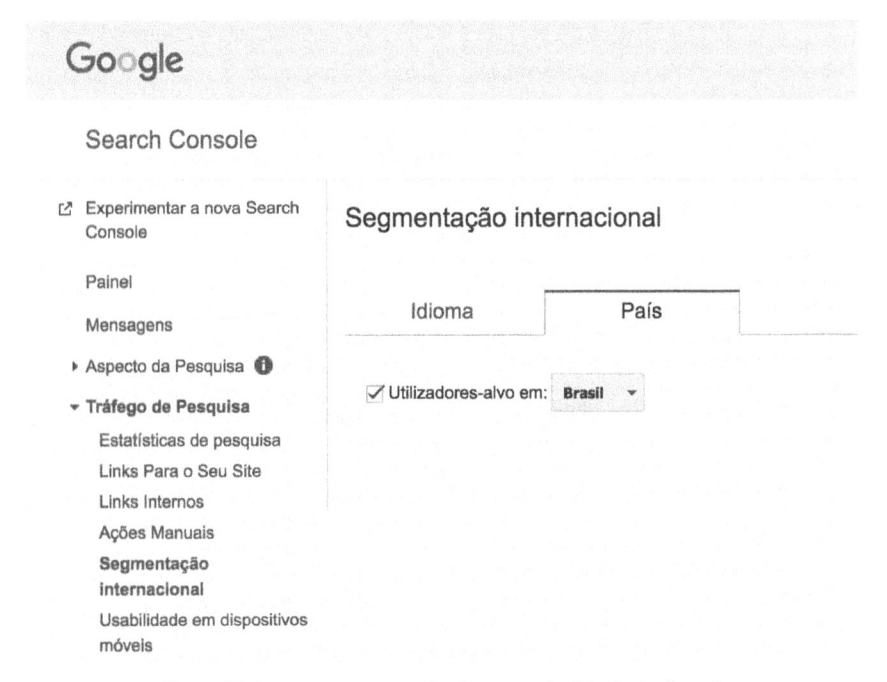

Figura 55. Segmentação internacional para um domínio do tipo ".com".

Estas extensões são consideradas internacionais, o que significa que o Google não interpreta de forma automática qual é o país de destino preferencial para os conteúdos de um *site* publicado sob uma delas, dando ao proprietário, através do console de pesquisa, a possibilidade de definir uma nação preferencial.

Caso o *site* da sua empresa esteja disponível em várias línguas, ou pretenda criar uma página com vários idiomas no futuro, além de ser preciso utilizar um domínio com extensão internacional, será igualmente necessário trabalhar as *tags hreflang* no cabeçalho, de maneira a avisar o Google quais são as diferentes versões do *site* e para que países pretende direcioná-las.

Poderá ler mais sobre as *tags hreflang* neste artigo de suporte do próprio Google: https://support.google.com/webmasters/answer/189077?hl=pt-BR.

Usabilidade e navegabilidade

Além de todos os pontos falados anteriormente ao longo deste capítulo, existem diversos outros aspectos técnicos que é importante considerar, uma vez que têm um impacto muito grande no posicionamento orgânico do seu *site*. A saber:

1. **Tempo de carregamento** – o tempo de carregamento do seu *site* também é tido como um critério de ranqueamento para o Google. Isto significa que, quanto mais rápido o seu *site* carregar todo o conteúdo, melhor será a experiência dos seus leitores e, consequentemente, melhor posicionado esse seu conteúdo ficará.

2. **Experiência *mobile*** – há imenso tempo que o Google tornou o *mobile* um critério de ranqueamento, prejudicando *sites* não responsivos ou que não oferecem uma boa experiência de navegação nesse suporte. Isto significa que trabalhar de forma correta a versão *mobile* do seu *site*, além de ser prioritário nos dias de hoje, ainda o poderá ajudar a melhorar o seu posicionamento nas pesquisas do Google realizadas em dispositivos móveis.

3. ***Links* quebrados e páginas de erro** – *sites* com muitos *links* quebrados ou páginas de erro 404 também tendem a ficar posicionados abaixo dos seus concorrentes. Tenha especial atenção a alterações realizadas no seu *site*, por forma a evitar deixar *links* quebrados pelo caminho.

4. **Duplicação de conteúdo** – quando o assunto é SEO, inevitavelmente temos de falar sobre duplicação de conteúdo. Ferramentas como o SEMrush podem ajudá-lo a encontrar facilmente os conteúdos duplicados no seu *site*. Obviamente, esses conteúdos precisam desaparecer.

5. **Conteúdo de baixa qualidade** – não é apenas prejudicial no que diz respeito à pesquisa no Google, mas também em relação à experiência e à reputação do seu negócio ou produto. Um conteúdo tem de ser forçosamente de qualidade. Caso não o seja, não o publique.
6. **Certificado de segurança** – em 2016, o Google começou passou a exigir que *sites* e blogs utilizassem certificados SSL de segurança. Colocar o seu *site* em HTTPS ao invés de HTTP tornou-se prioritário neste momento. Um certificado de segurança é relativamente barato e ajuda também a transmitir confiabilidade aos seus leitores.

Quando falamos de posicionamento no Google, tudo conta. Preocupe-se acima de tudo em testar e melhorar continuamente a experiência dos seus leitores, independentemente de se tratar de um *site* institucional, um blog de entretenimento ou qualquer outro tipo. A experiência de quem o visita precisa ser épica. Naturalmente, isso irá ajudá-lo a posicionar-se melhor nos resultados de pesquisa e a superar os seus concorrentes mais rapidamente.

Esta é a quarta peça do seu *puzzle* de estratégia de marketing digital.

CAPÍTULO IV
LANDING PAGES E OTIMIZAÇÃO DE CONVERSÃO (CRO)

Quem se interessa por marketing digital certamente sabe a importância da utilização de *landing pages* numa estratégia de geração de *leads*, conversão e vendas.

Não é de hoje que as *landing pages* são um instrumento e uma ferramenta incrível para gerar vendas em ambiente digital. Antigamente popularizadas como "páginas de aterrissagem", "páginas de pouso" ou até mesmo "páginas de captura", têm como fundamento principal chamar a atenção do utilizador e servem essencialmente como página de aterrissagem com um propósito muito específico, que normalmente é o de captar *leads* ou de gerar vendas de um produto, seja ele qual for.

Existem diversas regras para a construção de *landing pages*, especialmente no que diz respeito a princípios, estratégia e conversão. Algumas dessas regras são extremamente básicas e facilmente percetíveis, outras nem por isso. Ao longo deste capítulo, abordaremos diversos aspectos relacionados com *design*, estratégia e conversão, por forma a construir *landing pages* altamente eficazes e que geram resultados.

O QUE SÃO *LANDING PAGES*?

Landing pages são caracterizadas como páginas de pouso ou aterrissagem. Não são idênticas, de maneira alguma, a um *site* ou blog.

Uma *landing page* é utilizada numa estratégia de marketing digital com um propósito e uma utilização muito específicos. As *landing pages*, na realidade, servem apenas dois propósitos concretos de uma estratégia de marketing digital: geração de *leads* e conversão em vendas. Estas são as duas únicas estratégias na utilização de *landing pages*, embora elas também possam ser utilizadas apenas com o intuito de informar ou promover.

Ao contrário de um *site*, uma *landing page* é focada exclusivamente no objetivo de marketing. Se a intenção for gerar *leads* e capturar os dados das pessoas que a visitam, a página deverá estar totalmente focada no cumprimento desse objetivo de marketing. Se este for gerar vendas de um produto, a mesma coisa.

Um dado muito importante a ter em consideração é que as *landing pages* devem ser sempre utilizadas numa estratégia de publicidade paga. Quando se faz um anúncio no Facebook ou no Google Ads, nunca, em momento algum, se deve direcionar o utilizador para a *homepage* de um *site*. Nunca.

Quando falamos de publicidade paga, o utilizador tem de ser enviado estrategicamente para uma *landing page* específica e totalmente relacionada com o assunto da campanha publicitária em que ele decidiu clicar. Imagine enviar um utilizador que clica num anúncio sobre "óleos para carros da FIAT" e, ao invés de visualizar uma página específica só com óleos compatíveis com carros desta marca, é direcionado para a *homepage* de uma loja *online* na qual constam todos os tipos de óleos e de todas as marcas. Resultado? Uma venda perdida.

Figura 56. Exemplo de uma *landing page* para geração de *leads*.

Uma *landing page* nunca deve ser construída com um propósito diferente do objetivo de marketing, sob pena de não o cumprir. Isso significa que deve ser desenhada ou construída de forma totalmente focada no objetivo. Para cumprir eficazmente o propósito e objetivo de marketing, as *landing pages* criadas por você devem cumprir, no mínimo, as seguintes regras:

Regra nº 1: Sem links de saída
Esta é uma regra muito simples, mas que normalmente poucos cumprem. Uma *landing page* não pode ter qualquer ponto de fuga, ou seja, qualquer *link* externo que retire o utilizador da

página e do seu foco principal, que é cumprir o objetivo de marketing que definiu para a sua página. Independentemente das circunstâncias, o utilizador só pode ter dois caminhos: fechar a janela ou realizar uma conversão.

Sempre que colocar pontos de fuga numa *landing page*, como, por exemplo, *links* para os perfis de redes sociais, conteúdos do seu *site*, ou outro qualquer, dá a oportunidade ao utilizador dele fugir da sua página e naturalmente não voltar. Qualquer fuga possível faz com que o utilizador se disperse e retire o foco e a atenção do objetivo e do propósito da sua *landing page*, e isso resultará numa conversão muito mais reduzida.

Regra nº 2: Relevância e objetividade

Uma *landing page* precisa também de ser objetiva e clara em relação à oferta. Se pensa em criar anúncios no Facebook ou no Google Ads para gerar *leads* ou vendas de um produto seu, enviando os utilizadores diretamente para a sua *landing page*, esta tem de ser o mais objetiva e clara possível. No espaço de dez segundos, o utilizador tem de perceber o conteúdo e a oferta.

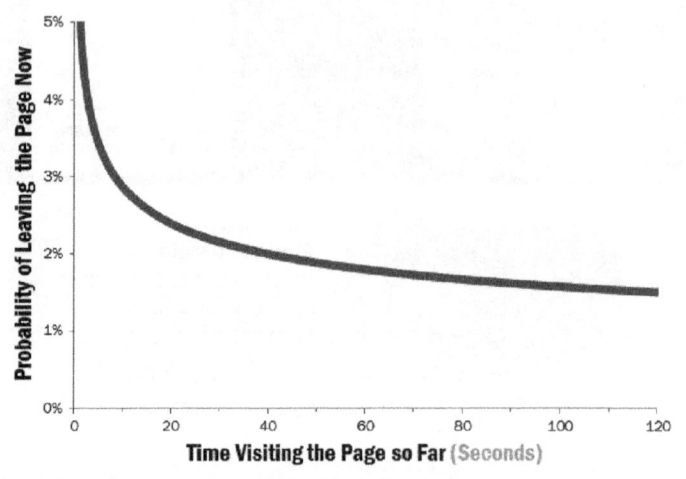

Figura 57. Estudo sobre a probabilidade de um utilizador fechar uma página *vs.* o tempo que ele permanece na página.

Um estudo do Nielsen Norman Group em 2011[1] provou que os primeiros dez segundos de um utilizador numa página são determinantes para ele decidir se permanece ou não nela. Pior ainda é saber que um estudo do Google em 2012[2] chegou à conclusão que um utilizador toma uma decisão a respeito da qualidade do *design* de uma página em apenas 17 milissegundos.

Quando o utilizador demora muito tempo a entender a oferta, ele tendencialmente fecha a janela e segue com a vida. Isso, obviamente, resulta numa taxa de conversão baixa.

Procure que a sua *landing page* seja objetiva e direta ao ponto, com a informação organizada e a conversão realizada sempre acima da dobra (o mesmo que *above the fold*, ou seja, a área visível da página pelo utilizador antes de fazer *scroll*), para que o utilizador não tenha de fazer *scroll* para encontrar o conteúdo que procura.

Regra nº 3: Estrutura e prova social

Além da relevância e objetividade, naturais de uma *landing page*, esta também precisa de uma estrutura e prova social, que de alguma forma deem ao utilizador a confiança suficiente para ele cumprir o objetivo que definiu inicialmente para essa mesma página.

Isso significa que deverá criar a sua *landing page* de uma forma estruturada, com a informação organizada e obviamente orientada para um objetivo concreto, seja ele a geração de *leads*, seja a conversão em vendas. Eis algumas dicas nesse sentido:

- **A primeira dobra é a mais importante** – assim que o utilizador entrar na sua página, a primeira coisa que ele irá visualizar é a primeira dobra. Aí, deverá constar um título forte e cativante, bem como um *call-to-action* (chamada para a ação) claro e objetivo relativamente ao que pretende que o utilizador faça. O utilizador precisa entender de imediato, e num curto espaço de tempo, qual é o propósito da página e o que quer dela, bem como o que pretende dar em troca.

- **Foco na ação a realizar** – a sua *landing page* deverá ser criada em torno de uma determinada ação que o utilizador deverá realizar, seja o preenchimento de um formulário de dados, seja clicar num botão para comprar um produto. A ação precisa ser clara, objetiva e simples de entender.

- **Conteúdo simples e relevante** – esqueça as páginas norte-americanas de venda de produtos. Uma *landing page* não precisa ter muito ou pouco conteúdo. Ela precisa ter o conteúdo suficiente para explicar o produto. Lembre-se de que o utilizador não tem muito tempo para consumir conteúdo, portanto, se deseja que ele tome uma decisão, o conteúdo precisa ir direto ao assunto.

- ***Call-to-action* sempre presente** – se pretende que o utilizador preencha um formulário, este deverá estar perfeitamente visível e identificado na página, numa zona onde a conversão seja mais propícia, como a primeira dobra, por exemplo. O mesmo acontece com o botão de compra, que poderá inclusive acompanhar o *scroll* da página e estar sempre presente no ângulo de visão do usuário.

- **Ligação segura e marca pessoal** – sempre que possível, coloque a sua *landing page* num endereço do seu próprio *site* e numa ligação segura HTTPS. Isso passará maior confiança aos utilizadores e haverá uma correlação direta com a sua marca pessoal ou da sua empresa. Isso aumenta a confiança e, naturalmente, a conversão.

- **Prova social agrega valor** – sempre que possível, utilize provas sociais para agregar um valor acrescido. Número de clientes que já compraram, testemunhos em vídeo, testemunhos nas redes sociais, vídeos de clientes, fotografias, etc. Tudo o que de alguma forma possa atestar o valor do produto que está querendo vender ou oferecer.

Regra nº 4: Design responsivo

Com a tendência do *mobile* marketing crescendo a um ritmo alucinante, é fundamental pensarmos em *mobile first* (pensar primeiro em *mobile*). Cerca de 60% dos utilizadores comuns já acedem mais à Internet através de um dispositivo móvel do que via *desktop*. Isto significa que a experiência deles começa no *mobile* e até poderá terminar no *desktop*, embora por vezes isso nem chegue a acontecer.

Para quem trabalha com *landing pages*, pensar no *mobile* primeiro é fundamental. Ao construir as suas páginas, precisará dar uma atenção mais do que especial ao *mobile*, oferecendo aos seus utilizadores uma experiência de navegação diferente e pensada para conversão em *smartphones* e *tablets*. Isso é imprescindível.

Regra nº 5: Automação de marketing

A última grande regra no que às *landing page*s diz respeito prende-se com a automação de marketing. Automatizar processos de comunicação em ambiente digital é sinônimo de maior conversão, e isso traduz-se numa maior rendibilidade.

Se captura *leads* através de formulários, automatize o disparo de *e-mails* para elas. A nutrição desses *leads* pode e deve ser automatizada através de um *software* de *e-mail* marketing ou de um CRM (*customer relationship management*, ou gestor de relação com clientes). Se deseja vender um produto, a mesma coisa. Enviar os dados de pagamento por *e-mail* de forma automática, relembrar o utilizador de que ainda não pagou, etc.

A automação de marketing prevê ainda diferentes outros tipos de comunicação, como, por exemplo, marketing por SMS, suporte via WhatsApp, *chat* ao vivo no seu *website*, entre outras formas de automatizar o contato e o relacionamento com o utilizador, tornando o processo de comunicação, compra ou preenchimento de um formulário algo mais simples e imediato.

Tudo o que puder oferecer em termos de suporte será uma mais-valia a longo prazo para o seu negócio e para a sua taxa de conversão.

COMO CRIAR *LANDING PAGES* QUE CONVERTEM

Quando falamos de criação de *landing pages*, um dos aspectos mais importantes é, sem dúvida nenhuma, a conversão. O objetivo de uma *landing page* é sempre converter o maior número possível de utilizadores em *leads* ou em vendas. No entanto, para isso acontecer, é necessário que crie as suas páginas utilizando alguns princípios fundamentais, que não só contribuem para melhorar as conversões, como principalmente ajudam o utilizador a entender o objetivo e o conteúdo, o que resulta em melhores taxas de conversão a longo prazo.

1. Identifique a sua *persona*

O primeiro aspecto a ter em consideração é a criação da *persona*. Caso não se recorde desta temática, recomendo que regresse ao primeiro capítulo do livro.

A *persona* é nada mais, nada menos, do que traçar o perfil do cliente ideal ou do tipo de pessoa que estará interessada na sua oferta. Dependendo da oferta, a *persona* muda.

Para traçar o perfil da sua *persona*, é importante que identifique aspectos demográficos, geográficos e de personalidade. Para conseguir traçar o perfil desse público, considere as seguintes características:

- Nome, idade e sexo;
- Cidade onde vive atualmente;
- Cargo e ocupação atual;
- Área de atividade;
- Nível de escolaridade;
- Rendimento mensal ou anual;
- *Hobbies* e programas de TV favoritos;
- Redes sociais favoritas;

- Hábitos de consumo *online*;
- Meios de comunicação utilizados diariamente;
- Objetivos profissionais e pessoais;
- Desafios profissionais e pessoais;
- Etc.

Com base nesta informação, conseguirá traçar um perfil do seu cliente ideal e isso ajudará na construção da sua *landing page*. Se tentar divulgar a sua página de aterrissagem ao público errado, fará um esforço de marketing totalmente inglório.

Imaginemos que o seu objetivo passa por capturar *leads* de pessoas interessadas em frequentar aulas de *personal training*. Decidiu oferecer a primeira aula gratuitamente e o seu objetivo é capturar contatos de pessoas interessadas em experimentar o serviço e, posteriormente, comprar a assinatura para frequentar aulas personalizadas durante a semana. A *persona* poderia ser algo deste gênero:

- Ana Silva, 26 anos, mulher;
- Vive em Lisboa;
- Carreira profissional na área dos recursos humanos;
- Licenciatura em Gestão de Recursos Humanos;
- Rendimento anual de 19.500 €;
- Não tem filhos;
- Costuma comprar produtos de moda e *fitness*;
- Gosta de praticar *jogging e kickboxing*, e é fã da Netflix.

Com base neste perfil, poderíamos criar uma *landing page* focada numa mulher totalmente moderna, independente, que ganha um salário médio e tem uma preocupação com a sua saúde e bem-estar. É alguém que percebe a importância de se manter saudável e em forma. Isso ajudaria muito na criação dos conteúdos, dos *call-to-actions* e, principalmente, do estilo e estrutura da sua *landing page*.

2. Menos informação é mais conversão

A quantidade de informação pedida num formulário de uma *landing page* está diretamente relacionada com a taxa de conversão dessa mesma página.

Num estudo realizado pela Unbounce,[3] com o intuito de entender a correlação entre a taxa de conversão média de uma *landing page* e o número de campos pedidos no formulário de captura de *leads*, chegou-se à conclusão de que, quanto mais campos existirem no formulário, menor será, tendencialmente, a taxa de conversão.

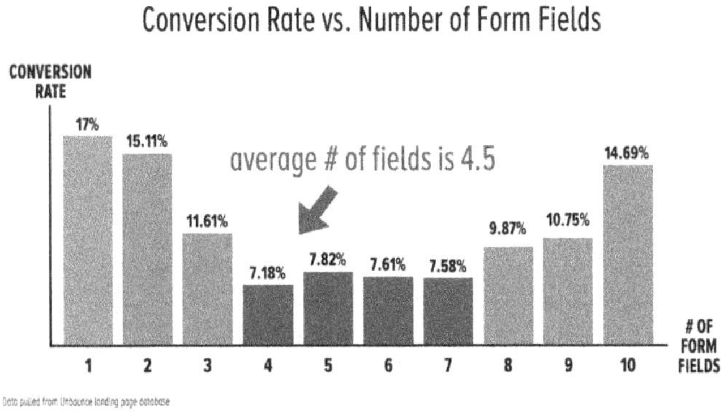

Conversion Rate vs. Number of Form Fields

[Gráfico de barras — CONVERSION RATE por # OF FORM FIELDS: 1: 17%; 2: 15.11%; 3: 11.61%; 4: 7.18%; 5: 7.82%; 6: 7.61%; 7: 7.58%; 8: 9.87%; 9: 10.75%; 10: 14.69%. average # of fields is 4.5]

Figura 58. Taxa de conversão *vs.* número de campos de um formulário.

Isso só não acontece quando falamos de formulários com muitos campos, onde as taxas de conversão voltam a subir devido à especificidade do conteúdo ou negócio. No entanto, é importante entender que uma *landing page* com quatro campos num formulário é, por norma, a que converte menos. A diferença entre ter dois ou quatro campos para preencher é de 7,93%, o que naturalmente é um valor muito grande.

Isto significa que, numa *landing page*, não precisa pedir muitas informações ao utilizador, exceto aquelas de que realmente precisa para depois trabalhar cada um desses contatos. No exemplo do negócio de aulas de *personal training*, quais seriam os dados importantes a capturar? Nome, *e-mail* e telefone. Nenhum outro dado seria relevante além desses três, pela simples razão de que, ao iniciar um contato com essa pessoa, todas as restantes informações seriam mais fáceis de obter conversando com ela.

Ainda assim, é necessário testarmos tudo e termos consciência de que cada negócio é diferente, cada *landing page* é diferente e cada público também é diferente. Não há receita que funcione de forma transversal para todos.

Num outro estudo realizado pela HubSpot,[4] a empresa foi tentar entender que tipos de conteúdo num formulário de captura de dados geravam maior atrito com os utilizadores, e descobriu que as caixas de seleção de conteúdo, vulgarmente conhecidas por *dropdowns*, tinham um efeito nefasto na conversão das *landing pages*, contrariamente a outros campos, como os de texto aberto, onde o utilizador é "obrigado" a escrever a informação de forma manual.

Estes estudos refletem na perfeição a importância de se testar todas as condições possíveis e imagináveis de uma *landing page*. Por vezes, uma pequena alteração, como a quantidade de campos de um formulário ou a cor de um botão, pode resultar num acréscimo ou decréscimo considerável da taxa de conversão de uma *landing page*.

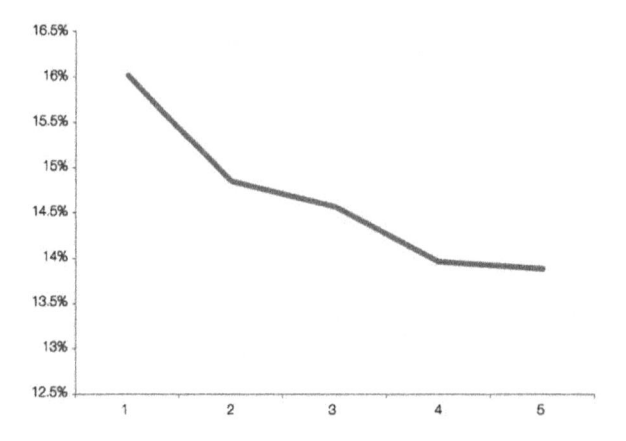

Figura 59. Taxa de conversão *vs.* número de caixas de seleção de conteúdo.

3. Crie chamadas para a ação personalizadas

Não há coisa pior do que entrar numa *landing page* de venda de um produto onde o *call-to-action* (CTA, ou chamada para a ação) é um botão que diz "Saber Mais". Não há forma de uma página como essa converter bem para o objetivo de marketing definido.

Figura 60. Exemplo de *landing page* mal construída.

Na "Figura 60", encontra um mau exemplo de *landing page*. Além de um péssimo *design*, que não permite facilmente ao utilizador entender o contexto e a própria proposta de valor da página, o *call-to-action* definido é um botão "Submit", ou seja, "Enviar".

A personalização das chamadas para a ação é fundamental para gerar uma boa taxa de conversão. Duas dicas importantes no que diz respeito à personalização de chamadas para a ação:

1. **A chamada para a ação tem de ser clara** – se deseja que o utilizador faça o *download* de um *e-book* que oferece na sua *landing page* em troca dos dados desse mesmo utilizador, essa ação precisa ser clara e objetiva. O utilizador tem de entender qual é a ação que ele deve realizar. Nesse sentido, utilizar um botão com um CTA do tipo "Quero o *e-book"* seria o ideal.
2. **O utilizador tem de sentir que é ele que toma a decisão** – ninguém gosta de receber ordens. Quando realiza uma ação numa página de aterrissagem, seja o preenchimento de um formulário, seja o *download* de um *e-book*, o utilizador procura que seja ele a tomar a decisão. Isso significa que o *call-to-action* precisa corresponder a essa necessidade do utilizador, ou seja, ao invés de usar um CTA do tipo "Clique" para fazer o *download* do *e-book*, deverá recorrer a algo como "Eu quero o *e-book*". Ao clicar nesse botão, o utilizador sentirá que foi ele que tomou a decisão de fazer o *download* do *e-book* e não que tenha recebido uma ordem para o fazer. Uma simples alteração deste tipo pode resultar em até 20% mais de conversão numa *landing page*.

4. Foco na dor ou necessidade

Todos nós sofremos de algum tipo de necessidade ou dor. Na realidade, todos nós, enquanto seres humanos, somos extremamente avessos à perda, seja ela de que tipo for. Perder nunca é uma opção, e explorar isso numa *landing page* pode ser um trunfo bem grande.

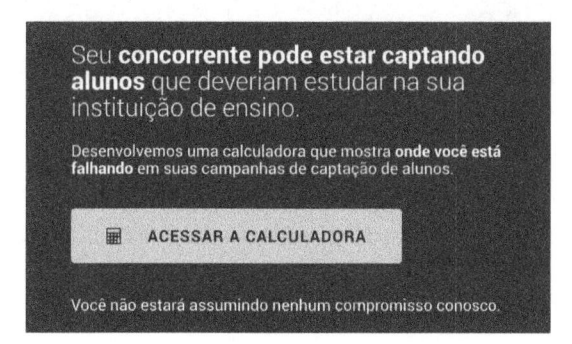

Figura 61. Exemplo de foco na dor do utilizador.

Já imaginou ler isto numa *landing page*? Esta página do CRM Educacional diz ao utilizador que, além de o concorrente captar alunos que deveriam estudar na instituição de ensino dele, ele ainda falha redondamente nas suas campanhas de captação de alunos. Já imaginou o que sente uma pessoa que lê um conteúdo destes? É impossível não clicar naquele botão "Aceder à calculadora"!

5. Título objetivo e direto ao assunto

Com apenas dez segundos para reter a atenção do utilizador que chega à sua *landing page*, ser objetivo e direto ao assunto é fundamental, razão pela qual o título da página é tão importante neste contexto. É através de um título objetivo e cativante que captamos imediatamente a atenção do utilizador para a proposta de valor que temos para lhe oferecer.

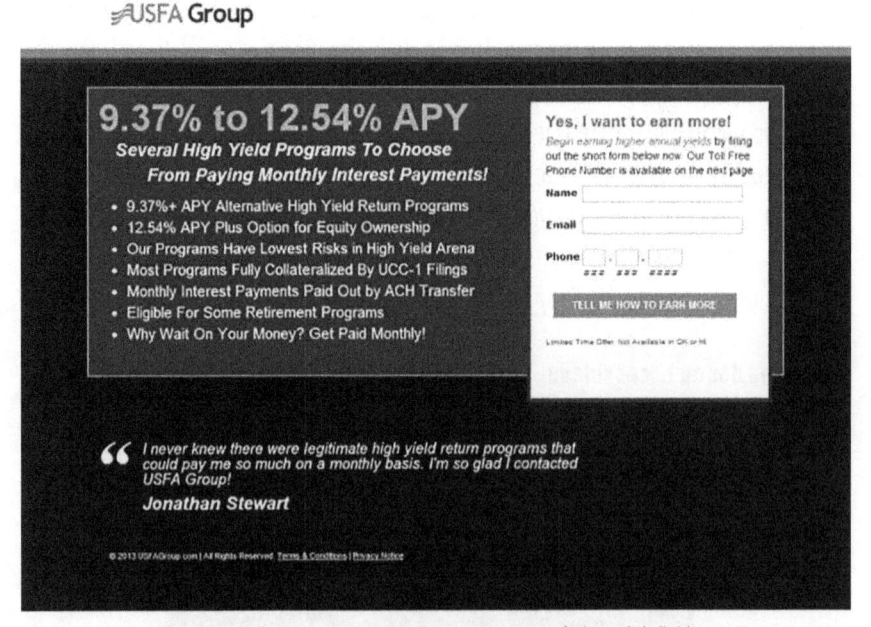

Figura 62. Exemplo de uma *landing page* com um título mal definido.

Este é um exemplo de um mau título, que precisa seriamente de tradução. Não é possível uma *landing page* deste tipo ser para uma pessoa comum, caso contrário ela não irá entender à primeira vista a proposta de valor da página e possivelmente fechará a janela antes mesmo de converter. Um título objetivo e direto ao assunto é fundamental para evitar que o utilizador se sinta frustrado por não entender a proposta de valor da página.

6. Deixe o utilizador tomar a decisão

Deixar o utilizador tomar a decisão de clicar no produto e aceder-lhe ou clicar e preencher os dados de um formulário é bem diferente de lhe dizer que ação deverá realizar. A diferença entre dar uma ordem ou deixar um utilizador tomar a decisão é fundamental para o resultado final de conversão.

Figura 63. Exemplo correto de chamada para a ação.

Neste exemplo do evento RD Summit, eles utilizaram um *call-to-action* "Quero comprar agora!", ao invés de "Comprar agora!" A diferença entre ambos é que no primeiro caso quem toma a decisão de comprar o bilhete para o evento é o utilizador, enquanto no segundo daríamos uma ordem ao utilizador para ele realizar a ação de comprar. A diferença simples entre um "Comprar agora!" ou um "Quero comprar agora" pode resultar numa conversão até 20% mais alta.

7. Proposta de valor e benefício

Numa *landing page*, é fundamental que o utilizador entenda qual é a sua proposta de valor e, principalmente, o que é que irá ganhar em troca da ação que deseja que ele realize.

Independentemente de oferecer um *e-book* ou tentar vender um produto, é necessário que exista sempre uma proposta de valor objetiva e um benefício para o utilizador. No primeiro caso, o benefício pode ser o próprio *e-book*, enquanto no segundo pode ser um desconto por tempo limitado.

Deixe isso bem claro, de maneira a não existirem dúvidas!

8. Gerar ansiedade e escassez funciona

Embora a palavra "escassez" seja utilizada muitas vezes em vão no marketing digital, na realidade pode ser usada como uma arma a favor do seu negócio. Um contador de tempo ou um aviso de *stock* limitado, por exemplo, é o suficiente para gerar ansiedade e sentido de urgência no utilizador e, consequentemente, levá-lo a tomar a decisão mais rapidamente.

Figura 64. Exemplo de contador de tempo numa *landing page*.

Existem várias ferramentas *online* que lhe permitem a criação de contadores regressivos de tempo que poderão ser muito úteis na hora de construir uma *landing page*, especialmente se falarmos de uma cujo foco seja vender, onde o objetivo é gerar vendas de um produto o mais rapidamente possível. Ainda assim, este tipo de contadores ou avisos de *stock* limitado também podem ser úteis na geração de *leads*.

Tenha em consideração que mais importante do que o tipo de contador utilizado é ele ser o mais real possível. Contadores de tempo falsos, por norma, frustram o utilizador quando ele regressa e entende que a campanha não terminou.

9. Faça uso da psicologia das cores

O estudo do comportamento do consumidor aborda, entre várias temáticas, a psicologia das cores. A relação existente entre as cores e os utilizadores do sexo masculino e feminino é fundamental para um bom resultado de conversão em *landing pages*. Num estudo realizado pela Kissmetrics[5] em relação à forma como as cores afetam a conversão no ambiente *online*, os resultados demonstram bem a importância de testar diferentes cores nas suas *landing pages*, consoante ao público, ao produto ou até mesmo ao gênero do utilizador.

Neste primeiro estudo, percebemos que a Performable alterou a cor do seu *call-to-action* de verde para vermelho e teve um aumento de 21% na sua conversão, enquanto a Ript Apparel, ao alterar o botão de verde para amarelo, aumentou a sua conversão em mais 6,3%.

Já a Heinz realizou um teste e alterou a cor do seu frasco de *ketchup*, uma das mais famosas do mundo, de vermelho para verde. Em apenas sete meses, vendeu mais de dez milhões de frascos, que resultaram em 23 milhões de dólares em vendas. Nessa altura, isso constituiu um recorde de vendas para a marca. Isto aconteceu porque a grande maioria dos consumidores, de forma inconsciente, assumiu que um *ketchup* numa embalagem verde representa um produto mais natural e melhor para a saúde.

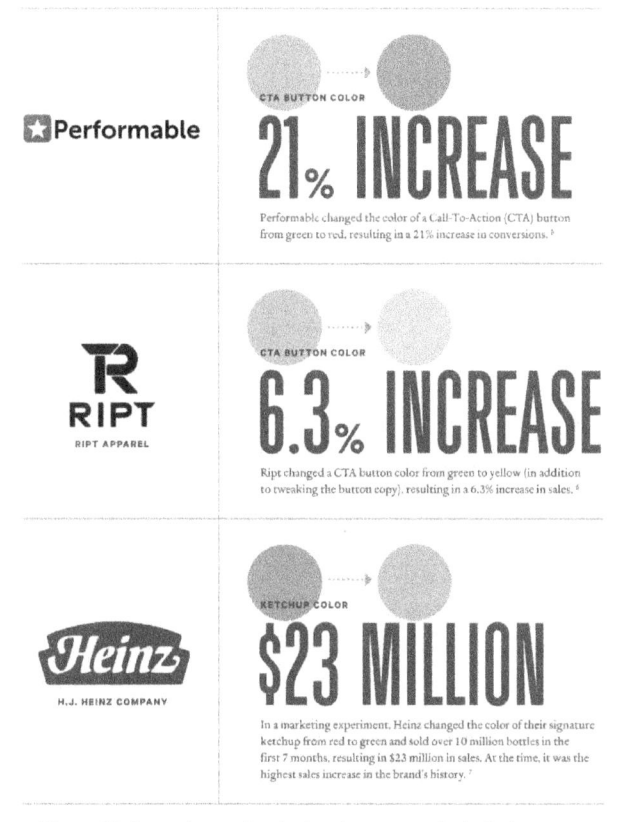

Performable — CTA BUTTON COLOR — **21% INCREASE**
Performable changed the color of a Call-To-Action (CTA) button from green to red, resulting in a 21% increase in conversions.[5]

RIPT APPAREL — CTA BUTTON COLOR — **6.3% INCREASE**
Ript changed a CTA button color from green to yellow (in addition to tweaking the button copy), resulting in a 6.3% increase in sales.[6]

Heinz H.J. HEINZ COMPANY — KETCHUP COLOR — **$23 MILLION**
In a marketing experiment, Heinz changed the color of their signature ketchup from red to green and sold over 10 million bottles in the first 7 months, resulting in $23 million in sales. At the time, it was the highest sales increase in the brand's history.[7]

Figura 65. Casos de estudo relacionados com a psicologia das cores.

Posto isto, o mais importante a reter é que precisamos testar, testar e testar. Testes A/B de conversão são fundamentais em *landing pages*, uma vez que não sabemos de antemão (nem precisamos saber) qual será a reação do público às várias cores possíveis de testar num *call-to-action*, por exemplo. Por vezes, uma pequena mudança pode trazer resultados incríveis ao nível da conversão.

O mesmo estudo apresenta também as cores de que as mulheres e os homens mais gostam. Ao mesmo tempo, apresentam aquelas que tendencialmente geram menor conversão em cada um desses segmentos de público.

Faça testes nas suas páginas e procure ir ao encontro deste tipo de cores. É bem provável que tenha melhores resultados utilizando cores mais neutras ou orientadas para um tipo de sexo, sendo que o azul e o verde normalmente tendem a ter uma aceitação positiva em ambos os sexos e podem ser um bom ponto de partida para as suas *landing pages*.

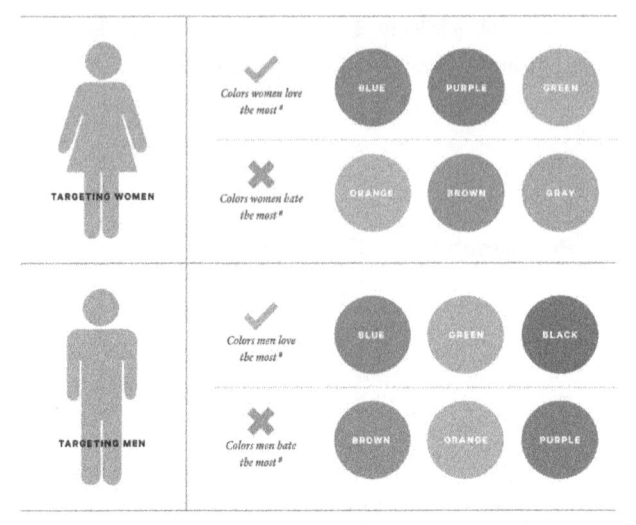

Figura 66. Exemplo da psicologia das cores em homens e mulheres.

O azul, por exemplo, além de ser uma cor que por norma gera uma reação positiva em ambos os sexos, é também aquela que é mais frequentemente utilizada na Internet em hiperligações. De acordo com vários estudos e teorias disponíveis na Internet[6], o verde e o vermelho são duas cores detectadas pelas mesmas células do olho humano, e uma das formas mais comuns de daltonismo é o vermelho-verde. Afeta cerca de 7% dos homens e 0,4% das mulheres em todo o mundo. A escolha do azul para as hiperligações, embora tenha sido uma coincidência, dizem, permite tendencialmente que um maior número de pessoas consiga ver na perfeição.

10. Faça testes A/B (sempre!)

Quando falamos de *landing pages*, invariavelmente temos de trazer à baila os testes A/B. Trata-se basicamente de testes de *performance*, que comparam as versões A e B de uma página.

Por norma, ambas as páginas são semelhantes, mas com uma pequena diferença, que poderá ser a alteração da cor do botão de chamada para a ação, uma alteração ao nível do texto do botão, uma alteração no título da página, etc. Uma coisa importante a ter em consideração num teste A/B é que este não pode ser realizado com duas páginas totalmente diferentes. A ideia é testar pequenas variações de uma página até chegar a um resultado mais positivo. Se realizar várias alterações em simultâneo na mesma página, nunca saberá qual delas produziu uma maior ou menor conversão.

Figura 67. Teste realizado pela Electronic Arts para o jogo SimCity.

No seu famoso jogo SimCity,[7] a empresa de produção de jogos Electronic Arts realizou um teste A/B com um *banner* no topo da página e uma outra versão sem ele. A alternativa sem o *banner* gerou 43% mais vendas do que a primeira versão da página. O jogo vendeu 1,1 milhões de cópias em todo o mundo só nas primeiras duas semanas após o seu lançamento, em março de 2013, sendo que 50% dessas vendas foram geradas *online*.

Figura 68. Teste A/B realizado pela DeWalt na sua loja de *e-commerce*.

A Black & Decker, por exemplo, realizou um teste A/B na sua loja *online*[8] e descobriu que uma simples alteração no texto do botão de compra de um produto podia resultar em 17% mais cliques e num aumento da faturação em seis dígitos.

Originalmente, a página de produto utiliza um *call-to-action* "Shop now", que foi alterado para "Buy now" no teste A/B realizado. Esta simples diferença de ação representou um aumento de 17% no número de cliques no botão, o que invariavelmente significa um aumento de faturação anual muito superior.

Um teste A/B serve essencialmente para testar estas pequenas variações e tentar compreender quais as cores, textos, botões ou títulos que podem gerar um melhor resultado ao nível da conversão, tendo em consideração o produto, o público e a própria página.

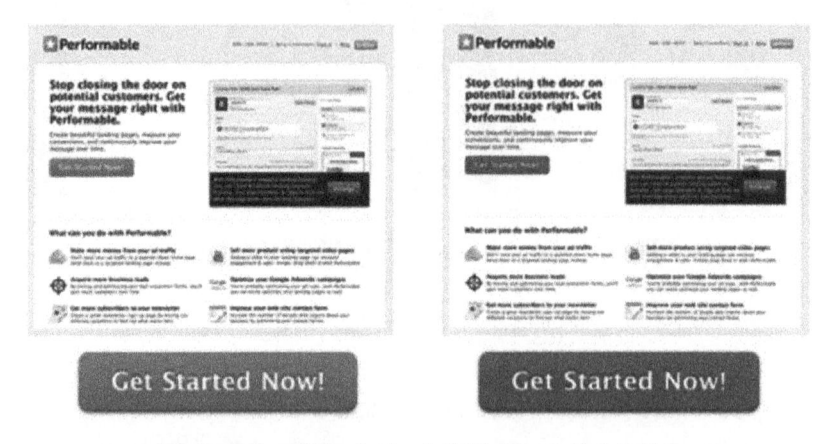

Figura 69. Teste A/B realizado pela HubSpot para a Performable.

Testes A/B não têm necessariamente que ver com testar as cores dos botões. Um teste A/B é muito mais do que uma simples troca de cor num botão. Num estudo realizado pela HubSpot para a Performable,[9] por exemplo, o botão em vermelho gerou 21% mais cliques do que o botão em verde.

Contrariamente àquilo que é comum dizer-se, o verde não é necessariamente melhor do que o vermelho, e vice-versa. Cada contexto é diferente, o que significa que é necessário testar sempre todas as variáveis possíveis.

11. Pistas direcionais e rastreio ocular

Outro aspecto interessante e que é importante ter em consideração no desenvolvimento de *landing pages* é o rastreio ocular e as pistas direcionais. O rastreio ocular, também conhecido por *eye tracking*, tem como base a medição do comportamento do movimento ocular, ou seja, ter uma noção de para onde o utilizador olha quando entra numa página de aterrissagem.

As pistas direcionais, por sua vez, são elementos numa página que ajudam o utilizador a direcionar o seu olhar num determinado sentido, sem que ele se aperceba disso. De uma forma dissimulada, é possível criar uma intenção clara no utilizador, para que ele preste atenção a uma oferta ou a um formulário de geração de *leads*, por exemplo.

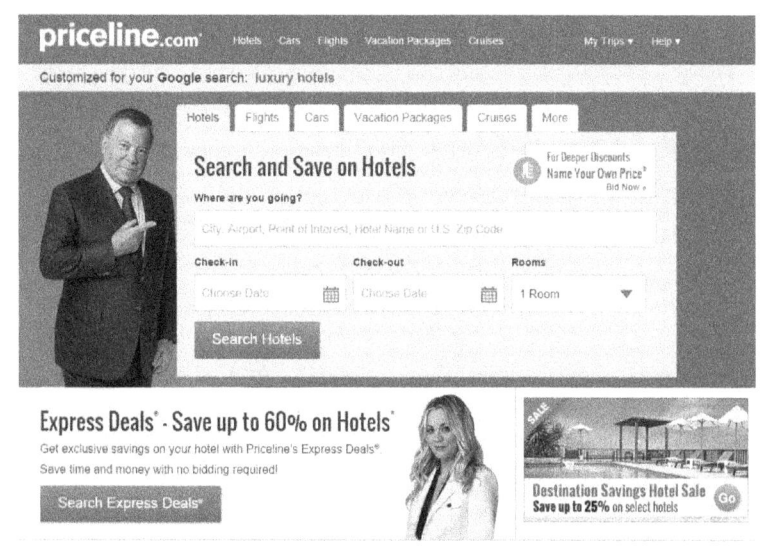

Figura 70. Exemplo de pista direcional numa *landing page*.

No exemplo da "Figura 70", temos uma pista direcional. A presença do homem do lado esquerdo a apontar para o lado direito faz com que o utilizador desvie o seu olhar no sentido do formulário de pesquisa da página. Inconscientemente, o utilizador realiza a ação de pesquisar por hotéis, sem sequer se aperceber de que foi direcionado para aquela área da página de forma totalmente dissimulada.

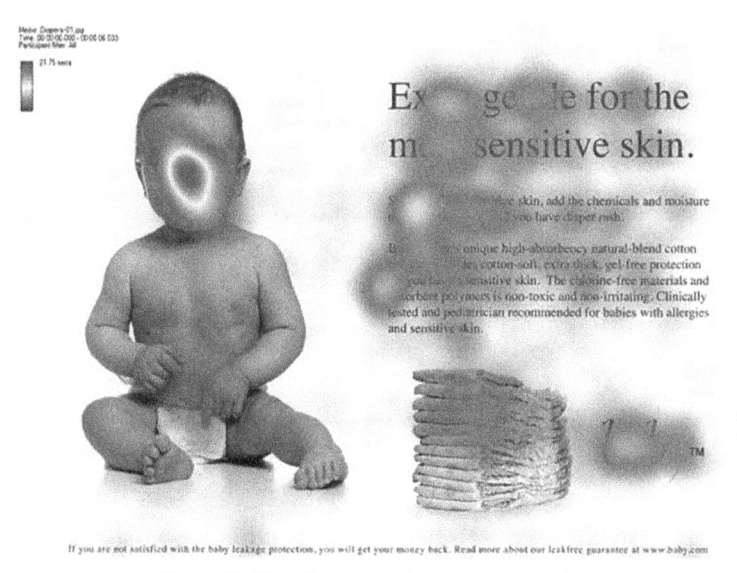

Figura 71. Mapa de calor com base no rastreio ocular.

Um fabricante de fraldas realizou um teste de rastreio ocular com mapa de calor numa *landing page* e chegou a conclusões incríveis a respeito da importância das pistas direcionais.

No exemplo da "Figura 71", a criança olha em frente e a grande maioria dos utilizadores que visitaram a página concentraram-se na visualização do rosto dela. Repare que o texto do lado direito não tem praticamente nenhuma mancha amarela, o que significa que os utilizadores da página não fixaram o seu olhar no texto, mas sim no bebê.

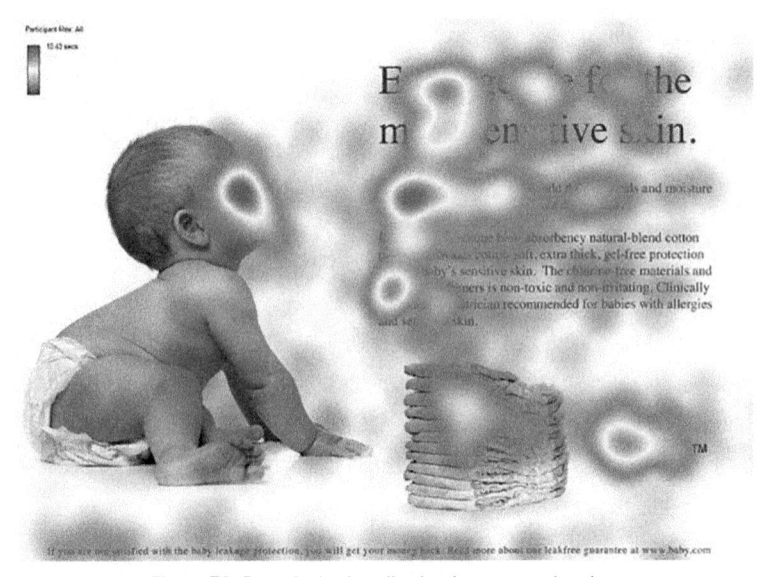

Figura 72. Exemplo de pista direcional com mapa de calor.

Na "Figura 72", a mesma empresa alterou a fotografia do bebê e colocou-o numa posição lateral, a olhar para o texto da página. Esta pista direcional gerou um impacto incrível na visualização do texto, que era o grande objetivo da empresa.

Este caso de estudo, que ficou famoso mundialmente, comprova na perfeição a importância de direcionar o utilizador para a visualização do conteúdo que estrategicamente mais nos interessa, seja um texto, um formulário de dados ou um botão de compra de um produto.

No exemplo da "Figura 73", criado para um cliente da minha agência, procuramos realizar este tipo de testes com pistas direcionais, e os resultados foram incríveis. Uma *landing page* com uma taxa de conversão média de 5% melhorou os seus resultados para 16% só com a alteração do cabeçalho e a utilização de uma pista direcional no sentido do formulário de geração de *leads*.

Figura 73. Exemplo de pista direcional em *landing page*.

12. Testar, testar e testar!

A principal regra em *landing pages* é, sem dúvida nenhuma, testar. Partindo do princípio de que não conseguimos antecipar o comportamento do utilizador quando este acede a uma página de aterrissagem, torna-se fundamental testar o maior número de variações possível, incluindo títulos, botões, textos, imagens, cores, etc. Testar é fundamental para otimizar os resultados e conseguir melhores taxas de conversão a longo prazo.

Por falar em taxas de conversão, elas são historicamente baixas em quase todas as indústrias, de acordo com um estudo da Unbounce.[10] Algumas indústrias têm taxas de conversão tipicamente mais altas e outras muito mais baixas.

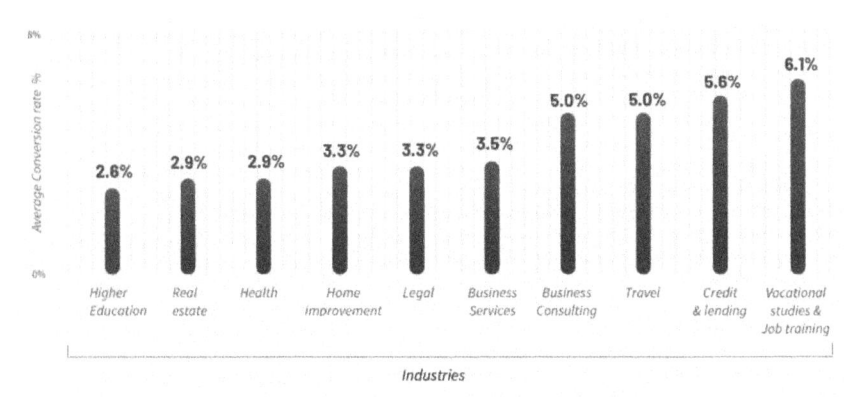

Figura 74. Taxas de conversão médias por indústria em *landing pages*.

A média global por indústria anda em torno dos 4% de conversão. As melhores taxas de conversão numa *landing page* podem chegar a valores entre os 10% e os 30%, o que seriam percentagens muito altas.

Se repararmos na taxa de conversão média de uma *landing page* relacionada com educação e outra relacionada com viagens, o número de conversões é praticamente o dobro. Isso acontece porque existe uma diferenciação grande, resultante de vários testes de otimização realizados (CRO = *conversion rate optimization*, ou otimização da taxa de conversão). Isso só é possível realizando testes constantemente, por forma a melhorar consideravelmente a *landing page* e a sua conversão junto do seu público.

Quando falamos de *landing pages*, não há segredos ou receitas de bolo. Tudo tem de ser testado até ao mais ínfimo pormenor, por forma a encontrar a taxa de conversão ideal para o produto ou oferta em questão.

13. Otimização de conversão (CRO)

A otimização de conversão, vulgarmente conhecida como CRO ou c*onversion rate optimization*, é um processo de otimização da taxa de conversão de uma página, seja ela uma *landing page* ou não, sendo que a conversão em questão poderá ser o preenchimento de um formulário, a compra de um produto, o *download* de um *e-book* ou qualquer outra que se deseja melhorar.

Este processo passa pela realização de múltiplos testes, com o intuito de melhorar a *performance* de conversão de uma página. Não é ciência espacial, mas existem várias coisas a ter em consideração.

13.1. Mapa de calor

Os mapas de calor são uma das principais formas de análise de comportamento de um utilizador numa página. É uma representação bidimensional de dados através de um mapa de cores, em que as mais quentes (vermelho e laranja) representam uma área onde o utilizador permaneceu durante mais tempo, e as mais frias (verde e amarelo) correspondem a áreas com menor ou nenhum foco.

Um mapa de calor pode representar diferentes tipos de ações dos utilizadores, nomeadamente cliques, movimentos e *scroll* ao longo da página, também organizados por dispositivo: *desktop*, *smartphone* ou *tablet*.

Os mapas de calor também podem ser utilizados com diferentes objetivos, nomeadamente para medir o nível de interação do utilizador, ações realizadas ou o nível de atenção ao conteúdo da página.

A diferença entre os mapas de calor e o rastreio ocular residem no fato de que os primeiros medem ações realizadas pelos utilizadores, tais como cliques e movimentos, enquanto o segundo mede apenas as áreas para onde o utilizador olhou com maior frequência ou durante mais tempo.

Figura 75. Exemplo de mapa de calor num *site*.

13.2. Padrão F de leitura

Descoberto em 2006 pelo Nielsen Norman Group,[11] o padrão F de leitura de conteúdo em páginas da Internet foi encontrado num estudo de rastreio ocular com utilizadores que navegaram em milhares de *sites*. O estudo chegou a algumas conclusões muito interessantes a respeito do comportamento dos utilizadores no consumo de conteúdo em páginas:

- Os utilizadores iniciam normalmente a leitura no topo da página e do lado esquerdo para o direito;
- O movimento seguinte passa por fazer *scroll* na página e ler o conteúdo que se encontra no meio, novamente num movimento horizontal da esquerda para a direita;
- Por fim, o utilizador desce pela página, atentando apenas ao conteúdo posicionado do lado esquerdo, precedido de um movimento vertical de descida, como quem não pretende continuar a consumir o conteúdo durante muito mais tempo.

Estes três movimentos isolados, que num mapa de calor e rastreio ocular se assemelham a um F, criam aquilo que o Nielsen Norman Group intitulou de padrão F de leitura.

Um dado interessante deste estudo é que os mapas de calor representados na "Figura 76" dizem respeito a três tipos de páginas distintas: a primeira é "sobre" um *site* institucional; a segunda é a página de um produto numa loja de *e-commerce*, e a terceira diz respeito à página de resultados de pesquisa do Google.

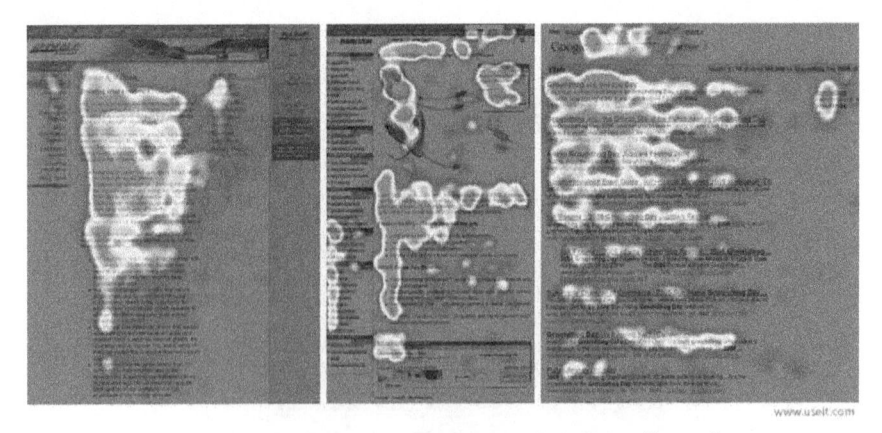

Figura 76. Padrão F de leitura de acordo com o estudo do Nielsen Norman Group.

Três diferentes tipos de páginas, mas um comportamento muito semelhante. Entendendo isto, podemos melhorar consideravelmente a conversão de uma página antecipando o comportamento do utilizador, ou seja, colocando o conteúdo mais relevante e/ou importante nos primeiros dois parágrafos do texto e estilizando melhor o conteúdo abaixo da primeira dobra, incluindo subtítulos, parágrafos e listas, tornando o consumo mais simples.

O Nielsen Norman Group decidiu rever o seu padrão F de leitura em 2017,[12] para entender se o comportamento de consumo de conteúdo se mantinha e descobrir novas evidências interessantes. Nomeadamente:

- O comportamento dos utilizadores no consumo de conteúdo em páginas nem sempre corresponde ao padrão F de leitura. Existem outros padrões comuns também;
- O padrão F de leitura é negativo para os utilizadores e os negócios;
- Um bom *design* pode prevenir o padrão F de leitura.

Outro dado interessante é que o padrão F de leitura prevê-se negativo para utilizadores e negócios, na medida em que não permite que o utilizador veja determinadas porções de conteúdo que são relevantes. O princípio de "não se sabe o que não se vê" aplica-se na perfeição a este padrão de leitura, que, porém, de certa forma, prejudica utilizadores e negócios, na medida em que a mensagem não é passada da forma mais assertiva possível.

No entanto, com o *design* responsivo, um utilizador que visualiza uma página no seu *smartphone* usando um padrão F de leitura e não presta atenção a determinadas porções do conteúdo poderá fazê-lo se o ler num computador de mesa, mesmo que tenha um comportamento de leitura semelhante. O fato de o *design* ser responsivo faz com que o conteúdo se mova de acordo com a dimensão da tela de visualização, tendo um impacto diferente em *desktop* ou *mobile*.

Seguindo a lógica de que o padrão descoberto não é positivo para o utilizador, muito menos para o autor do conteúdo, o Nielsen Norman Group sugere algumas estratégias para anular este tipo de padrão de leitura e tentar tirar maior partido do conteúdo, tornando-o visível aos olhos do utilizador comum de Internet. A saber:

- Inclua a informação mais importante nos primeiros dois parágrafos do texto;
- Utilize títulos e subtítulos na página de forma a quebrar a leitura e chamar a atenção do utilizador;
- Coloque em negrito as palavras ou frases mais importantes;
- Utilize textos-âncora relevantes quando cria *links*. Evite criar *links* usando palavras como "aqui", "clique aqui" ou "mais";
- Utilize listas com pontos ou números para sintetizar informação;
- Remova o conteúdo desnecessário da página.

Estas estratégias podem e devem ser adotadas em qualquer circunstância ou tipo de página; estejamos falando de um artigo de conteúdo ou de uma *landing page*, o processo de leitura será muito semelhante.

Em resumo, para otimizarmos a visualização e a conversão de uma página, teremos de levar em consideração também o padrão de leitura dos utilizadores, como forma de entendermos o seu comportamento e adaptarmos a mensagem em conformidade.

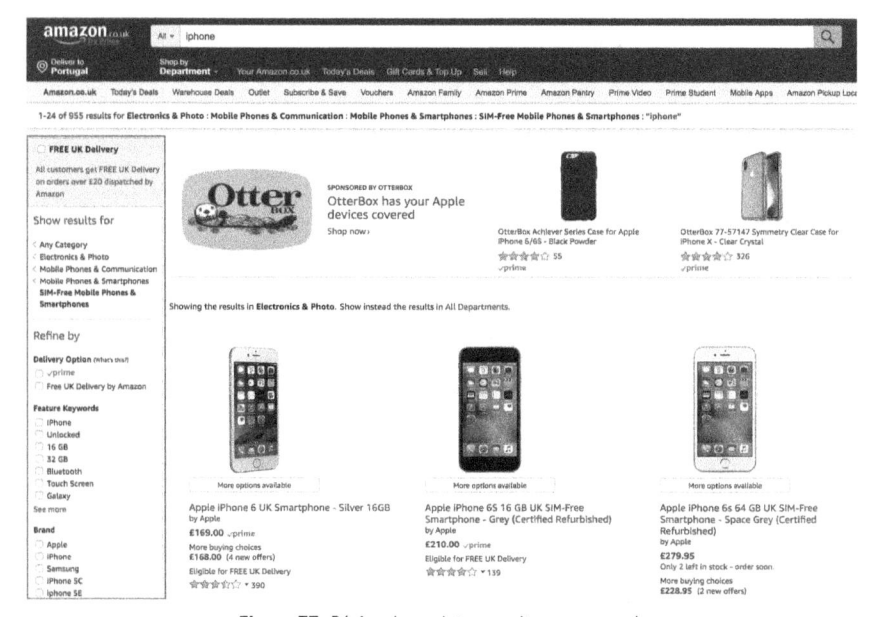

Figura 77. Página de produtos no *site amazon.co.uk*.

Não é por acaso que a Amazon tem uma coluna do lado esquerdo da sua loja de *e-commerce* que inclui diversas opções extremamente relevantes para o utilizador. É o primeiro local para onde um cliente olha depois de realizar uma pesquisa por um tipo de produto.

Logicamente, em idiomas como o árabe ou o hebraico, o padrão F de leitura não é feito da esquerda para a direita, mas sim da direita para a esquerda. Ainda assim, o padrão existe nesta.

13.3. Velocidade de carregamento
Recorda-se de termos falado sobre a importância de um *site* carregar rápido? O mesmo acontece com qualquer página ou *landing page*. O tempo de carregamento determina também o sucesso da página ao nível da conversão.

Um estudo realizado pela Akamai Technologies, Inc.[13] revelou duas informações muito interessantes sobre o impacto da velocidade de carregamento de uma página na Internet:

- 47% das pessoas esperam que uma página carregue em dois segundos ou menos;
- 57% dos visitantes de um *site* abandonam a página se ela demorar três segundos ou mais para carregar.

Um outro estudo científico, da University of Nebraska-Lincoln,[14] revelou que o tempo de tolerância de um utilizador em relação ao carregamento da informação num *site* é de aproximadamente dois segundos. Adicionando uma mensagem, ou uma barra de progresso, pode aumentar o tempo de tolerância até 38 segundos, o que significa que é recomendável ter estas barras nas páginas, especialmente se elas demorarem algum tempo para carregar, o que não é de todo recomendável.

Para melhorar o tempo de carregamento, considere algumas estratégias que poderão ajudá-lo a reduzir o tempo de espera dos seus utilizadores e, naturalmente, a aumentar a taxa de conversão das suas páginas:

- Analise o tempo de carregamento das suas páginas individualmente através de uma ferramenta de análise específica para o efeito. Ferramentas que recomendo:

    – https://tools.pingdom.com
    – https://gtmetrix.com
    – https://developers.google.com/speed/pagespeed/insights

- Utilize um serviço ou *plugin* de *cache*. Se o seu *site* for desenvolvido com WordPress, existem diversos *plugins* de *cache* disponíveis gratuitamente, como o W3 Total Cache ou o WP Super Cache;
- Utilize um serviço ou *plugin* de compressão de imagens, como o WP Smush ou o EWWW Image otimizer;
- Faça a compressão dos seus arquivos de JavaScript e CSS;
- Utilize um serviço de CDN (*Content Delivery Network*), como o Cloudflare;
- Aloje o seu *site* num servidor rápido e fiável.

Além deste tipo de otimizações mais técnicas, é possível testar outras opções que muitas vezes não são levadas em consideração e são muito provavelmente a origem do problema ou de uma taxa de conversão baixa, como, por exemplo, a proposta de valor da página. Se o produto ou a oferta não forem apelativos o suficiente, não há estratégia de otimização que os salve.

O mesmo acontece em relação ao fluxo ou à forma como o utilizador navega na página e compra o produto e/ou resgata a oferta. Por vezes, o fluxo não é o melhor, e isso prejudica a taxa de conversão da sua página.

Faça testes sempre que puder, porque é sempre possível melhorar alguma coisa.

13.4. Ferramentas para otimização

Existem diversas ferramentas disponíveis na Internet capazes de o ajudar no processo de otimização de conversação e análise do comportamento dos utilizadores que aterram nas suas páginas.

As principais ferramentas para otimização de conversão, incluindo mapas de calor, rastreio de cliques e movimentos, etc; são as seguintes:

Hotjar (*http://bit.ly/apphotjar*)
CrazyEgg (*www.crazyegg.com*)
Inspectlet (*www.inspectlet.com*)
Clicktale (*www.clicktale.com*)
Lucky Orange (*www.luckyorange.com*)
Mouseflow (*www.mouseflow.com*)
SeeVolution (*www.seevolution.com*)

Esta é a quinta peça do seu *puzzle* de estratégia de marketing digital.

CAPÍTULO V
FACEBOOK MARKETING

Uma estratégia de marketing digital deverá conter também, e de forma natural, uma estratégia para as redes sociais. É inegável o sucesso e o impacto que as redes sociais têm, nos dias de hoje, na vida de bilhões de pessoas em todo o mundo.

Dentre todas as redes sociais existentes, o Facebook é claramente a maior, oferecendo inúmeras oportunidades para quem trabalha ou pretende trabalhar com marketing digital.

Figura 78. Estudo sobre o digital em 2018 realizado pelo Hootsuite e a We Are Social.

Num estudo realizado pelo Hootsuite e a We Are Social, intitulado "Digital in 2018 Global Overview",[1] foram apresentados alguns dados interessantes a respeito do uso da Internet e das redes sociais em Portugal. Dentre as informações partilhadas, algumas são particularmente importantes e interessantes:

- Existem 6,6 milhões de portugueses com perfis nas redes sociais;
- Cerca de 67% da população portuguesa tem um *smartphone*;
- Cada português passa em média seis horas e 31 minutos na Internet por dia;
- Cada português passa em média duas horas e dez minutos nas redes sociais por dia;
- Cerca de 49% da população portuguesa assiste a vídeos na Internet todos os dias;
- A rede social mais utilizada em Portugal é o YouTube, seguido do Facebook;
- Existem aproximadamente 6,4 milhões de portugueses com conta no Facebook;
- O alcance orgânico médio de uma publicação no Facebook em Portugal é de 7,5%;
- Existem 3,1 milhões de portugueses com conta no Instagram;
- O investimento realizado em publicidade digital em Portugal representa 21% do mercado global de publicidade do país.

Estes dados permitem-nos ter uma noção clara de qual é a tendência em Portugal em termos de consumo de conteúdos, com especial foco no vídeo. O fato de o YouTube ser a rede social mais popular em Portugal diz muito sobre os nossos hábitos de consumo de conteúdo e a tendência para os próximos anos.

Isto significa, logicamente, que é necessário incluir uma estratégia de redes sociais dentro da sua estratégia global de marketing digital. No entanto, além do que aos conteúdos para redes sociais diz respeito, um aspecto importante tem que ver com o investimento em publicidade nas redes sociais.

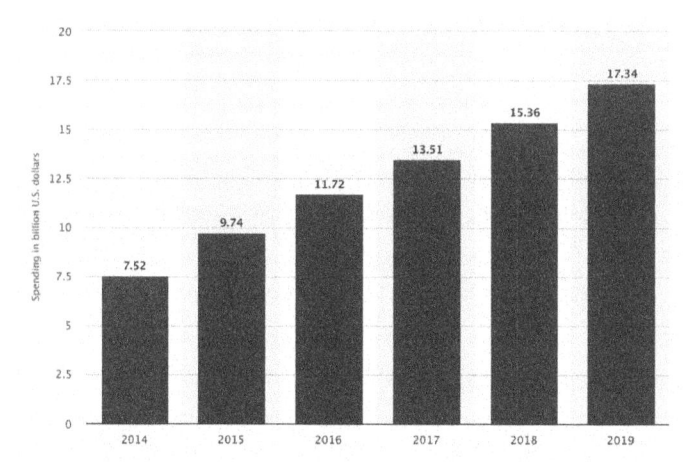

Figura 79. Investimento em marketing nas redes sociais nos Estados Unidos entre 2014 e 2019, em bilhões de dólares.

Nos últimos quatro anos, os investimentos realizados em anúncios nas redes sociais dobraram de tamanho. Só em 2018, nos Estados Unidos, foram investidos 15,36 bilhões de dólares em marketing nas redes sociais e prevê-se que o investimento em 2019 ascenda aos 17,34 bilhões, de acordo com dados do Statista.[2]

Em Portugal, o investimento é muito mais baixo, mas tem crescido a um ritmo de 3% a 5% ao ano, para um mercado avaliado hoje em aproximadamente 600 milhões de euros, de acordo com alguns artigos.

O que muitos não sabem, ou parecem não querer aceitar, é que a publicidade em redes sociais é extremamente relevante e eficaz para qualquer tipo de negócio. A plataforma de anúncios do Facebook é hoje a melhor do gênero em redes sociais do mercado e uma oportunidade incrível de amplificar a comunicação do seu negócio ou produto, por um custo totalmente marginal.

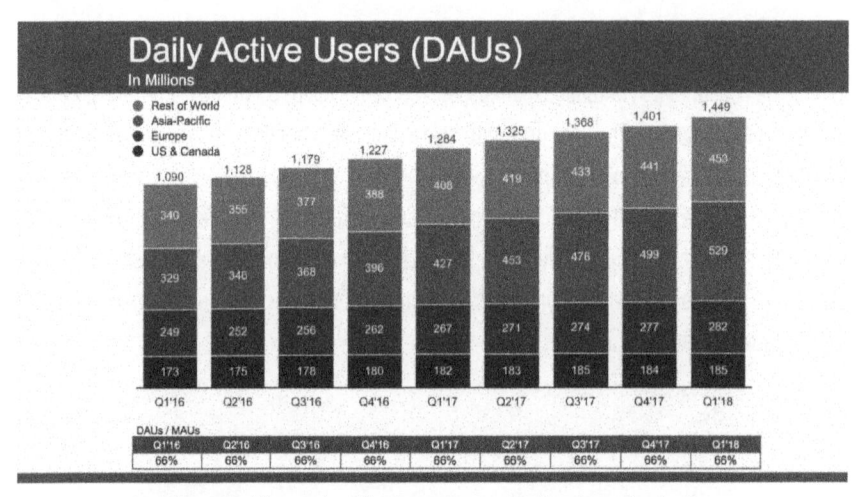

Figura 80. Número de utilizadores ativos mensalmente no Facebook.

Se considerarmos apenas o número de utilizadores ativos mensalmente no Facebook, o número é hoje superior a 1,5 bilhões de pessoas, o que representa um mercado potencial realmente incrível.

Exceto a Rússia e a China, que são dois dos mercados onde esta rede social tem uma menor penetração, é possível anunciar no Facebook para qualquer país do mundo e obter excelentes resultados com as suas campanhas.

Se considerarmos também que mais de 65 milhões de pequenos negócios já criam anúncios no Facebook, então é porque a oportunidade existe e é rentável. Outra grande vantagem do Facebook em relação a outras ferramentas de publicidade é o fato de ser muito mais simples de utilizar. Comparativamente com o Google Ads, por exemplo, a curva de aprendizagem é bem menor e o custo para anunciar também.

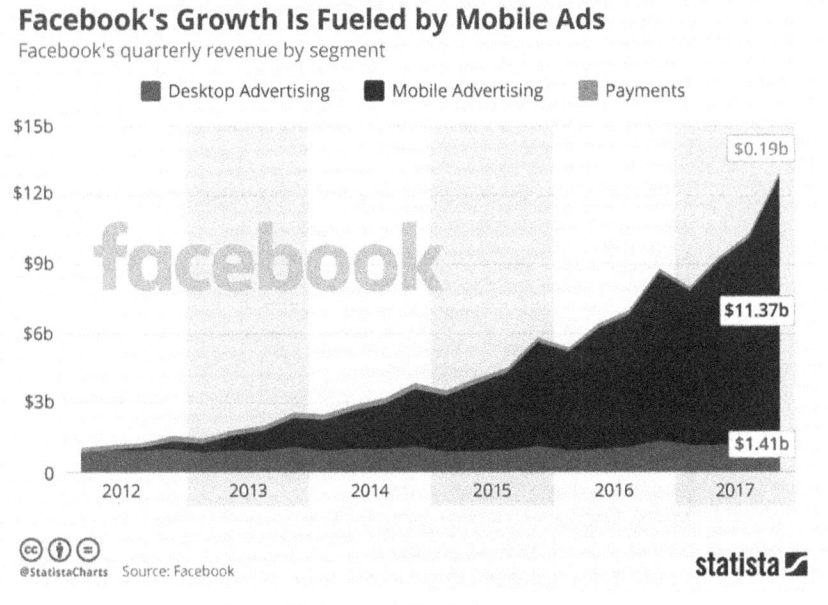

Figura 81. Receitas do Facebook por segmento.

Outro dado importante a respeito do Facebook tem que ver com o seu modelo de rentabilização de anúncios. Se considerarmos que hoje a empresa fatura dez vezes mais com anúncios *mobile* do que com anúncios *desktop*, temos uma clara visão do comportamento dos utilizadores do Facebook em relação à publicidade na rede social.

A aposta em campanhas publicitárias *mobile* passou também a ser uma prioridade para quem trabalha com marketing digital. Hoje, mais de 80% das conversões são realizadas em dispositivos móveis, o que significa que é prioritário trabalhar não só os anúncios em *mobile*, mas também as páginas de destino destes.

Se considerarmos que o utilizador tem muito maior probabilidade de clicar num anúncio através de um *smartphone*, então a conversão irá ocorrer igualmente no mesmo dispositivo, pelo que a experiência *mobile* de aquisição do seu produto ou de resgate da sua oferta precisa ser irrepreensível.

CUSTO DOS ANÚNCIOS DE FACEBOOK

A plataforma AdEspresso fez um estudo em 2018 a respeito do custo dos anúncios de Facebook em 2017,[3] e chegou a alguns resultados muito interessantes. O custo médio por clique de um anúncio no Facebook em nível mundial situou-se nos 0,97 centavos de dólar, sendo que Portugal nem aparece na listagem global, por ter um custo por clique inferior a 0,75 centavos de dólar. O custo médio para anunciar em Portugal no Facebook ronda neste momento os 0,20 centavos de dólar.

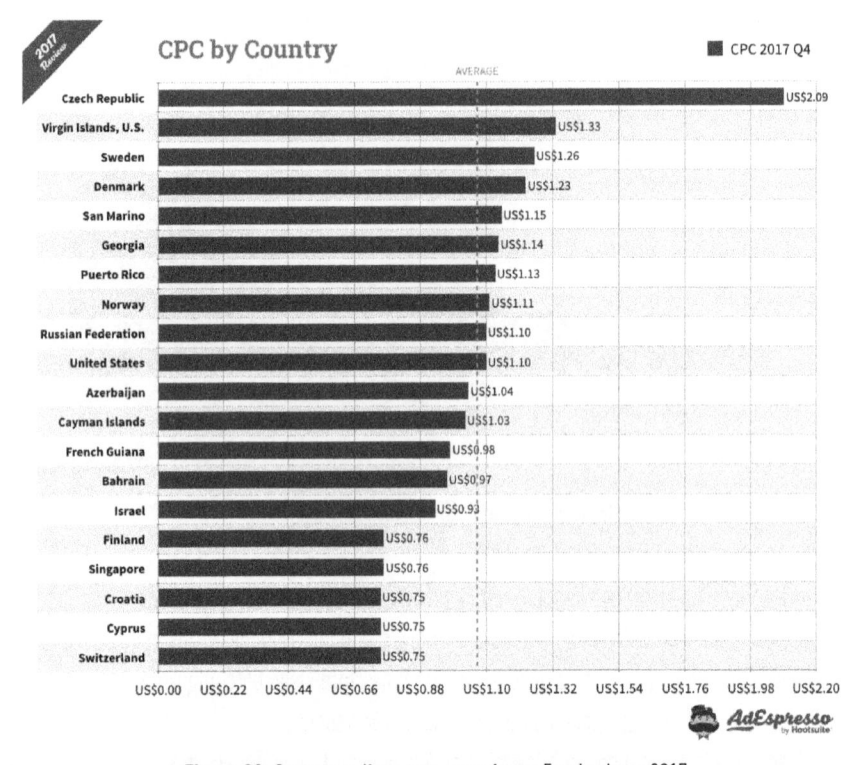

Figura 82. Custo por clique para anunciar no Facebook em 2017.

Outro dado importante do estudo tem que ver com o posicionamento dos anúncios. Existem diferentes locais onde é possível anunciar no Facebook e o custo varia consideravelmente dependendo do posicionamento escolhido. **O Instagram é o local mais caro para anunciar**, tanto no *feed*, como nos *stories*, precedido pela coluna do lado direito, pelo *feed* do Facebook e pela Audience Network.

Isto significa que a Audience Network é o local mais barato para anunciar, seguido do *feed* de notícias e da coluna do lado direito do Facebook. O Instagram tem um custo por clique altíssimo quando comparado com todos os outros formatos.

O próprio Facebook, nas suas páginas de ajuda, recomenda utilizar a otimização do posicionamento no modo automático, deixando o próprio Facebook encarregado de gerir onde o seu anúncio é exibido, de acordo com o objetivo de marketing definido para a campanha; no entanto, isso nem sempre gera o melhor retorno para o anunciante.

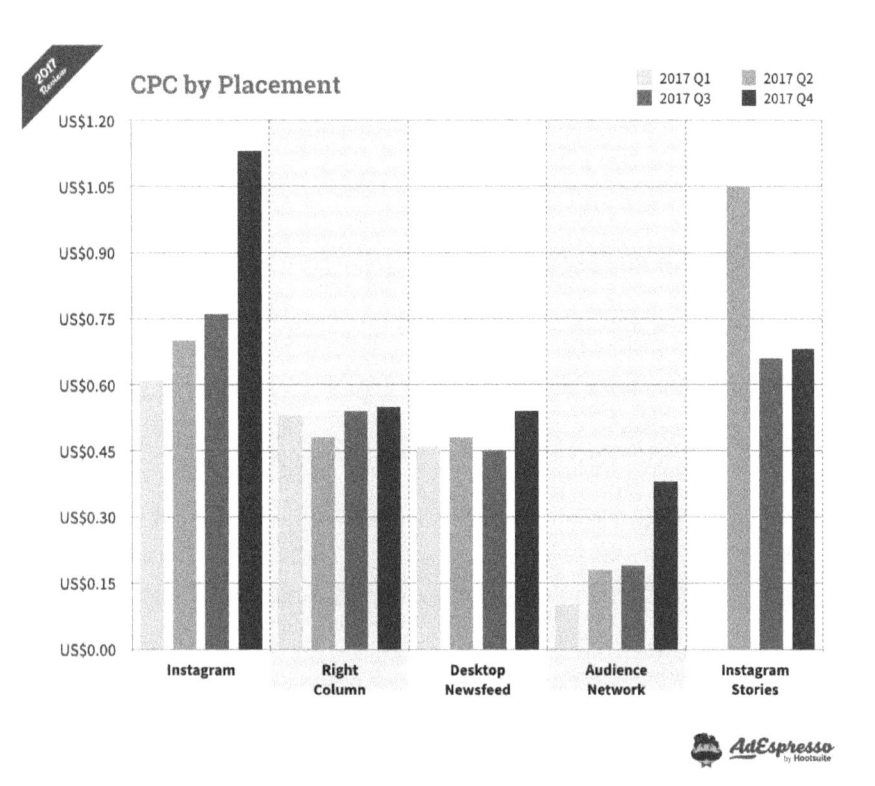

Figura 83. Custo por clique *vs.* local de publicação do anúncio.

O próprio Facebook também recomenda alternar os locais de publicação dos anúncios consoante o objetivo de marketing da própria campanha. A saber:

- **Divulgação da marca** – anunciar no Facebook e Instagram;
- **Interação** – anunciar no Facebook e Instagram;
- **Visualizações de vídeo** – anunciar no Facebook, Instagram e Audience Network;
- **Instalação de aplicações** – anunciar no Facebook, Instagram e Audience Network;
- **Tráfego (cliques para o *site*)** – anunciar no Facebook e Audience Network;
- **Vendas do catálogo de produtos** – anunciar no Facebook e Audience Network;
- **Conversões** – anunciar no Facebook e Audience Network.

Se você quer criar anúncios de divulgação de marca e interação com o seu público, é recomendável utilizar sempre o Instagram como um local de exibição dos anúncios. Caso pretenda fazer anúncios de tráfego ou conversões, é recomendável desativar o Instagram. Esta é uma rede social que, pelas suas características e comportamento dos seus utilizadores, só é recomendável em campanhas de divulgação de marca (*brand awareness* puro) e de remarketing. Ainda assim, os anúncios nos *stories* do Instagram têm vindo a gerar excelentes resultados e devem ser considerados numa estratégia de conversão.

COMO ANUNCIAR NO FACEBOOK

Ao longo do tempo perceberá que a plataforma de anúncios no Facebook, embora possa parecer demasiado complexa à primeira vista, especialmente no que diz respeito aos que são realizados a partir do gestor de anúncios, é extremamente intuitiva e simples de utilizar, garantindo resultados muito positivos na divulgação do seu negócio ou produto.

Para começarmos a anunciar no Facebook, precisamos criar primeiro uma página de fãs. Não é possível criar anúncios sem que estes estejam conectados a uma página de Facebook, pelo que, caso o seu negócio ou produto ainda não tenha uma página de fãs, teremos de a criar primeiro.

1. Criar uma página no Facebook

Caso já tenha uma página de fãs no Facebook, poderá utilizá-la como aquela que irá ser apresentada juntamente com os seus anúncios. No entanto, se estivermos falando de negócios ou produtos diferentes, é sempre recomendável criar uma página de Facebook específica para cada um. Não existem limites de criação de páginas no Facebook, o que significa que poderá criar as que desejar.

Para iniciar o processo de criação da sua página de fãs no Facebook, deverá entrar no endereço *www.facebook.com/pages/creation*. Caso não tenha um negócio, poderá criar uma página de entretenimento, uma página pessoal, uma página de marca, ou qualquer outro tipo de página. Lembre-se de que os anúncios a criar estarão conectados a esta página de Facebook, portanto crie algo que faça sentido para o público que os irá visualizar, uma vez que este saberá qual é a página que anuncia.

Hoje, existem apenas quatro tipos de páginas no Facebook, cada uma delas com um objetivo e um propósito diferentes. Caso não saiba qual dos tipos de página escolher, tenha especial atenção à definição de cada uma delas:

- **Negócio** – ideal para criar páginas para negócios locais. Este tipo de página pressupõe que o seu negócio tem uma morada, um contato telefônico e outras características de um negócio local. Ex.: restaurante.

Figura 84. Criar uma página no Facebook.

- **Marca** – se não tem um negócio local ou um escritório, mas pretende divulgar os produtos de uma marca que criou, então este tipo de página é o ideal para o efeito. Na realidade, a grande maioria das páginas de Facebook é criada a partir desta opção. Ex.: marca de calçado.
- **Comunidade** – este tipo de página é normalmente usado para associações sem fins lucrativos, comunidades em torno de um problema social ou outro, apoio a causas, etc. Ex.: comunidade de artesanato.
- **Figura pública** – este tipo de página é usado normalmente por artistas, bandas de música ou figuras públicas. Se desejar criar uma página pessoal em seu nome, também poderá escolher a opção figura pública aqui. Ex.: Paulo Faustino.

Dependendo do tipo de negócio ou produto que pretende anunciar no Facebook, deverá criar a sua página dentro de uma destas categorias. Um aspecto importante é que, ao clicar no botão "Começar" em qualquer uma das opções apresentadas, poderá visualizar com maior facilidade as diferentes opções de categoria disponíveis e encontrar com facilidade a que diz respeito ao seu negócio ou produto.

Atribua um nome que faça sentido à sua página de Facebook. Não coloque nomes em inglês, se o seu público são portugueses ou brasileiros, por exemplo. Ao longo deste processo de criação da página, o Facebook irá perguntar-lhe se quer adicionar uma foto de perfil e uma foto de capa à sua página. Caso ainda não tenha essas imagens preparadas, poderá ignorar esses passos e tratar desses elementos mais tarde.

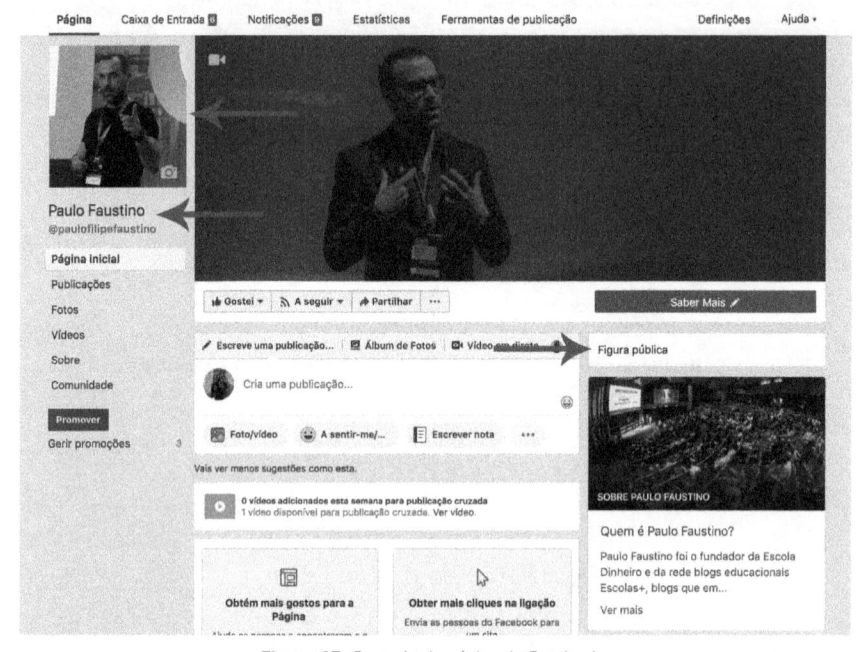

Figura 85. Exemplo de página de Facebook.

O nome da sua página de Facebook deverá ser o mais curto e objetivo possível. Procure não colocar demasiada informação no nome, porque isso não ajudará, de maneira nenhuma, o seu público. Se tem um negócio, procure colocar só o nome dele. Se for uma página pessoal, coloque o seu nome próprio e nada mais. Uma boa foto de perfil também é importante, bem como a categoria em que a sua página se insere.

Através dos conteúdos, o seu público entenderá facilmente que assuntos é que a sua página trata e qual a sua especialização. Não é necessário colocar no nome da página "Paulo Faustino – Marketing Digital" para que as pessoas entendam que falo sobre marketing digital no Facebook.

Relativamente às dimensões da foto de perfil e da foto de capa, tenha especial atenção àquelas com que o Facebook trabalha. Embora as páginas estejam constantemente em mudança, o que significa que as imagens possivelmente mudarão de dimensão ao longo do tempo, no momento em que escrevo este livro as dimensões corretas são as seguintes:

Foto de perfil – 168 x 168 píxeis é a dimensão real da fotografia de perfil; no entanto, poderá carregar uma fotografia com 850 x 850 píxeis de forma a garantir que, ao se clicar, ela é apresentada numa dimensão agradável de se ver. Resumindo:

- Dimensão máxima: 2048 x 2048
- Dimensão mínima: 168 x 168
- Dimensão mínima recomenda: 850 x 850
- Proporção: 1:1

Foto de capa – 820 x 312 píxeis é a dimensão real da fotografia de capa num computador de mesa; no entanto, poderá carregar uma fotografia com uma dimensão até 1958 x 745 píxeis, de forma a garantir que ela fica visível de forma correta através da aplicação do Facebook para *smartphones*. Resumindo:

- Dimensão máxima: 1958 x 745
- Dimensão mínima: 820 x 312
- Proporção: 2.63:1

Em ambas as fotografias, é recomendável que o formato da imagem seja PNG.

O Facebook utiliza um sistema de compressão de fotografias por forma a reduzir o peso destas e garantir que o seu *site* funciona na perfeição, mesmo com milhões de pessoas a carregar fotos todos os dias na plataforma.

No entanto, o sistema de compressão de imagem do Facebook destrói por completo as imagens no formato JPG e mantém razoavelmente a qualidade em PNG, razão pela qual é recomendável utilizar sempre este último formato quando se carrega fotografias no Facebook, garantindo que são apresentadas com a maior qualidade possível.

Do lado esquerdo da sua página de Facebook, existe o menu "Sobre", onde poderá preencher diversas outras informações relacionadas com a sua pessoa, o seu negócio ou o seu produto, como a categoria, o nome da página, o endereço da página, informações sobre o seu negócio, o seu *e-mail*, o endereço do seu *site*, a sua história, entre outras informações relevantes para os utilizadores que acedem pela primeira vez à página e/ou procuram pelo seu negócio no Facebook.

Quanto mais informação colocar, melhor. Relembre-se que toda a informação aqui colocada permitirá ao seu público avaliar mais facilmente a qualidade e a relevância do seu trabalho, e isso poderá jogar a seu favor.

Do lado direito, no separador "História", é possível criar uma página especificamente sobre a história do seu negócio, do seu produto, ou sobre si próprio. Esta página é especialmente relevante, porque ajuda o seu público a saber um pouco mais sobre o negócio, as suas conquistas ou até mesmo a sua história de vida. Recomendo que dedique algum do seu tempo ao desenvolvimento desta página. Ela fará uma diferença muito grande no seu negócio.

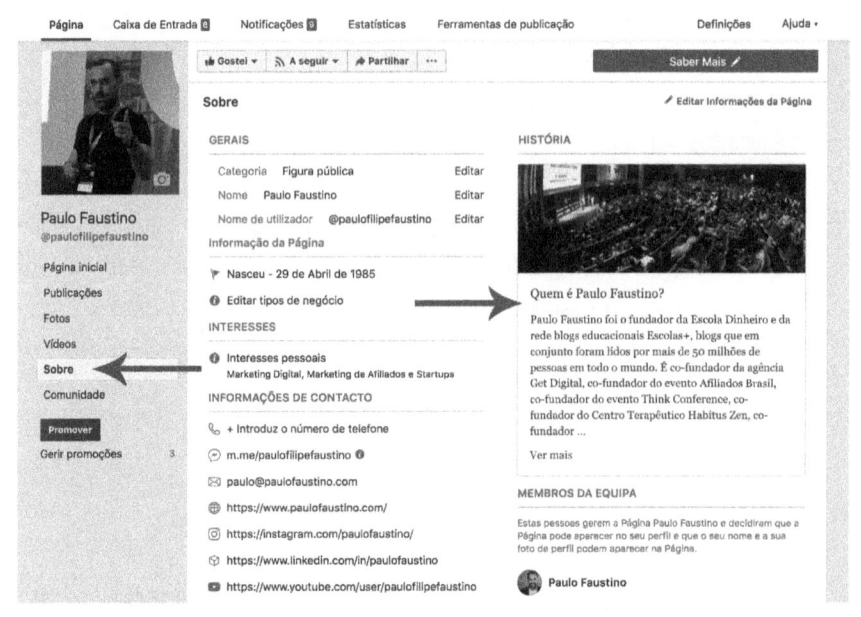

Figura 86. Separador sobre uma página de Facebook.

Figura 87. Definições de uma página de Facebook.

No canto superior direito, encontrará o menu "Definições", onde poderá configurar todas as opções de funcionamento da sua página de Facebook clicando nos *links* "Editar" que aparecem junto a cada uma dessas opções.

Recomendo que edite cada uma das opções, leia os textos apresentados pelo Facebook e configure corretamente as definições da sua página de acordo com as suas necessidades ou as necessidades do seu negócio.

Do lado esquerdo, no menu lateral, encontrará também diversos separadores para outras configurações importantes da página, dos quais destaco o "Cargos da Página", que é o local onde poderá atribuir o acesso à sua página a outras pessoas, bem como removê-lo, e também o separador "Instagram", a partir do qual poderá conectar o seu perfil profissional desta rede social com a sua página de Facebook.

2. Criar uma conta de anúncios

Para gerir e criar os seus anúncios no Facebook, precisamos criar uma nova conta de anúncios. Todos os perfis de Facebook (os perfis são pessoais, as páginas são profissionais) têm acesso a uma conta de anúncios, que poderá ser ativada a qualquer momento.

Partindo do princípio de que tem um perfil pessoal no Facebook, terá também acesso a uma conta de anúncios. Esta poderá ser configurada com os dados da sua empresa, mesmo sendo uma conta de anúncios pessoal.

Figura 88. Plataforma de anúncios do Facebook para negócios.

Para começar a criar os seus primeiros anúncios, entre no endereço *www.facebook.com/business/products/ads* e clique no botão "Criar um Anúncio". Será enviado diretamente para o gestor de anúncios do Facebook, a partir do qual poderá criar facilmente os seus primeiros anúncios.

No canto superior esquerdo, no menu "Gestor de Anúncios > Todas as ferramentas", encontrará um menu com todas as opções disponíveis dentro do gestor de anúncios do Facebook.

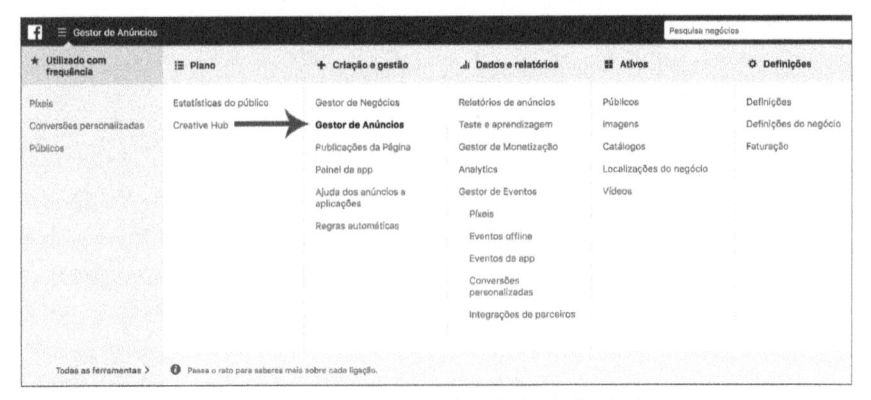

Figura 89. Opções do gestor de anúncios do Facebook.

Clicando na opção "Gestor de Anúncios", que se encontra na coluna de criação e gestão, entrará nessa seção do Facebook, o local onde toda a magia acontece.

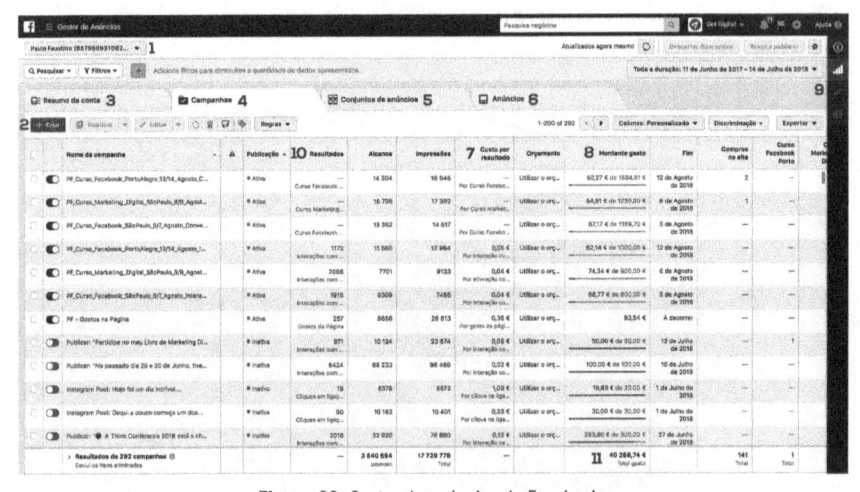

Figura 90. Gestor de anúncios do Facebook.

De maneira a atender mais facilmente toda a informação presente na página de entrada do gestor de anúncios do Facebook, vamos analisar cada um dos pontos identificados na "Figura 90" e o que representa cada um deles em termos práticos. Parece complexo, mas na realidade é muito simples de entender.

1. **Conta de anúncios** – nesta área, poderá alternar entre diferentes contas de anúncios. Ao clicar, se abrirá um menu e poderá escolher uma outra conta de anúncios

que esteja gerindo; inclusive, poderá escrever os nomes das contas de anúncios, para ser mais fácil encontrar a que deseja;

2. **Botão criar anúncio** – o botão verde é onde a magia começa. Sempre que necessitar criar um novo anúncio, é no botão "Criar" que deverá clicar;
3. **Resumo da conta** – este separador apresenta-lhe uma visão geral da sua conta de anúncios, que inclui diversas estatísticas interessantes relacionadas com o alcance das publicações, o valor gasto em anúncios, impressões e cliques;
4. **Campanhas** – neste separador, encontra todas as suas campanhas ativas e inativas. É a partir dele que se faz a gestão de cada uma das campanhas que rodarão no Facebook;
5. **Conjuntos de anúncios** – o gestor de anúncios do Facebook trabalha com "campanhas", "conjuntos de anúncios" e "anúncios". É como uma matriosca russa, em que um dos elementos está dentro do outro. Nos conjuntos de anúncios, é possível gerir os vários que estão dentro de uma campanha criada previamente. Aqui, podemos visualizar essencialmente os públicos e locais de apresentação dos anúncios.
6. **Anúncios** – neste separador, é possível gerir todos os anúncios que existem dentro de cada um dos conjuntos que vimos anteriormente. Considera-se o anúncio a parte criativa e visual do mesmo.
7. **Custo por resultado** – nesta coluna, ou em qualquer outra, é possível realizar a gestão dos relatórios de *performance* das suas campanhas. Estas colunas podem ser administradas para apresentarem as informações mais relevantes que deseja visualizar a respeito das suas campanhas de anúncios.
8. **Montante gasto** – nesta coluna, poderá visualizar o valor gasto com cada uma das suas campanhas para o intervalo de datas definido no canto superior direito.
9. **Relatórios e edição** – para editar uma campanha ou visualizar relatórios mais completos, precisará selecionar a sua campanha e depois clicar nos *itens* assinalados no ponto 9. Esse menu lateral direito expande para o lado esquerdo e permite editar mais facilmente suas campanhas.
10. **Resultados** – ao lado da coluna "Publicação", que mostra se os seus anúncios estão ativos ou inativos, existe a coluna dos resultados. Estes variam conforme os objetivos de marketing da campanha que criou, ou seja, podem apresentar valores por clique, visualizações de vídeo, compras, interações, entre outros.
11. **Total gasto** – no fundo da página, é possível visualizar o valor total gasto pelas suas campanhas para o intervalo de datas definido no canto superior direito. Se definir um intervalo de datas para os últimos 30 dias, por exemplo, este número irá atualizar e refletir o valor gasto com todas as suas campanhas para esse mesmo período.

```
                    ┌─────────────────┐
                    │    Campanha     │
                    └────────┬────────┘
              ┌──────────────┴──────────────┐
      ┌───────────────┐             ┌───────────────┐
      │  Conjunto de  │             │  Conjunto de  │
      │    Anúncios   │             │    Anúncios   │
      └───────────────┘             └───────────────┘
```

Os Conjuntos de Anúncios incluem programação, orçamento, lances, direcionamento e posicionamento

```
    ┌──────┬──────┐               ┌──────┬──────┐
    │Anúncio│Anúncio│             │Anúncio│Anúncio│
    └──────┴──────┘               └──────┴──────┘
```

Os Anúncios incluem criativos

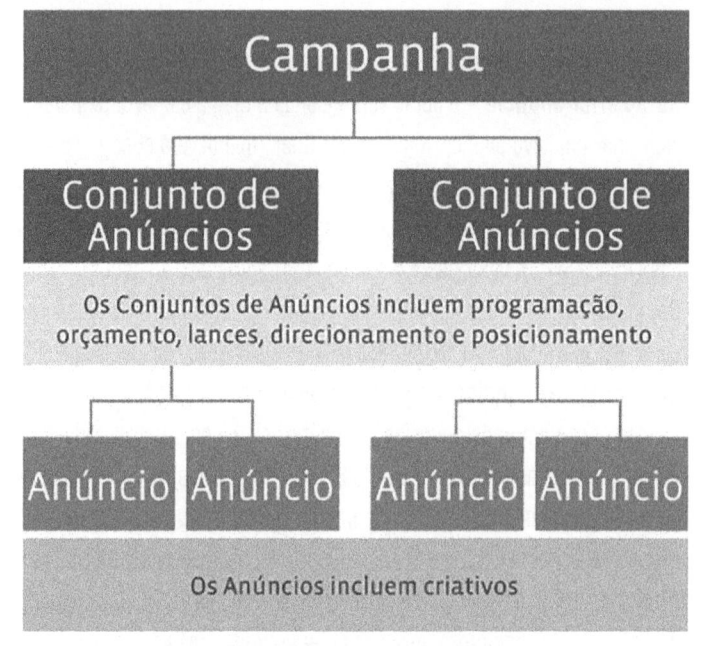

Figura 91. Estrutura de campanha no Facebook.

Para entender melhor a estruturação de uma campanha no Facebook, considere a representação da "Figura 91" e a seguinte informação:

- **Campanha** – uma campanha no Facebook pode conter vários conjuntos de anúncios diferentes, mas todos eles com o mesmo objetivo de marketing definido na campanha. Se definir que a sua campanha tem como finalidade gerar interações, todos os conjuntos de anúncios terão esse objetivo de marketing. O único atributo de uma campanha é o seu objetivo de marketing.
- **Conjunto de anúncios** – um conjunto de anúncios pode conter vários anúncios. Cada conjunto tem um público-alvo específico, um local para a publicação do anúncio, um orçamento e uma data de início e fim da campanha. Estes dados são compartilhados com todos os anúncios que estiverem dentro desse conjunto. Os conjuntos de anúncios são muito úteis na criação de testes A/B com diferentes campanhas.
- **Anúncio** – os anúncios podem ter diferentes imagens, *links* e textos. São o anúncio propriamente dito, excluindo o objetivo de marketing, audiência e configurações que estão incluídos tanto no conjunto de anúncios quanto na campanha. Os anúncios incluem apenas os criativos.

Recomendo-lhe que explore o gestor de anúncios do Facebook e tente compreender, através de pequenos testes, como tudo isto funciona. Não tenha medo de clicar e explorar todas as possibilidades do gestor de anúncios. Só assim irá perceber como funciona esta ferramenta e como pode tirar o máximo partido dos seus anúncios.

3. Criar o seu primeiro anúncio

Agora que já sabe a diferença entre campanha, conjunto de anúncios e anúncio, está na hora de criar o seu primeiro anúncio no Facebook. Comece por clicar no botão verde "Criar" para dar início ao processo de criação do seu primeiro anúncio no Facebook.

Qual é o teu objetivo de marketing? Ajuda: Escolher um objetivo

Divulgação	Consideração	Conversão
Divulgação da marca	Tráfego	Conversões
Alcance	Interação	Vendas de catálogo
	Instalações da app	Visitas à loja
	Visualizações do vídeo	
	Geração de leads	
	Mensagens	

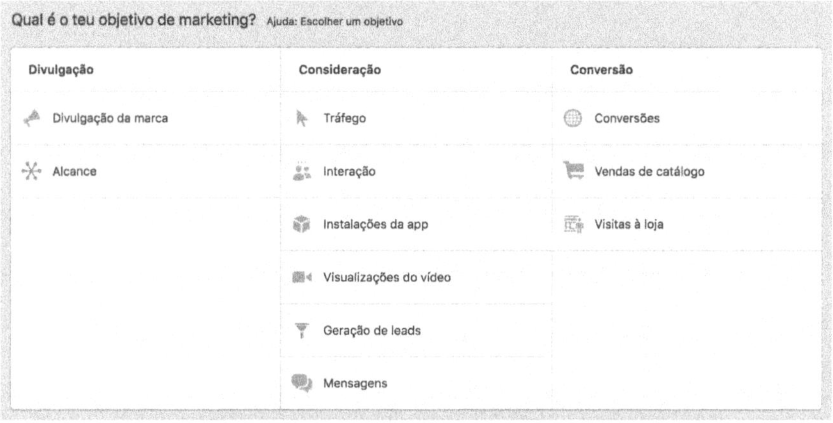

Figura 92. Objetivos de marketing nas campanhas de Facebook.

Ao clicar no botão de criar campanha, por vezes o Facebook pergunta, especialmente para quem cria anúncios pela primeira vez, se pretende criar uma campanha de criação orientada ou de criação rápida. Escolha sempre a criação orientada, de maneira a conseguir visualizar todas as etapas da criação da sua campanha.

Posto isto, a primeira pergunta que o Facebook lhe faz após clicar no botão de criar campanha é "Qual é o teu objetivo de marketing?" Existem diversos objetivos de marketing na criação de anúncios no Facebook; no entanto, nesta etapa, há um aspecto particularmente interessante que poucas pessoas conseguem ver: um funil de marketing.

Se considerarmos que *Awareness* é a coluna de "Divulgação", que *Consideration* é a coluna de "Consideração" e que *Transaction* é a coluna de "Conversão", na realidade, quando escolhemos um objetivo de marketing para uma campanha de Facebook, estamos na realidade trabalhando uma etapa de um funil de marketing.

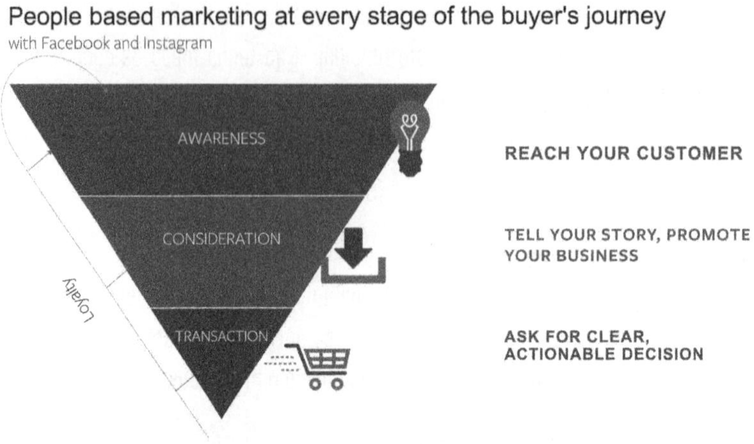

People based marketing at every stage of the buyer's journey
with Facebook and Instagram

- AWARENESS — REACH YOUR CUSTOMER
- CONSIDERATION — TELL YOUR STORY, PROMOTE YOUR BUSINESS
- TRANSACTION — ASK FOR CLEAR, ACTIONABLE DECISION

Loyalty

Figura 93. Funil de marketing aplicado aos anúncios de Facebook e Instagram.

Isto significa que é necessário pensar corretamente a campanha, antes mesmo de a iniciar, por forma a respeitar o funil de marketing e a jornada do consumidor até a compra do seu produto ou serviço.

Não é aconselhável, de todo, começar por um anúncio de conversões, quando na realidade o seu público-alvo ainda não sabe da sua existência. É necessário primeiro divulgar a sua marca, trabalhar a sua consideração e só depois trabalhar a conversão em vendas de produtos ou serviços.

Recorda-se do funil de marketing de que falamos no capítulo de marketing de conteúdo? É exatamente a mesma coisa, mas aplicado a anúncios no Facebook.

Primeiro, divulgamos a sua marca; depois, trabalhamos a consideração, a nutrição e a relevância dessa mesma marca; e só depois dessas duas etapas estarem concluídas é que tentamos gerar vendas através de campanhas de conversão.

Para o ajudar a entender melhor o que significa cada um dos objetivos de marketing que o Facebook apresenta, veja o que cada um deles significa aplicado a um funil de marketing para vendas:

Topo do funil de marketing (divulgação ou *awareness*)

- **Divulgação da marca** – é um tipo de anúncio em que o objetivo é divulgar a sua marca junto de um público com maior probabilidade de lhe prestar atenção e de lhe aumentar o reconhecimento. Tem como principal objetivo dar a conhecer a marca.
- **Alcance** – é um tipo de anúncio em que o objetivo é divulgar a sua marca para o máximo de pessoas possível, pelo custo mais baixo possível. Tem também como objetivo dar a conhecer a sua marca ou o seu produto.

Meio do funil de marketing (consideração ou *consideration*)

- **Tráfego** – é o tipo de campanha mais utilizada em anúncios no Facebook. Por vezes, aparece também como "cliques para o *site*". Tem como objetivo direcionar o maior número de pessoas para o seu *site* ou blog. A principal métrica deste tipo de anúncios é sempre o custo por clique.
- **Interação** – Neste tipo de objetivo de marketing, poderá criar anúncios para gerar mais interações com o seu produto ou marca, aumentar o número de "likes" na sua página ou aumentar o número de participações em eventos. Na realidade, a opção interação oferece três opções diferentes de anúncios que poderá utilizar consoante as necessidades do seu negócio ou produto.
- **Instalações da *app*** – esta opção é indicada para quem tem aplicações móveis para dispositivos iOS da Apple ou Android da Google e procura aumentar o número de pessoas que as utilizam. Este objetivo permite-lhe anunciar aplicações móveis e aumentar consideravelmente o número de *downloads* dessas mesmas aplicações.
- **Visualizações do vídeo** – este tipo de objetivo passa por gerar visualizações em vídeos previamente carregados para a sua página de Facebook, ou carregados diretamente no anúncio. Anunciar no Facebook com vídeos é extremamente eficaz, sendo que o custo por visualização é muito barato.
- **Geração de *leads*** – é um objetivo de marketing direcionado para geração de *leads*//contatos. Este formato de anúncios inclui formulários dinâmicos para a captação de dados, que são possíveis de integrar com um *software* de *e-mail* marketing ou um CRM.

Fundo do funil de marketing (conversão ou *transaction*)

- **Conversões** – o objetivo conversões, como o próprio nome indica, passa por gerar conversões no seu *site*, sejam elas compras, registros, *leads*, etc. Qualquer objetivo de conversão que estabelecer para o seu *site* pode ser medido pelos anúncios de Facebook usando este tipo de objetivo de marketing. É um formato muito utilizado para gerar vendas em lojas de *e-commerce*.
- **Vendas de catálogo** – para quem trabalha com *e-commerce*, esta opção é especialmente interessante, uma vez que permite carregar todo o seu catálogo de produtos para dentro do Facebook e depois anunciar aqui com o objetivo de gerar vendas desse catálogo de produtos, incluindo opções avançadas, como remarketing dinâmico de produtos.

- **Visitas à loja** – este é um objetivo de marketing direcionado para negócios locais. Ele permite-lhe criar anúncios para o seu negócio local e medir a conversão destes em vendas na loja física. Para que isso aconteça, é necessário enviar posteriormente os relatórios de vendas da loja física para o Facebook, para que ele possa confirmar se essas pessoas visitaram a loja depois de verem um anúncio ou clicarem nele.

Como pode ver, cada um destes objetivos de marketing está associado a uma etapa de um funil de marketing, seja para trabalharmos a divulgação da marca, a sua consideração ou a sua conversão. O importante é que tenha em consideração que não é recomendável, de todo, saltar etapas, ou seja, não faz sentido tentar gerar vendas de um produto se o seu público ainda não sabe que ele existe.

Figura 94. Criação de campanha de tráfego no Facebook.

Para começar a criar a sua primeira campanha, escolha o objetivo de marketing "Tráfego" e atribua-lhe um nome. É importante que dê nomes que façam sentido às suas campanhas. À medida que o seu negócio crescer e que for criando múltiplas campanhas de anúncios no Facebook, sentirá necessidade de entender quais delas estão ativas, acompanhar as principais métricas, pesquisar por campanhas antigas, etc; e isso só será possível se fizer uma correta atribuição de nomes.

Depois de atribuir um nome à sua campanha, clique no botão azul "Continuar" para iniciar o processo de criação.

Figura 95. Segmentação de público-alvo numa campanha de Facebook.

No passo seguinte, encontra a segmentação de público-alvo da sua campanha. Nesta etapa, já estamos trabalhando dentro do conjunto de anúncios.

Existem diferentes aspectos a considerar na segmentação de público-alvo, sendo que a correta configuração de todos eles pode trazer-lhe resultados bem diferentes. A saber:

1. **Usar um público guardado** – ao criar diferentes segmentações de público-alvo, poderá guardá-las para utilização futura. Dessa forma, não precisará estar constantemente criando os seus públicos do zero. Nesta seção, poderá escolher um público guardado anteriormente e utilizá-lo como público de qualquer campanha que venha a realizar no futuro.
2. **Públicos personalizados** – são públicos personalizados que terão de ser criados numa outra área do gestor de anúncios. São públicos criados com pessoas que estiveram no seu *site*, ou que compraram os seus produtos, por exemplo.
3. **Localizações** – nas localizações, temos várias opções a ter em consideração. Dependendo para quem pretende comunicar, é especialmente importante mudar esta opção de acordo com a seguinte informação:

3.1. Todas as pessoas nesta localização – são todas as pessoas que vivem, estiveram ou ainda se encontram numa determinada localização. Isso inclui turistas ou viajantes que não vivem nesta localização, mas estiveram recentemente nesta área geográfica.

3.2. Pessoas que vivem nesta localização – são apenas as que têm definido no seu perfil de Facebook que vivem numa determinada localização geográfica.

3.3. Pessoas que estiveram recentemente nesta localização – são essencialmente turistas ou viajantes que estiveram recentemente numa determinada zona geográfica. Não vivem nesta localização.

3.4. Pessoas a viajar nesta localização – são turistas ou viajantes que estão de passagem por esta área geográfica, mas não vivem nesta localização. Através da localização ativa dos seus *smartphones*, o Facebook consegue determinar, com uma margem de erro mínima, se uma dada pessoa se encontra numa determinada área geográfica ou não.

4. Idade, sexo e idioma – idade e sexo são dados demográficos do seu público-alvo. O idioma é um campo que lhe permite definir qual é a língua falada pelo público que pretende atingir com o seu anúncio. Esta área é determinada pelo idioma definido no Facebook pelo utilizador.

Figura 96. Segmentação de público-alvo por interesses numa campanha de Facebook.

Logo abaixo, encontramos as definições de público-alvo detalhadas, que são basicamente os interesses do seu público. Nesta caixa, é possível pesquisar por qualquer termo de pesquisa, palavras ou nomes de empresas, para iniciar uma segmentação do público com base em interesses específicos.

Se reparar na "Figura 96", o conceito "marketing digital" é um interesse de 44 milhões de pessoas em todo o mundo. São pessoas que mostraram interesse em marketing digital ou gostaram de páginas relacionadas com o assunto.

Nesta área, poderá pesquisar por termos como "emagrecimento", "dieta", "livros", "carros", "Netflix", etc.

Interesses podem ser palavras, termos ou nomes que estão relacionados com coisas das quais as pessoas gostam ou falam no Facebook. Se escrever vários artigos no Facebook sobre um determinado assunto, o algoritmo da rede social poderá definir automaticamente que tem interesse naquele tema em específico.

O mesmo acontece se der um "gosto" na página de Facebook da Juventus. O Facebook irá definir automaticamente que tem interesse no tema futebol e também no tema Juventus, por exemplo.

Se pesquisar por um termo e ele não aparecer listado, significa que não existe público suficiente com esse interesse, pelo que este não aparece como uma opção de segmentação. É comum encontrar nomes de marcas populares como uma opção de interesse e outras não. Significa que uma marca é mais falada do que outra no Facebook.

Se imaginar que o algoritmo do Facebook é capaz de rastrear todos os interesses de forma automática e guardá-los numa base de dados, certamente entenderá o potencial de segmentação que existe nos anúncios desta rede social.

Estes interesses não dizem respeito apenas às atividades dos utilizadores de Facebook, mas também às atividades no Messenger, Instagram e WhatsApp, que são ferramentas mantidas também por aquela rede social. Isto permite-lhe segmentar os seus anúncios de uma forma mais eficaz e com maior probabilidade de sucesso.

Figura 97. Filtragem de público com base em múltiplos interesses.

Ao adicionar um interesse na caixa de pesquisa de interesses, o Facebook automaticamente filtra o público-alvo e apresenta na coluna do lado direito o alcance potencial. Para um público-alvo entre os 18 e os 65 anos de idade, em Portugal, com interesse em marketing digital, o Facebook aponta para um alcance potencial de 760 mil pessoas.

No entanto, e uma vez que os interesses por vezes podem ser vagos demais, existe uma opção de "Filtrar público" logo por baixo da caixa de pesquisa por interesses, conforme apresento na "Figura 97".

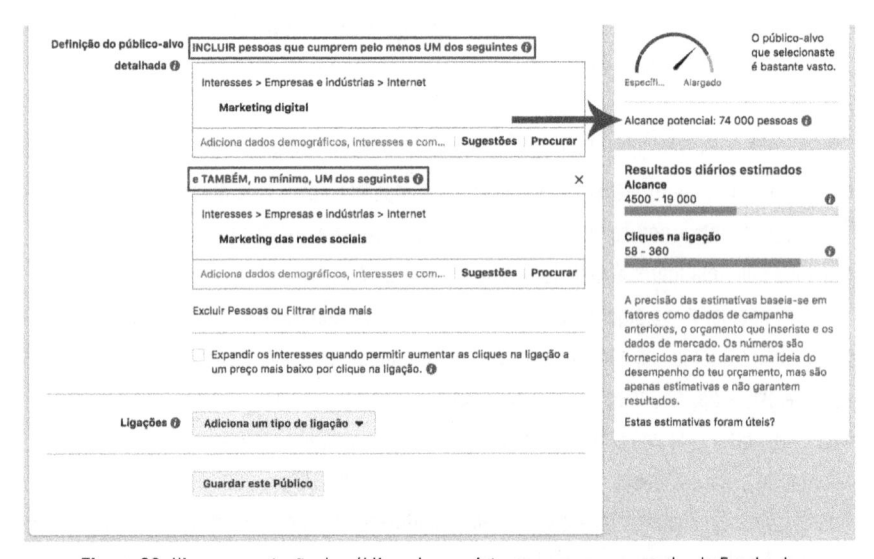

Figura 98. Hipersegmentação de público-alvo por interesses numa campanha de Facebook.

Repare que, ao filtrar o público e acrescentar um interesse adicional, o Facebook passa a incluir dois interesses diferentes, sendo que o público-alvo da campanha deverá ter ambos, caso contrário não é contabilizado no alcance potencial.

Se tínhamos 760 mil pessoas em Portugal com interesse em marketing digital, neste momento passamos para apenas 74 mil pessoas interessadas nesse tema e também em marketing das redes sociais.

Isto significa que, ao filtrarmos o público com outros interesses, hipersegmentamos o público-alvo. Isto é especialmente interessante quando pretendemos criar campanhas para um tipo de público específico, garantindo que este tem múltiplos interesses em simultâneo.

NOTA: um público-alvo não precisa necessariamente ser grande. A dimensão ideal de um público é aquela que garante retorno sobre o investimento realizado com anúncios.

- **Editar locais de publicação**

  Remover locais de publicação pode reduzir o número de pessoas que alcanças e poderá dificultar o teu trabalho em alcançar os teus objetivos. **Saber Mais**.

  Tipos de dispositivos

  Todos os dispositivos (recomendado) ▼

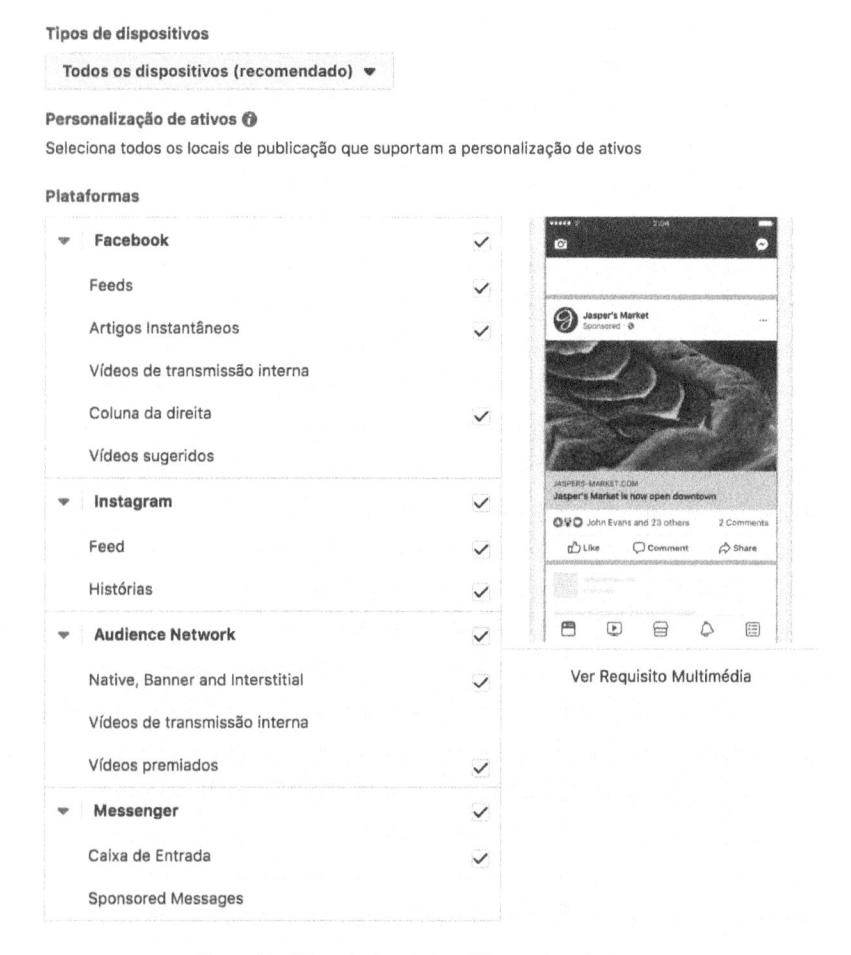

  Personalização de ativos ❶

  Seleciona todos os locais de publicação que suportam a personalização de ativos

  Plataformas

▼ Facebook	✓
Feeds	✓
Artigos Instantâneos	✓
Vídeos de transmissão interna	
Coluna da direita	✓
Vídeos sugeridos	
▼ Instagram	✓
Feed	✓
Histórias	✓
▼ Audience Network	✓
Native, Banner and Interstitial	✓
Vídeos de transmissão interna	
Vídeos premiados	✓
▼ Messenger	✓
Caixa de Entrada	✓
Sponsored Messages	

  Ver Requisito Multimédia

Figura 99. Edição dos locais de publicação de anúncios.

Logo abaixo, encontra o posicionamento dos seus anúncios. No âmbito do Facebook, poderá deixar esse posicionamento em modo automático, permitindo que o algoritmo da rede social distribua a sua campanha nos locais que supostamente geram melhor *performance* e retorno.

No entanto, é possível (e recomendado!) editar os posicionamentos e incluir ou excluir determinados locais, como, por exemplo, não apresentar os seus anúncios no Instagram, na Audience Network e no Messenger.

O Facebook permite-lhe anunciar no *feed* em *desktop* e *mobile*, nos artigos instantâneos, em vídeos, na coluna do lado direito, em vídeos sugeridos, no *feed* e nos *stories* do Instagram, na Audience Network e ainda através de anúncios na caixa de entrada e de mensagens patrocinadas no Messenger.

No caso da Audience Network, trata-se de uma rede de parceiros do Facebook que contempla *sites* e aplicações móveis externas a esta rede social, onde os seus anúncios podem ser apresentados. O Tinder, por exemplo, é uma das aplicações que utiliza a Audience Network para apresentar anúncios do próprio Facebook.

A grande vantagem de anunciar na Audience Network é a possibilidade de o fazer também fora do Facebook, em *sites* e aplicações populares. Os resultados apresentados pelo Facebook para a Audience Network mostram que em anúncios de conversão, por exemplo, podem gerar até oito vezes mais conversões do que aqueles que não a utilizam como um local de publicação de anúncios.

Ainda assim, recordo os canais recomendados pelo próprio Facebook (e por mim também!) para cada um dos tipos de objetivos de marketing das suas campanhas:

- **Divulgação da marca** – anunciar no Facebook e Instagram;
- **Interação** – anunciar no Facebook e Instagram;
- **Visualizações de vídeo** – anunciar no Facebook, Instagram e Audience Network;
- **Instalação de aplicações** – anunciar no Facebook, Instagram e Audience Network;
- **Tráfego (cliques para o *site*)** – anunciar no Facebook e Audience Network;
- **Vendas do catálogo de produtos** – anunciar no Facebook e Audience Network;
- **Conversões** – anunciar no Facebook e Audience Network.

Mais abaixo, encontra também a segmentação por dispositivos móveis e respectivos sistemas operativos (iOS ou Android). É possível segmentar por tipo de aparelho e também pela versão específica do seu sistema operativo. Se desejar, também poderá excluir determinados aparelhos ou apresentar o seu anúncio apenas para utilizadores conectados por *wi-fi*, garantindo que têm ao seu dispor largura de banda suficiente para descarregar seu aplicativo móvel, ou fazer o *download* de um *e-book*, por exemplo.

Por norma, os utilizadores aguardam por conexões *wi-fi* para descarregarem arquivos mais pesados, por forma a não consumirem o seu pacote de dados móveis.

Imediatamente abaixo, encontra também a opção "Exclusão de categorias", que lhe permite impedir os seus anúncios de serem apresentados ou associados a conteúdos de tragédia e conflito, encontros, jogos de apostas, conteúdos para adultos ou questões sociais controversas.

Dispositivos móveis e sistemas operativos específicos

Apenas dispositivos iOS ▼

Dispositivos incluídos

Apple iPhone 8	×
Apple iPhone 8 Plus	×
Apple iPhone X	×

Introduz o nome do dispositivo (p. ex.: iPhone 5s)

Dispositivos excluídos

Introduz o nome do dispositivo (p. ex.: iPhone 5s)

Versões OS
Mín.   Máx. (opcional)
2.0 ▼   -   Nenhum ▼

☐ Apenas com ligação por Wi-Fi

Figura 100. Segmentação por tipo de dispositivo móvel.

Exclusão de categorias ⓘ   ×

Vamos fazer o nosso melhor para impedirmos que os teus anúncios apareçam em categorias que excluíres, mas não garantimos a exclusão de todos os conteúdos relacionados.

Questões sociais controversas ⓘ	☐
Adultos ⓘ	☐
Tragédia e conflito ⓘ	☐
Encontros ⓘ Apenas para a Audience Network	☐
Jogos de apostas ⓘ Apenas para a Audience Network	☐

Figura 101. Exclusão de categorias para anúncios.

Esta opção é particularmente importante para marcas que não podem, de forma nenhuma, ver os seus anúncios associados a este tipo de conteúdos. Embora não garanta que os anúncios não possam aparecer associados a conteúdos relacionados, o Facebook refere que fará o seu melhor para garantir que isso não acontece.

O último passo na configuração de um conjunto de anúncios é o orçamento e a programação destes.

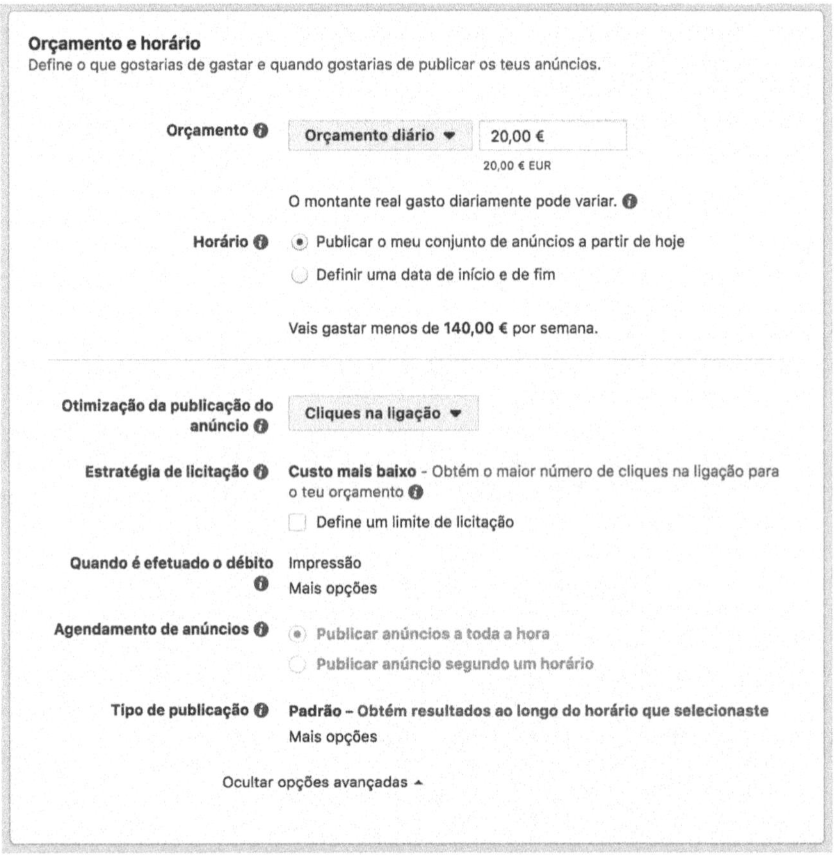

Figura 102. Orçamento e horário de uma campanha de anúncios no Facebook.

É possível criar uma campanha com um orçamento diário ou um orçamento para toda a duração. Por norma, recomendo sempre a utilização de um orçamento diário, pela simples razão de que lhe permite manter um maior controle sobre a sua campanha. No caso das campanhas com orçamento para toda a duração, o seu gasto não é homogêneo, sendo possível o Facebook gastar 50 € (ou reais) num dia e apenas 20 € (ou reais) no dia seguinte, conforme aquilo que determinar que é melhor para o próprio anúncio.

Outro aspecto interessante é que, exceto os momentos em que tenho uma data específica para a conclusão de uma campanha, por norma todos os meus anúncios não têm data de fim.

Eu próprio finalizo as minhas campanhas quando considero que elas não renderão o que deveriam. No entanto, em alguns casos, coloco uma data de início e de fim da campanha, até por uma questão de segurança. Ao definir uma data e horário para o término da sua campanha, o Facebook desativa-a automaticamente quando chegar esse momento.

A otimização do anúncio é definida perante o objetivo de marketing da sua campanha. Se o objetivo for tráfego, deverá otimizar os seus anúncios para cliques na ligação. No entanto, se o objetivo de marketing for conversões, deverá otimizar os seus anúncios para conversões.

Quanto ao valor de licitação, deixo sempre em automático, porque é a melhor forma de conseguir um valor por clique mais baixo. A otimização do Facebook a esse respeito é fantástica e não compensa licitar manualmente os anúncios, ao contrário do que acontece no Google Ads. No entanto, é necessário ter em consideração que o Facebook é uma rede de publicidade por CPM (custo por mil impressões), pelo que o valor por clique na ligação é apenas para consulta própria. Na fatura, será sempre cobrado pelo número de impressões e pelo valor de CPM.

As opções restantes só estão disponíveis para anúncios cujo orçamento se refira ao total da campanha. Ao definir um determinado montante para toda a duração da campanha, poderá otimizar a programação de anúncios para horários que façam mais sentido para o seu negócio; no entanto, o preço dos seus anúncios será mais caro.

Considere sempre que, quanto maior for o seu público, menor será o seu custo. Quanto menor for o seu público, maior será o seu custo.

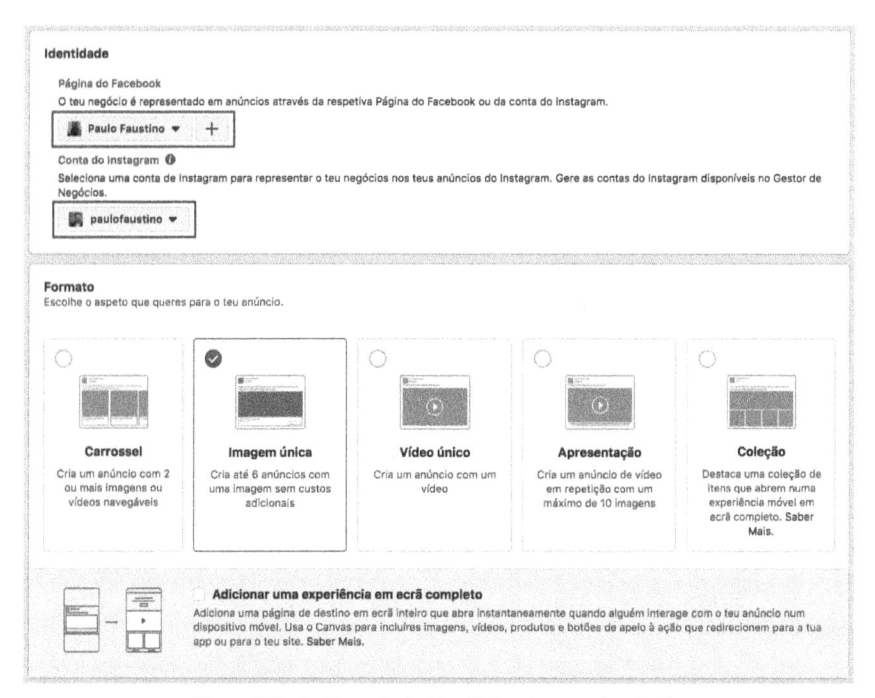

Figura 103. Configuração da identidade e formato do anúncio.

Ao definir um horário para a exibição do anúncio, o que acontece é que, quando esse horário terminar, o Facebook pausa automaticamente a sua campanha e só a volta a reativar no horário definido. Ao pausar uma campanha, toda a inteligência desta será perdida, pelo que o seu custo será consideravelmente mais alto (já testei!).

Na seção seguinte, começamos a construir o criativo do nosso anúncio. O primeiro passo é selecionar a página de Facebook e o perfil de Instagram que serão representados neste anúncio.

Conforme tive oportunidade de alertar no início deste capítulo, não é possível fazer anúncios de Facebook sem primeiro criar uma página nesta rede social. Como o próprio Facebook alerta, o seu negócio é representado nos anúncios pela sua respectiva página nesta rede social e pelo perfil de Instagram. Caso não disponha de um, o Facebook utilizará o nome e a identidade da sua página como um perfil de Instagram, mesmo que ele não exista, ou seja, cria uma identidade visual meramente com o intuito de apresentar o anúncio no Instagram.

Logo de seguida, temos o formato do anúncio. O formato de anúncio com imagem única é de longe o mais popular no Facebook. Eu recomendo que se testem todos e se opte pelos que geram melhores resultados para o seu negócio ou produto em particular. Nem todos os formatos de anúncios funcionam da mesma forma para todos os negócios. O carrossel, por exemplo, é muito utilizado para promover lojas de *e-commerce* ou eventos, com resultados muito positivos.

Experimente diferentes formatos e compare os resultados de *performance* entre eles.

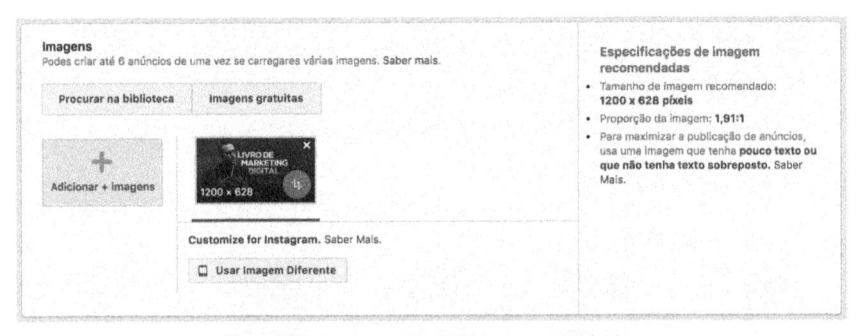

Figura 104. Carregamento de imagens para anúncios.

No passo seguinte, deverá adicionar uma ou várias imagens para o seu anúncio. No formato de imagem única, a imagem a ser utilizada deverá ter as medidas de 1200 x 628 píxeis e estar em formato PNG.

Recomendo que se utilize uma imagem com pouco ou nenhum texto. Isto porque o Facebook penaliza o alcance dos anúncios cujas imagens tenham mais de 20% de texto. Ou seja, se a sua imagem totalizar mais de 20% de texto na área de 1200 x 628 píxeis, pagará o mesmo pelo seu anúncio, mas ele irá alcançar menos público.

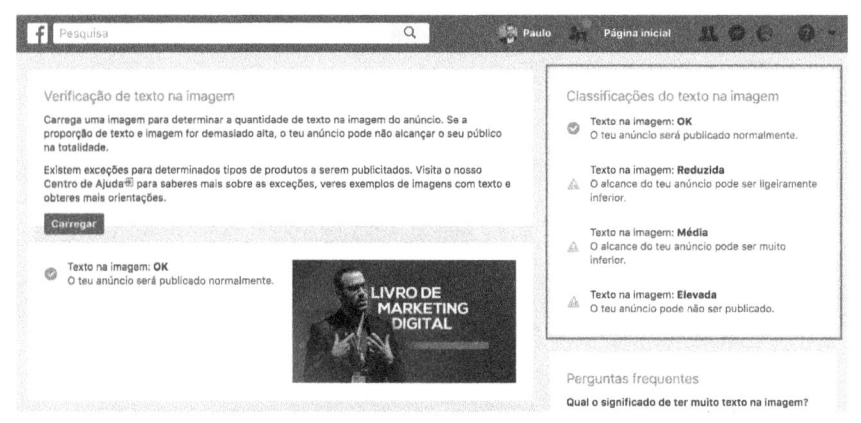

Figura 105. Ferramenta de verificação de texto na imagem.

Para verificar se as suas imagens estão de acordo com a política de pouco texto do Facebook, existe uma ferramenta gratuita de verificação de texto na imagem disponível no endereço *www.facebook.com/ads/tools/text_overlay*, a partir da qual é possível carregar uma imagem e verificar se ela tem demasiado texto ou não.

Existem quatro níveis de classificação de texto na imagem, sendo que o ideal é o "Texto na imagem: OK". Isto significa que a sua imagem tem menos de 20% de texto. Nos restantes níveis, o Facebook passa a cortar no alcance do seu anúncio, o que significa que pagará o mesmo valor para anunciar, mas menos pessoas irão visualizar.

No passo seguinte, precisamos configurar os *links* e textos do nosso anúncio de Facebook. Estes anúncios devem ser o mais objetivos, simples e interessantes possível, mas existem várias etapas a considerar na criação de um anúncio. A saber:

1. **Tipo de ligação** – é possível utilizar diferentes tipos de ligações em anúncios de Facebook. O seu anúncio pode encaminhar o utilizador para um *site*, para um evento do Facebook ou até mesmo para a sua caixa de entrada de mensagens do Messenger, por forma a iniciar uma conversação. Escolha o tipo de ligação que faça mais sentido para a sua campanha.

2. **Texto do anúncio** – o texto do seu anúncio (também conhecido por *copy*) é um dos aspectos mais importantes, uma vez que é ele o responsável por convencer o utilizador a clicar no anúncio. Utilize textos pequenos e diretos. Sabia que, se utilizar

Figura 106. Configuração do anúncio e ligações.

emojis, os seus anúncios podem gerar até 30% mais conversões? Utilize *emojis* nos seus textos. Os utilizadores adoram e é uma forma de tornar o seu conteúdo visualmente mais apelativo!

3. **URL do *site*** – neste campo, deverá colocar o URL da página do seu *site* para onde o utilizador será encaminhado depois de clicar no seu anúncio. Este *link* deverá encaminhar o utilizador para uma *landing page* ou uma página específica sobre o produto ou serviço que pretende vender.
4. **Título do anúncio** – o título do anúncio é também um elemento importante, pelo que deverá ser objetivo e cativante ao mesmo tempo. Utilize títulos curtos, para que não fiquem cortados automaticamente.
5. **Chamada para a ação** – o Facebook permite também selecionar um *call-to-action* para acompanhar o anúncio. É recomendável escolher uma chamada para a ação que faça sentido e ajude o utilizador a entender mais facilmente o que pretende. Se vende um produto ou serviço, utilize sempre um *call-to-action* do tipo "Comprar Agora".
6. **Pré-visualização do anúncio** – utilize a pré-visualização do anúncio para verificar como é que ele irá aparecer em cada um dos locais de publicação definidos no seu conjunto de anúncios. É importantíssimo verificar se o anúncio aparece bem no Instagram, no *feed* do Facebook em *desktop* e *mobile*, etc.

7. **Anúncio** – um anúncio de Facebook é composto por quatro elementos, todos eles relevantes. No entanto, entender como um utilizador de Facebook reage aos anúncios permite-lhe fazer alterações por forma a tirar um maior partido deles. Os quatro elementos fundamentais, por ordem de relevância, são:

   7.1. **Imagem** – a imagem é o elemento mais importante de um anúncio de Facebook. É através dela que um utilizador para de navegar no seu *feed* de notícias para prestar atenção ao seu anúncio. Utilize imagens com cores apelativas, que criem um alto contraste com a do Facebook. Recomenda-se a utilização de cores como o vermelho, o verde, o amarelo ou o laranja.

   7.2. **Texto** – o segundo elemento mais importante de um anúncio é o texto. Depois da imagem fazer com que o utilizador pare para prestar atenção ao anúncio, é com o texto que o convencemos a clicar nele. Seja objetivo e, ao mesmo tempo, cativante.

   7.3. **Título** – o título é o terceiro elemento mais importante de um anúncio de Facebook. É importante que seja curto, relevante e objetivo. Não crie títulos sensacionalistas apenas para gerar uma taxa de cliques maior. Se o conteúdo não corresponder, os utilizadores se sentirão defraudados.

   7.4. **Descrição** – a descrição fica por baixo do título do seu anúncio. Embora não seja tão importante como todos os outros elementos, sempre que possível crie uma boa descrição dentro do limite de espaço disponível (90 caracteres).

Quando o seu anúncio estiver pronto, clique no botão verde "Confirmar", que se encontra no final da página, para enviá-lo para revisão. Dentro de poucos minutos, será aprovado.

Parabéns! Acabou de criar o seu primeiro anúncio no Facebook!

REGRAS PARA ANÚNCIOS NO FACEBOOK

Se nunca criou anúncios no Facebook, é importante ter em consideração que existem diferentes regras, nomeadamente em termos de conteúdos que são proibidos de anunciar nesta rede social.

Além de existirem diferentes conteúdos que não pode, de forma nenhuma, anunciar no Facebook, há também algumas regras e pormenores a ter em consideração antes e depois de criar os seus anúncios.

É recomendável que leia as políticas de publicidade no Facebook, disponíveis no endereço *www.facebook.com/policies/ads*, por forma a entender mais facilmente o que pode e não pode ser anunciado na plataforma.

É muito importante que leia os termos e condições de anúncios. Dessa forma, saberá de antemão porque é que o seu anúncio foi reprovado e o que deve fazer em seguida para inverter essa situação.

ANALISAR AS MÉTRICAS DE UMA CAMPANHA

Depois de começar a criar anúncios no Facebook, torna-se fundamental acompanhar as métricas das suas campanhas e entender o que acontece com eles e qual o retorno obtido com cada um deles.

Embora a maior parte das métricas (no Facebook existem mais de 200 diferentes métricas de análise) não sejam importantes de acompanhar, existem diversos parâmetros que o são. A análise dos KPI (*key performance indicators*, ou indicadores-chave de *performance*) das suas campanhas ajuda-o a determinar não só o sucesso ou insucesso destas, como também o caminho a seguir relativamente à sua estratégia de marketing digital e de conteúdo para as redes sociais.

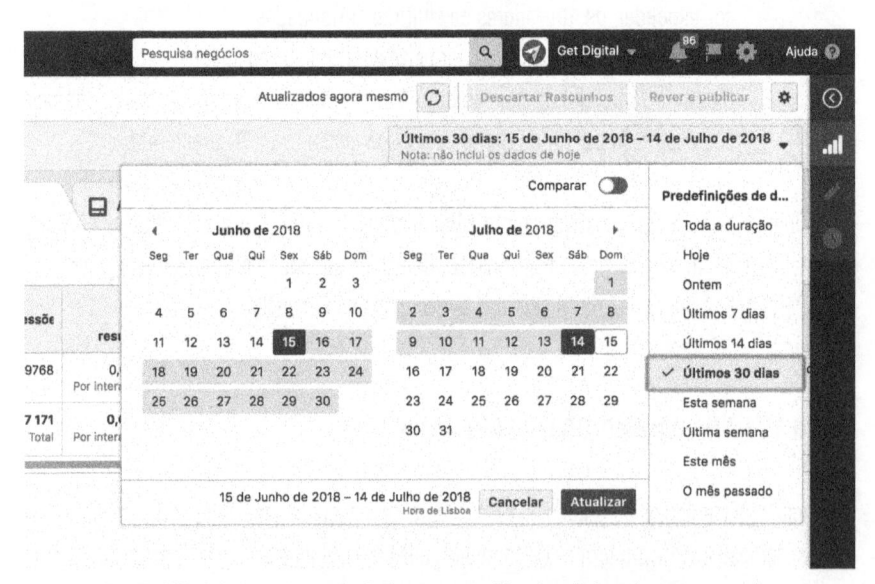

Figura 107. Selecionar intervalo de datas para análise de métricas de uma campanha.

No gestor de anúncios do Facebook, a primeira coisa que você deverá ter em conta é a seleção do intervalo de datas do relatório. No canto superior direito do gestor, existe um seletor de datas que lhe permite filtrar dentre vários intervalos de tempo ou selecionar manualmente o intervalo desejado.

Repare também que é possível comparar a *performance* de um intervalo de datas com um período idêntico anterior, o que o ajuda a entender o comportamento dos seus anúncios ao longo do tempo e a tomar decisões mais assertivas a respeito deles.

Figura 108. Relatório de desempenho e cliques de uma campanha.

Na coluna de desempenho, poderá escolher diferentes tipos de métricas para analisar a *performance* da sua campanha. Algumas das métricas mais interessantes encontram-se no separador "Desempenho e cliques", onde é possível visualizar alguns indicadores-chave de *performance* que o poderão ajudar a tomar melhores decisões.

Figura 109. Desempenho e cliques de uma campanha de anúncios.

Num relatório de desempenho e cliques, existem diferentes métricas a ter em consideração, algumas importantes, outras nem tanto.

- **Classificação de relevância** – no separador "anúncios" do gestor do Facebook, poderá visualizar a classificação de relevância de um anúncio. Esta métrica só está disponível para anúncios, pelo que não aparece nos separadores de campanha e conjunto de anúncios. Esta é uma métrica de 0 a 10 que estima a relevância do seu anúncio pela forma como o público-alvo responde a ele. Quanto maior for a classificação de relevância, menor será o custo do anúncio.

- **Impressões** – é o número de vezes que o seu anúncio foi apresentado na tela dos utilizadores. Isto não significa que eles tenham clicado no anúncio ou interagido com ele. Significa apenas o número de vezes que o anúncio apareceu.

    Impressões e alcance são duas métricas bem diferentes. Se uma pessoa visualizar um anúncio uma vez, isso representa uma impressão e uma pessoa alcançada. Se a mesma pessoa visualizar um anúncio duas vezes, isso representa duas impressões, mas apenas uma pessoa alcançada na mesma.

- **CPM (custo por 1.000 impressões)** – é o valor por cada 1.000 impressões da sua publicidade, tenham os utilizadores interagido ou clicado nesse anúncio ou não.

- **Cliques na ligação** – esta é uma das principais métricas a ter em consideração. Contrariamente à métrica de "Cliques (Todos)", esta diz respeito apenas aos cliques na ligação do seu anúncio, ou seja, no *link* que envia os utilizadores para o seu *site* ou *landing page*.

- **CPC (custo por clique na ligação)** – é o valor por clique pago por cada utilizador que clicou na ligação do seu anúncio para visitar o seu *site* ou *landing page*.

- **CTR (taxa de cliques na ligação)** – esta é uma métrica importante porque determina a taxa de cliques realizados na ligação do anúncio. Um valor positivo situa-se entre 1% e 1,5%. Quanto maior for a taxa de cliques, mais baixo será o seu custo e, consequentemente, mais relevante o seu anúncio.

- **Cliques (todos)** – esta é uma métrica do Facebook que muitas vezes engana, porque tem em consideração todo o tipo de cliques realizados no anúncio, inclusive um clique para dar "like", para comentar ou para partilhar o conteúdo. Não é tão relevante do ponto de vista da *performance*, embora possa sê-lo do ponto de vista da interação com o conteúdo; ou seja, se um anúncio regista muitos cliques porque os utilizadores marcarão amigos nos comentários ou partilharão o conteúdo, isso é um sinal positivo.

- **CTR (tudo)** – é a taxa de todos os cliques realizados no anúncio e não apenas na ligação.

- **CPC (tudo)** – é o valor por clique pago de todos os cliques realizados no anúncio e não apenas na ligação.

Como pode facilmente perceber, nem todas as métricas apresentadas pelo Facebook são relevantes e/ou servem o propósito da sua campanha. Foque-se essencialmente nas principais métricas e acompanhe apenas a *performance* dessas. É muito fácil cair-se no exagero de acompanhar todas as métricas disponíveis, sendo que elas não significam necessariamente que o anúncio tem uma má *performance*.

Tenho vários anúncios criados com classificações de relevância de 3-4 em 10 pontos possíveis que geram um retorno muito alto; portanto, desativar um anúncio apenas porque a sua classificação de relevância é baixa não faz necessariamente sentido.

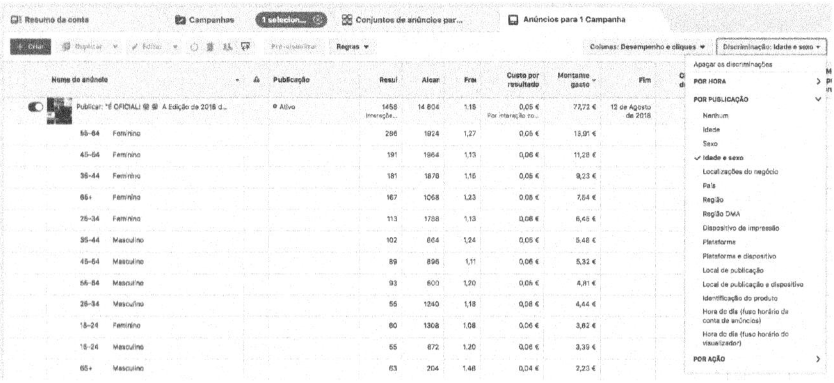

Figura 110. Relatório discriminado por idade e sexo.

Na coluna "Discriminação > Idade e sexo", poderá visualizar a *performance* dos seus anúncios por segmentos de idade e sexo. Isso poderá ajudá-lo a entender qual o público-alvo que responde de forma mais positiva ao seu anúncio.

Contrariamente ao que acontece com frequência em marketing digital, não parta do princípio de que sabe quem é o público-alvo do seu produto ou serviço. Crie um anúncio pouco segmentado e depois analise os relatórios, para entender em que segmentos de público é que ele tem uma melhor resposta. Por vezes, ficará surpreendido com os resultados.

Por fim, na coluna de "Desempenho e cliques", poderá escolher também a opção "personalizar colunas", onde terá acesso aos mais de 200 indicadores-chave de *performance* disponíveis nos relatórios de Facebook.

Do lado esquerdo, poderá navegar por diferentes seções de desempenho; ao centro, poderá ativar e desativar as principais métricas que deseja que estejam visíveis no seu relatório; e, do lado direito, poderá reorganizar as colunas conforme apareçam visíveis no seu relatório de *performance* de anúncios.

No fundo desta janela de personalização, existe a opção de guardar como predefinição, atribuindo um nome ao seu relatório, permitindo-lhe ativá-lo e desativá-lo sempre que desejar.

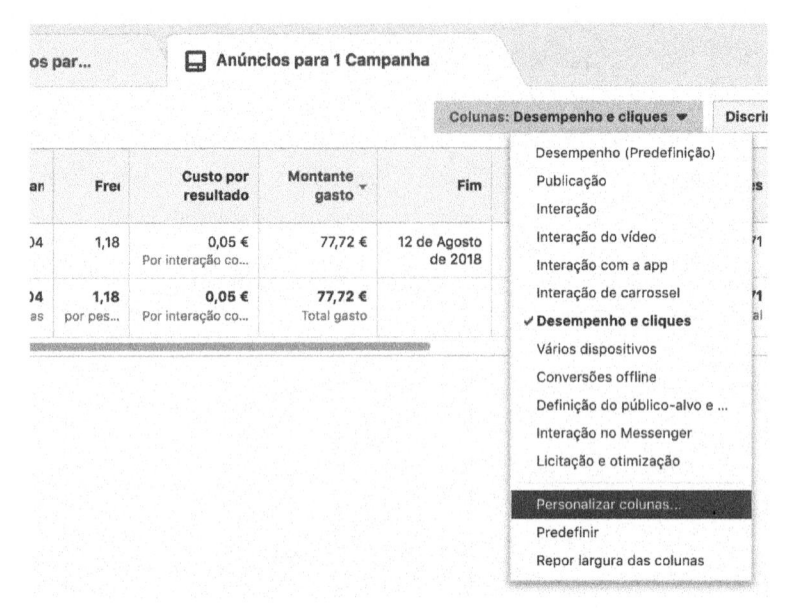

Figura 111. Personalização de colunas de relatório.

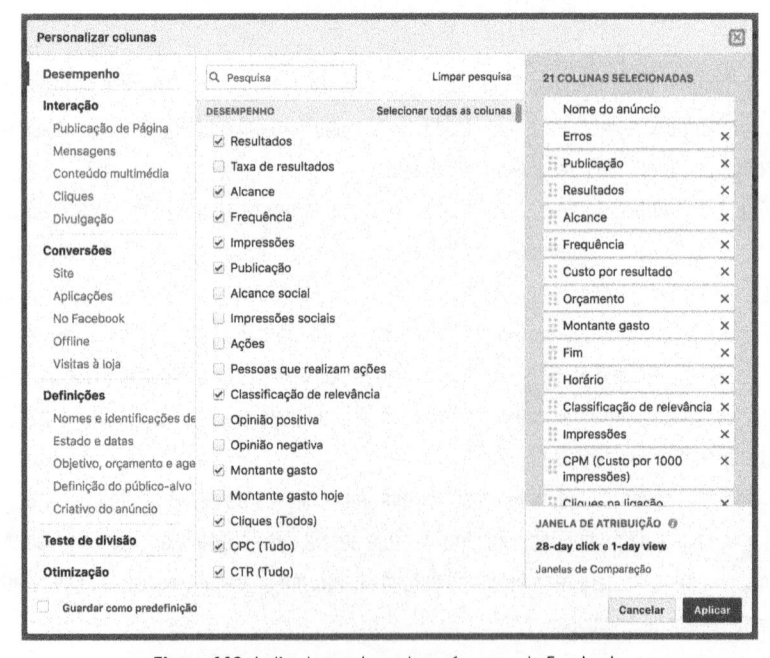

Figura 112. Indicadores-chave de *performance* do Facebook.

PROMOVER UMA PUBLICAÇÃO

Uma das maiores guerras entre "especialistas" de marketing digital e anúncios de Facebook é a questão sobre se se deve ou não promover publicações. Como não acredito em tudo o que leio e ouço, testei diferentes abordagens e cheguei à conclusão de que promover publicações pode, na verdade, ser muito positivo e gerar resultados iguais aos anúncios criados a partir do gestor de anúncios do Facebook, ou melhores.

Ao contrário do que muitos apregoam, promover uma publicação não é necessariamente um mau negócio, antes pelo contrário. Tenho excelentes resultados com a promoção de publicações em diferentes tipos de negócios.

Figura 113. Exemplo de promover publicação.

Repare no exemplo da "Figura 113". Com uma simples publicação promovida para interação entre as pessoas que gostam da minha página e os seus amigos, em apenas uma localização, gerei 43 inscrições num curso presencial em Lisboa, com apenas 187,59 € investidos. Isto dá um custo por venda de apenas 4,36 €.

Na realidade, enchi uma turma com 100 alunos em Lisboa a partir de uma publicação promovida para interação. Isto não quer dizer que promover uma publicação seja melhor ou pior do que criar um anúncio a partir do gestor de anúncios do Facebook. No entanto, é necessário testar tudo antes de tomar uma decisão sobre o que é melhor ou pior.

Figura 114. Exemplo de publicação com 32% de alcance orgânico.

Outra coisa que fui aprendendo ao longo do tempo é que, embora o alcance orgânico das publicações tenha caído consideravelmente ao longo do tempo, é possível contrariar essa tendência através de uma fórmula muito simples: um bom conteúdo e uma promoção eficaz.

Cerca de 90% do conteúdo que publico na minha página de Facebook é promovido através da opção "promover publicação". Isso permite-me contrariar o algoritmo do Facebook mais facilmente e fazer o conteúdo chegar com maior frequência ao público que segue a minha página.

Isso não significa que precisará fazer um grande investimento em anúncios. No entanto, ao promover uma publicação com 1 € (ou 5 reais, por exemplo) por dia, durante sete dias, faço com que a mensagem chegue a um maior número de pessoas e, consequentemente, aumento o alcance orgânico das publicações a longo prazo.

Se a sua página de Facebook tem menos de 3.000 "likes", é recomendável utilizar esta estratégia para as pessoas que gostam dela e os seus amigos. Dessa forma, é possível fazer a mensagem chegar a um maior número de pessoas com um investimento diário de apenas 1 €, durante sete dias.

Se a sua página tiver um número superior a 3.000 "likes", é recomendável utilizar esta estratégia apenas para as pessoas que gostam dela. A ideia é reativar a base de fãs da sua página, colocando os seus conteúdos à frente dessas pessoas. Se o conteúdo for genuinamente bom, as pessoas irão interagir com ele e, nas publicações seguintes, serão consideradas tráfego orgânico.

Para páginas de Facebook com algumas dezenas de milhares de "likes", é recomendável fazer um investimento diário superior a 1 €, caso contrário será demasiado reduzido para uma base de público tão grande.

Na minha página de Facebook, com aproximadamente 60.000 "likes", faço um investimento diário médio de 5 €, durante sete dias, o que me permite alcançar uma maior porção do meu público e manter elevado o alcance orgânico das publicações.

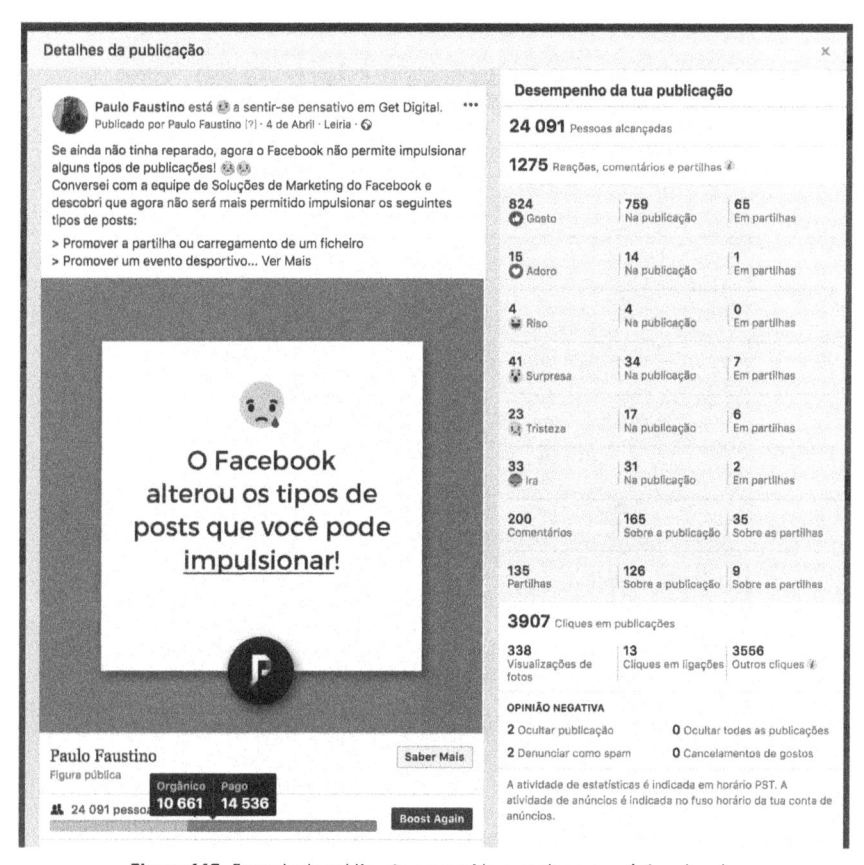

Figura 115. Exemplo de publicação promovida com alcance orgânico elevado.

No exemplo da "Figura 115", uma publicação de texto e imagem, promovida para interação, gerou aproximadamente 19% de alcance orgânico, ao que se soma 200 comentários e 135 partilhas do conteúdo.

Ao longo do tempo, e utilizando esta estratégia de promoção de conteúdo, conseguirá facilmente melhorar o alcance orgânico da sua página, tornando-a mais relevante para quem acompanha o seu trabalho com regularidade.

Figura 116. Exemplo da aplicação da estratégia de conteúdo promovido.

Num dos meus cursos presenciais no Brasil, o aluno Michel Beneduzi pegou nesta estratégia e começou a aplicá-la nas publicações da sua página. Mais tarde, fez esta publicação ("Figura 116") no Facebook, em que é possível visualizar um alcance orgânico gigantesco em comparação com o alcance pago da publicação.

Um dado interessante sobre esta estratégia, e aplicável a qualquer anúncio de Facebook, é que as publicações que geram um impacto mais positivo na sua audiência são aquelas que devem receber constantemente o maior investimento possível. Saber aproveitar o momento de uma publicação e investir na amplificação da mensagem é fundamental para o sucesso da sua estratégia de marketing digital nas redes sociais a longo prazo.

Sempre que uma publicação apresentar uma *performance* acima da média, invista mais algum dinheiro nela e faça com que perpetue no tempo, extraindo o máximo do seu potencial.

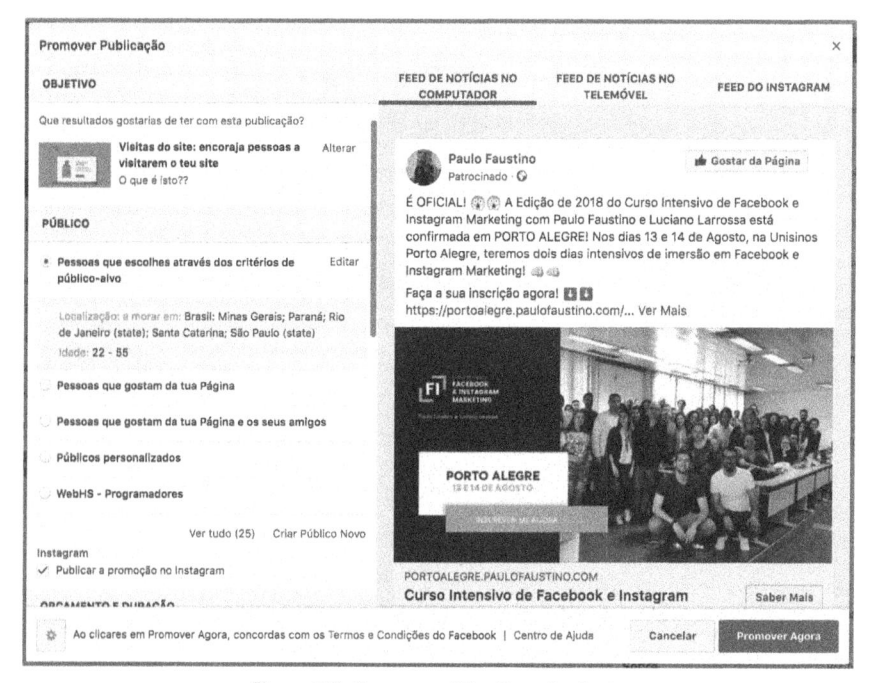

Figura 117. Promover publicação no Facebook.

Para isso, entre na sua página de Facebook, faça uma publicação de texto, imagem, vídeo ou *link* e clique no botão azul "Promover publicação". O Facebook irá apresentar-lhe uma janela semelhante à representada na "Figura 117", onde poderá configurar todos os aspectos da sua promoção.

O primeiro passo é alterar o objetivo de marketing da promoção. Clicando no *link* "Alterar", poderá selecionar entre diferentes objetivos de marketing, consoante o tipo de publicação realizada. Se publicar um *link* para o seu *site* ou para um vídeo do YouTube, as opções serão diferentes do que se publicar apenas uma fotografia. Escolha a opção de acordo com a sua necessidade.

Por defeito, o Facebook também ativa a opção de publicar a promoção no Instagram. Opte por manter ou desativar esta opção consoante a sua necessidade e/ou o tipo de anúncio que pretende fazer.

Figura 118. Configuração de orçamento e duração da promoção.

Por fim, selecione um orçamento para promover a sua publicação. Poderá ser um orçamento de 7 € durante sete dias, que seria a única forma de promover uma publicação por apenas 1 € por dia no Facebook, ou então opte por um montante maior e um prazo mais alargado.

Dependendo da estratégia de promoção de conteúdo, pode fazer todo o sentido promover uma publicação durante mais tempo e com um orçamento maior.

Quando promovo publicações de cursos presenciais, por exemplo, tendencialmente utilizo valores mais altos e prazos maiores, de acordo com a data de início do curso presencial. O mesmo acontece quando estou promovendo um produto ou serviço.

Finalizada a configuração da promoção, clique no botão azul "Promover Agora" para enviar o seu anúncio para revisão. Dentro de poucos minutos, o seu anúncio começará a ser apresentado ao seu público.

Parabéns! Acabou de promover a sua primeira publicação no Facebook!

CRIAÇÃO DO PIXEL DO FACEBOOK

O pixel do Facebook é uma das matérias que por norma gera maior dificuldade de entendimento por parte do público. O pixel do Facebook serve essencialmente para rastrear todo o tráfego que passa no seu *site*, no seu blog, nas suas *landing page*s ou na sua loja de *e-commerce*, e apresentar-lhe dados específicos sobre o comportamento dessas pessoas nos seus *sites*.

Além disso, tendo o pixel do Facebook no seu *site*, será possível criar públicos que o visitaram (ver mais à frente) ou páginas específicas deste, o que lhe permitirá anunciar somente para essas pessoas, aumentando as suas probabilidades de sucesso.

O pixel do Facebook é ideal para acompanhar todas as atividades realizadas no seu *site* depois de os utilizadores visualizarem um anúncio seu, por exemplo. É idealmente importante numa estratégia de otimização da *performance* de anúncios, uma vez que o Facebook passa a entender melhor quem é o seu público e como é que ele compra. Por fim, o pixel ajuda-o também a encontrar novos potenciais clientes para o seu negócio, com base nas ações realizadas no seu *site*.

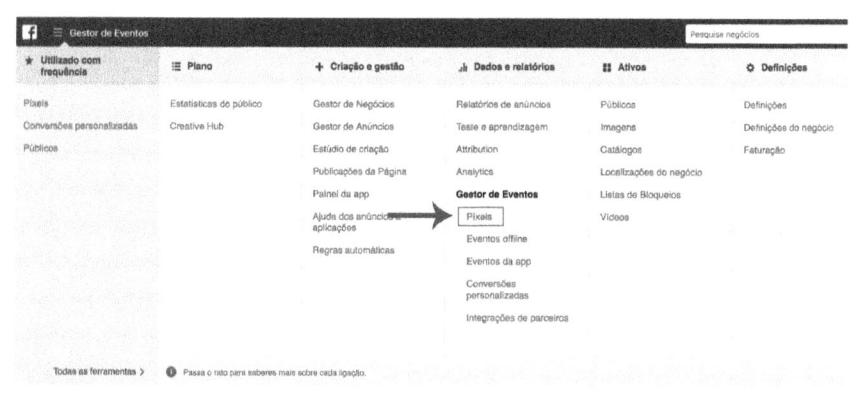

Figura 119. Acesso ao menu "Píxeis" no gestor de anúncios do Facebook.

Para iniciar o processo de criação do seu pixel do Facebook, deverá expandir o menu superior do seu gestor de anúncios e, na coluna "Dados e relatórios", aceder à opção "Píxeis".

Figura 120. Início do processo de criação de um pixel do Facebook.

Para iniciar o processo de criação do seu pixel do Facebook, clique no botão verde "Criar pixel".

Figura 121. Atribuição de um nome e URL do *site* ao pixel do Facebook.

No passo seguinte, atribua um nome ao seu pixel do Facebook e um endereço URL do seu *site*.

Depois disso, será necessário instalar o código do pixel no seu *site*, no seu blog, na sua *landing page* ou loja *online*, dependendo do tipo de propriedade digital que tiver.

No caso de utilizar um gestor de etiquetas, como o Google Tag Manager, poderá utilizar a primeira opção de integração rápida. O mesmo aplica-se a quem utiliza *softwares* populares como o 3dcart, BigCommerce, Drupal, Eventbrite, Jimdo, Joomla, Magento, OpenCart, PrestaShop, Segment, Shopify, Squarespace, Storeden, Wix, WooCommerce e WordPress.

Para todos os outros, existe a opção de integração manual, que consiste basicamente em colocar o código no seu *site* da mesma forma como acontece com o Google Analytics.

Este é um procedimento muito simples e que um programador consegue tratar em pouco mais de dois ou três minutos.

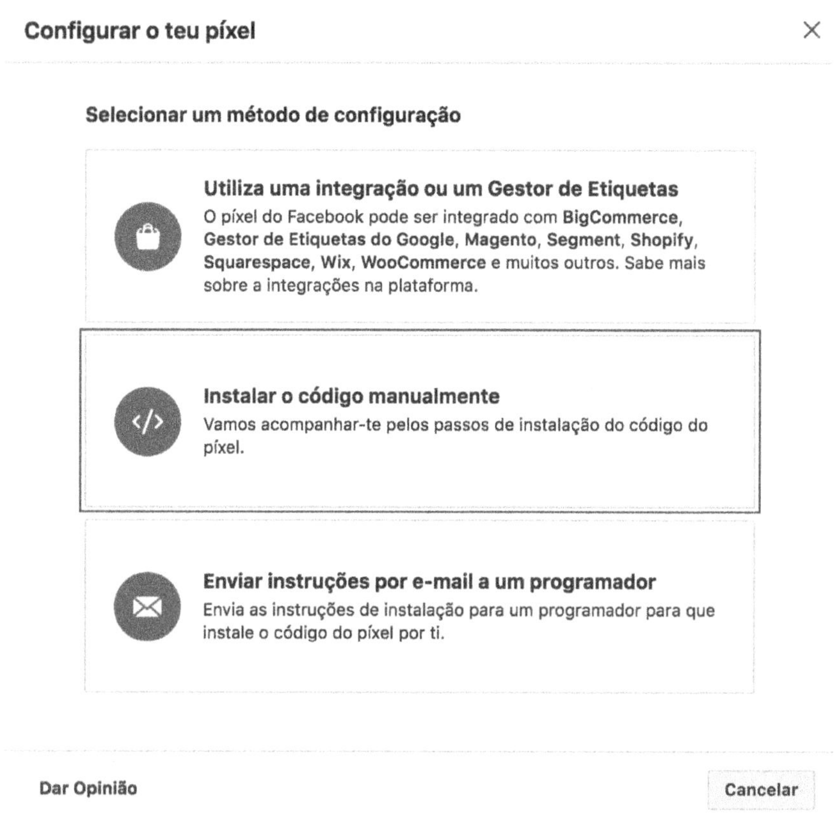

Configurar o teu píxel

Selecionar um método de configuração

Utiliza uma integração ou um Gestor de Etiquetas
O píxel do Facebook pode ser integrado com **BigCommerce**, **Gestor de Etiquetas do Google**, **Magento**, **Segment**, **Shopify**, **Squarespace**, **Wix**, **WooCommerce** e muitos outros. Sabe mais sobre a integrações na plataforma.

Instalar o código manualmente
Vamos acompanhar-te pelos passos de instalação do código do píxel.

Enviar instruções por e-mail a um programador
Envia as instruções de instalação para um programador para que instale o código do píxel por ti.

Dar Opinião · Cancelar

Figura 122. Instalação do código do pixel do Facebook.

Para realizar uma integração manual, deverá escolher a opção "Instalar o código manualmente", e o Facebook irá apresentar-lhe os passos para que possa integrar o código de rastreio desta rede social no seu *site*.

No caso, o pixel do Facebook é aplicado no cabeçalho do seu *site*, por cima da *tag* de fechamento *</head>*. Contrariamente ao que muitos programadores possam pensar, o código não funciona quando aplicado no rodapé de um *site*, portanto é fundamental que este seja colocado no cabeçalho, de acordo com as instruções do Facebook.

Alternativamente, também poderá enviar por *e-mail* as instruções de configuração diretamente para um programador, que certamente resolverá o problema de forma muito mais rápida.

Para testar se a integração do pixel do Facebook funciona corretamente, deverá instalar a extensão Facebook Pixel Helper no Google Chrome (*https://developers.facebook.com/docs/facebook-pixel/support/pixel-helper*) e abrir o seu *site* para verificar se este está ativo (sinalização a verde) e se rastreia corretamente os eventos de visualização de páginas.

Instalar código do píxel ☒

1. **Localiza o código de cabeçalho do teu site**

   Procura as **tags <head> e </head>** no código da tua página web ou localiza o **modelo do cabeçalho** no teu CMS ou plataforma web.
   Descobre onde podes encontrar este modelo ou código em sistemas de gestão web diferentes.

   ```
   <!-- Exemplo -->
   !DOCTYPE html>
   <html lang="en">
     <head>
       <script>...</script>
       insere_o_código_do_píxel_aqui
     </head>
   ```

2. **Copia o código do píxel inteiro e cola-o no cabeçalho do teu site**

   Cola o código do píxel no fundo da secção "cabeçalho", por cima da tag **</head>**. O código do píxel do Facebook pode ser adicionado por cima ou por baixo de tags de rastreio existentes (como as do Google Analytics) no cabeçalho do teu site.

   ```
   <!-- Facebook Pixel Code -->
   <script>
     !function(f,b,e,v,n,t,s)
     {if(f.fbq)return;n=f.fbq=function(){n.callMethod?
     n.callMethod.apply(n,arguments):n.queue.push(arguments)};
     if(!f._fbq)f._fbq=n;n.push=n;n.loaded=!0;n.version='2.0';
     n.queue=[];t=b.createElement(e);t.async=!0;
     t.src=v;s=b.getElementsByTagName(e)[0];
     s.parentNode.insertBefore(t,s)}(window, document,'script',
     'https://connect.facebook.net/en_US/fbevents.js');
     fbq('init', '539915089694696');
     fbq('track', 'PageView');
   </script>
   <noscript><img height="1" width="1" style="display:none"
     src="https://www.facebook.com/tr?
     id=539915089694696&ev=PageView&noscript=1"
   ```

   [Retroceder] Dar Opinião   [Instruções por E-mail] [**Continuar**]

Figura 123. Integração manual do pixel de Facebook.

Depois de abrir o seu *site*, deverá clicar na extensão do Pixel Helper no Google Chrome e verificar se o seu pixel aparece e se o evento-padrão "PageView" também está ativo (sinalização a verde). Se a resposta for sim, significa que a integração do pixel do Facebook no seu *site* foi realizada corretamente.

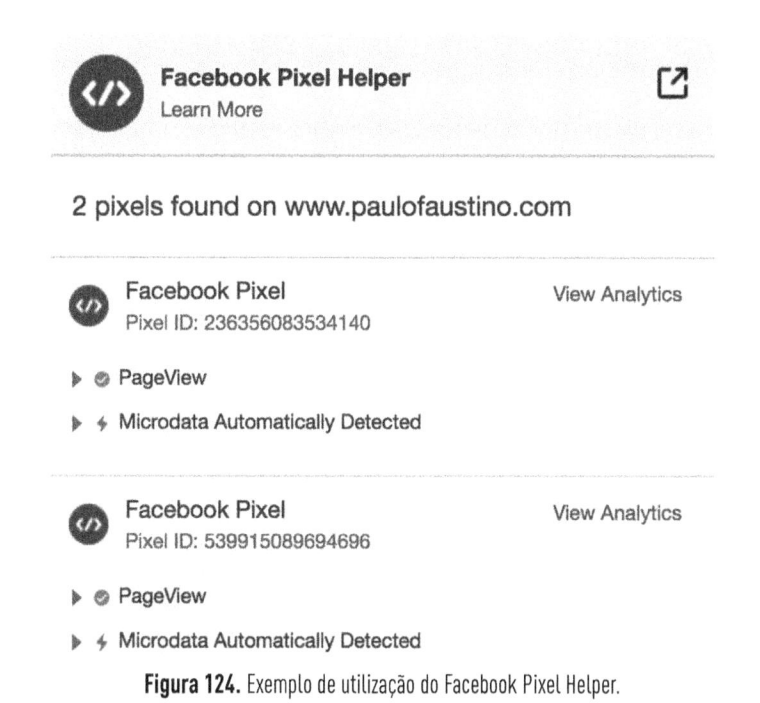

Facebook Pixel Helper
Learn More

2 pixels found on www.paulofaustino.com

Facebook Pixel View Analytics
Pixel ID: 236356083534140

▸ ● PageView

▸ ⚡ Microdata Automatically Detected

Facebook Pixel View Analytics
Pixel ID: 539915089694696

▸ ● PageView

▸ ⚡ Microdata Automatically Detected

Figura 124. Exemplo de utilização do Facebook Pixel Helper.

Figura 125. Exemplo de rastreio de atividade pelo pixel do Facebook.

A partir deste momento, o seu pixel do Facebook encontra-se ativo e a rastrear toda a atividade do seu *site*. Quando entrar novamente na página do pixel do Facebook, poderá visualizar a atividade e os eventos rastreados por ele no seu *site* e iniciar a criação dos seus públicos personalizados de tráfego.

CRIAÇÃO DE PÚBLICOS PERSONALIZADOS E SEMELHANTES

Uma das funcionalidades mais interessantes do gestor de anúncios do Facebook é a possibilidade de criar públicos personalizados e semelhantes.

Os públicos personalizados são criados com base em determinadas atividades, sejam elas a interação com a sua página de Facebook ou perfil de Instagram, visitantes do seu *website*, ou uma lista de contatos que importa diretamente para o Facebook, de maneira a anunciar especificamente só para essas pessoas.

Este tipo de público pode ser considerado também público de remarketing, uma vez que já interagiu com o seu negócio ou produto de alguma forma.

Ter a possibilidade de anunciar especificamente só para essas pessoas é extremamente poderoso, na medida em que elas já estabeleceram um contato prévio consigo e certamente se recordarão do seu negócio ou marca.

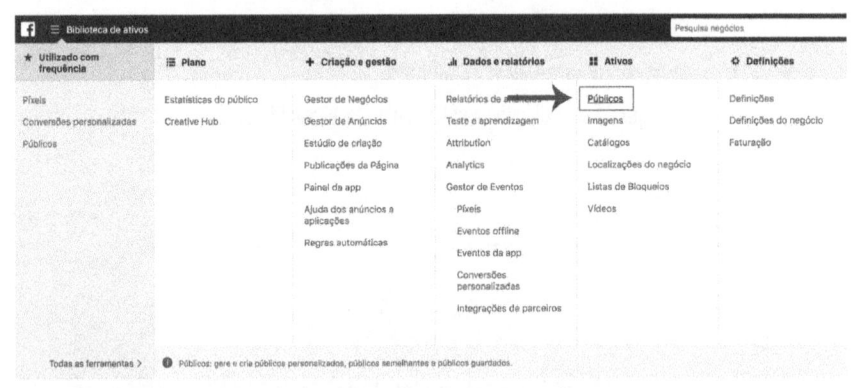

Figura 126. Seleção do menu de navegação "Públicos" no gestor de anúncios do Facebook.

O primeiro passo é aceder ao menu "Públicos" que se encontra no gestor de anúncios do Facebook. No canto superior esquerdo, clique nos três traços; de seguida, clique no fundo do menu em "Todas as ferramentas" e aceda à coluna "Ativos", onde encontrará a opção "Públicos".

Para criar o seu primeiro público, clique no botão azul "Criar público" e escolha a opção de público personalizado.

Existem diferentes tipos de públicos personalizados que é possível criar dentro do Facebook. Funcionam como listas de remarketing para as quais podemos anunciar qualquer produto ou serviço de uma forma extremamente eficaz.

Vamos analisar os diferentes públicos personalizados e como criá-los, por forma a tirar o máximo partido dos seus anúncios de Facebook e, naturalmente, gerar mais vendas para o seu negócio.

Figura 127. Criação de públicos no gestor de anúncios do Facebook.

PÚBLICO PERSONALIZADO DE ARQUIVO DE CLIENTES

Vamos começar pela criação de um público personalizado de arquivo de clientes. Este público é criado basicamente a partir de uma base de dados do seu negócio, que poderá ser uma lista de clientes, uma lista dos melhores clientes, uma lista de potenciais clientes, etc. A lista que pretende carregar para dentro do Facebook é naturalmente uma decisão sua, no entanto, é sempre positivo se as carregar todas, separadas por clientes, potenciais clientes, etc.

Para iniciarmos o processo de criação, clique em arquivo de clientes. O Facebook irá propor-lhe dois métodos de importação das suas listas.

O primeiro método é carregar um arquivo próprio em formato CSV ou TXT, ou simplesmente copiar uma lista e colar.

O segundo é associar a sua conta de *e-mail* marketing do MailChimp à sua conta de anúncios do Facebook e importar as suas bases de dados de forma automática.

Como poderá ver posteriormente no capítulo de automação de marketing, o MailChimp é uma excelente ferramenta a ser considerada na sua estratégia de marketing digital, possibilitando-lhe automatizar imensos processos de comunicação, ao mesmo tempo que importa diretamente todos os seus contatos para dentro do Facebook.

Opte pela solução que mais lhe convier, sendo que a segunda é muito mais simples de executar.

Ficheiro de clientes
Use a customer file to match your customers and prospects with people on Facebook and create an audience from the matches. The data will be hashed prior to upload.

Tráfego no site
Cria uma lista de pessoas que visitaram o teu site ou efetuaram ações específicas com o Píxel do Facebook.

Atividade da app
Cria uma lista de pessoas que lançaram a tua app ou jogo ou que tomaram ações específicas.

Atividade offline [ATUALIZADO]
Cria uma lista de pessoas que interagiram com a tua empresa na loja, por telefone ou através de outros canais offline.

Interação [ATUALIZADO]
Cria uma lista das pessoas que interagiram com os teus conteúdos no Facebook ou no Instagram.

Figura 128. Criação de público personalizado de arquivo de clientes.

Se optar pela primeira opção e decidir carregar uma lista própria, tenha em consideração que só deverá carregar duas informações: endereços de *e-mail* ou contatos de telefone celular. Não existe nenhuma outra forma de encontrar uma pessoa real no Facebook exceto por um desses dois elementos, pelo que carregar nomes, endereços, etc., não ajudará a rede social nesse sentido, dado que existem dezenas de pessoas com nomes e endereços semelhantes.

Pode também "descarregar o modelo do arquivo" disponibilizado pelo Facebook, para entender mais facilmente como organizar a informação, ainda que em termos práticos só precise de criar um arquivo com o endereço de *e-mail* e o contato de telefone celular, separados por vírgula.

Também é possível utilizar a opção "copiar e colar", sendo que deverá copiar uma lista de *e-mails* ou de números de telefone celular e colá-la diretamente no espaço em branco disponibilizado para o efeito. Clique no botão azul "seguinte" e faça a correspondência dos campos.

Recomendo-lhe que atribua nomes aos seus públicos de uma forma lógica. À medida que for criando diferentes públicos personalizados e semelhantes, isso o ajudará a entender mais facilmente quais os públicos disponíveis na sua conta.

Figura 129. Importação de uma lista de clientes.

Figura 130. Importação de contatos via MailChimp.

Caso opte pela solução MailChimp, deverá iniciar sessão com os seus dados de *login* no MailChimp e selecionar as diferentes listas de *e-mails* que deseja importar para dentro do Facebook. Só isso. Simples e prático.

PÚBLICO PERSONALIZADO DE TRÁFEGO NO *SITE*

O público personalizado de tráfego no *site* pressupõe que já terá criado o seu pixel de conversão e o terá colocado no cabeçalho do seu *website*. Caso ainda não tenha feito isso, veja neste capítulo como o pode fazer e porque é que isso é importante para o seu negócio.

Ficheiro de clientes
Use a customer file to match your customers and prospects with people on Facebook and create an audience from the matches. The data will be hashed prior to upload.

Tráfego no site
Cria uma lista de pessoas que visitaram o teu site ou efetuaram ações específicas com o Píxel do Facebook.

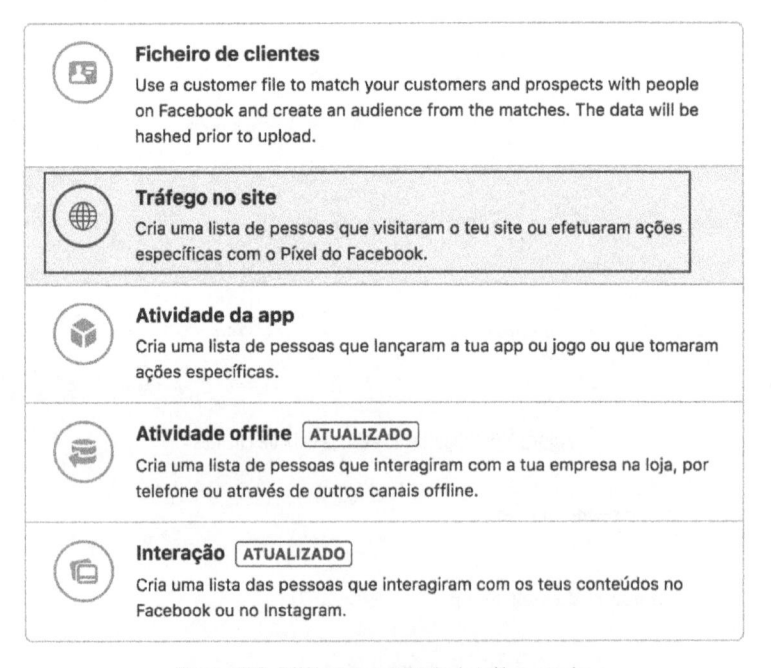

Atividade da app
Cria uma lista de pessoas que lançaram a tua app ou jogo ou que tomaram ações específicas.

Atividade offline [ATUALIZADO]
Cria uma lista de pessoas que interagiram com a tua empresa na loja, por telefone ou através de outros canais offline.

Interação [ATUALIZADO]
Cria uma lista das pessoas que interagiram com os teus conteúdos no Facebook ou no Instagram.

Figura 131. Público personalizado de tráfego no *site*.

A criação deste público de remarketing é fundamental para que possa anunciar para as pessoas que visitaram o seu *site* ou páginas específicas deste.

Se o seu pixel de conversão não estiver corretamente configurado e a rastrear o tráfego do seu *site*, não irá aparecer a verde nesta janela de criação do público personalizado, portanto fique atento a esse pormenor.

Figura 132. Criação de público personalizado de todos os visitantes de um *site*.

Na criação de um público personalizado de tráfego no *site*, a janela temporal máxima é de 180 dias, ou seja, o Facebook irá criar um público automático de todas as pessoas com conta de Facebook que visitaram o seu *site* nos últimos 180 dias.

Não terá acesso a quaisquer informações a respeito destas pessoas, mas poderá criar anúncios especificamente só para elas, e isso é extremamente poderoso.

Recomendo também que crie um público dos últimos 180 dias, dos últimos 90 dias, dos últimos 30 dias e dos últimos sete dias. O fator tempo tem um papel fundamental nos resultados em vendas, na medida em que uma pessoa que visitou o seu *site* há 180 dias não é possivelmente uma *lead* quente, enquanto alguém que lá esteve há apenas sete dias o é claramente, e recorda-se perfeitamente da sua empresa, produto ou serviço.

Um outro público personalizado que gostaria que criasse é o de tráfego no *site*, onde definimos especificamente que páginas do seu *site* é que essas pessoas visitaram.

Neste exemplo, defini que pretendo criar um público personalizado de todas as pessoas que visitaram o endereço *https://www.paulofaustino.com/cursos*, que é a página do meu *site* onde apresento os diversos cursos presenciais e *online* que tenho disponíveis.

Mais uma vez, podemos utilizar uma janela temporal de até 180 dias, sendo recomendável que crie públicos de 180, 90, 30 e sete dias.

O que acontecerá neste caso é que o Facebook irá criar um público personalizado apenas com as pessoas que visitaram especificamente essa página do seu *site* e poderá fazer anúncios diferentes só para elas.

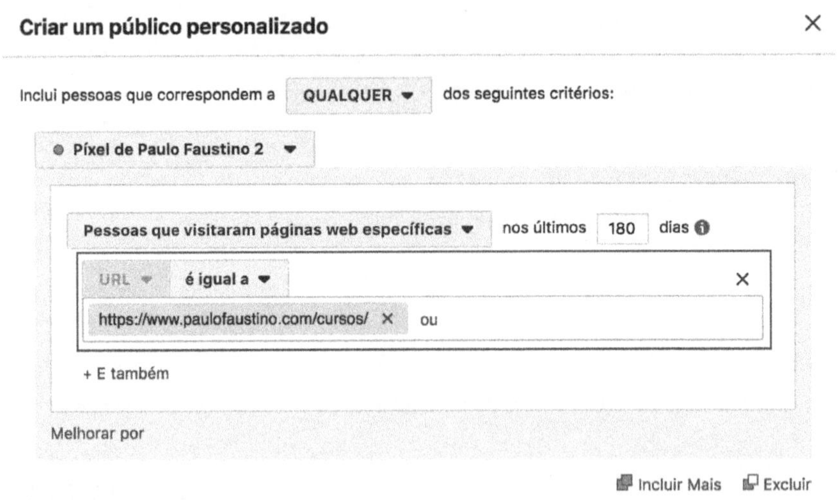

Figura 133. Criação de público personalizado de pessoas que visitaram páginas específicas de um *site*.

Se essas pessoas visitaram uma página específica de um produto ou serviço seu, é super poderoso poder mostrar-lhe publicidade relacionada somente com o que elas viram. Isso ajuda muito na contextualização da publicidade, o que invariavelmente se traduz num maior número de vendas.

PÚBLICO PERSONALIZADO DE INTERAÇÃO

O público personalizado de interação é um tipo de público que também é extremamente importante utilizar, uma vez que, à medida que vai trabalhando a sua página de Facebook e o seu perfil de Instagram, terá a possibilidade de anunciar especificamente só para essa audiência. É possível também anunciar só para quem assistiu a conteúdos de vídeo da sua página de Facebook ou perfil de Instagram.

Em termos práticos, nesta opção de criação de público personalizado com base na interação deste com os seus conteúdos, o Facebook cria um público de remarketing da sua audiência. Este é atualizado automaticamente com base na audiência real da sua página de Facebook e/ou perfil de Instagram, não sendo necessário fazê-lo posteriormente.

Ficheiro de clientes
Use a customer file to match your customers and prospects with people on Facebook and create an audience from the matches. The data will be hashed prior to upload.

Tráfego no site
Cria uma lista de pessoas que visitaram o teu site ou efetuaram ações específicas com o Píxel do Facebook.

Atividade da app
Cria uma lista de pessoas que lançaram a tua app ou jogo ou que tomaram ações específicas.

Atividade offline [ATUALIZADO]
Cria uma lista de pessoas que interagiram com a tua empresa na loja, por telefone ou através de outros canais offline.

Interação [ATUALIZADO]
Cria uma lista das pessoas que interagiram com os teus conteúdos no Facebook ou no Instagram.

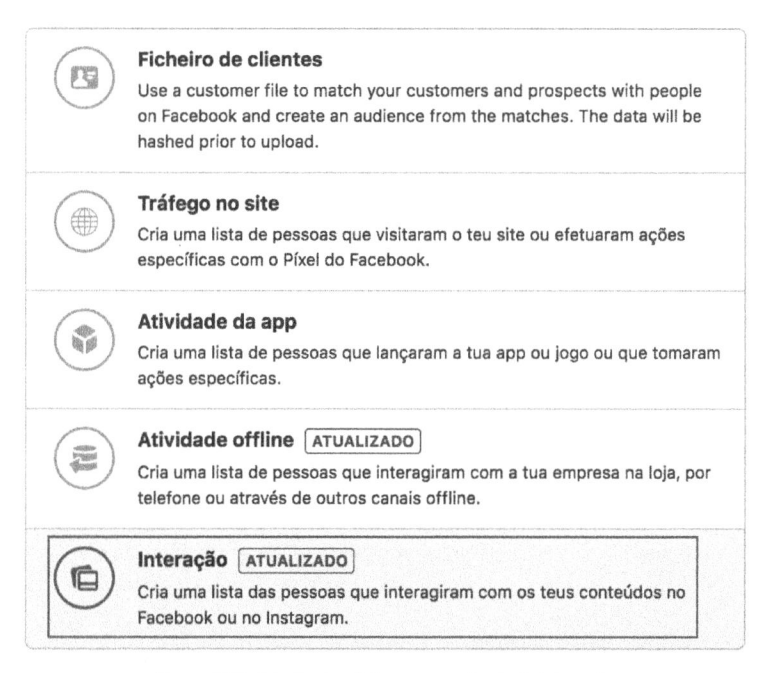

Figura 134. Criação de público personalizado de interação.

PÚBLICO PERSONALIZADO DE INTERAÇÃO COM VÍDEO

O público personalizado de interação com vídeo é baseado apenas na visualização de vídeos da sua página de Facebook ou perfil de Instagram e permite-lhe construir públicos de remarketing com base em atividades de visualização dos seus vídeos.

Os vídeos são hoje um poderoso instrumento de comunicação e é altamente recomendável que comece a publicá-los com frequência na sua página de Facebook e perfil de Instagram.

Para criar um público personalizado com base na interação com os vídeos publicados na sua página de Facebook e no seu perfil de Instagram, deve selecionar a opção "Vídeo" na construção de públicos personalizados de interação.

Figura 135. Criação de público personalizado com base na interação em vídeo.

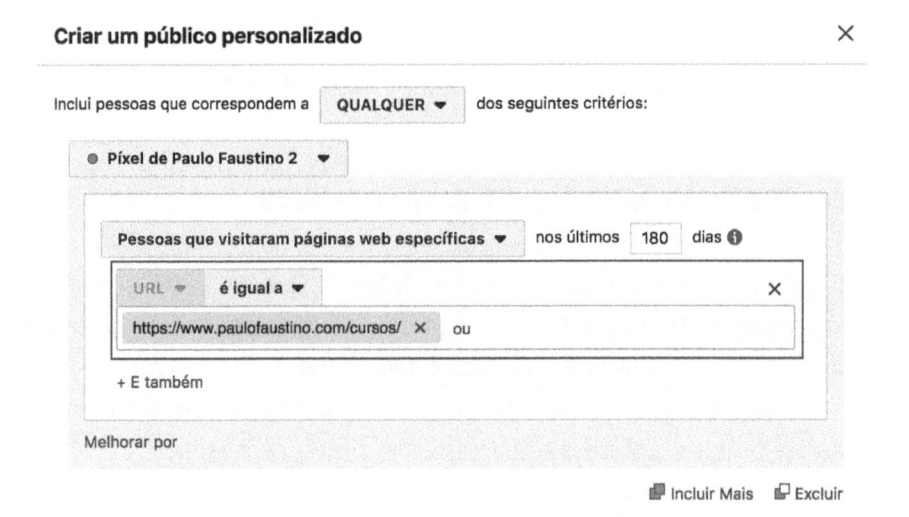

Figura 136. Seleção de público com base na visualização de vídeos.

O primeiro passo na criação de um público personalizado com base na interação com vídeo é escolher o critério de seleção. No caso, poderá optar por definir um tempo de visualização de pelo menos três a dez segundos, ou então por criar um público de pessoas que visualizaram 25%, 50%, 75% ou pelo menos 95% dos seus vídeos.

O ideal, nesta circunstância, é criar vários públicos, baseados em diferentes critérios, ou seja, criar um público de 25% de visualização, outro público de 50% de visualização, e por aí adiante.

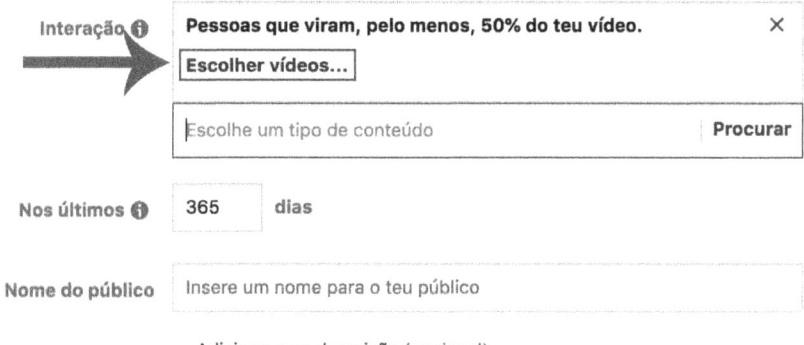

FACEBOOK MARKETING

Figura 137. Seleção de critérios de vídeo para público personalizado.

Depois de selecionar o critério de visualização de vídeos, deverá clicar no texto "Escolher vídeos..." para definir os vídeos que serão tidos em consideração na construção do seu público personalizado. Não existe limite de vídeos a selecionar, mas poderá, se assim o desejar, segmentar os seus públicos com base no tipo de vídeo, por exemplo.

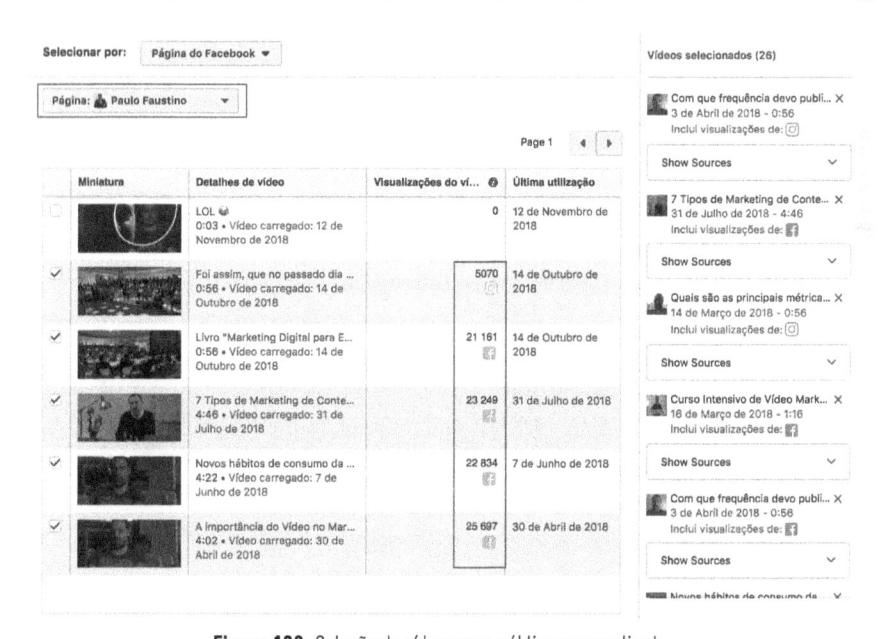

Figura 138. Seleção de vídeos para público personalizado.

Ao clicar em "Escolher vídeos...", deverá selecionar a sua página de Facebook ou o seu perfil de Instagram e marcar todos os vídeos que considera interessante incluir na construção desse público personalizado. Dependendo da quantidade de vídeos que já publicou na sua página ou perfil, terá em cima uma navegação por páginas, para que possa ver todos e selecionar os que desejar.

O Facebook dá igualmente destaque ao número de visualizações dos vídeos, de forma a que tenha uma visão mais abrangente da *performance* individual de cada um. Selecione os vídeos que deseja incluir e clique no botão azul "Confirmar" para terminar a criação do seu público personalizado.

PÚBLICO PERSONALIZADO DE INTERAÇÃO COM PÁGINA DO FACEBOOK

O público personalizado de interação com a página do Facebook é basicamente um público de remarketing de todas as pessoas que interagiram com a sua página do Facebook de alguma forma. Embora seja possível criar segmentações de interação específicas, é recomendável criar públicos de interação amplos, por forma a ganhar uma maior dimensão em termos de audiência para utilização em anúncios pagos.

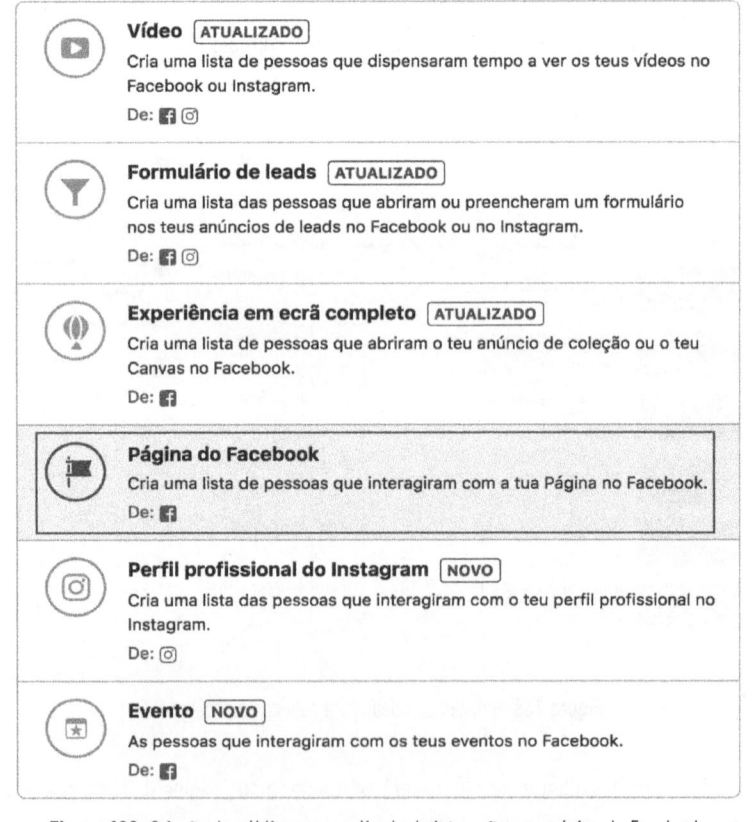

Figura 139. Criação de público personalizado de interação com página do Facebook.

Figura 140. Seleção de critérios para criação de público personalizado com base na interação com página do Facebook.

Para criar o seu público, selecione a sua página de Facebook e, dentre os critérios disponíveis, escolha aquele que fizer mais sentido para você ou para o seu negócio. Por norma, gosto de deixar "Todas as pessoas que interagiram com a sua página", para apanhar a maior quantidade de público possível. Ainda assim, estão disponíveis também as seguintes segmentações de interação:

- Qualquer pessoa que visitou a sua página;
- Pessoas que interagiram com uma publicação ou anúncio;
- Pessoas que clicaram em qualquer botão de apelo à ação;
- Pessoas que enviaram uma mensagem para a página;
- Pessoas que guardaram a sua página ou uma publicação.

Relativamente à janela temporal, neste caso o máximo são 365 dias, embora seja recomendável criar também públicos de 180 dias, 90 dias, 30 dias e sete dias.

Alguém que interagiu com a sua página de Facebook há 365 dias está longe de ser um potencial cliente, enquanto uma pessoa que o fez há apenas sete está mais próxima de o ser.

PÚBLICO PERSONALIZADO DE INTERAÇÃO COM PERFIL DO INSTAGRAM

A criação do público personalizado de interação com um perfil do Instagram é em tudo semelhante àquilo que acontece com uma página do Facebook. A única diferença é que num caso selecionamos a página de Facebook e no outro o perfil de Instagram.

Nesta opção de público personalizado, também é possível segmentar a interação com base em "Todas as pessoas que interagiram com a sua página" ou alguma das outras opções disponíveis. A saber:

- Qualquer pessoa que tenha visitado o seu perfil;
- Pessoas que interagiram com uma publicação ou anúncio;
- Pessoas que enviaram uma mensagem para o seu perfil de negócios;
- Pessoas que guardaram qualquer publicação ou anúncio.

A seleção do critério de segmentação deverá ser feita de acordo com aquilo que faz mais sentido para o seu negócio. Se falarmos de um negócio local que recebe imensas mensagens de clientes, talvez faça sentido ter um público específico composto só pelas pessoas que enviaram mensagens, por exemplo.

PÚBLICO SEMELHANTE

A criação de um público semelhante (também conhecido como *lookalike*) é um processo também muito simples. Juntamente a isso, os públicos semelhantes são uma ferramenta de marketing absolutamente incrível para encontrar novos clientes compradores e/ou expandir para novos mercados.

A criação de um público semelhante baseia-se num pressuposto fantástico que é o comportamento humano e o fato de sermos todos nós muito parecidos, pelo menos no que diz respeito a hábitos e comportamentos.

Posto isto, para que serve um público semelhante?

Imagine que tem uma lista de clientes que compram com frequência produtos seus. São os seus melhores clientes. Não seria fantástico podermos pedir ao Facebook para nos encontrar na sua base de dados outras pessoas com características e hábitos semelhantes? É precisamente isso que fazemos ao criar um público semelhante.

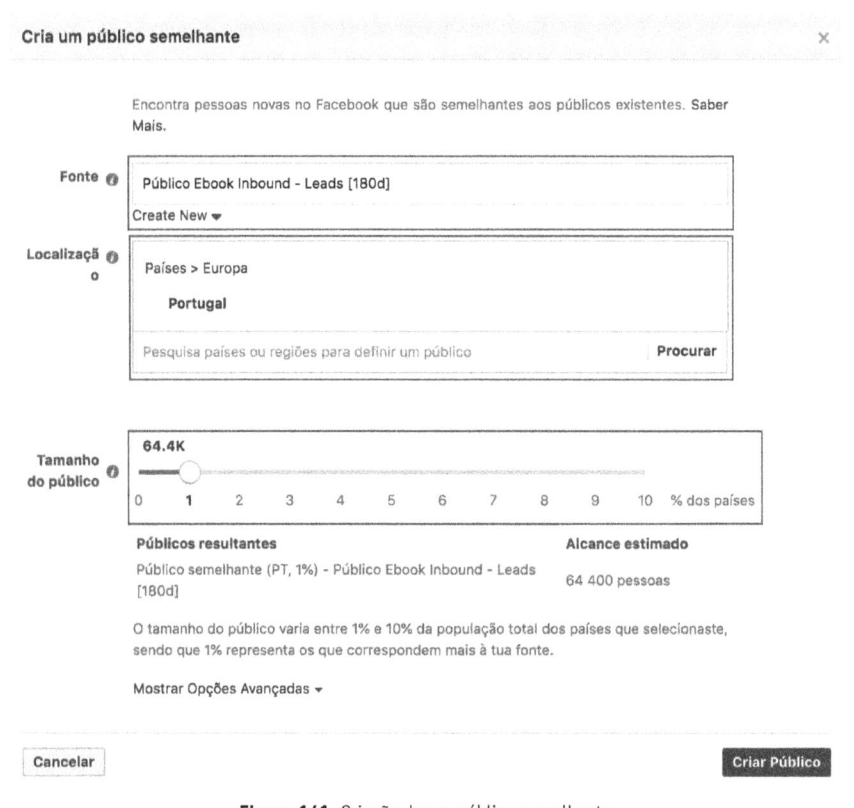

Figura 141. Criação de um público semelhante.

No primeiro campo, "Fonte", deverá selecionar qual o público que servirá de base para a criação do seu público semelhante. Este público-fonte pode ser a sua página de Facebook, um público personalizado de um arquivo de clientes ou um público personalizado de interação. Tanto faz.

No campo "Localização", selecionamos o país no qual pretendemos encontrar outras pessoas semelhantes ao público-fonte. Não podemos segmentar por regiões aqui, mas podemos segmentar o público semelhante mais tarde na criação dos anúncios.

Por fim, selecionamos o "Tamanho do público". Este tamanho, que vai de 1% a 10% da população do país selecionado que tem conta no Facebook, funciona da seguinte forma:

Portugal tem aproximadamente 6,4 milhões de usuários no Facebook, o que corresponde a 1% da população portuguesa: 64,4 mil pessoas.

Ao criarmos um público semelhante de 1% da população, criaremos um público com uma dimensão de 64,4 mil pessoas, que são o mais semelhante possível com o nosso público-fonte, que, como referi anteriormente, pode ser uma lista dos seus melhores clientes.

Basicamente, o que o Facebook vai fazer é encontrar na sua base de dados 64,4 mil pessoas que são o mais semelhante possível com os seus clientes, para as quais também poderá publicitar os seus produtos ou serviços.

Uma vez que a percentagem de público vai de 1% a 10% da população do país selecionado, tenha em consideração que, quanto maior for a percentagem de público que pede ao Facebook, menos semelhante ao público-fonte ele será.

Para terminar, clique no botão azul "Criar público" e aguarde que o Facebook crie o público semelhante, para posteriormente poder utilizá-lo nos seus anúncios.

CRIAR ANÚNCIOS PARA PÚBLICOS PERSONALIZADOS E SEMELHANTES

Agora que criamos todos os diferentes públicos necessários, é hora de anunciarmos para eles. Em qualquer tipo de anúncio criado a partir do gestor de anúncios do Facebook, é possível direcioná-lo especificamente para os públicos personalizados e semelhantes.

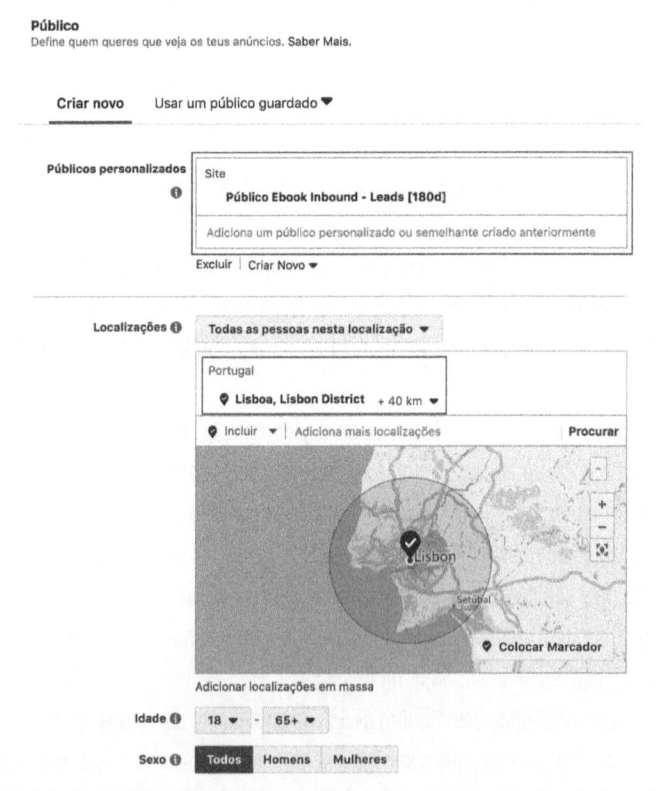

Figura 142. Seleção de públicos personalizados e semelhantes numa campanha de anúncios no Facebook.

Ao criar um anúncio, na segmentação de público-alvo, o primeiro *item* é a seleção de públicos personalizados. Se clicar nessa área, o Facebook irá apresentar-lhe imediatamente todos os públicos semelhantes e personalizados criados na sua conta de anúncios, para os quais poderá anunciar.

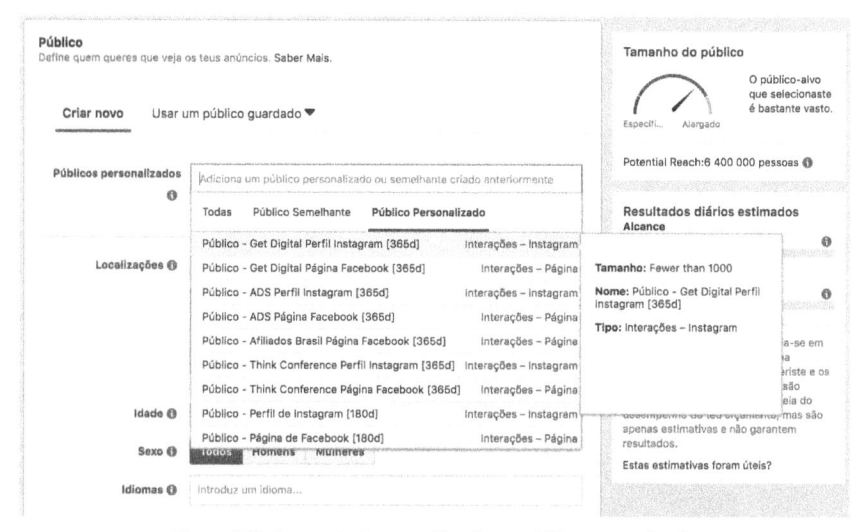

Figura 143. Segmentação geográfica de um público personalizado.

Ao adicionar um público personalizado ou semelhante à sua campanha, posteriormente poderá segmentá-lo por localização, idade, interesses, etc.

É necessário que tenha em consideração que, exceto para quem tem negócios locais delimitados geograficamente, não faz sentido fazer uma segmentação geográfica, de gênero ou de interesses, uma vez que já utilizamos públicos personalizados e semelhantes, que, inicialmente, são o estereótipo de público que procuramos para o nosso negócio.

No entanto, como falamos de marketing digital, é importante testar tudo e afinar corretamente os públicos e os anúncios, para entender se o retorno é o desejável ou não e, com base na análise de resultados, tomar decisões.

GESTOR DE NEGÓCIOS DO FACEBOOK (BUSINESS MANAGER)

Além do gestor de anúncios do Facebook, também é possível criar um gestor de negócios, conhecido como Business Manager. No entanto, o gestor de negócios não faz sentido para todos os profissionais ou negócios.

O Business Manager é uma ferramenta desenhada pelo Facebook com o intuito de o ajudar a gerir múltiplas páginas de Facebook, múltiplas contas de anúncios, múltiplos perfis de Instagram e equipes.

Para quem trabalha com várias páginas de Facebook ou várias contas de anúncios, esta ferramenta é fantástica e dá uma ajuda tremenda na gestão de todas as suas propriedades. No entanto, é ainda melhor no que diz respeito à gestão de pessoas com acesso a essas propriedades.

Para equipes multidisciplinares, onde é necessário conceder diferentes níveis de acesso a páginas e contas de anúncios, organizar equipes e distribuir tarefas entre elas, o Business Manager é fundamental.

Por norma, esta ferramenta é utilizada essencialmente por agências de marketing digital, profissionais que prestam serviços para clientes, ou grandes empresas que precisam gerir equipes e um portfólio de várias páginas e contas de anúncios.

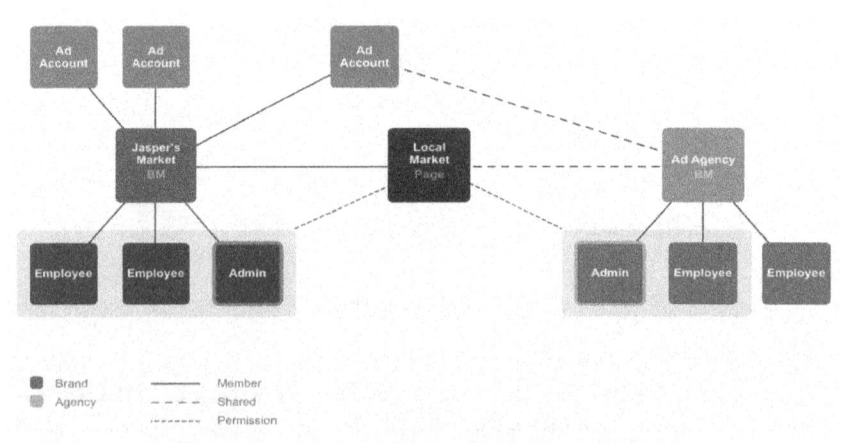

Figura 144. Exemplo de organização do Business Manager do Facebook.

No Business Manager, é possível criar dois tipos de perfis de pessoas: administrador ou funcionário.

Depois de convidar as pessoas que farão parte da sua equipe no Business Manager, poderá atribuir-lhes diferentes cargos de acesso a contas de anúncios e páginas de Facebook. Se desejar, também pode não conceder acesso a uma determinada página ou conta de anúncios. A gestão é controlada totalmente por você.

Para criar gratuitamente o seu Gestor de Negócios (Business Manager), deverá visitar o endereço *https://business.facebook.com* e seguir os passos de criação da conta.

O Gestor de Negócios é gratuito e permite-lhe gerir facilmente múltiplas contas de anúncios, pedir acesso a contas de anúncios e páginas de outras pessoas ou empresas, analisar estatísticas e relatórios personalizados ao nível do negócio, entre outras funcionalidades.

Figura 145. Gestor de Negócios do Facebook.

É possível também ter acesso a vários Gestores de Negócios em simultâneo. No entanto, só é possível criar um Gestor de Negócios por conta de Facebook, o que significa que, caso necessite criar vários diferentes, terá de o fazer a partir de contas diferentes.

Figura 146. Criação de conta do Gestor de Negócios do Facebook.

Ao clicar no botão "Criar conta", será apresentada uma janela de criação de conta do Gestor de Negócios do Facebook, onde deverá atribuir um nome ao seu negócio (é possível alterá-lo mais tarde), bem como criar a sua conta de acesso, preenchendo os campos de "Nome" e "*e-mail*" da sua conta.

Figura 147. Detalhes da empresa na criação de um Gestor de Negócios do Facebook.

No passo seguinte, deverá preencher os detalhes da sua empresa para iniciar a criação do seu Gestor de Negócios do Facebook. Atente-se ao fato de que o Facebook considera que um Gestor de Negócios é uma ferramenta direcionada para empresas ou empresários que pretendem fazer uma gestão profissional de todos os seus ativos.

ADICIONAR UTILIZADORES AO GESTOR DE NEGÓCIOS

Para iniciar a correta configuração do Gestor de Negócios da sua empresa, deverá começar por adicionar utilizadores. Caso tenha uma equipe de pessoas com acesso a páginas e contas de anúncios, o ideal é migrar todos esses utilizadores e acessos para dentro do seu Gestor de Negócios, centralizando todas as operações do dia a dia do seu negócio.

Ao criar o seu Gestor de Negócios, a sua própria conta de utilizador é criada automaticamente. No entanto, será necessário adicionar cada um dos restantes membros da sua equipe, para que posteriormente lhes possa conceder o acesso a páginas e contas de anúncios.

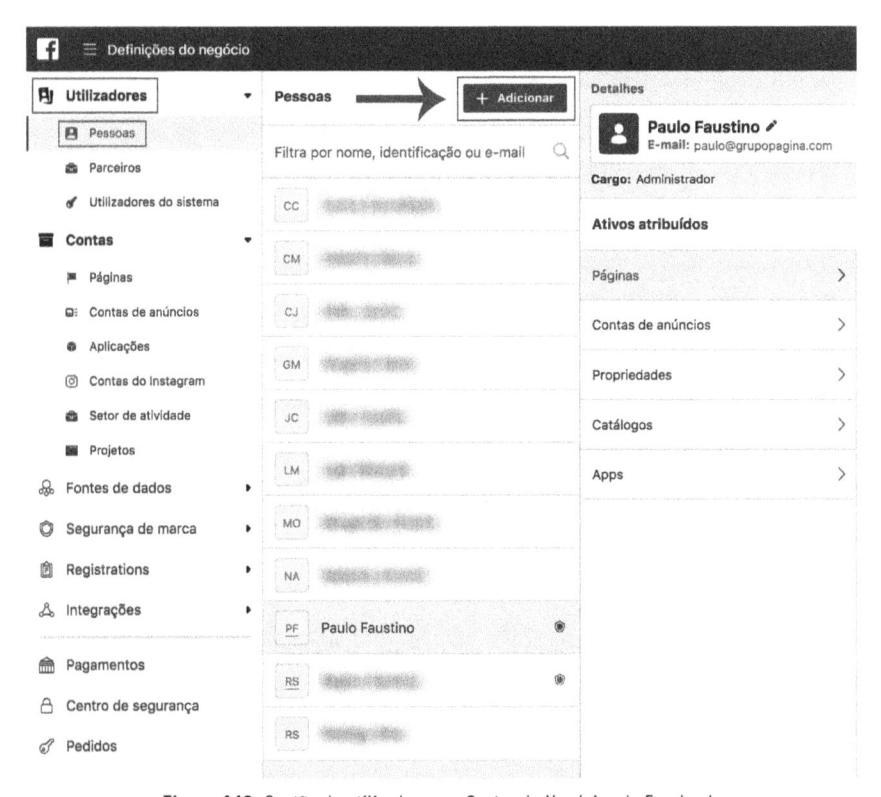

Figura 148. Gestão de utilizadores no Gestor de Negócios do Facebook.

Para adicionar outros membros da sua equipe ao Gestor de Negócios da empresa, deverá entrar no separador "Definições do negócio" e, posteriormente, clicar na aba lateral "Utilizadores". Para adicionar um novo utilizador, deverá clicar no botão azul "+ Adicionar".

Cada utilizador poderá ter funções diferentes dentro do Gestor de Negócios da sua empresa; ainda assim, as opções em termos de acesso a ativos ainda são muito básicas, com níveis de acesso simples.

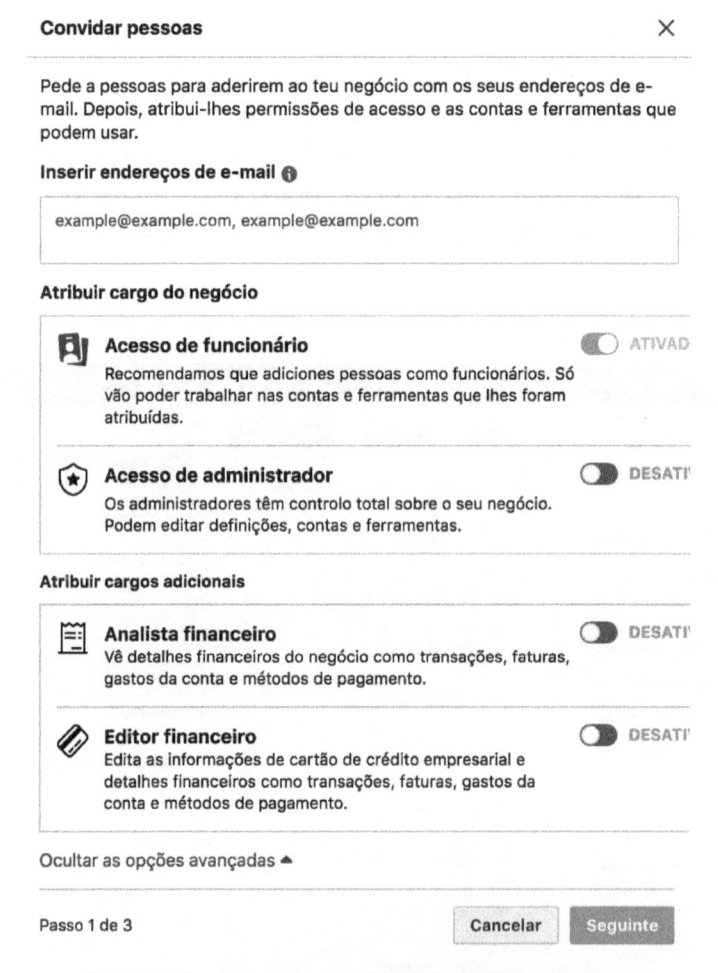

Figura 149. Convidar pessoas para o Gestor de Negócios do Facebook.

Como pode ver pela "Figura 149", existem diferentes níveis de acesso a um Gestor de Negócios e é também possível realizar convites em massa para vários membros da sua equipe em simultâneo.

Existem apenas quatro funções de acesso ao Gestor de Negócios do Facebook (Business Manager), que são:

- **Acesso de funcionário** – é o acesso mais comum ao Gestor de Negócios. Permite o acesso a contas e ferramentas atribuídas por um administrador do Gestor de Negócios da empresa, ou seja, se um administrador não conceder acesso a uma conta ou página de Facebook, essa pessoa não poderá aceder às configurações desta.
- **Acesso de administrador** – é a função com maior nível de acesso a todo o sistema. O administrador tem controle total sobre o seu negócio, configurações, utilizadores, contas e todas as ferramentas do Gestor de Negócios. O administrador pode eliminar o acesso de qualquer outra pessoa ao sistema.
- **Analista financeiro** – é um acesso limitado, apenas para funcionários que passam a ter a possibilidade de visualizar detalhes financeiros do negócio, tais como as transações realizadas, faturas, gastos com contas de anúncios e formas de pagamento de cada uma delas. Este acesso é apenas de visualização, não sendo possível editar quaisquer informações.
- **Editor financeiro** – é um nível superior de acesso para um funcionário que, além de conseguir visualizar as formas de pagamento, faturas e demais informações financeiras, também pode editar essas informações, tais como os dados de cartão de crédito do negócio, por exemplo.

É altamente recomendável que todos os membros da sua equipe tenham um acesso de funcionário. Será possível, posteriormente, conceder acesso de administrador a uma conta de anúncios ou página de Facebook, caso isso seja necessário. No entanto, esse utilizador não necessita ser administrador do Gestor de Negócios da sua empresa.

ADICIONAR PÁGINAS AO GESTOR DE NEGÓCIOS

Depois de juntar os diferentes membros da sua equipe ao Gestor de Negócios da sua empresa, é hora de adicionar as suas páginas de Facebook ou pedir acesso a páginas que pretenda gerir a partir dele.

O processo de adição de páginas é muito semelhante ao de adição de utilizadores, com a diferença de que acontece na aba lateral "Contas", onde iniciamos o processo de adição de ativos ao Gestor de Negócios da sua empresa.

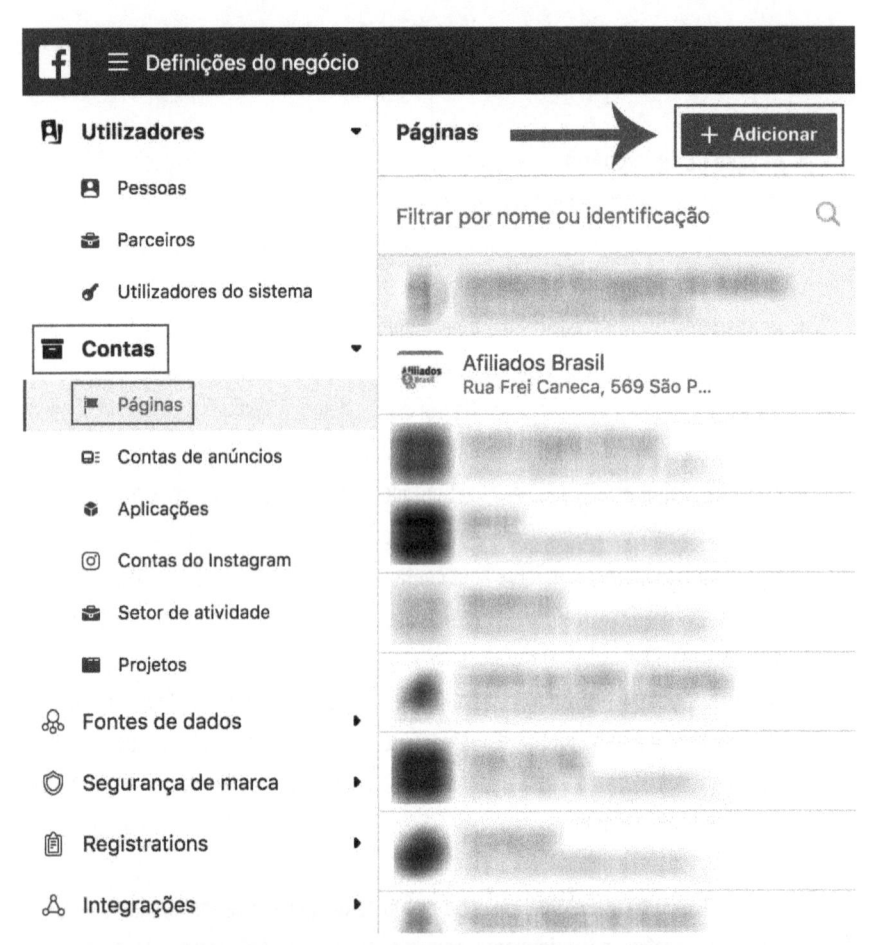

Figura 150. Adicionar páginas ao Gestor de Negócios do Facebook.

Para adicionar uma página de Facebook, deverá clicar no botão azul "+ Adicionar".

Posteriormente, o Facebook irá perguntar-lhe se pretende adicionar uma página, pedir acesso a uma página ou criar uma nova página. Para entender melhor as diferenças entre cada uma destas opções, veja:

- **Adicionar uma página** – nesta opção, consideramos que pretende adicionar ao seu Gestor de Negócios uma página de Facebook que já havia criado no passado a partir do seu perfil nesta rede social. Caso seja administrador de alguma página de Facebook, poderá importá-la para dentro do seu Gestor de Negócios, facilitando-lhe a gestão desse ativo, e atribuir diferentes níveis a outros utilizadores, para que estes possam geri-la igualmente.

- **Pedir acesso a uma página** – nesta opção, consideramos que pretende pedir acesso a uma página de Facebook que não é sua, mas que pretende vir a gerir. Esta opção é a mais utilizada por agências de marketing digital ou profissionais que fazem a gestão de páginas de outras empresas ou pessoas. Ao pedir acesso a uma página de Facebook, passará a poder geri-la a partir do seu Gestor de Negócios.
- **Criar uma página nova** – nesta opção, poderá criar uma nova página de Facebook, sendo que o seu Gestor de Negócios passará a ser o proprietário dela. A partir desta opção, poderá conceder o acesso de gestão a diferentes utilizadores dentro do seu Gestor de Negócios.

Figura 151. Pedir acesso a uma página de Facebook.

Para pedir acesso ou adicionar uma página de Facebook ao seu Gestor de Negócios, deverá simplesmente digitar o nome ou o endereço dela na caixa de pesquisa indicada e selecionar a pretendida.

Após selecionar a página de Facebook, o Gestor de Negócios irá permitir-lhe escolher o cargo que deseja ter nela. Selecione o cargo de que precisa na página e clique no botão azul "Pedir acesso".

Pedir acesso a uma Página do Facebook

Pede acesso a uma Página do Facebook se o teu negócio precisa de a usar em nome de outro negócio. Por exemplo, se trabalhares para uma agência e pretendes publicar anúncios na Página de um cliente. A Página vai continuar a pertencer ao atual proprietário.

Nome ou URL da Página do Facebook

Nike Football ✓
Produto/Serviço
facebook.com/nikefootball/

Seleciona o cargo de que precisas na Página:

☑ **Administrador de Página**
Os administradores de Páginas podem gerir todos os aspetos da Página. Podem: criar anúncios, ver estatísticas, atribuir cargos da Página, gerir as definições de conteúdos de marca, enviar mensagens e publicar em nome da Página, responder a e eliminar comentários na Página, consultar quem foi o administrador que criou uma publicação ou comentário, responder a e eliminar comentários no Instagram a partir da Página e editar detalhes da conta do Instagram a partir da Página.

☑ **Editor de Página**
Os editores de Páginas podem: criar anúncios, ver estatísticas, gerir as definições de conteúdos de marca, enviar mensagens e publicar em nome da Página, responder a e eliminar comentários na Página, consultar quem foi o administrador que criou uma publicação ou comentário, responder a ou eliminar comentários do Instagram a partir da Página e editar detalhes da conta do Instagram a partir da Página.

☑ **Moderador da Página**
Os moderadores de Páginas podem: ver estatísticas, criar anúncios, gerir as definições de conteúdos de marca, enviar mensagens em nome da Página, responder a e eliminar comentários na Página, consultar quem foi o administrador que criou uma publicação ou comentário, e responder a comentários no Instagram a partir da Página.

☑ **Anunciante da Página**
Os anunciantes de Páginas podem criar anúncios, ver estatísticas, gerir as definições de conteúdos de marca e consultar quem foi o administrador que criou uma publicação ou um comentário.

☑ **Analista da Página**
Os analistas de Páginas podem ver estatísticas, gerir as definições de conteúdos de marca e consultar quem foi o administrador que criou uma publicação ou um comentário.

Ver Amostras de Pedidos

[**Pedir Acesso**]

Se deste permissão para acederem à Página, aceitas os Termos do Facebook e os Termos da página.

Figura 152. Pedido de acesso a uma página de Facebook através do Gestor de Negócios.

Ao clicar no botão de pedido de acesso, o administrador da página indicada será notificado de que foi realizado esse convite e poderá aceitá-lo ou recusá-lo, concedendo-lhe ou não o acesso.

Todos os pedidos de acesso têm de ser aprovados pelos administradores, evitando desta forma o acesso indevido a páginas de outras pessoas ou empresas.

ADICIONAR CONTAS DE ANÚNCIOS AO GESTOR DE NEGÓCIOS

Depois de adicionar utilizadores e páginas ao seu Gestor de Negócios, é hora de adicionar contas de anúncios, para conseguir criar anúncios para as respectivas páginas de Facebook a que tem acesso.

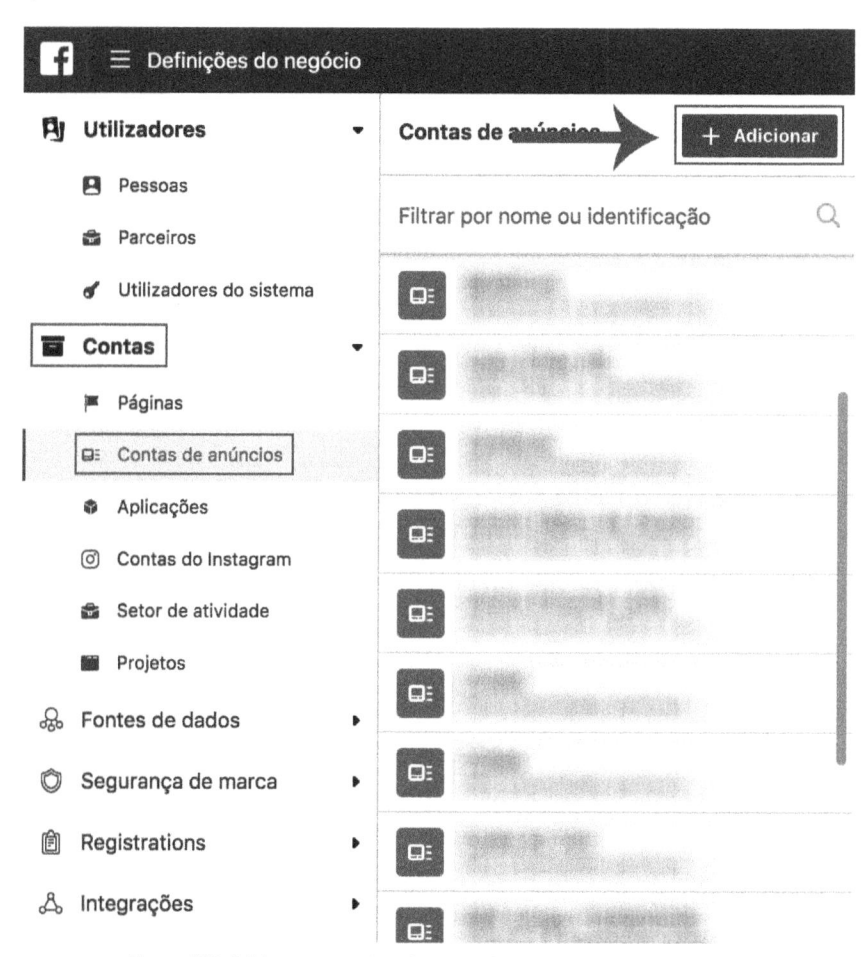

Figura 153. Adicionar contas de anúncios ao Gestor de Negócios do Facebook.

O processo de adição de contas de anúncios é muito semelhante ao de adição de páginas de Facebook, com a diferença de que neste caso existem algumas limitações ao nível da criação; ou seja, ao criar o seu Gestor de Negócios, terá a possibilidade de criar apenas uma conta de anúncios.

Ao longo do tempo, e consoante for realizando anúncios no Facebook e respeitando aquilo que são as políticas de publicidade desta rede social, o sistema atribuirá automaticamente a possibilidade de criar novas contas de anúncios no futuro.

Para adicionar uma conta de anúncios do Facebook, deverá clicar no botão azul "+ Adicionar".

Posteriormente, o Facebook irá perguntar-lhe se pretende adicionar uma conta de anúncios, pedir acesso a uma conta de anúncios ou criar uma nova conta de anúncios. Para entender melhor as diferenças entre cada uma destas opções, veja:

- **Adicionar uma conta de anúncios** – caso tenha criado uma conta de anúncios pessoal a partir do seu perfil pessoal no Facebook, poderá importá-la para dentro do seu novo Gestor de Negócios. Caso seja administrador de contas de anúncios, o processo também é realizado escolhendo esta opção.
- **Pedir acesso a uma conta de anúncios** – caso pretenda pedir acesso a uma conta de anúncios de outra pessoa ou empresa, deverá escolher esta opção. É através dela que agências de marketing digital e profissionais de marketing fazem a gestão dos anúncios dos seus clientes, pedindo acesso às contas de anúncios destes.
- **Criar uma nova conta de anúncios** – nesta opção, o Facebook irá permitir-lhe criar uma nova conta de anúncios, caso nunca o tenha feito. Partindo do princípio de que nunca teve ou criou um Gestor de Negócios, terá a possibilidade de criar até uma conta de anúncios.

COMEÇAR A UTILIZAR O GESTOR DE NEGÓCIOS DO FACEBOOK

Depois de criados os utilizadores, importadas as páginas e as contas de anúncios, estará devidamente preparado para começar a utilizar o Gestor de Negócios do Facebook. Esta poderosa ferramenta tem como objetivo auxiliá-lo na organização dos seus ativos digitais, concentrando-os todos no mesmo local e ajudando-o a configurar diferentes níveis de acesso para todos os membros da sua equipe.

Além das configurações que vimos ao longo das últimas páginas, poderá ainda atribuir aos seus utilizadores o acesso a outros ativos, tais como píxeis, públicos, aplicações, conversões personalizadas, propriedades, entre outros.

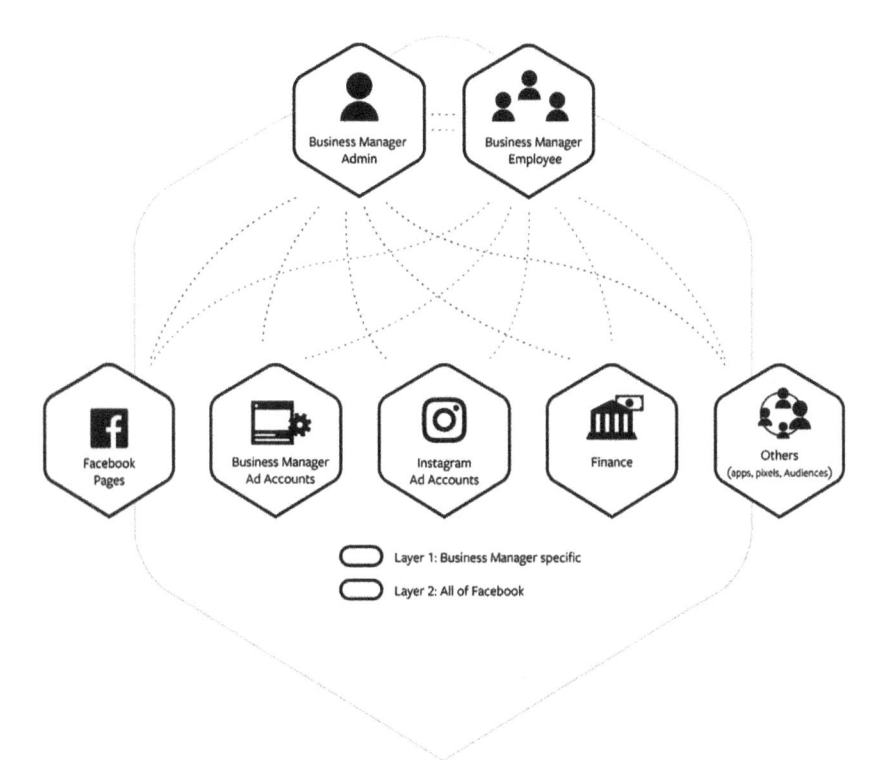

Figura 154. Representação da organização do Gestor de Negócios do Facebook.

Recomendo-lhe que explore ao máximo as diferentes funcionalidades disponíveis no Gestor de Negócios, para que possa aproveitar plenamente esta fantástica ferramenta.

Esta é a <u>sexta peça</u> do seu *puzzle* de estratégia de marketing digital.

CAPÍTULO VI
INSTAGRAM MARKETING

Quando falamos de redes sociais, é inegável a importância do Instagram numa estratégia de marketing digital, quer pelo seu crescimento meteórico em Portugal, quer pelas inúmeras oportunidades que apresenta para profissionais que pretendem construir autoridade e trabalhar a notoriedade das suas marcas.

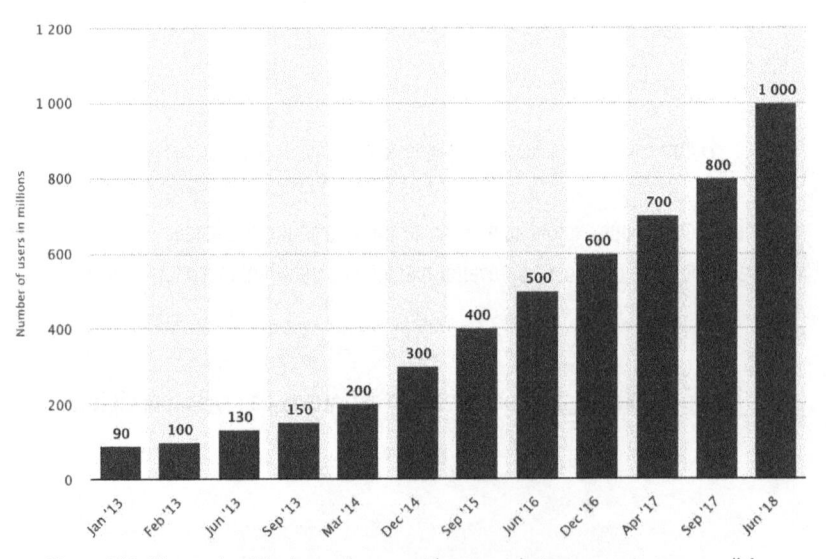

Figura 155. Número de utilizadores ativos mensalmente no Instagram em termos mundiais.

Com mais de 1 bilhão de utilizadores ativos[1], o Instagram é hoje a segunda maior rede social do mundo, logo atrás do seu "irmão" Facebook.

Se considerarmos que existem em Portugal mais de 3,1 milhões de utilizadores no Instagram, de acordo com o estudo "Digital in 2018 Global Overview"[2], realizado pelo Hootsuite e We Are Social, então constatamos que esta é, sem sombra de dúvidas, uma rede social a ter em consideração numa estratégia de marketing digital.

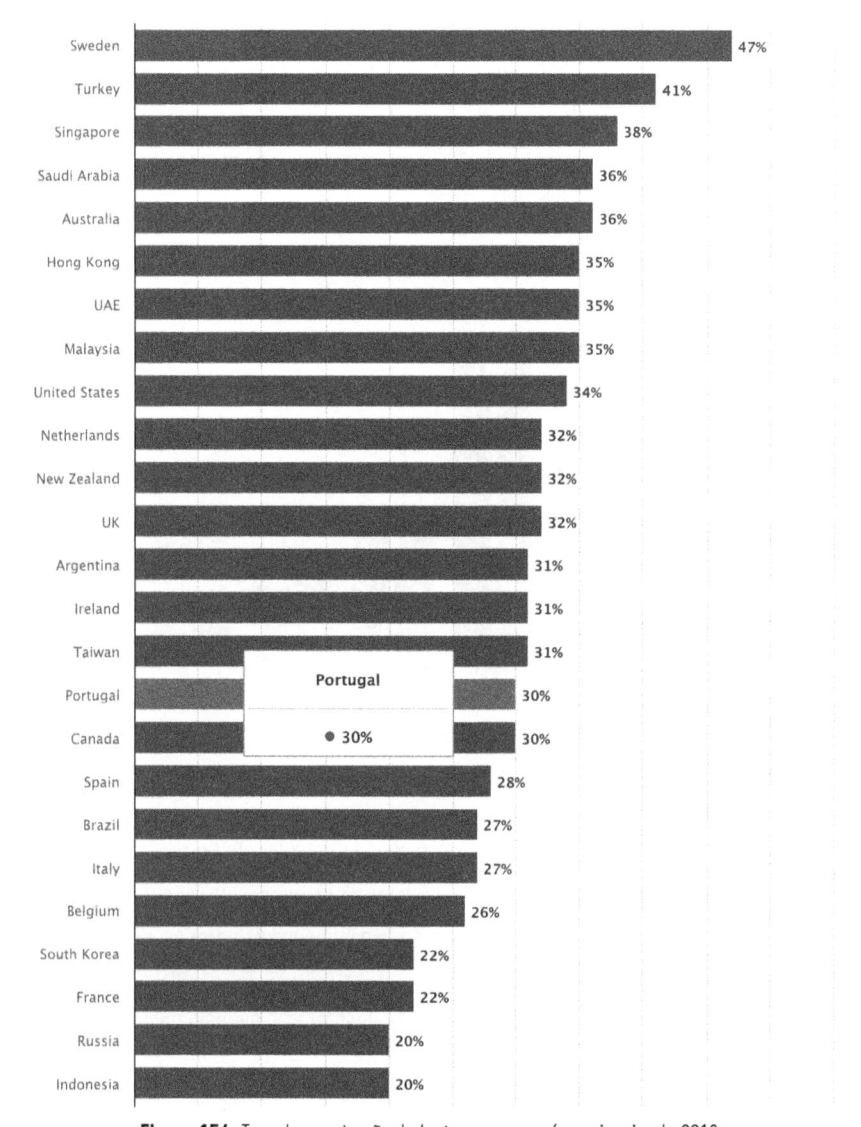

País	Taxa
Sweden	47%
Turkey	41%
Singapore	38%
Saudi Arabia	36%
Australia	36%
Hong Kong	35%
UAE	35%
Malaysia	35%
United States	34%
Netherlands	32%
New Zealand	32%
UK	32%
Argentina	31%
Ireland	31%
Taiwan	31%
Portugal	30%
Canada	30%
Spain	28%
Brazil	27%
Italy	27%
Belgium	26%
South Korea	22%
France	22%
Russia	20%
Indonesia	20%

Figura 156. Taxa de penetração do Instagram por país em janeiro de 2018.

Um estudo realizado pelo *site* Statista[3], em janeiro de 2018, sobre a taxa de penetração do Instagram por país apresenta resultados interessantes relativamente à importância desta rede social a nível global. Em Portugal, o Instagram tem uma taxa de penetração de aproximadamente

30%, o que é um valor consideravelmente superior aos 19% registrados na Alemanha ou aos 11% da média mundial e que diz muito sobre os hábitos de consumo dos portugueses nesta rede social.

Por fim, é importante entender antecipadamente o papel do Instagram numa estratégia global de marketing digital. Contrariamente ao Facebook, que é uma rede social madura e com mais anos de mercado, o Instagram nasceu a 6 de janeiro de 2010 como uma aplicação móvel de fotografia, com a inovação dos filtros de imagem. Ao longo dos anos foi evoluindo para uma rede social mais completa e complexa, e hoje representa um papel importante na sociedade, especialmente junto das camadas mais jovens.

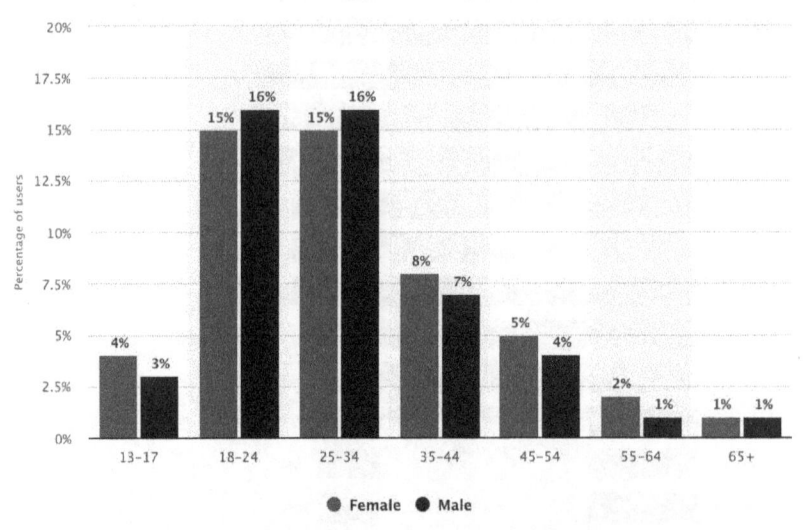

Figura 157. Distribuição dos utilizadores de Instagram a nível mundial por idade e gênero.

Como é possível entender através dos estudos de mercado da Statista[4] e também da eMarketer[5] a respeito da distribuição dos utilizadores de Instagram a nível mundial por idade e gênero, percebemos facilmente que a faixa etária compreendida entre os 13 e os 34 anos representa a grande fatia.

Outro dado interessante tem a ver com o nível de interação no Instagram, comparativamente com outras redes sociais do mercado.

Num estudo realizado pela Forrester Research[6], a consultora chegou à conclusão de que o Instagram é a rede social com maior nível de interação de todas as existentes no mercado, com uma taxa de interação por seguidor de 4,21% contra 0,07% do Facebook e 0,03% do Twitter. Este estudo ajuda-nos a entender que o Instagram é também uma rede social que eleva as conversas e a interação entre as marcas e o público, criando uma maior notoriedade e autoridade para quem a utiliza da forma mais correta e assertiva possível.

DEFINA OS SEUS OBJETIVOS DE MARKETING PARA O INSTAGRAM

Criar um perfil no Instagram para a sua marca é fácil; no entanto, criar autoridade e notoriedade de marca nesta rede social é um processo muito mais complexo, demorado, e que exige naturalmente uma estratégia com objetivos muito bem definidos.

É recomendável que desenvolva uma estratégia de marketing para o Instagram, e o primeiro passo é precisamente definir os objetivos. Existem várias razões para criar um perfil profissional no Instagram:

- Aumentar a sua autoridade profissional;
- Aumentar o reconhecimento e notoriedade da sua marca ou empresa;
- Aumentar a interação e fidelização da sua audiência;
- Aumentar as vendas da sua empresa;
- Aumentar o número de *leads* gerados pelo seu negócio;
- Apresentar e divulgar novos produtos;
- Etc.

Definir qual o seu objetivo principal no Instagram irá ajudá-lo a conseguir medir e quantificar mais rapidamente os seus resultados nesta rede social, ajudando-o no desenvolvimento contínuo da sua estratégia de marketing digital. Dependendo do objetivo, a sua estratégia tendencialmente será diferente.

CRIE UMA ESTRATÉGIA DE CONTEÚDO PARA O INSTAGRAM

O Instagram, tal como qualquer outra rede social, vive de conteúdo. Criar uma estratégia de conteúdo para as redes sociais não abrange simplesmente o Facebook, mas também as restantes redes existentes, sejam elas o LinkedIn, o YouTube, ou qualquer outra. Como vimos no capítulo sobre marketing de conteúdo, uma estratégia de conteúdo não é aplicável apenas a blogs ou à redação de conteúdo escrito, mas também às redes sociais. E o Instagram não é exceção.

Determinados tipos de conteúdo sobressaem naturalmente em relação a outros. Entender o que funciona melhor junto dos seus seguidores ajuda-o a encontrar mais facilmente um tipo de conteúdo que inicialmente saberá que gera melhores resultados. Analisar a interação e o envolvimento da sua comunidade com os seus conteúdos é extremamente importante para determinar a linha de conteúdo a seguir.

Procure explorar mais os tipos de conteúdos que geram maior impacto nos seus seguidores e a misturá-los com outros que façam sentido para a sua marca/negócio. Logicamente, entregar um conteúdo de valor para quem segue o seu perfil é fundamental para manter o número de seguidores crescendo.

Figura 158. Desenvolvimento de uma estratégia de conteúdo para o Instagram.

Figura 159. Publicações com maior impacto devem ser exploradas ao máximo.

Recomendo também que faça um *brainstorming* sobre que conteúdos deve publicar. Isso irá ajudá-lo a construir um calendário editorial (veremos isso mais à frente) com os próximos conteúdos a publicar, seguindo a sua estratégia de marketing de conteúdo para Instagram.

Pensar nos conteúdos em antecipação é fundamental para conseguir bons resultados nas redes sociais. Ao contrário do que possa parecer, os grandes perfis, com milhões de seguidores, têm uma estratégia de conteúdo e tudo segue rigorosamente o calendário predefinido, garantindo a maior qualidade possível para o conteúdo publicado na rede. Obviamente, existe espaço para exceções e conteúdo espontâneo, que é criado num determinado momento ou evento.

Poderá também publicar conteúdos relacionados com o seu dia a dia. Existem milhares de perfis no Instagram com imensos seguidores que optam por uma estratégia de conteúdos mais pessoais, incluindo momentos do seu dia a dia, viagens realizadas, entre outros. Não é necessariamente preciso produzir conteúdos técnicos para o Instagram. Faça testes e tente perceber que conteúdos geram um maior impacto junto da sua audiência.

Há também quem opte por uma estratégia mista de conteúdo técnico e pessoal. No meu caso, é essa a minha estratégia para o Instagram, e não há nada de mal nisso. Se os seus seguidores também têm interesse em saber mais sobre a sua vida pessoal e entender quem é a pessoa por trás do profissional, então é esse conteúdo que faz sentido publicar.

No fundo, o mais importante é que se sinta confortável com aquilo que publica, independentemente do que é certo ou errado. Em termos práticos, o certo é aquilo que dá resultados e o errado é aquilo que não dá resultados. Todo o resto são teorias.

CRIE O SEU CALENDÁRIO EDITORIAL DE CONTEÚDO

Para uma estratégia de conteúdo eficaz no Instagram, criar um calendário editorial de conteúdo é fundamental. Para facilitar o seu trabalho de criação de conteúdo, é importante criar um planejamento editorial.

Este calendário editorial permite-lhe ter uma visão mais ampla e global dos seus futuros conteúdos e preparar-se em antecipação para fotografar, realizar pesquisas, escrever textos, etc. Além de tudo isso, um calendário editorial é uma excelente forma de se manter pressionado para produzir conteúdos relevantes para os seus seguidores.

Para um calendário editorial eficaz, e tal como acontece com os calendários editoriais para publicações em blogs, é fundamental colocar tudo no "papel", sendo que "papel", hoje em dia, significa uma folha de cálculo no Google Drive ou no Excel.

9	Marketing de Afiliados - O que é e por onde começar?	Paulo Faustino	Artigo	Publicado	marketing de afiliados
10	Como comprar tráfego para promover programas de afiliados	Paulo Faustino	Artigo	Publicado	como comprar tráfego
11	Como escrever e otimizar conteúdo para SEO	Paulo Faustino	Artigo	Publicado	como escrever e otimizar conteúdo para SEO
12	Inbound Marketing - O que é e como fazer?	Paulo Faustino	Artigo	Publicado	inbound marketing
13	Como criar um site de nicho	Paulo Faustino	Artigo	Publicado	como criar um site de nicho
14	Storytelling - O que é e como fazer?				Storytelling
15	10 erros comuns no Marketing Digital que você precisa evitar agora!	Paulo Faustino	Artigo	Publicado	erros no marketing digital
16	Como ganhar dinheiro na Internet - O guia completo	Paulo Faustino	Artigo	Publicado	como ganhar dinheiro na internet
17	Como criar um blog de sucesso - O guia completo	Paulo Faustino	Artigo	Publicado	criar um blog
18	Como ganhar dinheiro com blogs - O guia completo	Paulo Faustino	Artigo	Publicado	como ganhar dinheiro com blogs
19					
20	O que aprendi depois de investir mais de 1 milhão de reais em tráfego pago!				
21	Como ganhar dinheiro no Youtube - O guia completo				Como ganhar dinheiro no Youtube
22	Infoprodutos - O guia completo para ter sucesso com produtos digitais				
23	Como escrever conteúdo para blogs - O guia completo				Como escrever conteúdos para blogs
24	Como encontrar nichos de mercado rentáveis - O guia completo	Paulo Faustino	Artigo	Publicado	nichos de mercado
25	Google Adsense - Como aumentar sua receita em 10 passos				Google Adsense
26	10 estratégias para ganhar mais seguidores no Instagram				ganhar mais seguidores no Instagram
27	Como criar Landing Pages matadoras e que convertem	Paulo Faustino	Artigo	Publicado	Como criar Landing Pages
28	Email Marketing - O guia completo para ter sucesso com seus emails	Paulo Faustino	Artigo	Publicado	email marketing

Figura 160. Calendário editorial de conteúdo.

Este é um exemplo do calendário editorial de publicações do meu blog, onde coloco as ideias para novos conteúdos, as palavras-chave que pretendo trabalhar em cada uma das matérias que publico, onde pretendo publicar o conteúdo, e o estado deste. Para criar um calendário editorial de conteúdo para o Instagram, o processo é semelhante, mas com as devidas adaptações. A saber:

- **Defina o tipo de conteúdo que pretende publicar** – no caso do Instagram, podemos definir os tipos de conteúdos como fotografia, *stories*, vídeo, *live* (vídeos ao vivo), conteúdo de texto ou somente imagem, citações, etc. Existem diferentes tipos de conteúdos que é possível criar, como, por exemplo, fotografia pessoal, fotografia de trabalho, fotografia do dia a dia, fotografia de viagem, etc. Faça a segmentação de conteúdo de acordo com as suas necessidades e, principalmente, segundo os gostos da sua audiência.
- **Defina as necessidades técnicas** – do lado do tipo de conteúdo, defina que necessidades técnicas precisa suprir para o criar, desde pesquisa, edição fotográfica, filtros, etc. Isso irá ajudá-lo a preparar-se em antecipação para a criação desses conteúdos.
- **Defina as *hashtags* por conteúdo** – nem todos os conteúdos necessitam das mesmas *hashtags*. Se, por exemplo, publicar um conteúdo relacionado com um evento onde esteve presente, é muito provável que vá utilizar *hashtags* do evento e da cidade. Faça um levantamento antecipado das *hashtags* que deve utilizar em cada publicação e analise o seu volume de publicações (ver mais à frente). Recomendo também que crie um atalho no seu *smartphone* que lhe permita substituir o texto pelas *hashtags* que utiliza (falaremos sobre isso mais à frente).
- **Defina quem é o público-alvo desse conteúdo** – nem todos os conteúdos têm como objetivo atingir o mesmo público-alvo. Definir o seu público antecipadamente pode ajudá-lo a produzir conteúdos mais direcionados para determinados tipos de público. Por exemplo, numa

foto sobre um evento, poderá querer atingir o público desse evento. Numa foto mais pessoal, poderá querer atingir pessoas interessadas em saber mais sobre si e o tipo de trabalho que desenvolve. Num vídeo de 60 segundos, poderá querer atingir pessoas interessadas apenas no tema desse conteúdo. Procure definir bem para quem está criando o conteúdo.

1. Defina a frequência de publicação

Ao contrário do que possivelmente poderá ler na Internet, publicar todos os dias não vai necessariamente ajudá-lo a aumentar o seu número de seguidores no Instagram. Na realidade, em qualquer canal digital que utilize, a sua frequência de publicação deverá estar ajustada à relevância dos seus conteúdos e daquilo que tem para dizer. Se publicar conteúdo apenas para cumprir calendário, na realidade não criará valor absolutamente nenhum para quem segue o seu trabalho. A minha recomendação é que publique apenas quando tem valor para acrescentar a quem segue o seu trabalho. Ponto final.

2. Crie conteúdo único

Uma das principais regras relacionadas com a produção de conteúdos para as redes sociais passa pela importância de adaptar a sua comunicação aos diferentes canais digitais. **Se já publica conteúdos no Facebook, não faz sentido colocar os mesmos no Instagram**. É necessário criar novos conteúdos, únicos, que não sejam possíveis de consumir em outros meios digitais ou não digitais. Isso irá ajudá-lo a aumentar o seu número de seguidores no Instagram de uma forma mais acelerada, uma vez que o perfil se torna muito mais interessante.

Replicar conteúdo entre as diferentes redes sociais só torna os seus perfis aborrecidos, além de que deixa de fazer sentido segui-lo nas diferentes redes, tendo em consideração que o conteúdo é sempre o mesmo. Além disso, não faz estrategicamente sentido ter o mesmo conteúdo em redes sociais com públicos diferentes. É necessário entender o público de cada rede social, para criar uma estratégia de conteúdo adaptada às necessidades de cada um.

Da mesma forma, não faz sentido recomendar aos seus seguidores no Facebook que passem a seguir o seu perfil no Instagram. Isso serve apenas para duplicar o número de seguidores nas redes, aumentando o seu esforço de produção de conteúdo, para que, no final, esteja sempre a falar com as mesmas pessoas. A ideia não é essa!

3. Os *insta stories* são fundamentais

Embora o seu *feed* de conteúdo no Instagram seja a sua principal vitrine e também uma das grandes razões para ganhar mais seguidores nesta rede social, é importante ter uma estratégia de conteúdo para os *insta stories*.

Os *insta stories* têm um alcance muito maior e uma taxa de visualização bem superior aos conteúdos do *feed* do Instagram. Além do mais, nos *stories*, pressupõe-se uma abordagem mais simples em termos de tratamento de conteúdo, com publicações frequentes de coisas do dia a dia, mais imediatas e que criam uma maior ligação com os seus seguidores.

Figura 161. Os *insta stories* são uma ferramenta poderosa de comunicação.

Os *stories* do Instagram são uma ferramenta fantástica de comunicação e permitem-lhe criar uma ligação mais próxima e mais emocional com os seus seguidores.

Por norma, são muito utilizados para mostrar coisas do dia a dia, o *backstage* do seu negócio e/ou para realizar questionários, perguntas, brincadeiras e publicar conteúdos que tendencialmente não são colocados no *feed* do Instagram, mas que podem ser superinteressantes para a sua audiência.

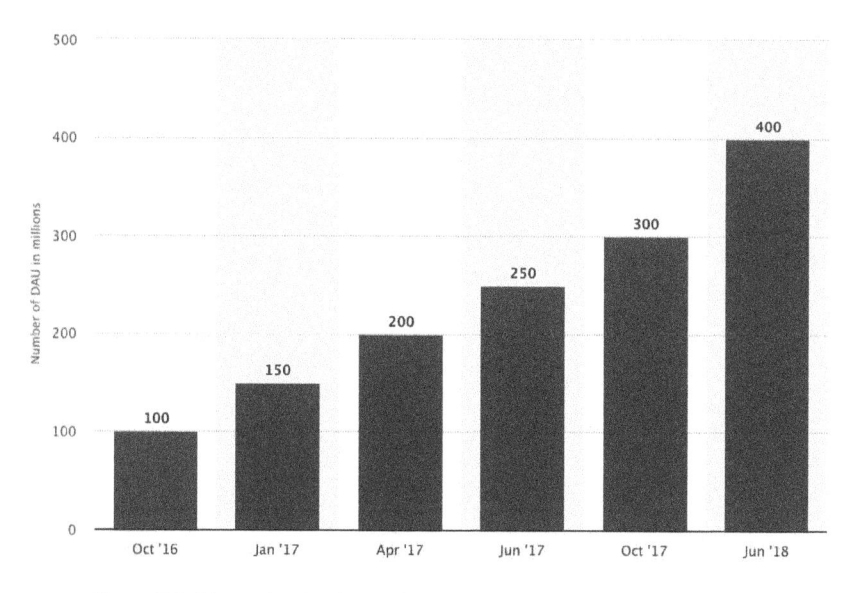

Figura 162. Número de utilizadores diários ativos no Instagram Stories em milhões.

Um dado importante a ter em consideração é que, hoje, o Instagram Stories tem mais de 400 milhões de utilizadores diários ativos, de acordo com um estudo da Statista[6], números que representam aproximadamente 40% da base total de utilizadores do Instagram, e é um formato de conteúdo que tem vindo a crescer assustadoramente desde a sua criação, em 2016.

Esta é uma audiência que, naturalmente, não faz sentido descartar da sua estratégia global de marketing digital; portanto, a minha recomendação é que use e abuse dos *insta stories*.

4. Utilize *hashtags* na medida certa

Embora não haja um número perfeito de *hashtags* a utilizar em publicações no Instagram, existe um limite de 30 por publicação, imposto pela própria rede social.

Eu utilizo em média 16 *hashtags* por publicação, sendo que estas, por norma, são publicadas no primeiro comentário, para evitar poluir visualmente a descrição do conteúdo, tornando a leitura do texto mais agradável. Se publica as *hashtags* juntamente com a descrição do seu conteúdo, pondere começar a fazê-lo no primeiro comentário. Em termos de alcance, o resultado é idêntico.

Para descobrir que *hashtags* deve utilizar, poderá fazer diversas coisas, nomeadamente espiar os seus concorrentes, para entender quais é que eles utilizam com maior frequência, mas também realizar múltiplas pesquisas no próprio Instagram, para perceber as que são mais populares com base no número de conteúdos publicados.

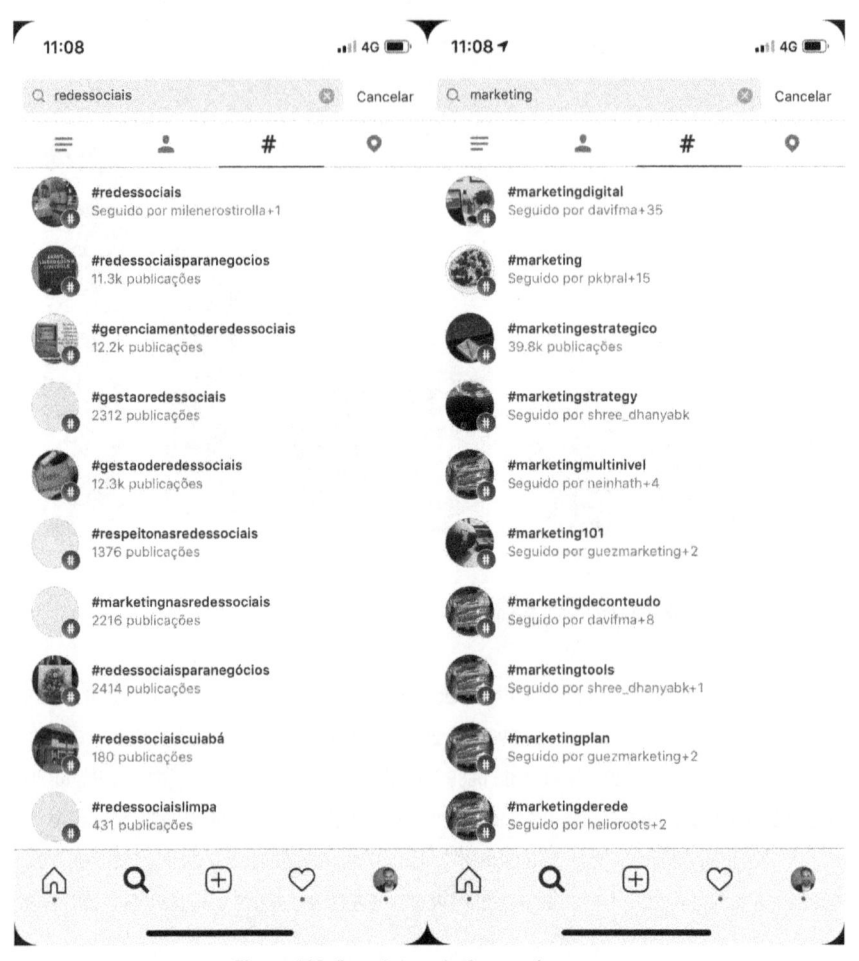

Figura 163. Pesquisa por *hashtags* no Instagram.

Ao pesquisar por uma *hashtag* no Instagram, a própria rede social apresenta a quantidade de publicações realizadas com ela. Isso lhe dará uma noção das que são mais populares com base na quantidade de publicações realizadas. Por norma, as *hashtags* com um maior número de publicações tendem a gerar mais tráfego e interesse do que as pouco utilizadas.

Utilizar demasiadas *hashtags* não é sinônimo de conseguir mais seguidores no Instagram, portanto opte por umas que sejam populares, mas que façam sentido para o seu negócio e para os tipos de conteúdos que publica. O mesmo aplica-se ao idioma das *hashtags* utilizadas. Se optar por utilizá-las em inglês, para publicações escritas em português, é importante que tenha a noção de que posicionará o seu conteúdo para um público internacional, o que naturalmente significa atrair seguidores estrangeiros, que possivelmente não entenderão as descrições do seu conteúdo.

AUMENTE A INTERAÇÃO COM AS SUAS PUBLICAÇÕES

É comum depararmo-nos com estratégias para ganhar mais seguidores no Instagram, mas é raro ouvirmos falar sobre como aumentar a interação com as publicações nesta rede social. Na realidade, são muitos mais aqueles que se preocupam com a quantidade de seguidores do que propriamente com a qualidade. O mesmo aplica-se ao Facebook e a outras redes sociais.

A frase "Ser popular no Instagram é o mesmo que ser rico no Banco Imobiliário" é uma grande verdade, na medida em que ter muitos seguidores não significa que consiga capitalizá-los mais facilmente. Isso só é possível com um elevado nível de interação, também conhecido como *engagement*.

Existem diversas estratégias para aumentar o nível de interação no Instagram e criar uma comunicação mais próxima com os seus seguidores. Estas são aquelas que lhe recomendo:

Não compre "likes" nem utilize *bots* – tudo o que não é natural não gera, obviamente, um resultado natural. Como é óbvio, conseguir 1.000 ou 2.000 "likes" num conteúdo no Instagram é algo que não acontece da noite para o dia. Da mesma forma que não é fácil criar um blog de sucesso ou receber um milhão de visitas por mês. Evite comprar "likes" de seguidores falsos ou automatizar publicações e comentários no seu perfil de Instagram. Todos os conteúdos deverão ser produzidos por você. Sempre!

Agende publicações com base nos dados – sabe quais os melhores horários para publicar no *feed* do seu Instagram? Utilize ferramentas de agendamento de conteúdo para Instagram e programe as suas publicações para os melhores horários, garantindo uma maior exposição do seu material e, naturalmente, uma maior interação com os seus seguidores. Ferramentas como o Swonkie (*www.swonkie.com/promo/paulofaustino*) ajudam-no a criar e a agendar conteúdo no Instagram facilmente, incluindo *insta stories*.

Caso tenha um perfil de negócio no Instagram, terá a possibilidade de ter acesso a dados estatísticos detalhados sobre a sua conta, nomeadamente os melhores dias e horários para publicar. Em termos práticos, quase todos os dias terão horários muito semelhantes, com destaque para as 12h00 e as 21h00, que, por norma, são os melhores horários para qualquer rede social.

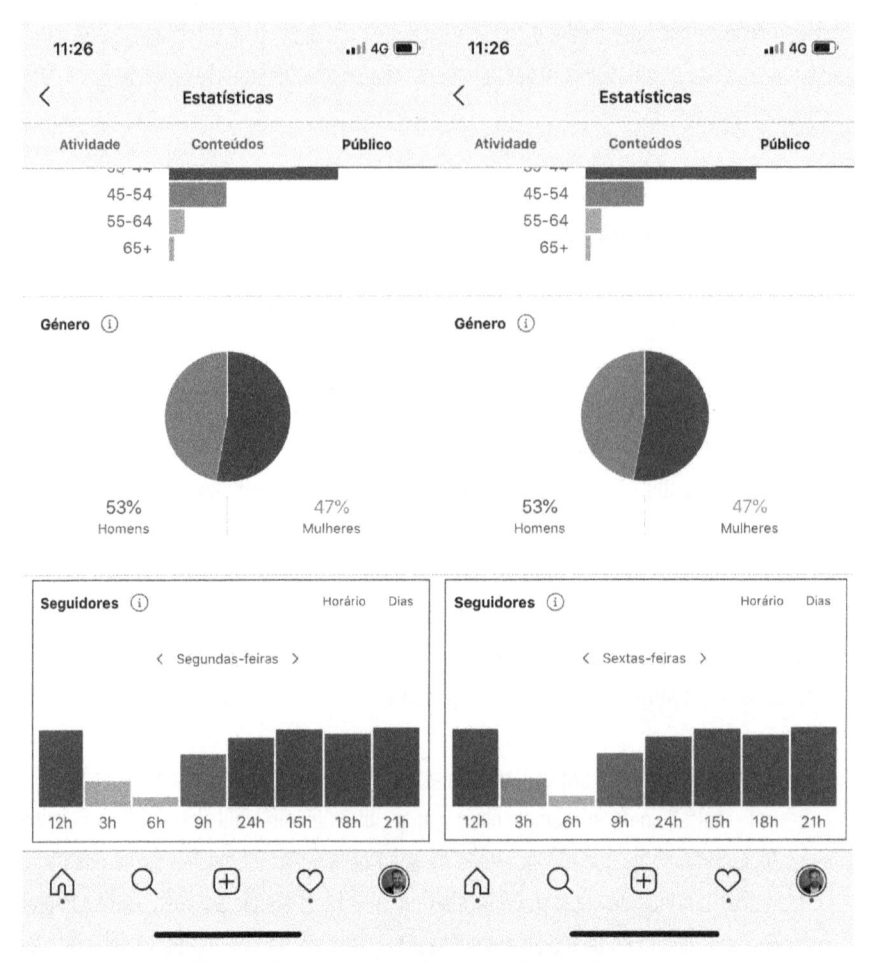

Figura 164. Os melhores horários para publicar no Instagram.

Utilize um *call-to-action* nas suas publicações – sempre que publicar algum conteúdo no Instagram, procure utilizar um *call-to-action* (chamada para a ação, ou CTA), que leve os seus seguidores a participar numa discussão. Uma simples pergunta do tipo "Qual a sua opinião?" é o suficiente para aumentar a interação numa publicação, gerando uma maior participação do seu público nos comentários. O mesmo também se aplica aos seus *insta stories*.

Realize concursos e *giveaways* – embora os concursos e *giveaways* muitas vezes atraiam apenas curiosos e não necessariamente seguidores interessados nos seus conteúdos, são uma excelente forma de aumentar consideravelmente o volume de interação no seu perfil de Instagram. Não procure criá-los com o objetivo de aumentar o seu número de seguidores, mas sim para aumentar o índice de interação do seu perfil.

Crie mais *insta stories* (com perguntas!) – o Instagram tem vindo a desenvolver fortemente as funcionalidade dos seus *insta stories*, incluindo a possibilidade de se realizar questionários, perguntas, entre outras funcionalidades. As perguntas e os questionários são uma excelente forma de aumentar o nível de interação com as suas *stories*, portanto explore essa possibilidade da próxima vez que as criar.

Crie vídeos com maior frequência – o Facebook tem vindo a dar prioridade máxima aos conteúdos de vídeo, e isso aplica-se da mesma forma ao Instagram. O vídeo é, a cada dia que passa, uma ferramenta cada vez mais poderosa de comunicação e também uma das melhores formas de gerar interação no Instagram. Embora exista um limite de 60 segundos para os vídeos publicados no *feed* do Instagram e de 15 segundos para os publicados nos *stories*, há espaço suficiente para ser criativo e criar ligações emocionais com a sua audiência.

UTILIZE IMAGENS NAS DIMENSÕES CERTAS

É comum vermos conteúdos publicados no Instagram com as dimensões incorretas. Isso acontece por variadas razões, mas principalmente porque os conteúdos publicados no Facebook são muitas vezes anunciados também no Instagram. No entanto, o próprio Facebook já disponibiliza, no seu gestor de anúncios, ferramentas que lhe permitem tirar o máximo partido tanto dos anúncios nesta rede social, como dos anúncios no Instagram, utilizando imagens gráficas diferentes e com dimensões igualmente diferentes.

Ao criar um anúncio, o Facebook permite que adicione uma segunda imagem para anunciar o mesmo no Instagram e uma terceira para os *insta stories*.

As imagens para Instagram deverão ser sempre de 1800 x 1800 píxeis, sendo que a dimensão mínima permitida é de 800 x 800 píxeis.

No caso dos *insta stories*, a dimensão ideal são 1080 x 1920 píxeis.

Desta forma, poderá garantir uma visualização perfeita em qualquer dispositivo, bem como em telas Retina, independentemente do dispositivo móvel que o utilizador usar no momento. Sempre que for publicar no Instagram, procure carregar imagens na dimensão correta. Os resultados serão garantidamente melhores.

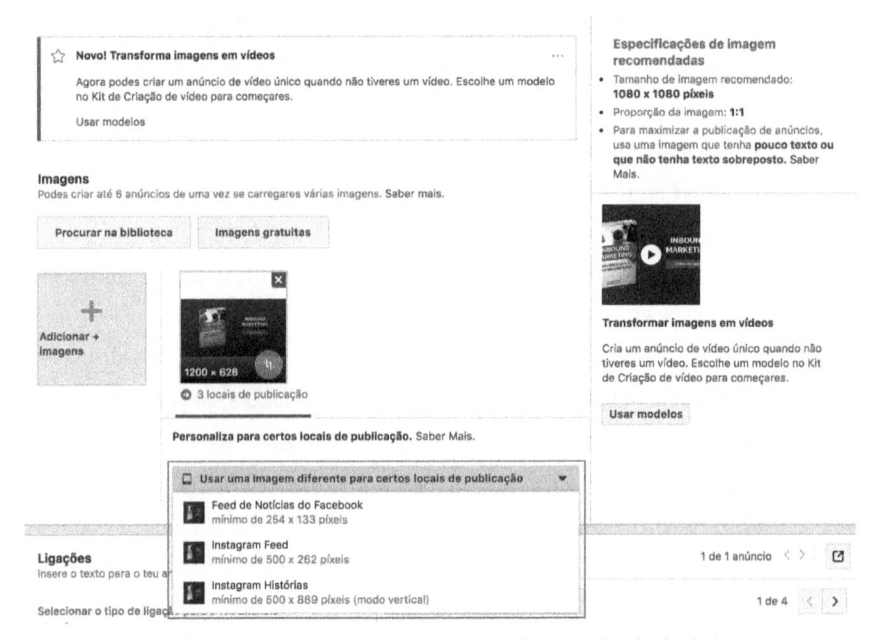

Figura 165. Utilização de imagens diferentes para anúncios no Facebook e Instagram.

TIRE PARTIDO DO SEU PERFIL

Não é novidade para ninguém que o fato de o Instagram não oferecer *links* clicáveis nas publicações é um grande problema para o direcionamento de tráfego para outros lugares, como, por exemplo, o seu *site* ou blog. A única forma de fazer isso é explorando corretamente o seu perfil, tornando-o apelativo para os seus seguidores e fazendo a ponte entre as suas publicações e o *link* que está na sua biografia do Instagram.

O seu perfil é onde poderá escrever quem é e o que faz e posicionar-se corretamente perante o seu público. Além disso, é possível utilizar a descrição/biografia para marcar outras contas de Instagram e também colocar um *link* clicável para o seu *site*, blog ou qualquer outro endereço que faça sentido para você.

Há também quem opte por alterar com frequência o *link* disponível na biografia ou então por utilizar ferramentas como o Linktree (*https://linktr.ee*) para criar uma página simples com vários *links* clicáveis. Essa opção é igualmente interessante para quem tem vários produtos ou ferramentas disponíveis para indicar aos seus seguidores.

Figura 166. Exemplo de descrição de perfil no Instagram.

CRIE UM ESTILO PRÓPRIO

Um dos grandes problemas do Instagram é o nível de concorrência que existe na rede, o que, invariavelmente, significa que consegue destacar o seu conteúdo numa rede social com um bilhão de utilizadores ativos não é uma tarefa fácil.

É difícil conseguir captar a atenção das outras pessoas para os seus conteúdos, a menos que crie um estilo e identidade próprios. A grande maioria dos bloggers, por exemplo, utiliza filtros e manipulação fotográfica para criar conteúdos mais elegantes. No entanto, quase todos eles são muito semelhantes em termos visuais. Destacar-se é fundamental para conseguir ganhar tração e, consequentemente, mais seguidores no Instagram.

Criar uma identidade visual própria ajudará a destacar os seus conteúdos mais facilmente. Imagine um utilizador que navega no seu *feed* do Instagram e se depara com um conteúdo visualmente diferente. Esse conteúdo chamará mais a atenção, certo? Essa atenção e o foco são fundamentais para gerar um melhor resultado ao nível da interação com o seu perfil e respectivos conteúdos.

Figura 167. Exemplo de perfil de Instagram com identidade própria (@anatex).

Um excelente exemplo é o *feed* de Instagram da Ana Tex (@anatex), que é graficamente perfeito, criando um mural visualmente apelativo e uma identidade própria para os seus conteúdos, que facilmente se destacam dos demais.

Figura 168. Vídeos legendados no Instagram são fundamentais.

Outra coisa a ter em consideração são os vídeos com legendas. Estas ajudam o utilizador a consumir o seu conteúdo sem a necessidade de ligar o som do *smartphone*. Ao mesmo tempo, como os vídeos do Instagram têm *autoplay*, ou seja, começam automaticamente, isso ajudará a captar a atenção do utilizador para o seu conteúdo com maior facilidade!

É igualmente importante ter em consideração a forma como os utilizadores hoje consomem conteúdos. A grande maioria dos utilizadores de Facebook e Instagram consomem vídeos sem som, especialmente quando se deslocam em transportes públicos, pelo que é fundamental entregar um conteúdo do qual eles consigam usufruir sem a necessidade de ligar o som.

Para criar legendas em vídeos, utilizo o aplicativo Clips para iOS (*https://www.apple.com/pt/clips*). É um aplicativo da própria Apple que cria legendas automaticamente à medida que vai gravando o conteúdo de vídeo, permitindo ajustar posteriormente o texto antes de carregar o vídeo nas redes sociais. Uma estratégia interessante é criar vídeos de 60 segundos para o Instagram e vídeos ligeiramente maiores para o Facebook e o LinkedIn, por exemplo.

CRIE UM PERFIL COMERCIAL/PROFISSIONAL

Desde há algum tempo que o Instagram permite a criação de perfis comerciais/profissionais. Ao contrário de um perfil pessoal, o perfil profissional no Instagram permite-lhe ter acesso a outras ferramentas para o tornar ainda mais popular na rede, tais como a apresentação dos seus contatos de *e-mail* e telefone, o endereço do seu negócio, entre outras opções. Um perfil

Figura 169. Como criar um perfil comercial/profissional no Instagram.

profissional tem também acesso a dados estatísticos mais detalhados sobre as suas publicações, sobre o perfil dos seus seguidores, permite-lhe criar anúncios e promover publicações mais rapidamente no Instagram, etc.

Entre no seu perfil de Instagram e, dependendo do modelo de *smartphone* que utilizar, é possível que as definições de conta estejam numa localização diferente. Caso tenha os três riscos no canto superior direito, clique e aceda ao menu "Definições".

Ao entrar nas definições de conta do seu perfil de Instagram, caso já tenha um perfil comercial/ /profissional, poderá visualizar as da sua empresa. Caso ainda mantenha um perfil pessoal, terá a oportunidade de mudar para um perfil profissional de Instagram caso o deseje.

Figura 170. Definições de conta do Instagram.

Poderá mudar novamente, a qualquer momento, para uma conta pessoal. No entanto, todos os anúncios que tenha criado serão desativados, e os dados estatísticos das publicações também serão apagados. O conteúdo publicado no seu *feed* nunca será apagado, independentemente do número de vezes que decide trocar de um perfil pessoal para um profissional e vice-versa.

Outra das diferenças a ter em consideração é que o perfil profissional não pode ser privado, pelo que terá forçosamente de ser público. Numa mudança de perfil pessoal para profissional, todos os seguidores que estejam pendentes de aprovação num perfil privado são automaticamente aprovados para seguir.

Caso pretenda mudar de uma conta profissional para pessoal ou vice-versa, bastará repetir o processo, indo às definições da sua conta de Instagram.

TRABALHE COM INFLUENCIADORES

O debate em torno dos influenciadores e microinfluenciadores tem vindo a intensificar-se ao longo dos últimos anos. Com o crescimento acentuado do número de utilizadores do Instagram e do Facebook, começaram a surgir os influenciadores digitais, que são, essencialmente, profissionais que utilizam as redes sociais para influenciar a tomada de decisão de compra dos seus seguidores. Por norma, os influenciadores digitais tendem a ter um elevado número de seguidores, enquanto os microinfluenciadores têm tendência a ter um nível de interação superior.

No entanto, o número de seguidores não é de todo o mais importante quando se analisa um influenciador digital. Principalmente, é necessário ter em consideração o nível de interação com os seus seguidores. De pouco vale ter cinco milhões de seguidores e uma média de 1.500 "likes" por publicação ou apenas 20 comentários. A interação demonstra o quão relevante aquele profissional é para a sua audiência e, isso sim, faz toda a diferença para as empresas e profissionais que pretendem trabalhar com influenciadores.

No exemplo da "Figura 171", poderá ver que, à data em que escrevo este livro, tenho pouco mais de 15 mil seguidores no Instagram *versus* 596 mil seguidores do fantástico humorista António Raminhos.

No entanto, o nível de interação com os meus seguidores é consideravelmente superior (2,31% contra 1,13%) e o retorno estimado é muito semelhante (1,8x contra 1,9x).

Isto significa que, em termos de retorno sobre o investimento, seria muito semelhante contratar a mim ou ao António Raminhos, com a diferença de que o investimento feito para anunciar comigo seria consideravelmente mais baixo do que no caso dele, fruto do volume de seguidores de cada um dos perfis.

A Rita Pereira, por exemplo, tem um nível fantástico de interação com a sua audiência (aproximadamente 4,90%) e isso faz dela uma influenciadora digital importante para as marcas que com ela trabalham. Além do seu número de seguidores, que ascende a mais de um milhão, ela tem um elevado nível de interação nos seus conteúdos e isso é um fator muito positivo quando o objetivo é criar uma ligação forte com uma marca ou produto. Sem esse nível de interação alto, é muito difícil conseguir ter um retorno positivo de uma campanha com influenciadores.

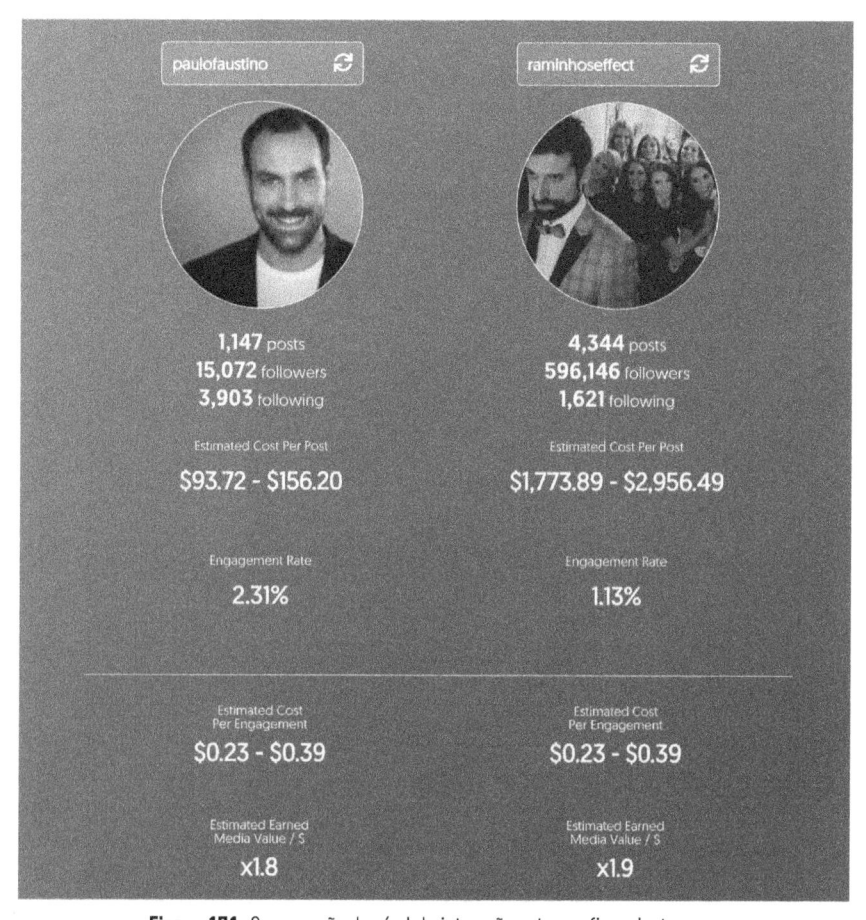

Figura 171. Comparação do nível de interação entre perfis no Instagram.

Além dos influenciadores, hoje existem também os microinfluenciadores, que são, na realidade, influenciadores de nicho. O seu objetivo não é ter uma audiência gigante, mas sim uma audiência específica e com um nível de interação elevado, que lhes permita mais facilmente estabelecerem-se como uma autoridade naquele nicho de mercado.

ACOMPANHAMENTO DE MÉTRICAS E ESTATÍSTICAS

Uma boa estratégia de marketing digital exige naturalmente o acompanhamento de métricas e estatísticas. O Instagram não é diferente, o que significa que precisará olhar para os dados estatísticos das suas publicações, dos seus *insta stories* e dos seus *lives* (vídeos ao vivo) para entender o impacto que os seus conteúdos terão nos seus seguidores. Além do mais, o número de "likes" de uma publicação não diz tudo sobre ela.

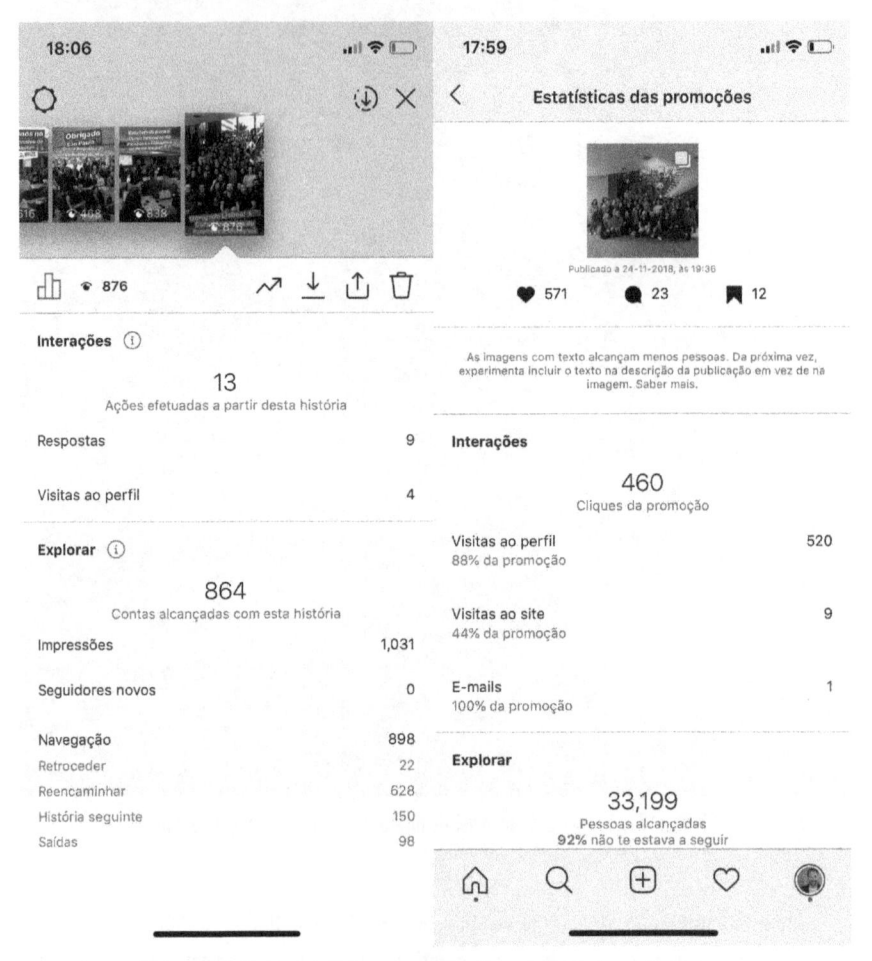

Figura 172. Dados estatísticos de publicações e *insta stories* no Instagram.

Na "Figura 172", a imagem do lado direito apresenta 571 "likes" e 23 comentários, mas o alcance global da publicação foi de 33.199 pessoas. Esse alcance gerou 54.703 impressões da publicação, 520 visitas ao perfil e 22 novos seguidores, ou seja, olhando para as estatísticas, conseguimos mais facilmente entender o comportamento do público a respeito de um determinado conteúdo.

Os dados não mentem; portanto, analisar o impacto dos seus conteúdos é fundamental para que possa adaptar a sua estratégia e o seu calendário editorial, de forma a publicar material que inicialmente consiga gerar melhores resultados junto dos seus seguidores. Isto não é ciência espacial!

FAÇA PUBLICIDADE NO INSTAGRAM

Criar anúncios no Instagram é relativamente fácil e os resultados são muito interessantes quando analisamos o custo *versus* benefício. Embora esta rede social não tenha o problema de alcance orgânico que o Facebook hoje apresenta, na realidade, ao investir em anúncios, aumentará consideravelmente o alcance dos seus conteúdos e isso contribuirá, obviamente, para o crescimento acelerado do seu número de seguidores.

Para criar anúncios no Instagram, existem apenas duas formas: através do botão azul "Promover", diretamente através da aplicação para *smartphones*, ou, então, através do Gestor de Anúncios do Facebook.

Figura 173. Botão para promover publicação no Instagram.

No primeiro caso, os anúncios criados diretamente no Instagram, através do botão azul "Promover", funcionam da mesma forma que os que são gerados a partir do botão "Promover publicação" do Facebook. São os chamados *posts* impulsionados.

A grande vantagem deste tipo de anúncio no Instagram é o fato de ele não criar aquilo a que chamamos *darkpost*. Um *darkpost* é uma publicação criada automaticamente pelo gestor de anúncios do Facebook ou do Instagram que é exatamente idêntica ao *post* original, mas serve apenas para anúncio, o que significa que todos os "likes", comentários e estatísticas não ficarão refletidos na publicação original feita no seu *feed* do Instagram. Esta opção não é positiva, na medida em que teremos um anúncio com 3.000 "likes" e a publicação original no *feed* do Instagram com apenas 100 "likes", por exemplo. Não faz sentido e não tiramos partido da prova social.

No entanto, com a criação desse botão "Impulsionar" no Instagram, o Facebook resolveu o problema, e agora já é possível anunciar a publicação original, segmentar de forma básica o seu público-alvo e receber dados estatísticos dos anúncios diretamente na aplicação do Instagram e na publicação promovida, razão pela qual recomendo que experimente este formato de anúncios.

Já no que diz respeito aos anúncios de Facebook, realizados a partir do gestor de anúncios, criam automaticamente um *darkpost* no Instagram, pelo que são extremamente utilizados como forma de anunciar nesta rede social para interação ou conversões, mas sem o intuito de melhorar o número de "likes" ou comentários do conteúdo original. Ou seja, não têm como foco a melhoria da interação com os seus seguidores, mas sim resultados em termos de visitas ao *site* ou vendas realizadas.

Ao se criar um anúncio no Facebook, com o objetivo de tráfego, interação ou conversões, é possível selecionar o Instagram como local para a veiculação desse conteúdo.

Após definir o público-alvo do seu anúncio, poderá editar os locais de publicação e selecionar individualmente aqueles onde o seu anúncio poderá aparecer, incluindo o *feed* e os *stories* do Instagram.

Como vimos anteriormente, é importante estar atento à dimensão das imagens, bem como ao formato e à duração dos vídeos, uma vez que existem limitações e regras.

Os resultados da publicidade no Instagram são muito positivos, especialmente porque o nível de concorrência é menor, ou seja, o custo para anunciar nesta rede social é igualmente mais baixo do que o custo para anunciar no Facebook. É a boa e velha lei da oferta e da procura.

Dos milhares de testes que já realizei com anúncios no Instagram para publicações minhas e dos meus clientes, cheguei à conclusão de que os anúncios no *feed* servem essencialmente para posicionamento de marca e notoriedade, enquanto os anúncios nos *stories* geram muitas vendas diretamente.

Ainda assim, e como tudo no marketing, é sempre preciso testar!

○ **Locais de publicação automáticos (Recomendado)**
Usa um local de publicação automático para maximizares o teu orçamento e para ajudar a mostrar os teus anúncios a mais pessoas. O sistema de publicação do Facebook vai alocar o orçamento dos teus conjuntos de anúncios automaticamente através de vários locais de publicação onde a probabilidade de terem um melhor desempenho é mais alta. Saber Mais.

● **Editar locais de publicação**
Remover locais de publicação pode reduzir o número de pessoas que alcanças e poderá dificultar o teu trabalho em alcançar os teus objetivos. Saber Mais.

Tipos de dispositivos

Todos os dispositivos (recomendado) ▼

Personalização de ativos ⓘ

3/10 locais de publicação que suportam a personalização de ativos
Selecionar Tudo

Plataformas

▼ Facebook	—
Feeds	✓
Artigos Instantâneos	☐
Vídeos de transmissão interna	
Coluna da direita	☐
Vídeos sugeridos	
Marketplace	☐
Histórias	☐
▼ Instagram	✓
Feed	✓
Histórias	✓

Ver Requisito Multimédia

Figura 174. Anunciar no Instagram a partir do Gestor de Anúncios do Facebook.

Esta é a sétima peça do seu *puzzle* de estratégia de marketing digital.

CAPÍTULO VII
LINKEDIN MARKETING

O LinkedIn é hoje a maior rede social profissional do mundo. Muitas vezes desconsiderado em estratégias de comunicação ou de marketing digital, a realidade é que o LinkedIn está mais forte do que nunca e a apresentar um crescimento extremamente acelerado.

Ao longo dos últimos anos, esta rede foi melhorando consideravelmente em todos os níveis, incluindo a plataforma de anúncios, que hoje oferece um nível de segmentação muito interessante para quem procura criar conteúdo realmente impactante para um público profissional.

De acordo com o próprio LinkedIn[1], existem hoje cerca de 590 milhões de utilizadores registrados nesta rede social, provenientes de mais de 200 países diferentes, sendo que dois milhões deles são portugueses e 35 milhões são brasileiros.

A liderança cabe, naturalmente, aos Estados Unidos, com 154 milhões de utilizadores, seguindo-se a Índia, com 53 milhões, e a China, com 44 milhões, o que demonstra bem o poder do LinkedIn e como representa uma oportunidade incrível de atingir novos mercados.

Desses 590 milhões de utilizadores registrados, cerca de 303 milhões são utilizadores ativos, de acordo com um estudo da Statista.[2]

Com tamanha dimensão de mercado, é impossível descartar o LinkedIn numa estratégia global de marketing digital, sob pena de se incorrer num erro, dada a qualidade da plataforma e as inúmeras oportunidades que nela residem, especialmente quando falamos de um mercado B2B (*business-to-business*), onde os conteúdos compartilhados são, na sua grande maioria, de teor profissional, contrariamente ao que acontece em outras redes sociais, o que naturalmente eleva o nível dos debates e permite explorar oportunidades de marketing pessoal e profissional sem precedentes.

Contrariamente ao que acontece com outras redes sociais, o LinkedIn apresenta diversas particularidades ao nível da sua utilização, especialmente porque foi concebido inicialmente para ser uma plataforma de recrutamento e de exposição profissional. Hoje, porém, oferece um nível de profundidade muito maior, com perfis pessoais, páginas de empresas, plataforma de anúncios, ferramentas de publicação, entre muitas outras possibilidades.

590,000,000+
REGISTERED MEMBERS

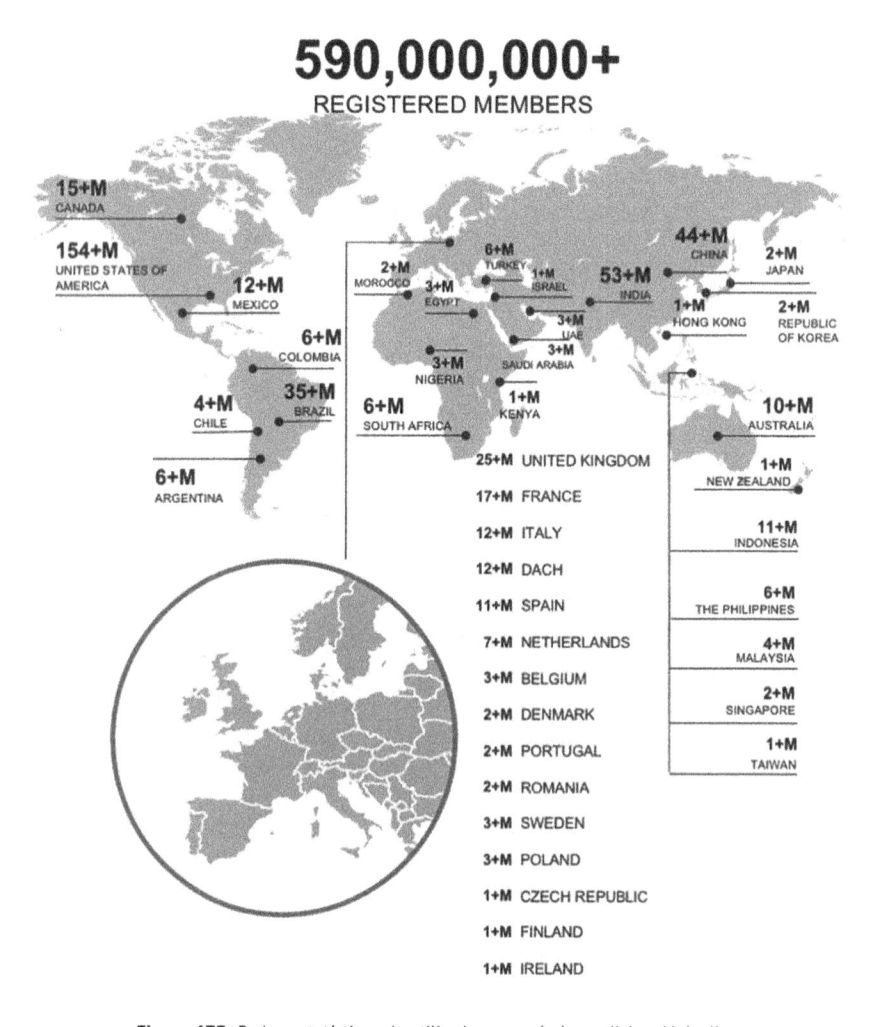

- 15+M CANADA
- 154+M UNITED STATES OF AMERICA
- 12+M MEXICO
- 6+M COLOMBIA
- 4+M CHILE
- 35+M BRAZIL
- 6+M ARGENTINA
- 2+M MOROCCO
- 3+M EGYPT
- 6+M TURKEY
- 1+M ISRAEL
- 3+M UAE
- 3+M SAUDI ARABIA
- 3+M NIGERIA
- 6+M SOUTH AFRICA
- 1+M KENYA
- 53+M INDIA
- 44+M CHINA
- 2+M JAPAN
- 1+M HONG KONG
- 2+M REPUBLIC OF KOREA
- 10+M AUSTRALIA
- 1+M NEW ZEALAND
- 11+M INDONESIA
- 6+M THE PHILIPPINES
- 4+M MALAYSIA
- 2+M SINGAPORE
- 1+M TAIWAN
- 25+M UNITED KINGDOM
- 17+M FRANCE
- 12+M ITALY
- 12+M DACH
- 11+M SPAIN
- 7+M NETHERLANDS
- 3+M BELGIUM
- 2+M DENMARK
- 2+M PORTUGAL
- 2+M ROMANIA
- 3+M SWEDEN
- 3+M POLAND
- 1+M CZECH REPUBLIC
- 1+M FINLAND
- 1+M IRELAND

Figura 175. Dados estatísticos de utilizadores ao nível mundial no LinkedIn.

POR QUE USAR O LINKEDIN?

Antes de incluir o LinkedIn na sua estratégia de marketing digital, é necessário ter em consideração que esta rede social pode não fazer sentido para todos os tipos de negócios ou profissionais, na medida em que é uma plataforma centrada, acima de tudo, numa comunicação mais B2B (de negócio para negócio) e menos B2C (de negócio para cliente).

Isto significa que, se o seu negócio é B2C, ou seja, de venda de produtos a clientes finais, então possivelmente o LinkedIn talvez não seja a melhor opção para a sua estratégia de marketing digital. Considere começar primeiro por uma análise da plataforma, das suas possibilidades e dos tipos de conteúdo que funcionam melhor, para entender se está enquadrado com o planejamento estratégico de comunicação digital da sua empresa, negócio ou marca.

Vejamos então algumas das grandes vantagens de utilizar o LinkedIn numa estratégia de marketing digital:

Networking com especialistas e profissionais – o LinkedIn é o local certo para conhecer especialistas e profissionais de mercado influentes. Sabia que cerca de 40% dos milionários têm um perfil no LinkedIn? A rede social é o local certo para estabelecer ligações com pessoas influentes e construir a sua marca pessoal ou profissional. Quando falamos de *networking*, o LinkedIn é, sem sombra de dúvidas, a melhor rede social para o efeito.

Conteúdo profissional de altíssimo nível – contrariamente àquilo que acontece com outras redes sociais, como o Facebook ou o Instagram, no LinkedIn é muito raro encontrarmos conteúdo com foco no entretenimento. Nesta rede social, as discussões são profissionais e o conteúdo é de altíssimo nível. A grande maioria das pessoas que utiliza o LinkedIn de uma forma frequente o faz pela qualidade do conteúdo que é compartilhado na rede. Logicamente, com um conteúdo de alto nível, os debates tendem a ser, também eles, nivelados por cima.

O nível de interação é elevado – contrariamente ao que sucede no Facebook, o LinkedIn não oferece limitações ao nível do alcance orgânico, o que significa que, por norma, as suas publicações são visualizadas por uma boa parte da sua rede de contatos, o que eleva com naturalidade a interação e o debate na rede. É frequente ver-se publicações com um alcance gigante, se comparado com outros canais digitais.

Alcance orgânico explosivo – como referi no ponto anterior, o alcance orgânico no LinkedIn é absolutamente fantástico. Embora não seja uma rede social onde as pessoas passem tanto tempo como no Facebook, é muito frequente ver publicações com um alcance orgânico gigantesco. Isso acontece também porque, ao receber um comentário numa publicação, toda a rede de contatos de quem comentou é notificada no *feed* de publicações que aquela pessoa interagiu com aquele conteúdo, o que faz disparar o alcance orgânico. Com aproximadamente 25 mil conexões na rede, tenho diversas publicações realizadas com mais de 100 mil pessoas alcançadas, de forma totalmente orgânica.

Criação de autoridade e notoriedade na rede – o LinkedIn é também o local certo para trabalhar a sua marca pessoal e construir autoridade e notoriedade. O posicionamento estratégico é fundamental no LinkedIn, na medida em que o conteúdo que publicar na rede será visto majoritariamente por profissionais e pessoas influentes do mercado. Isso ajuda-o a construir uma identidade de marca mais forte e um posicionamento estratégico de excelência, partindo do princípio que o conteúdo que partilha é de altíssimo nível.

Grupos de discussão em áreas profissionais – o LinkedIn tem vindo ao longo dos anos a fazer evoluir também os seus grupos de discussão. Hoje, é possível encontrar grupos no LinkedIn para milhares de temáticas profissionais. Participar nestes grupos é uma excelente forma de fazer contatos mais rapidamente e alargar a sua rede de conexões, além do conhecimento adquirido.

Recomendações e competências – um dos pontos fortes do LinkedIn são as recomendações, em que qualquer contato seu pode aconselhar competências que tenha ou escrever recomendações em texto. Isto é extremamente poderoso, na medida em que funciona como as críticas (*reviews*); ou seja, um profissional que apresenta um nível de recomendações altíssimo tende a gerar mais atenção ou interesse para novos negócios. É também uma forma de destacar competências que tenha, *soft skills* e outras, que por norma não ganham destaque em perfis de redes sociais.
É importante ter em consideração que, hoje, o LinkedIn é responsável por 80% dos *leads* gerados em B2B nas redes sociais.[3] Isto significa que, quando falamos de uma abordagem puramente de negócio para negócio, é impensável não colocar o LinkedIn na equação, dada a sua importância e relevância.

FORMATOS DE CONTEÚDO QUE FUNCIONAM MELHOR NO LINKEDIN

Nem todos os formatos de conteúdo têm a mesma alavancagem no LinkedIn, ou seja, o algoritmo deste prioriza alguns formatos de conteúdo em detrimento de outros, pelo que é necessário testar ao máximo diferentes tipos de publicações e entender o comportamento dos seus seguidores, por forma a adaptar a sua estratégia de conteúdo a esta rede social e tirar o máximo partido da exposição da sua marca pessoal ou do seu negócio.

1. Conteúdo de texto simples

O conteúdo de texto simples são publicações de texto feitas a partir do seu perfil no LinkedIn, sem utilizar imagens ou vídeos para ilustrar. Estes textos também não são publicações no LinkedIn Pulse (plataforma de publicações do LinkedIn); trata-se mesmo de publicações de texto simples feitas a partir de um perfil no LinkedIn.

> **Paulo Faustino**
> COO at Get Digital. Empreendedor. Palestrante Internacional. Especialista e...
> 3 m
>
> Continuo a não entender empresas que em 2018 obrigam os funcionários a pagar formação do seu bolso!
>
> É incrível a quantidade de empresas renomadas que não investe um centavo na formação dos seus colaboradores. Ficariam surpreendidos com alguns nomes...
>
> Achar que ao pagar uma formação a um colaborador, isso vai fazer com que mais tarde ou mais cedo ele se vá embora (devidamente formado e qualificado) por se sentir superior, é tão ridículo e egoísta quanto achar que um filho pode ajudar a salvar um casamento.
>
> Pior ainda os "empresários" que consideram que formação é perda de tempo ou produtividade.
>
> A única forma de um colaborador permanecer numa empresa é sentindo-se parte dela e de uma equipa. A cultura empresarial nunca foi tão importante como hoje.
>
> O mesmo acontece quando se tenta valorizar um funcionário - financeiramente falando - quando ele pede para se ir embora da empresa.
>
> A formação e especialização de um funcionário é uma mais-valia não apenas para ele, mas acima de tudo para a própria empresa.
>
> Está na altura dos empresários começarem a valorizar mais os seus funcionários e principalmente o conhecimento destes. Uma empresa sem conhecimento é como o Titanic. Mais tarde ou mais cedo, vai embater num icebergue! 🖤 ⚠
>
> 1.282 gostaram · 146 comentários

Figura 176. Exemplo de publicação de texto simples no LinkedIn.

Estas publicações de texto são, por norma, muito limitadas na sua dimensão e funcionam tanto melhor quanto mais controvérsia trouxerem ao tema. Por norma, tento publicar alguns textos deste tipo com alguma frequência, uma vez que podem chegar muito facilmente a 400% de alcance orgânico, ou seja, milhares de pessoas que não me conhecem são impactadas pela publicação e passam a saber quem sou.

Como pode ver pela "Figura 176", a publicação tem 1.282 "likes" e 146 comentários. Infelizmente, já não é possível ter acesso ao número de pessoas alcançadas, porque o LinkedIn faz desaparecer, erradamente, essa informação das publicações ao final de algum tempo; no entanto, recordo-me de que esta publicação em particular passou das 100 mil pessoas alcançadas de forma totalmente orgânica. Tendo em consideração que tenho aproximadamente 25 mil seguidores na rede, o resultado ao nível de alcance orgânico é extraordinário.

É um formato de conteúdo muito simples, imediato e que não lhe tomará demasiado tempo. Em troca, poderá alavancar mais rapidamente o seu perfil e a sua notoriedade, partindo do princípio de que publica conteúdo relevante, obviamente.

2. Conteúdo de vídeo

O vídeo é também ele uma poderosa ferramenta de comunicação no LinkedIn que tem vindo a ganhar espaço e muita relevância. Hoje, esta rede social apresenta o conteúdo de vídeo de uma forma muito semelhante ao Facebook, ou seja, os vídeos têm *autoplay* e começam a rodar automaticamente, sem som. No caso do LinkedIn, a duração máxima de um vídeo são 12 minutos, que me parece um limite aceitável para este tipo de conteúdo.

É importante entender também que os vídeos no LinkedIn devem ser, preferencialmente, legendados, porque uma boa parte do público assiste ao conteúdo sem som, pelo que, sem legendas, será complicado manter a atenção desses utilizadores.

O vídeo tem também um alcance orgânico muito bom, quando comparado com outros formatos de conteúdo no LinkedIn, e é também um propulsor do debate na rede, gerando centenas de comentários e debates acesos sobre determinados temas.

É recomendável que os seus vídeos para o LinkedIn sejam quadrados, num formato de 1800 x 1800 píxeis ou superior, com a melhor definição e qualidade de imagem possível, ainda que isso não deva ser uma prioridade, no sentido em que o mais importante é produzir conteúdo e não necessariamente comprar um equipamento de altíssimo nível para conseguir fazê-lo.

Como costumo dizer muitas vezes, feito é melhor do que perfeito. Não exagere.

Figura 177. Exemplo de publicação em vídeo no LinkedIn.

3. Conteúdo de imagem

As fotografias também funcionam muito bem no LinkedIn, mas trata-se de um formato que requer algum estudo, no sentido de se perceber que conteúdos funcionam melhor para o tipo de audiência que o segue nesta rede.

Já fiz centenas de publicações de imagem e nem todas têm o mesmo impacto ou alcance orgânico, o que significa que é importante estudar o público-alvo e entender como reage às diferentes publicações. Dessa forma, poderei mais facilmente encontrar uma correlação entre o conteúdo e a interação do público, oferecendo-lhe mais conteúdos que inicialmente sei que geram um maior retorno e envolvimento da comunidade.

Figura 178. Exemplo de publicação de imagem no LinkedIn.

As imagens também produzem excelentes resultados ao nível do alcance orgânico; no entanto, dos três formatos que indiquei, este é aquele que tendencialmente gera menos impacto. Se pretender priorizar alguns tipos de conteúdo, recomendo que comece pelos textos simples e pelo vídeo.

PLATAFORMA DE ANÚNCIOS DO LINKEDIN

O LinkedIn oferece também soluções de publicidade paga há algum tempo. Embora não seja uma plataforma de publicidade por excelência, pelo menos quando comparada com as do Facebook e do Google, o LinkedIn tem vindo a transformar o seu sistema de anúncios numa verdadeira ferramenta de marketing digital a ter em consideração para o futuro.

As suas soluções de publicidade são hoje muito mais eficazes e baratas do que eram há alguns anos, oferecendo ferramentas de segmentação de público avançadas, que permitem a qualquer negócio apresentar os seus anúncios a segmentos de público específicos e bem direcionados.

Figura 179. Plataforma de soluções de publicidade do LinkedIn.

Obviamente, existem vantagens e desvantagens ao anunciar no LinkedIn Ads. Na realidade, só existe uma desvantagem em anunciar no LinkedIn: o custo por clique dos anúncios é muito caro quando comparado com outras soluções de publicidade digital.

Tirando isso, existem muito mais vantagens do que desvantagens ao anunciar nesta rede social. Ainda assim, recomendo sempre que se teste. Independentemente de funcionar para mim ou para um qualquer colega seu, é sempre importante testar. O que funciona para uns pode facilmente não funcionar para outros, uma vez que cada negócio é um negócio e cada produto é um produto.

Vejamos então as vantagens de anunciar no LinkedIn e como tirar o máximo partido desta fabulosa ferramenta de publicidade digital:

1. Hipersegmentação de público

Uma das grandes vantagens do LinkedIn Ads é a sua hipersegmentação de público-alvo. Ao longo dos últimos anos, a plataforma evoluiu muito, e hoje é possível segmentar tão bem o público-alvo, que isso se torna numa oportunidade incrível de atingir públicos específicos, em nichos de mercado específicos. As segmentações incluem desde a localização ao cargo atual ou anterior e critérios específicos como o setor de atividade, o nome da empresa, a dimensão da empresa, as competências do profissional, entre muitas outras. Com essa hipersegmentação, é possível criar públicos-alvo pequenos e de nicho, apresentando os seus anúncios somente para quem realmente lhe interessa.

2. *Leads* mais qualificados
Como referi anteriormente, o LinkedIn representa hoje 80% dos *leads* gerados em B2B nas redes sociais. O público desta rede social é constituído essencialmente por profissionais, o que faz com que a geração de *leads* seja muito mais eficaz. É quase como se o seu público-alvo fossem *leads* pré-qualificados. Isso acontece devido a vários fatores, mas essencialmente por conta do *mindset* dos utilizadores que navegam na plataforma. Ao contrário do que acontece no Facebook, onde os utilizadores têm essencialmente um *mindset* de entretenimento e não desejam ser interrompidos com publicidade, no LinkedIn é precisamente o oposto. Todos os utilizadores usam a plataforma num contexto profissional e estão mais despertos para serem impactados por um anúncio, especialmente quando o conteúdo deste é direcionado às suas necessidades.

3. Iniciação de conversas *inbox*
O formato de anúncios de mensagens é fantástico para quem deseja iniciar uma conversa com o seu público-alvo. Ter a possibilidade de iniciar uma conversa *inbox* com o seu potencial cliente é, sem sombra de dúvida, uma enorme vantagem. Embora o Facebook já tenha anúncios de mensagens patrocinadas no Messenger, o impacto dos anúncios *inbox* do LinkedIn é absolutamente fantástico e uma oportunidade tremenda de geração de novos negócios.

4. Geração de *leads*
O LinkedIn Ads oferece, à semelhança do que acontece com o Facebook, uma ferramenta de geração de *leads* própria. Essa ferramenta ajuda-o a criar anúncios com o objetivo de captar contatos de potenciais clientes para o seu produto ou negócio. Os formulários de *leads* funcionam de uma forma parecida com o que acontece no Facebook; ou seja, é possível criar os seus próprios formulários de *leads* e configurar tudo para captar os dados que realmente lhe interessam.

5. Pixel de conversão
Tal como o Facebook, o LinkedIn também criou o seu próprio pixel de conversão. Isso ajuda-o a otimizar as suas campanhas com base em resultados e não apenas na apresentação do

anúncio ou no número de cliques. Já é possível otimizar campanhas com base nas conversões realizadas no seu *site* ou em formulários de geração de *leads*, por exemplo.

A plataforma de anúncios do LinkedIn evoluiu muito ao longo dos últimos anos e começa rapidamente a rivalizar com outras plataformas digitais de publicidade, oferecendo soluções criativas para comunicar negócios e marcas na rede.

O próprio LinkedIn já percebeu a importância da sua rede social e, principalmente, do seu público, que é extremamente atrativo para negócios e marcas que procuram aumentar a sua notoriedade e/ou expandir-se para novos mercados.

COMO ANUNCIAR NO LINKEDIN ADS

Anunciar na plataforma LinkedIn Ads tornou-se um processo muito simples, especialmente se já teve contato com outras plataformas de publicidade digital. Para quem já trabalha com anúncios no Facebook, por exemplo, anunciar no LinkedIn é um processo igualmente simples.

No entanto, existem algumas regras a ter em consideração e todo um planejamento estratégico por trás da criação de um anúncio. O LinkedIn também exige a utilização de uma página de empresa para se conseguir anunciar na plataforma, pelo que o primeiro passo será precisamente esse: criar a sua página de empresa (*company page*).

CRIAR UMA PÁGINA DE EMPRESA

Se não criar uma página de empresa, não poderá anunciar na plataforma, dado que os anúncios não são veiculados aos perfis. Pode tratar-se de uma página do seu produto, negócio, empresa, ou até mesmo de uma página para marketing pessoal, caso trabalhe por conta própria e não tenha uma empresa propriamente dita. A "Figura 180" é um exemplo de uma página de empresa.

Para começar a criar a sua página de empresa, deverá visitar o endereço *https://www.linkedIn.com/company/setup/new* e iniciar o processo de criação da sua página, seguindo os passos apresentados pelo LinkedIn. O processo é extremamente simples e em poucos minutos terá a sua página de empresa criada.

Figura 180. Exemplo de página de empresa no LinkedIn.

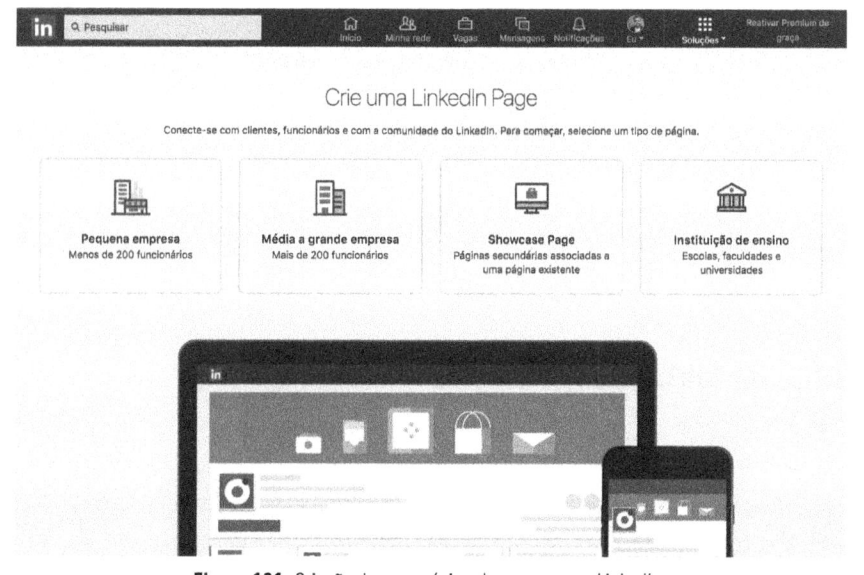

Figura 181. Criação de uma página de empresa no LinkedIn.

Basicamente, o processo inicia-se na dimensão da sua empresa. Consoante a dimensão, ou se estivermos a falar de uma instituição de ensino, por exemplo, os modelos de página serão ligeiramente diferentes.

O processo é todo ele muito simples, bastando seguir os passos apresentados pelo próprio LinkedIn e preencher as informações solicitadas. Para ajudar, seguem algumas dicas importantes a ter em consideração quando criar a sua página empresarial, por forma a conseguir melhores resultados no LinkedIn:

- **Crie um nome fácil de memorizar** e de ser reconhecido, idealmente com uma palavra-chave relacionada com o seu negócio, para que apareça mais facilmente nas pesquisas internas realizadas no LinkedIn;
- **Crie um URL personalizado** para a sua página, que seja facilmente memorizado pelos utilizadores e simples de identificar;
- **Use um logotipo ou imagem** que sejam facilmente reconhecidos quando visualizados na *timeline* de conteúdos;
- **Crie um conteúdo fantástico** na seção "Sobre" da sua empresa. Quanto mais detalhado for, melhores serão os resultados;
- **Adicione informações complementares**, como o endereço, o endereço do seu *site*, contatos, etc.

Seguindo estes princípios, criará uma página de empresa que contém toda a informação necessária para se tornar relevante e, ao mesmo tempo, útil para o seu público-alvo.

Publicar conteúdo com regularidade no *feed* também é algo recomendável, caso pretenda manter a página da sua empresa ou marca devidamente atualizada e relevante. É através do conteúdo de qualidade que se cria autoridade e notoriedade de marca ao longo do tempo, portanto procure dar atenção a esses aspectos na sua estratégia de comunicação no LinkedIn.

CRIE UMA CONTA DE ANÚNCIOS NO LINKEDIN

Criar uma conta de anúncios no LinkedIn é também um processo simples e, obviamente, gratuito. Ao contrário do que acontece com o Facebook, no LinkedIn Ads é possível criar múltiplas contas de anúncios, sendo que cada uma delas fica conectada a uma página de empresa. Isto significa que, se pretender criar várias contas para anunciar no LinkedIn, precisará gerar em simultâneo várias páginas de empresa diferentes.

Para criar a sua conta de anúncios, visite o endereço *https://business.linkedin.com/pt-br/marketing-solutions*, onde terá acesso às soluções de marketing do LinkedIn. Nessa página, encontrará o botão "Criar anúncio", que dá início ao processo de criação de uma conta de anúncios no LinkedIn Ads, a plataforma de anúncios desta rede social.

Logicamente, terá de ter uma conta no LinkedIn para conseguir anunciar. Caso não tenha uma criada, terá de se registrar, criar a sua página de empresa e depois iniciar o processo de criação de uma conta de anúncios.

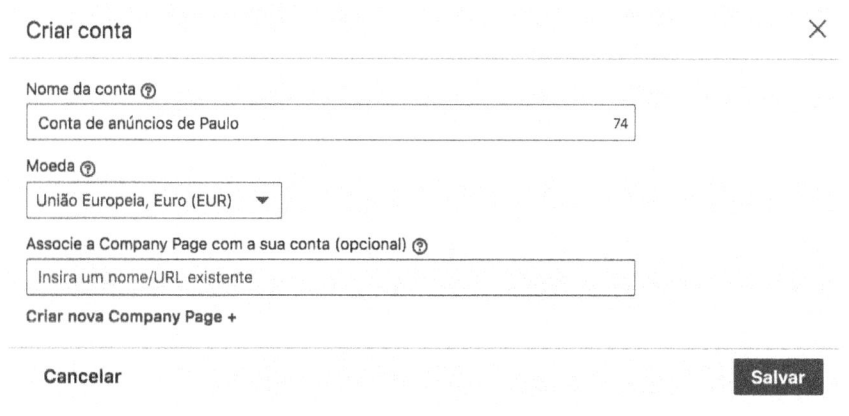

Figura 182. Criação de uma conta de anúncios no LinkedIn.

Ao iniciar o processo de criação de uma conta de anúncios, o LinkedIn irá pedir-lhe para lhe atribuir um nome, definir uma moeda e associar uma página de empresa. A grande maioria dos formatos de anúncios só funciona com conta de empresa, portanto sugiro que tenha uma desde o primeiro momento.

A escolha da moeda é importante para ter uma noção exata dos valores de investimento, do custo por clique e dos orçamentos de campanha, bem como para ser faturado e cobrado pelo LinkedIn na moeda correspondente.

Figura 183. Exemplo do gestor de campanhas do LinkedIn.

Depois de criar a sua conta de anúncios, será encaminhado para o Gestor de Campanhas do LinkedIn, que é basicamente onde tudo começa e onde poderá visualizar as diferentes contas de anúncios, campanhas e anúncios ativos.

Tal como acontece com o Facebook, o LinkedIn também estrutura as campanhas por "Contas > Grupos de campanha > Campanhas > Anúncios", garantindo uma navegação guiada mais simples por cada elemento associado à criação dos seus anúncios.

Clicando no nome da conta de anúncios, será encaminhado para uma outra página, onde poderá visualizar as diferentes campanhas criadas, os grupos de campanhas e anúncios.

Figura 184. Exemplo de estrutura de conta de anúncios do LinkedIn.

CRIAR A SUA PRIMEIRA CAMPANHA NO LINKEDIN

Existem diferentes formatos de anúncios disponíveis no LinkedIn e com diferentes objetivos de marketing associados. Para entendermos cada um deles, precisamos iniciar o processo de criação de uma campanha.

Para criar a sua primeira campanha no LinkedIn, clique no botão "Criar campanha", que se encontra no canto superior direito, conforme ilustrado na "Figura 184".

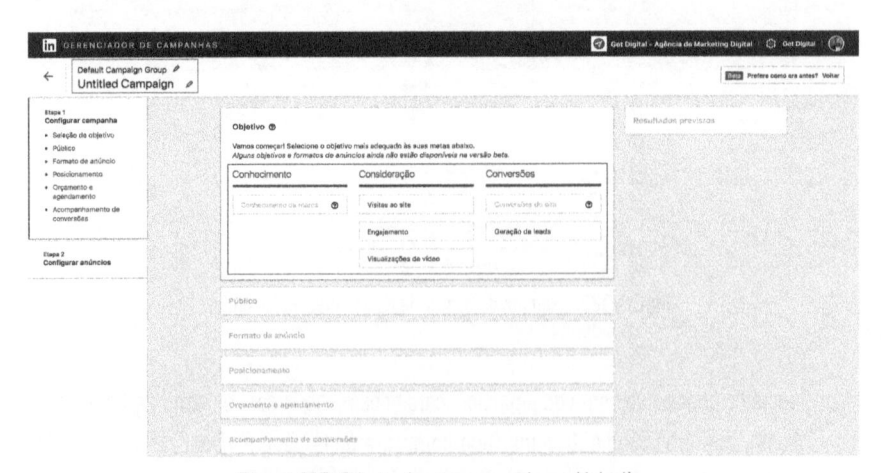

Figura 185. Criação de uma campanha no LinkedIn.

Neste primeiro passo, começamos por alterar o nome da nossa campanha, editando essa informação no canto superior esquerdo, onde aparece "Untitled campaign". Atribuir nomes às suas campanhas é fundamental para que no futuro consiga entender a *performance* individual de cada uma delas de uma forma simples e imediata.

O segundo passo é escolher o objetivo de marketing da sua campanha no quadro central de "Objetivo". Nesta área, é necessário termos em consideração o que significa e representa cada um dos objetivos de marketing disponíveis no LinkedIn. Vejamos:

- **Conhecimento de marca** – é um objetivo de topo do funil, que visa fazer divulgação de marca em massa, sem um objetivo concreto de conversão ou venda. Este tipo de campanha é maximizado para impressões e o seu principal objetivo é imprimir o seu anúncio o maior número de vezes possível, para o maior número de pessoas possível.
- **Visitas ao *site*** – é um objetivo de meio do funil, sendo que pode ter como objetivo de marketing a geração de tráfego para o seu *website* ou para *landing page*s, por exemplo.
- **Engajamento/interação** – é um objetivo de meio do funil, sendo que pode ter como objetivo aumentar a interação social com o seu conteúdo ou fazer subir o número de seguidores da página da sua empresa.
- **Visualizações de vídeo** – é também um objetivo de meio do funil, que visa aumentar o número de visualizações dos seus vídeos na rede.
- **Conversões do *site*** – é um objetivo de fundo do funil, que implica a configuração do pixel do LinkedIn e que visa a medição de um resultado concreto, seja ele vendas, geração de *leads* ou outro qualquer que se pretenda medir.
- **Geração de *leads*** – é também um objetivo de fundo do funil, onde se pretende capturar os dados de potenciais clientes a partir do LinkedIn. É possível utilizar os formulário de geração de *leads* da própria rede social para o efeito, sendo que o comportamento é semelhante aos formulários do Facebook, na medida em que os dados são preenchidos automaticamente com as informações da conta do utilizador, facilitando o processo de preenchimento e gerando maiores resultados.

Escolhendo um dos objetivos de marketing disponíveis, como, por exemplo, "Visitas ao site", iniciamos o processo de configuração e segmentação geográfica da nossa campanha.

No caso, é importante definir o idioma do perfil de utilizadores para quem pretende apresentar a sua campanha, bem como a sua localização. É possível anunciar para cidades ou países específicos.

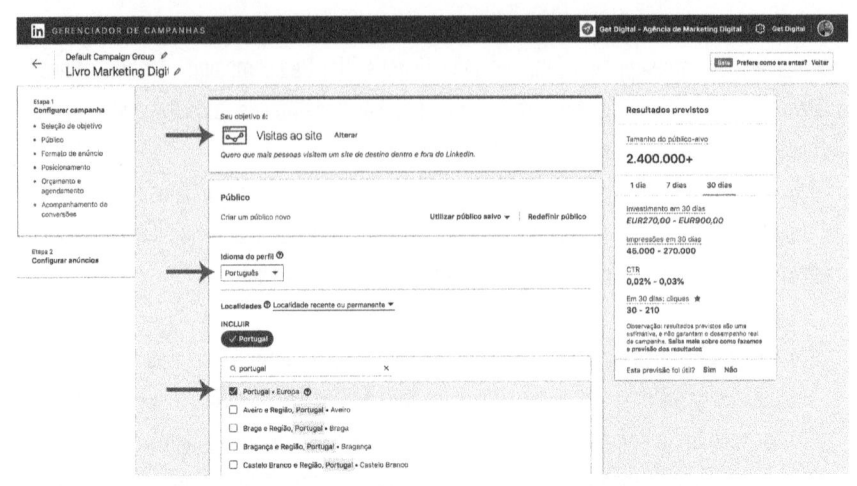

Figura 186. Segmentação geográfica de uma campanha no LinkedIn.

Do lado direito, é possível visualizar também os resultados previstos da sua campanha de publicidade, nomeadamente a dimensão do público, o valor de investimento sugerido, o número de impressões de anúncio, um cálculo de CTR médio e uma estimativa do número de cliques a receber nesse âmbito.

Figura 187. Segmentação de público por atributos e interesses no LinkedIn.

Logo abaixo da segmentação geográfica, o LinkedIn dá-lhe a possibilidade de começar a criar o seu público, com base em atributos tais como "empresa", "dados demográficos", "formação", "experiência profissional" e "interesses". Dentro de cada uma dessas opções, existem diferentes variáveis que podem ser tidas em consideração e que tornam a experiência de anunciar no LinkedIn realmente fantástica; nomeadamente:

Ao nível da empresa:

- **Conexões na empresa** – pessoas que estão conectadas em primeiro grau com funcionários de empresas com mais de 500 funcionários;
- **Empresa segue** – pessoas que seguem especificamente a página da sua empresa no LinkedIn;
- **Nomes da empresa** – pessoas que trabalham numa empresa, ou em várias, especificamente;
- **Setores da empresa** – pessoas que trabalham numa empresa, ou em várias, de um ou vários setores de negócio;
- **Tamanho da empresa** – pessoas que trabalham em empresas com um funcionário ou até 10.000 funcionários.

Ao nível dos dados demográficos:

- **Gênero do utilizador** – segmentação por sexo da pessoa;
- **Idade do utilizador** – segmentação por idade da pessoa.

Ao nível da formação:

- **Diplomas** – que diplomas é que a pessoa tem no currículo;
- **Instituições de ensino** – onde é que a pessoa estudou, em que faculdade, etc.
- **Áreas de estudo** – áreas de estudo da pessoa numa instituição de ensino.

Ao nível da experiência profissional:

- **Anos de experiência** – os anos de experiência profissional da pessoa;
- **Cargos** – pessoas com um determinado cargo numa empresa, que pode ser segmentado por cargo atual, anterior ou ambos;
- **Competências do utilizador** – que competências estão listadas no seu perfil de LinkedIn da pessoa;

- **Funções** – pessoas que desempenham determinadas funções numa empresa, ou em várias;
- **Níveis de experiência** – o nível de experiência da pessoa.

Ao nível dos interesses:

- **Grupos do utilizador** – os grupos de LinkedIn em que a pessoa participa.

Critérios de segmentação é coisa que não falta no LinkedIn Ads. Isso dá-lhe a oportunidade de hipersegmentar o seu público-alvo e, com isso, colocar os seus anúncios à frente das pessoas certas, no momento certo.

Repare que uma segmentação com base em cargos, por exemplo, permite-lhe anunciar apenas para diretores de recursos humanos, CEO ou diretores-executivos de empresas, etc; ou seja, comunicar diretamente com os decisores. Isso é muito poderoso!

Também é possível "excluir pessoas" com base em critérios de segmentação, ou seja, anunciar para um determinado grupo de pessoas e excluir outras com determinadas características, por forma a não serem impactadas pelos seus anúncios desnecessariamente.

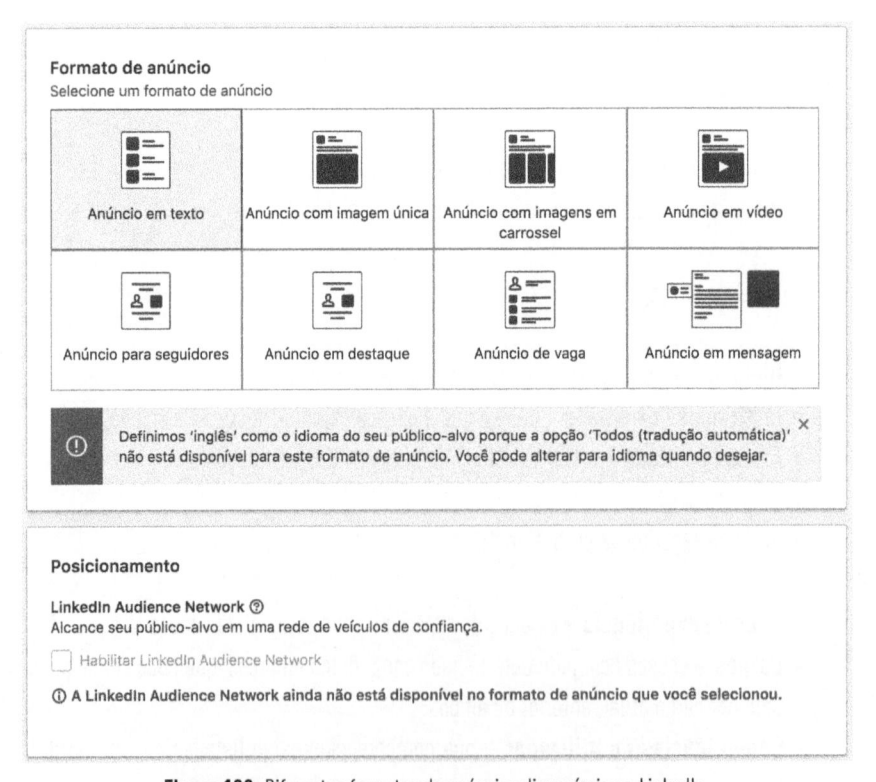

Figura 188. Diferentes formatos de anúncios disponíveis no LinkedIn.

Após configurar corretamente a sua segmentação de público-alvo com base em dados demográficos, atributos ou interesses, é momento de selecionar o formato do seu anúncio. Dependendo do seu objetivo de marketing, o LinkedIn oferece diferentes tipos de formatos, entre eles anúncios de texto, de imagem, de imagem em carrossel, de vídeo, anúncios para seguidores, em destaque, de vagas, ou anúncios de mensagem.

Consoante o anúncio que selecionar, é possível que tenha de realizar algumas alterações à configuração e segmentação, uma vez que cada um oferece diferentes níveis de personalização e otimização.

Também é possível ativar os seus anúncios para serem veiculados na LinkedIn Audience Network, que é uma rede de *sites* e aplicações parceiras do LinkedIn, que apresentam anúncios da própria rede social nos seus conteúdos. É uma forma de expandir a rede de publicidade do LinkedIn para fora da sua rede social, oferecendo maiores possibilidades aos seus anunciantes.

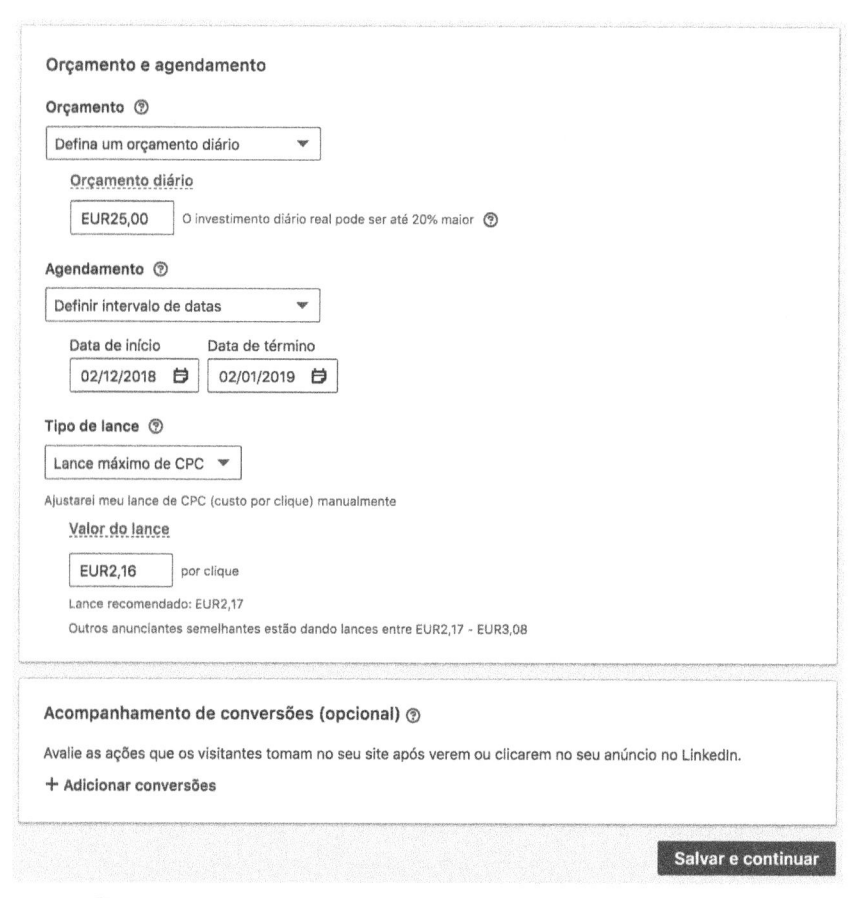

Figura 189. Definições de orçamento e agendamento de uma campanha no LinkedIn.

Por fim, é necessário configurar o orçamento e agendamento da sua campanha no LinkedIn. Tenha em consideração que, dependendo do tipo de anúncio que selecionar no passo anterior, as opções de otimização e preço serão consideravelmente diferentes. Por exemplo, para anunciar somente para os 2,4 milhões de portugueses existentes no LinkedIn, os valores podem variar da seguinte forma:

Anúncio de texto simples – custo médio por clique de 2,07 € ~ 2,81 €
Anúncio de imagem – custo médio por clique de 2,35 € ~ 3,54 €
Anúncio de imagem em carrossel – custo médio por clique de 2,36 € ~ 3,57 €
Anúncio de vídeo – custo médio por clique de 2,35 € ~ 3,54 €
Anúncio para seguidores – custo médio por clique de 5,90 € ~ 6,50 €
Anúncio em destaque – custo médio por clique de 5,90 € ~ 6,50 €
Anúncio de vaga – custo médio por clique de 14,05 € ~ 15,46 €
Anúncio de mensagem – custo médio por mensagem 0,10 € ~ 0,20 €

Posto isto, é fácil perceber que a maior desvantagem de se anunciar no LinkedIn são os preços praticados pela rede social. No entanto, há duas coisas importantes a reter nesta análise: primeiro, é necessário ter em consideração que comunicamos com um público de profissionais, logo, as chances de conseguir iniciar um contato comercial são maiores. Segundo, os anúncios de mensagem patrocinada são extremamente baratos quando comparados com outros formatos e, na minha ótica, são inclusive um dos melhores à disposição.

Por fim, é possível configurar também o acompanhamento de conversões através do pixel do LinkedIn, que é basicamente uma porção de código que deve ser colocada no cabeçalho do seu *website*, por forma a fazer o rastreio de todo o tráfego que este recebe. Serve também para monitorizar determinadas conversões personalizadas, como, por exemplo, eventos de compra, geração de *leads*, entre outros, oferecendo-lhe igualmente a possibilidade de anunciar somente para quem visitou determinadas páginas do seu *site*, por exemplo.

No passo seguinte, é necessário criar os anúncios de imagem ou texto que serão apresentados na sua campanha. Como vimos anteriormente, uma campanha é composta por uma segmentação de público-alvo, por um orçamento e otimização, bem como por um criativo; este último, a identidade visual da sua campanha.

Clicando no texto "Criar novo anúncio", poderá iniciar o processo de criação do seu anúncio de imagem, texto, vídeo, vaga ou mensagem, dependendo do tipo de formato que selecionou anteriormente.

Anúncios nesta campanha   Criar novo anúncio

___

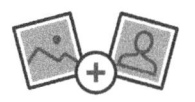

**Para adicionar anúncios a esta
campanha, crie um novo
anúncio.**

Figura 190. Criação de anúncios para campanha no LinkedIn.

O processo de criação de um anúncio para o LinkedIn é em muito semelhante ao de outras plataformas de publicidade digital, pelo que não terá grandes dificuldades em fazê-lo.

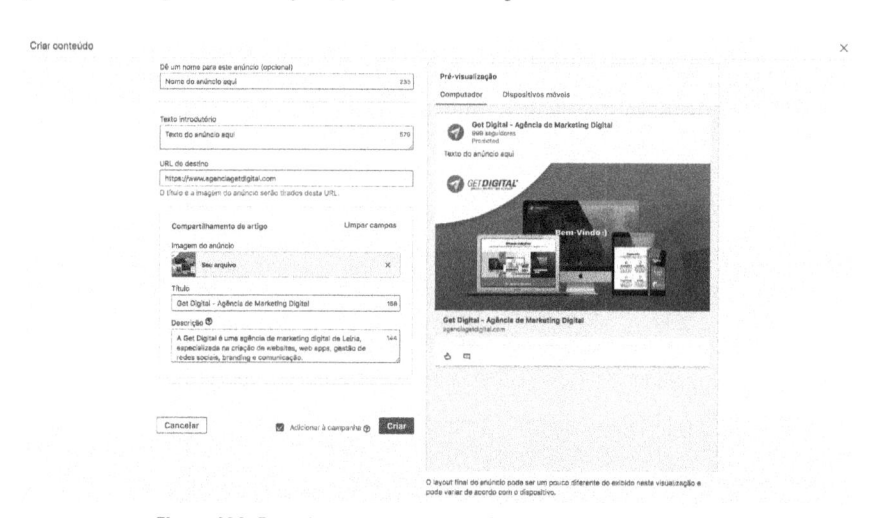

Figura 191. Exemplo de criação de um anúncio de imagem no LinkedIn.

No caso de um anúncio de imagem única, o processo é em tudo semelhante ao realizado na plataforma de anúncios do Facebook. Assim, é necessário atribuir um nome ao seu anúncio (para consulta interna apenas), escrever o texto que o acompanhará, definir o URL de destino e adicionar uma imagem, um título e uma descrição.

Ao adicionar um *link* para o seu *site*, o LinkedIn puxa automaticamente uma imagem, um título e uma descrição, mas dá-lhe a possibilidade de alterar essas informações da forma que mais lhe convier.

Tenha especial atenção à imagem e ao texto que fica por cima do seu anúncio. São os dois elementos mais importantes de um anúncio, porque são eles que fazem o utilizador parar, prestar atenção e clicar.

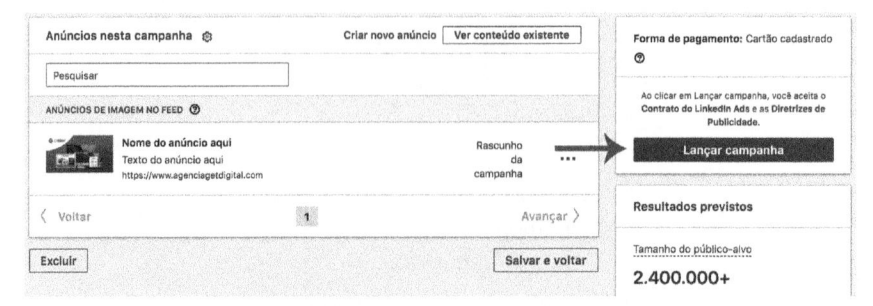

Figura 192. Conclusão de uma campanha no LinkedIn.

Depois de concluir a criação da sua campanha, deverá clicar do lado direito no botão azul "Lançar campanha" para a enviar para aprovação do LinkedIn. Assim que a campanha for aprovada, o anúncio começa a ser apresentado na rede social, para a segmentação de público--alvo que definiu.

Parabéns, criou a sua primeira campanha no LinkedIn!

MÉTRICAS E RESULTADOS NO LINKEDIN

O acompanhamento de métricas e resultados das suas campanhas no LinkedIn é fundamental para que possa interpretar o desempenho destas e afinar os seus textos e imagens para que o retorno sobre o seu investimento seja o mais positivo possível.

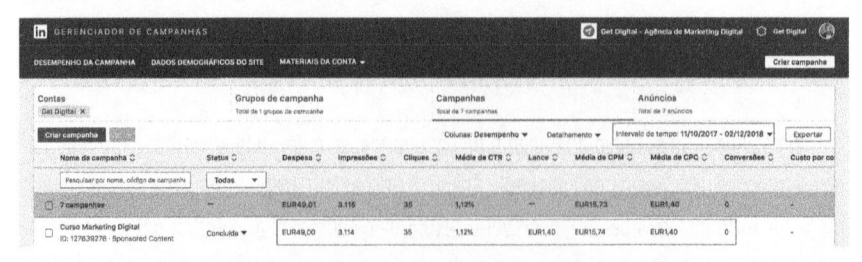

Figura 193. Acompanhamento de métricas e resultados no LinkedIn.

Tenha em consideração que poderá visualizar as métricas ao nível da campanha ou ao nível do anúncio, uma vez que uma campanha poderá ter vários anúncios.

Tenha especial atenção também ao intervalo de tempo definido. Os dados apresentados serão sempre com base em datas de início e fim definidas no intervalo de tempo.

Como pode ver pela "Figura 193", a campanha que realizei teve um custo médio por clique de 1,40 €, que é um número muito inferior ao valor médio recomendado pelo próprio LinkedIn. Acredito, inclusivamente, que, com alguns testes, é perfeitamente possível baixar os valores médios por clique, apresentando anúncios interessantes e que agregam valor ao público-alvo.

Como em tudo no marketing, é fundamental testar, testar e testar.

Esta é a oitava peça do seu *puzzle* de estratégia de marketing digital.

CAPÍTULO VIII
GOOGLE ADS

Quando falamos de publicidade *online*, é inegável a importância do Google nesta matéria, através da sua plataforma Google Ads. Criada a 23 de outubro do ano 2000, foi responsável, só em 2017, por uma receita de 95,38 bilhões de dólares.[1]

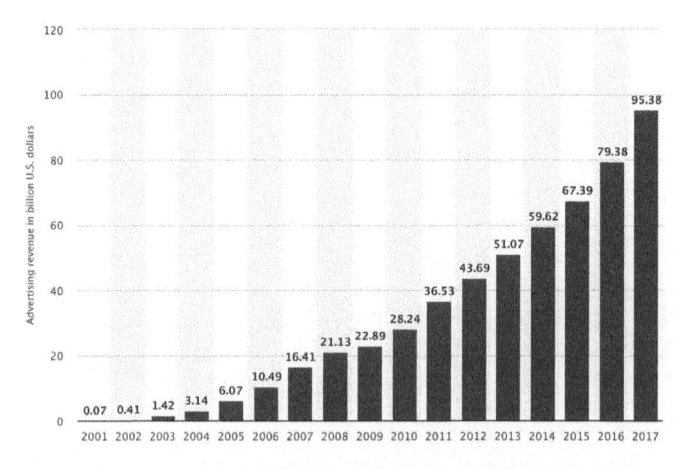

Figura 194. Histórico da receita gerada pela plataforma Google Ads desde 2000.

Desde a sua criação que o Google se tornou rapidamente dependente da receita proveniente da sua plataforma de publicidade, tais são os valores que esta tem vindo a produzir ao longo dos anos. No entanto, a Google tem procurado diversificar cada vez mais as suas receitas através de novos produtos,[2] de maneira a não estar tão dependente da sua plataforma Google Ads, e, de certa forma, tem conseguido fazê-lo.

Valores à parte, a plataforma Google Ads é a joia da coroa numa das mais importantes empresas de tecnologia do mundo e também a plataforma por excelência quando falamos em publicidade digital. Não apenas porque foi a primeira a aparecer no mercado, mas também porque ainda hoje continua num crescimento extremamente acelerado, oferecendo soluções de publicidade fantásticas para pequenos e grandes negócios.

Dentro do Google Ads, é possível encontrar diversos tipos e formatos de publicidade, bem como anunciar na pesquisa do Google, em *sites* parceiros, no Google Shopping, no YouTube, promover aplicações móveis, entre outras. Vejamos o que podemos encontrar na plataforma Google Ads e o que significa cada um dos tipos de publicidade existentes:

Anúncios de texto na pesquisa – trata-se do formato mais antigo e mais comum de publicidade dentro do Google Ads. São anúncios de texto ou de chamada apresentados nas páginas de resultados de pesquisa do Google.

Figura 195. Exemplo de anúncio de texto na rede de pesquisa do Google.

Anúncios na rede de *display* – são anúncios de imagem veiculados na rede de publicidade do Google. Em 2003, foi lançado oficialmente o Google Adsense, que permite que *sites* e blogs rentabilizem o seu tráfego apresentando publicidade do Google. Esses *sites* e blogs fazem parte da rede de *display* do Google, e é precisamente neles que os seus anúncios são apresentados de uma forma dinâmica e correlacionada com o conteúdo deles.

Anúncios no Google Shopping – o Google Shopping é uma ferramenta de comparação de produtos e preços que está disponível no Brasil desde 2011 e que chegou a Portugal no início de 2017. Através do Google Ads, é possível criar anúncios que serão exibidos dentro do Google Shopping e também nas páginas de resultados do Google, quando um utilizador pesquisa por um produto semelhante.

`Tutorial` `⊕ Web` `⊞ Windows PC`

3 maneiras fáceis de reparar arquivos Excel danificados

Por Filipe Salles Nenhum Comentário

Se você abrir um arquivo Excel e receber esta mensagem de erro, você vai precisar reparar arquivos Excel:

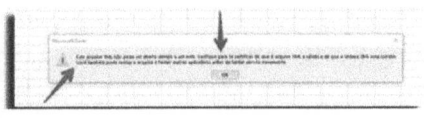

Não fique desesperado. Existem várias maneiras fáceis de reparar arquivos Excel armazenados em um arquivo .xlsx ou .xls, como aprenderá nos próximos prints de tela no Windows PC.

Reparar planilhas com Microsoft Excel

As versões mais recentes do Microsoft Excel têm uma função interna que permite o reparo de arquivos danificados. Para abrir um arquivo danificado:

Figura 196. Exemplo de anúncio na rede de *display* do Google.

Figura 197. Exemplo de anúncio do Google Shopping na rede de pesquisa do Google.

Anúncios de vídeo no YouTube – na plataforma do Google Ads também é possível criar anúncios de vídeo para o YouTube. O Google oferece diversos formatos de anúncios de vídeo para o YouTube.

Figura 198. Exemplo de anúncio de vídeo no YouTube.

Anúncio de promoção de aplicações móveis – o Google oferece também a possibilidade de anunciar aplicações móveis para Android e iOS, através da sua plataforma Google Ads. O objetivo deste tipo de campanhas é gerar instalações de aplicações, e os anúncios são apresentados na rede de pesquisa do Google, na rede de *display*, no Google Play, no YouTube e em outras aplicações parceiras da Google.

A escolha de cada um dos formatos de publicidade e respectivos objetivos de marketing é algo que iremos aprofundar de seguida. No entanto, é importante que entenda que, dentro da plataforma Google Ads, as possibilidades são muitas e é possível anunciar em múltiplas outras plataformas e ferramentas da Google e de parceiros desta.

CRIAR A SUA PRIMEIRA CAMPANHA DE GOOGLE ADS

Para iniciar o processo de criação de uma conta na plataforma Google Ads, basta aceder ao endereço *https://ads.google.com/intl/pt-PT_pt/home* e clicar no botão "Começar agora". No entanto, tenha em consideração que precisará de uma conta Google para fazer *login*, ou seja, um endereço de *e-mail* Gmail ou uma conta Google Business.

Sem uma conta Google, não conseguirá registar-se na plataforma, pelo que é recomendável que crie uma antecipadamente.

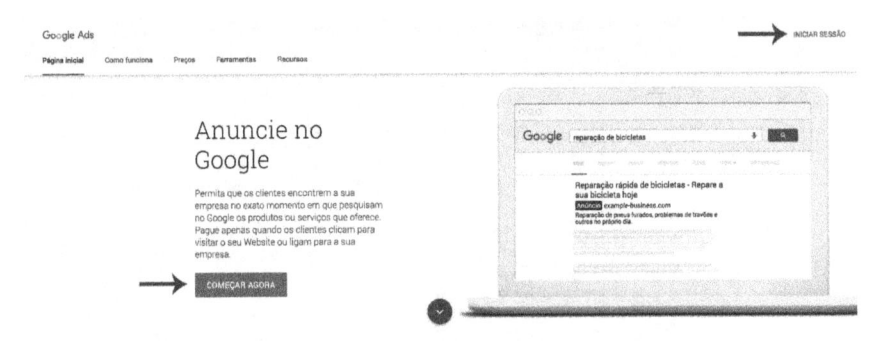

Figura 199. Página de entrada da plataforma Google Ads.

Figura 200. Configuração guiada da conta de Google Ads.

Depois de clicar no botão "Começar agora", será redirecionado para a página de configuração guiada da sua conta. Neste momento, tem duas opções possíveis: seguir a configuração guiada ou ignorá-la e avançar mais rapidamente com a criação da sua conta.

No primeiro caso, o Google irá guiá-lo através do processo de criação da sua conta e da sua primeira campanha de publicidade. Caso opte pela segunda opção, criará somente a conta e, posteriormente, poderá dar início às suas campanhas.

A única diferença entre ambos os tipos de configuração de conta é precisamente o fato de criar ou não a sua primeira campanha nesse seguimento. Não há necessidade de criar a sua campanha imediatamente, uma vez que será importante conhecer primeiro a plataforma; recomendo que ignore a configuração guiada e, na página seguinte, preencha o seu *e-mail*, defina o fuso horário e a moeda da sua conta e conclua o seu registro na plataforma Google Ads.

Tenha em consideração que tanto o fuso horário como a moeda são elementos extremamente importantes, no sentido em que as campanhas são lançadas e agendadas de acordo com aquele e o fatuamento é feito com base na moeda definida na sua conta. Tenha isso em atenção.

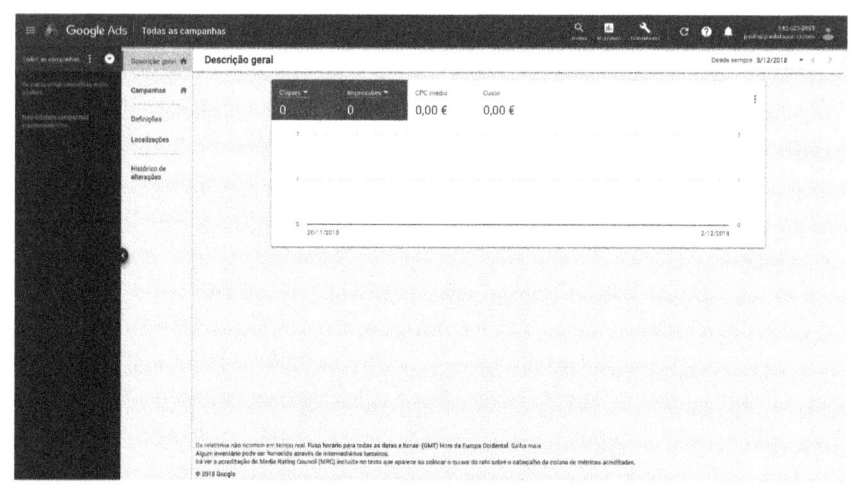

Figura 201. Exemplo de conta do Google Ads.

Depois de concluir o registro, será enviado automaticamente para o painel de controle do Google Ads, onde logicamente não constará qualquer tipo de informação, porque ainda não criou a sua primeira campanha.

Neste painel, existem diferentes elementos a ter em consideração e que lhe permitem entender mais facilmente como tudo funciona e qual a estrutura de uma campanha de Google Ads.

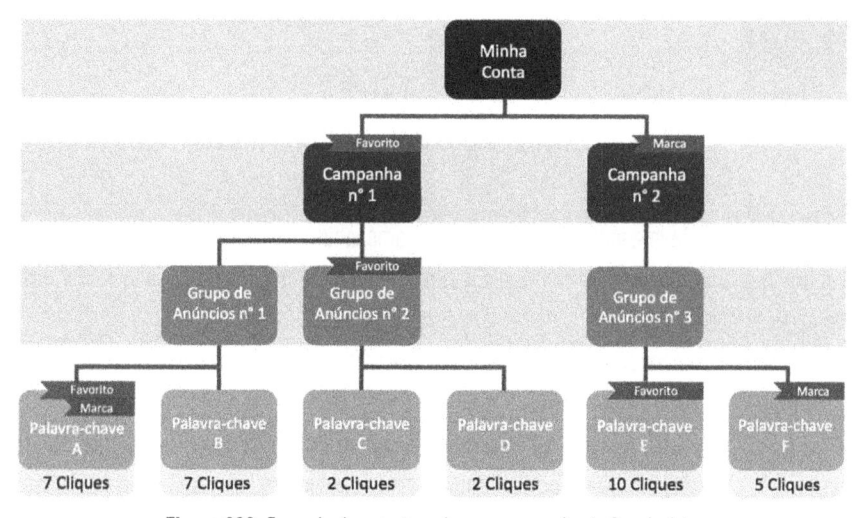

Figura 202. Exemplo de estrutura de uma campanha de Google Ads.

As campanhas de Google Ads são organizadas de uma forma hierárquica, tal como acontece com as de Facebook ou LinkedIn. Esta sequência lógica é fundamental para que entenda como deve organizar as suas campanhas e o que cada uma delas deverá conter.

Como pode ver na "Figura 202", uma campanha contém um grupo de anúncios, que, por sua vez, contém as diversas palavras-chaves desses mesmos anúncios. Esta estruturação permite-lhe que a mesma campanha contenha diferentes grupos de anúncios e respectivas palavras-chaves, de modo a organizar a sua informação da forma mais correta possível. Isso ajuda-o também a comparar de forma simples e prática a *performance* individual de cada grupo de anúncios e optar por aqueles que geram melhores resultados.

No menu "Descrição geral", encontrará os principais indicadores-chave de *performance* (KPI) das suas futuras campanhas. É basicamente uma área que sintetiza a informação a respeito das suas campanhas, e nada mais do que isso.

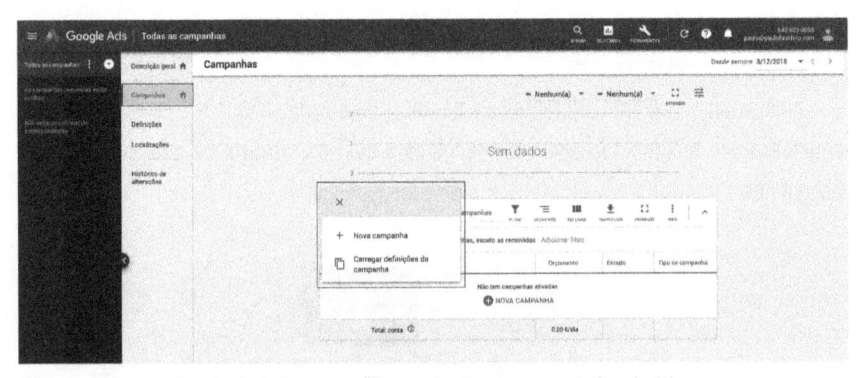

Figura 203. Separador "Campanhas" numa conta de Google Ads.

Se clicar do lado esquerdo no separador "Campanhas", irá visualizar um ícone azul no centro da página, que, depois de clicado, permite-lhe criar uma nova campanha ou carregar definições de campanha.

Para iniciarmos o processo de criação da sua primeira campanha, deverá clicar na primeira opção, "+ Nova campanha".

Ao iniciar a criação de uma campanha de Google Ads, a primeira coisa que terá de definir é o objetivo de marketing. Existem diferentes objetivos de marketing a considerar e, logicamente, deverá optar por aquele que melhor se enquadrar na campanha que criar.

Figura 204. Objetivos de marketing numa campanha de Google Ads.

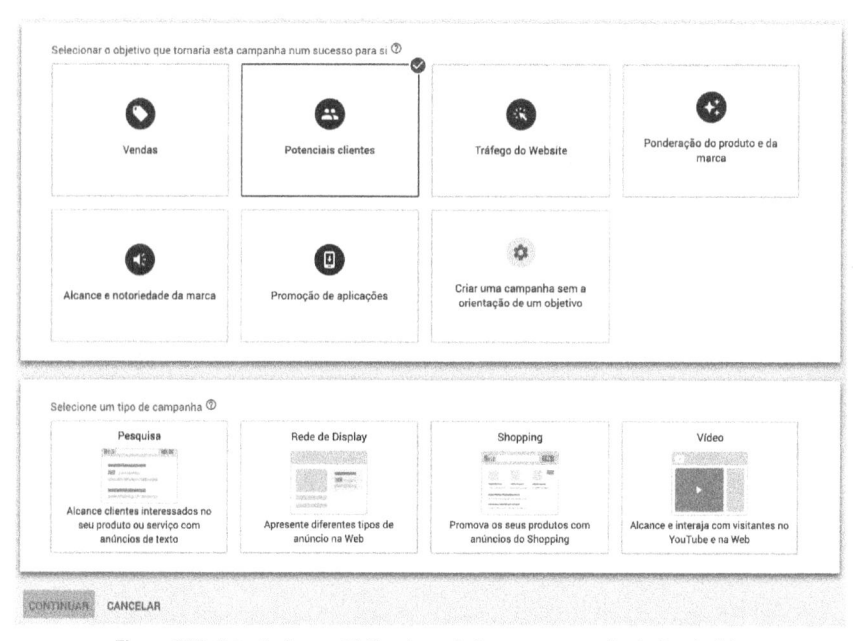

Figura 205. Seleção de um objetivo de marketing para campanha de Google Ads.

Em termos práticos, a seleção do objetivo de marketing é apenas uma orientação visual sobre aquilo que é possível criar dentro da plataforma Google Ads. Existe inclusive a opção "Criar uma campanha sem a orientação de um objetivo", que lhe permite selecionar facilmente qualquer um dos tipos de campanha existentes na plataforma.

Para iniciarmos a construção da campanha, clique em "Potenciais clientes".

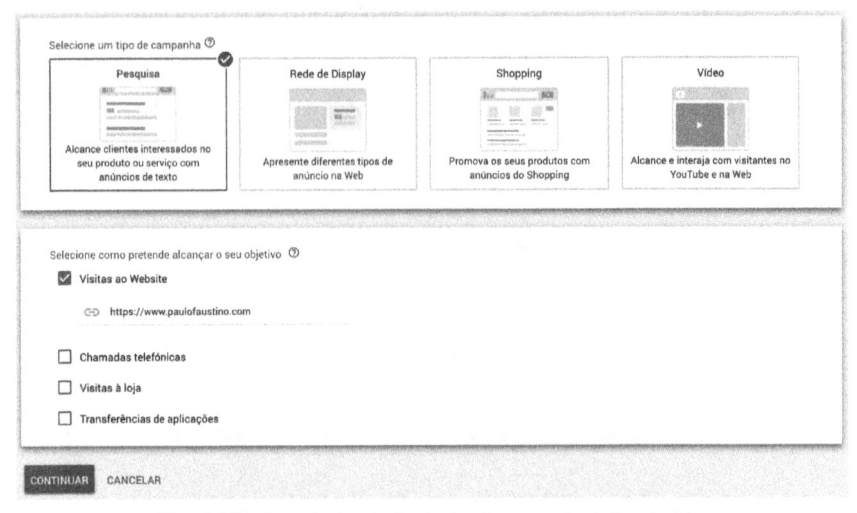

Figura 206. Exemplo de seleção do tipo de campanha de Google Ads.

Ao selecionar o objetivo de marketing "Potenciais clientes", o Google irá questioná-lo de seguida sobre qual o tipo de campanha que deseja realizar, dando-lhe, no caso, a possibilidade de escolher entre campanhas de pesquisa, rede de *display*, shopping ou vídeo.

Esta seleção do tipo de campanha varia consoante o objetivo de marketing que tiver definido anteriormente.

Neste exemplo, consideramos o tipo de campanha "Pesquisa", que, no caso, será apresentada nas páginas de resultados de pesquisa do Google sempre que um utilizador realizar uma busca relacionada com o negócio que pretendo anunciar.

Ao selecionar "Pesquisa", o Google dá-lhe também uma orientação sobre como pretende alcançar esse objetivo de atingir "Potenciais clientes", oferecendo-lhe a possibilidade de escolher entre "Visitas ao website", "Chamadas telefônicas", "Visitas à loja" ou "Transferências de aplicações".

NOTA: numa campanha de Google Ads é recomendável que a página de destino seja uma *landing page*. Neste caso concreto, consideramos *landing page* a página onde o utilizador vai aterrar e não necessariamente uma página de captura de contatos. Isto significa que, numa campanha de Google Ads, a página de destino deve ser trabalhada de modo que o utilizador cumpra o objetivo que se pretenda, eliminando todas as distrações possíveis e pontos de fuga desnecessários. Isto aplica-se tanto às campanhas de geração de *leads*, como às de venda de produtos, de apresentação de serviços, etc.

Neste exemplo, selecionamos a opção "Visitas ao website", introduzimos o endereço URL do *site* que pretendemos anunciar e clicamos no botão azul "Continuar" para darmos seguimento à criação da nossa campanha.

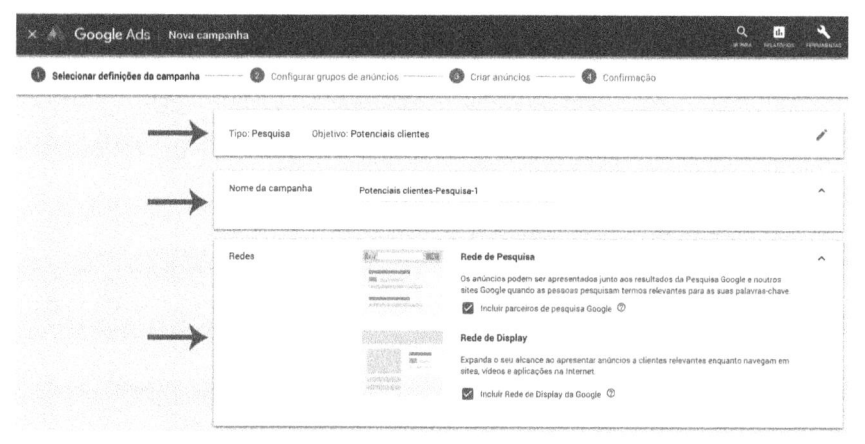

Figura 207. Definições da campanha de Google Ads.

Depois de escolhido o objetivo de marketing e o tipo de campanha a criar, iniciamos o processo de criação. Atente-se que, no topo desta página, encontrará a estrutura da sua campanha organizada da seguinte forma:

Definições da campanha > Grupos de anúncios > Anúncios

O primeiro passo é atribuir um nome à sua campanha. Mais uma vez, e como já referi em outros momentos neste livro, é fundamental que atribua nomes distintos às suas campanhas, para que possa posteriormente acompanhar o progresso de cada uma delas e não se confundir com o seu trabalho.

O segundo passo é selecionar as redes onde pretende que o seu anúncio seja veiculado. No caso, temos as opções da "Rede de pesquisa" e da "Rede de *display*". Recomendo que selecione apenas a "Rede de pesquisa", para criarmos um anúncio de texto simples para aparecer junto aos resultados orgânicos de busca no Google.

É importante entender que os *banners* publicitários (*display*) têm vindo a perder preponderância ao longo dos anos. Os utilizadores, hoje, tornam-se rapidamente cegos em relação aos *banners* publicitários, e as taxas de clique médias (também conhecidas por CTR ou *click trough rate*) são extremamente baixas, como identificado no estudo da Smart Insights,[3] o que resulta naturalmente num retorno baixo para quem anuncia.

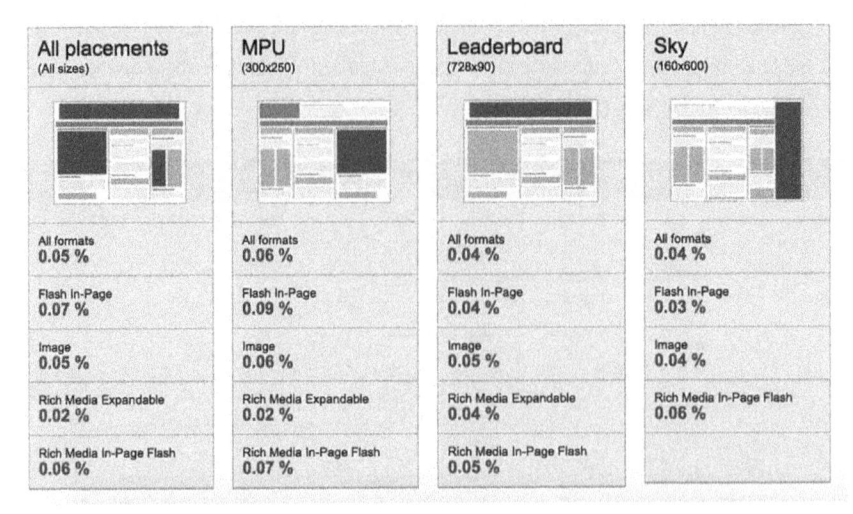

All placements (All sizes)	MPU (300x250)	Leaderboard (728x90)	Sky (160x600)
All formats 0.05 %	All formats 0.06 %	All formats 0.04 %	All formats 0.04 %
Flash In-Page 0.07 %	Flash In-Page 0.09 %	Flash In-Page 0.04 %	Flash In-Page 0.03 %
Image 0.05 %	Image 0.06 %	Image 0.05 %	Image 0.04 %
Rich Media Expandable 0.02 %	Rich Media Expandable 0.02 %	Rich Media Expandable 0.04 %	Rich Media In-Page Flash 0.06 %
Rich Media In-Page Flash 0.06 %	Rich Media In-Page Flash 0.07 %	Rich Media In-Page Flash 0.05 %	

Figura 208. Taxa de cliques média em diferentes formatos de anúncios de *display*.

Em 1998, era relativamente fácil ter uma taxa de cliques num *banner* publicitário na ordem dos 98%; ou seja, a cada 100 impressões de um banner *publicitário*, cerca de 98 geravam um clique. Hoje, falamos de uma taxa de clique média de 0,05%, ou seja, aproximadamente cinco cliques a cada 10.000 impressões.

NOTA: com taxas de clique médias tão baixas, a rede de *display* do Google é hoje menos relevante do que era há dez anos. Na minha opinião, hoje só faz sentido utilizar anúncios com *banners* publicitários em campanhas de remarketing, nada mais. E nestas recomendo inclusivamente que deixe o seu anúncio rodar, mesmo depois de a pessoa já ter comprado o produto, uma vez que, como só paga por clique, fará *branding* gratuitamente e deixará a sua marca como *top of mind* dos seus clientes.

No passo seguinte da nossa campanha, é necessário proceder à segmentação geográfica. É possível segmentar uma campanha por países, cidades ou regiões.

Expandindo as "Opções de localização", poderá ainda configurar o "Alvo" e "Excluir" pessoas com base em critérios de segmentação geográfica.

Logo abaixo, temos a segmentação por idioma, ou seja, as línguas faladas pelos seus clientes-alvo e não os termos que eles pesquisam. Basicamente, esta segmentação serve para filtrar se vamos apresentar o nosso anúncio a um português que está em Lisboa ou a um inglês que se encontra na mesma cidade. Caso pretenda divulgar o seu produto ou negócio para ambos, deverá incluir múltiplos idiomas na área "Idiomas" de configuração da sua campanha.

Figura 209. Segmentação de campanha por localização geográfica.

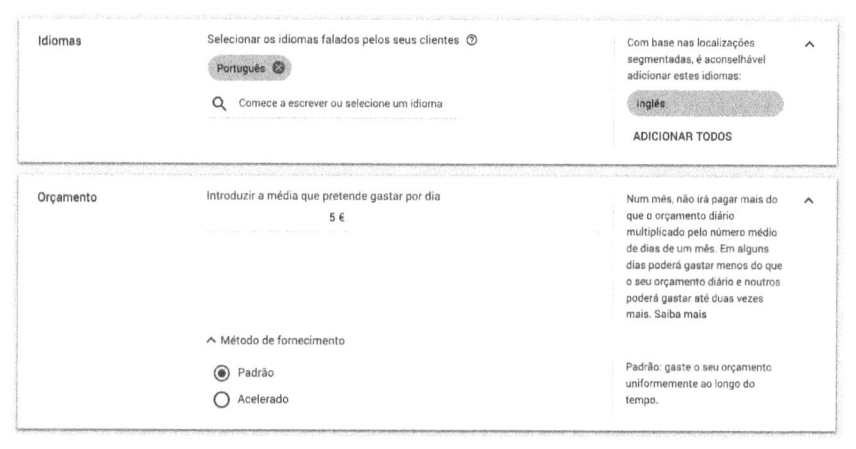

Figura 210. Segmentação por idioma e configuração de orçamento de campanha.

Depois de concluída a segmentação, será necessário definir quanto pretende investir por dia na sua campanha de publicidade. Não existe um montante mínimo de investimento, o que significa que poderá investir o que bem entender ou fizer sentido para a sua campanha, com base nos objetivos que pretende cumprir. No entanto, tenha em consideração que o que é aqui definido é um valor diário para a sua campanha. O Google considera que um mês tem em média 30,4 dias, portanto, caso pretenda investir 5 €/dia na sua campanha, o resultado ao final de um mês será um investimento de aproximadamente 152 € (5 € x 30,4 dias).

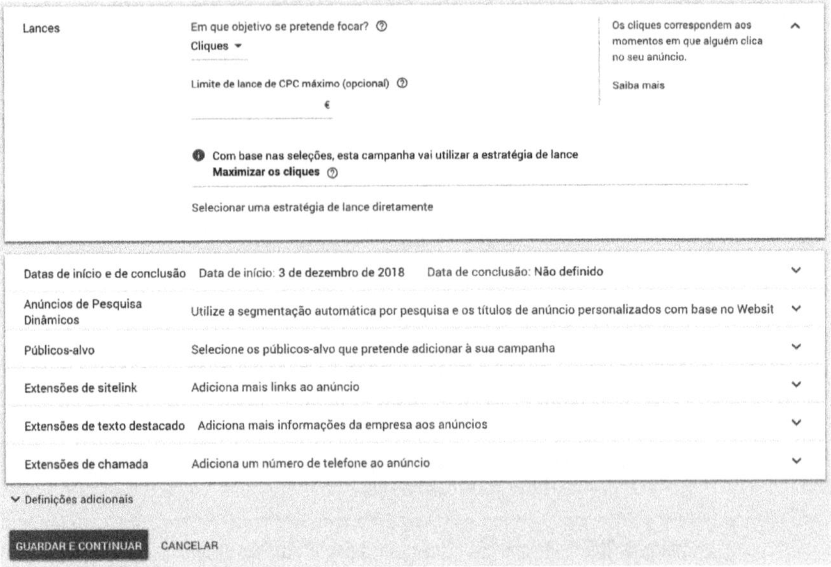

Figura 211. Definição de lance e configurações adicionais da campanha de Google Ads.

Por fim, é necessário definir a estratégia de lances e as configurações adicionais da nossa campanha.

Comecemos pela estratégia de lances. Como possivelmente já deve ter ouvido falar, a plataforma Google Ads funciona num sistema de leilão, ou seja, os anúncios são apresentados nas pesquisas pelo valor por clique que cada anunciante está disposto a pagar. No entanto, não é só isso que é tido em consideração para que um anúncio apareça primeiro do que outro.

O fato de estar disposto a pagar mais por clique não significa que o seu anúncio aparecerá primeiro do que o dos seus concorrentes, uma vez que o Google tem em consideração diversos outros fatores, tais como a taxa de cliques média do seu anúncio, a relevância deste e a sua correlação com a sua página de destino. Simplificando, o Google tem em consideração, no seu algoritmo de análise, não apenas o valor que está disposto a pagar, mas também a taxa de cliques média prevista para o seu anúncio e o desempenho deste a esse nível e em termos da permanência do utilizador na sua página de destino.

Ao longo dos anos, o Google vem dando cada vez mais importância às páginas de destino dos anúncios, o que significa que, depois de clicar num anúncio, um utilizador deverá cair numa página de destino organizada, com informação relevante, objetiva e orientada para o propósito daquela mesma pesquisa. Se um utilizador pesquisar por um termo no Google e entrar numa página que não tem nada que ver com o assunto, isso prejudica diretamente a *performance* do seu anúncio. A isso chamamos índice de qualidade de uma palavra-chave.

Quanto maior for o índice de qualidade, maior será a sua taxa de cliques e, consequentemente, menor o custo por clique médio do seu anúncio. O índice de qualidade é apresentado numa escala de 1 a 10 ao nível da palavra-chave nos relatórios do seu anúncio. Quanto maior for o seu índice de qualidade, melhor será o desempenho do seu anúncio no geral.

Existem diversos outros elementos que têm influência no índice de qualidade das suas palavras-chaves, como, por exemplo, as extensões de anúncios (ver mais à frente), a taxa de rejeição do seu anúncio, o tempo de carregamento da sua página ou o nível de otimização desta em *desktop* e *mobile*.

Posto isto, é importante que tenha em consideração que todos os elementos são fundamentais na *performance* de um anúncio, pelo que não basta apenas criar um anúncio e esperar que os resultados sejam fantásticos. É necessário otimizar e melhorar constantemente.

NOTA: uma campanha de Google Ads extremamente eficaz é algo que implica uma análise constante de métricas, valores de licitação, desempenho da página de destino, etc. É extremamente importante que otimize constantemente todos os pormenores das suas campanhas, para garantir que paga o menor valor possível pelos seus anúncios.

Ao nível das configurações finais da sua campanha, é possível atribuir uma data de início e fim, definir públicos-alvo com base em dados demográficos detalhados, tipos de pesquisa, ou anunciar especificamente para listas de remarketing ou públicos-alvo semelhantes.

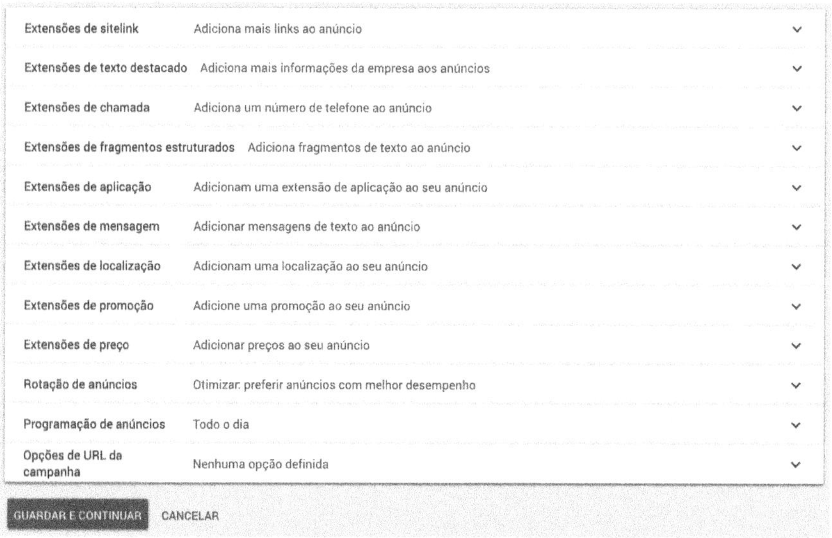

Extensões de sitelink	Adiciona mais links ao anúncio	∨
Extensões de texto destacado	Adiciona mais informações da empresa aos anúncios	∨
Extensões de chamada	Adiciona um número de telefone ao anúncio	∨
Extensões de fragmentos estruturados	Adiciona fragmentos de texto ao anúncio	∨
Extensões de aplicação	Adicionam uma extensão de aplicação ao seu anúncio	∨
Extensões de mensagem	Adicionar mensagens de texto ao anúncio	∨
Extensões de localização	Adicionam uma localização ao seu anúncio	∨
Extensões de promoção	Adicione uma promoção ao seu anúncio	∨
Extensões de preço	Adicionar preços ao seu anúncio	∨
Rotação de anúncios	Otimizar: preferir anúncios com melhor desempenho	∨
Programação de anúncios	Todo o dia	∨
Opções de URL da campanha	Nenhuma opção definida	∨

Figura 212. Extensões de anúncios numa campanha de Google Ads.

Também é possível adicionar extensões aos seus anúncios, como as extensões de *sitelink*, de texto destacado, de chamada, entre tantas outras.

As extensões de anúncios permitem adicionar informações extrarrelevantes sobre o seu negócio, marca ou produto, como forma de destacar outras que não são possíveis de colocar no anúncio, por limitação de espaço.

Agência de Marketing Digital | Gestão de Redes Sociais
Anúncio www.agenciagetdigital.com/ ▼
Somos especialistas em **Marketing Digital**, Geração de Leads e Vendas Online. Peça-nos uma proposta sem compromisso! Publicidade Online.

Contactos
Entre em contacto connosco e
agende uma reunião :)

Serviços
Todos os nossos serviços
de Marketing Digital e Social Media

Figura 213. Exemplo de um anúncio com extensão de *sitelink*.

Neste exemplo, podemos ver um anúncio com a extensão de *sitelink* ativa, em que é possível adicionar-lhe mais *links* e direcionar o utilizador para outras páginas específicas do mesmo *site* ou *landing page*. O custo por clique em qualquer um dos *links* é semelhante, pelo que adicionar uma extensão de *sitelink* faz com que a probabilidade de o utilizador clicar no seu anúncio seja maior, aumentando a sua taxa de cliques e, consequentemente, baixando o custo por clique médio.

📞 **Ligar para 244236409 - Restaurante BOLD** ⓘ
Leiria
Anúncio www.bebold.pt/

Restaurante BOLD Leiria - Recomendado pela crítica.
Contacte-nos e reserve a sua mesa.

Figura 214. Exemplo de um anúncio com extensão de chamada.

Neste exemplo, podemos ver um anúncio com extensão de chamada. Isto significa que, ao clicar no anúncio, o utilizador automaticamente iniciará uma chamada telefónica para o restaurante em causa, o que poderá aumentar consideravelmente o número de chamadas e, consequentemente, as reservas de mesa. É um modelo de anúncio diferente, que tem como objetivo levar o utilizador a realizar uma ação de chamada telefônica, em detrimento de visitar um *site*, por exemplo.

Habitus Zen | Consultas de Osteopatia | habituszen.com
[Anúncio] terapias.habituszen.com/ ▼
Agende a sua consulta de **Osteopatia** no Centro Terapêutico Habitus Zen em **Leiria**. Agende agora sem compromisso!
◊ Rua Comandante Almeida Henriques, Nº4, Leiria - Aberto hoje · 10:00 – 19:00 ▼

Figura 215. Exemplo de um anúncio com extensão de localização.

Neste anúncio, temos um exemplo de extensão de localização, onde é possível conectar o seu anúncio com a sua conta do Google My Business para apresentar o endereço do estabelecimento, o horário de abertura e encerramento, e, em *mobile*, de forma automática, a distância a que o utilizador se encontra do local. É um formato de anúncios extremamente interessante para negócios locais, por exemplo.

Para concluir a configuração da sua campanha, poderá adicionar as extensões que desejar no momento de criação da mesma, ou então optar por fazê-lo mais tarde, depois de construir o seu anúncio ou adicionar as suas palavras-chaves.

Não existe nenhuma recomendação relativamente a realizar esta tarefa antes ou depois; no entanto, é fundamental que tire partido das extensões para destacar serviços, preços, *links* do seu *site*, endereço ou contato telefônico, dependendo do que anuncia e de para quem o faz.

As extensões melhoram consideravelmente a taxa de cliques em anúncios e isso naturalmente traduz-se em melhores resultados e custos mais baixos.

Figura 216. Adicionar extensões a uma campanha de Google Ads.

Para adicionar as extensões, deverá escolher o tipo que pretende e posteriormente selecionar onde pretende aplicá-las. Existe a possibilidade de aplicar as extensões ao nível da conta toda ou apenas, especificamente, da campanha.

Caso pretenda criar múltiplas campanhas para produtos ou marcas diferentes, é recomendável que adicione as extensões ao nível da campanha, por forma a não misturar informações de produtos ou marcas.

Posteriormente, deverá clicar no botão "+ Nova extensão" para iniciar o processo de adição das suas extensões. Neste exemplo, iremos adicionar extensões de *sitelink* ao seu anúncio, embora seja possível adicionar qualquer uma.

Figura 217. Adicionar extensões de *sitelink* a uma campanha de Google Ads.

Para adicionar as suas extensões de *sitelink*, basta preencher os campos apresentados. Poderá adicionar vários *sitelinks* ao seu anúncio, conforme a quantidade de páginas e informação que pretenda destacar. É igualmente recomendável que adicione descrições para cada um desses *sitelinks*, por forma a tirar o máximo partido do seu anúncio.

A descrição dos *sitelinks* só aparece na versão *desktop* do anúncio, ou seja, quando este é exibido num computador de mesa, porque o utilizador realizou a pesquisa em *desktop*. No caso do *mobile*, surge somente o *sitelink* e não aparece a descrição.

Depois de concluída a inserção das suas extensões, clique em "Guardar e continuar" para avançar no processo de criação da sua campanha de Google Ads.

Figura 218. Exemplo de campanha com extensão de *sitelink* e descrição.

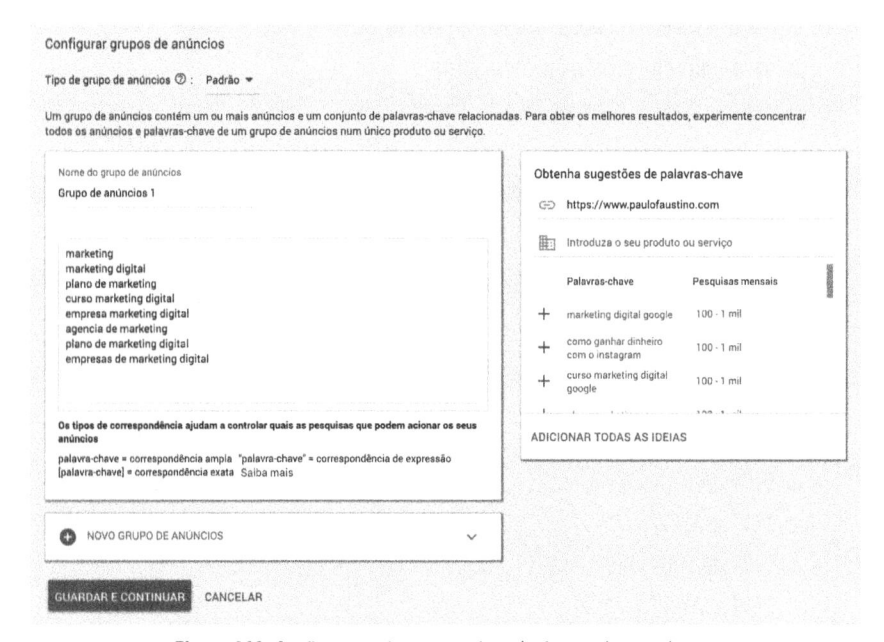

Figura 219. Configuração dos grupos de anúncios e palavras-chaves.

No passo seguinte, temos a configuração dos grupos de anúncios e respectivas palavras-chaves. Do lado direito, ao adicionar o seu *website*, o Google irá fazer-lhe algumas sugestões de palavras-chaves baseadas na análise do conteúdo, que poderá adicionar à lista de qualquer grupo de anúncios que crie.

No entanto, as palavras-chaves estão divididas em vários tipos de correspondência, que ajudam a controlar quais as pesquisas que vão acionar a exibição dos seus anúncios. Caso contrário, adicionando qualquer palavras-chaves ao grupo de anúncios, poderia fazer disparar o seu anúncio e não é isso que se pretende, uma vez que imprimiríamos anúncios nas pesquisas erradas.

TIPOS DE CORRESPONDÊNCIA

Existem em cinco tipos de opções de correspondência de palavras-chaves, que, como referi anteriormente, o ajudam a controlar quais as pesquisas que fazem disparar a exibição dos seus anúncios, por forma a dominar igualmente os custos e a exibição de anúncios somente nas pesquisas relacionadas com o seu negócio ou produto.

palavra-chave = correspondência ampla
+palavra-chave +palavra-chave = correspondência ampla modificada
"palavra-chave" = correspondência de expressão
[palavra-chave] = correspondência exata
–palavra –chave = correspondência negativa

A única alteração realizada à palavra-chave em si é feita através da utilização de símbolos de adição ou subtração e também de aspas ou parêntesis retos a envolvê-la.

Imagine que pretendo adicionar diferentes palavras-chave à minha campanha, com base em diferentes tipos de correspondência. O aspeto geral da minha lista de palavras-chave poderia ser:

[marketing]
+marketing +digital
plano de marketing
"curso marketing digital"
[empresa marketing digital]
agência de marketing
"plano de marketing digital"
+empresas +marketing digital

Para entender melhor o que representam estes tipos de correspondência de palavras-chaves, vamos analisar cada um deles, incluindo exemplos práticos, para que possa facilmente determinar qual a melhor opção a tomar para as campanhas que pretende criar no Google Ads.

CORRESPONDÊNCIA AMPLA

A correspondência ampla é o formato de correspondência de palavras-chaves mais simples e básico de todos e aquele que não utiliza qualquer tipo de símbolo ou marcação, ou seja, trata-se apenas da palavra-chave simples, sem aspas, sem parênteses retos e sem o sinal de adição ou subtração.

No formato de correspondência ampla, o Google determina automaticamente a exibição do seu anúncio não apenas para essa palavra-chave, como para todas as que estão relacionadas com ela, incluindo sinônimos, plurais ou *typos* (gralhas ortográficas). Isto significa que, na realidade, a sua palavra-chave é ampla e não propriamente apenas uma palavra-chave em si.

Exemplo prático de utilização:

Palavra-chave com correspondência ampla:
estratégia de marketing digital

O anúncio pode ser apresentado para as seguintes palavras-chave:
estratégia digital para pequenos negócios
marketing digital para empresas
estratégia de marketing
estratégia de marketing digital para empresários
marketing digital e redes sociais
dicas de marketing digital
como criar uma estratégia de marketing digital

Basicamente, o que acontece no caso da correspondência ampla é que o próprio Google utiliza qualquer uma das palavras que compõem a sua palavra-chave ampla e relaciona-as com diferentes outras pesquisas. O grande problema das palavras-chaves amplas é que muitas vezes fazem com que o seu anúncio seja exibido em pesquisas que não têm nada que ver com o seu negócio ou produto, pelo que é importante estar atento a isso ou "negativar" palavras-chaves que, inicialmente, já se sabe que não fazem sentido.

A correspondência ampla é uma forma interessante de iniciar uma campanha de Google Ads, na medida em que lhe permite entender para que outras palavras-chaves o seu anúncio poderia ser exibido e, posteriormente, otimizá-lo com base em resultados. O único senão é que, durante este processo de aprendizagem, fará investimento e possivelmente terá um retorno menos positivo do que o esperado.

CORRESPONDÊNCIA AMPLA MODIFICADA

A correspondência ampla modificada, ou modificador de correspondência, é uma forma de ter um maior controle sobre a correspondência ampla, garantindo que existe uma correlação direta entre diferentes termos de pesquisa.

O tipo de correspondência ampla modificada segmenta pesquisas que incluem todos os elementos das suas palavras-chaves, mas não os termos que nada têm que ver com o assunto. É quase como se falássemos de uma dupla validação.

No caso de uma palavra-chave ampla modificada *+estratégia +marketing digital*, pode exibir o seu anúncio na busca por "estratégia de marketing digital para pequenos negócios", mas isso não irá suceder, por exemplo, na pesquisa "estratégia de negócios" ou "estratégia para pequenos negócios", uma vez que não existe uma correspondência entre os termos *+estratégia* e *+marketing digital*. Ambos os termos deverão ser acionados na pesquisa, de modo que o seu anúncio seja exibido.

Exemplo prático de utilização:

Palavra-chave com correspondência ampla modificada:
+estratégia +marketing digital

O anúncio pode ser apresentado para as seguintes palavras-chaves:
estratégia de marketing digital para negócios
estratégia e modelo de marketing digital
marketing digital com estratégia
melhor estratégia de marketing digital
dicas de marketing digital e estratégia de negócios

Num dos exemplos que o próprio Google apresenta na sua seção de ajuda, consta uma palavra-chave ampla modificada do tipo *+sapatos +vermelhos* para demonstrar que, com essa correspondência, o anúncio não é exibido quando um utilizador pesquisa por "sapatos azuis", mas é exibido quando alguém pesquisa por "sapatos vermelhos para homem", por exemplo.

Este tipo de correspondência limita logicamente a exibição dos seus anúncios, mas garante que um determinado conjunto de termos de pesquisa constará da pesquisa realizada pelo utilizador, garantindo uma maior eficácia daqueles conteúdos, aumentando a sua taxa de cliques média e, naturalmente, baixando o custo.

CORRESPONDÊNCIA DE EXPRESSÃO

A correspondência de expressão visa apresentar os seus anúncios para a palavra-chave exata e variantes aproximadas desta. Em resumo, o Google não irá exibir o seu anúncio para palavras-chaves não aproximadas à palavra-chave de correspondência de expressão que definir para a sua campanha.

A correspondência de expressão segmenta ainda mais os seus anúncios, quando comparada com a correspondência ampla, mas é ligeiramente mais flexível do que a correspondência exata, por exemplo.

Ao adicionar uma palavra-chave de correspondência de expressão à sua campanha, o Google poderá exibir os seus anúncios não apenas para essa, como também para palavras-chaves que contenham termos antes e depois da que definiu, alargando ligeiramente o leque de opções de termos de pesquisa que fazem disparar a exibição do seu anúncio.

Outro dado relevante é que, neste caso, a ordem das palavras é importante, o que significa que o Google não irá apresentar o seu anúncio caso alguém introduza um termo adicional no meio da sua palavra-chave.

Exemplo prático de utilização:

Palavra-chave com correspondência de expressão:
"marketing digital"

O anúncio pode ser apresentado para as seguintes palavras-chaves:
dicas de marketing digital
marketing digital na prática
estratégia de marketing digital
marketing para pequenos empreendedores
cursos de marketing digital

A correspondência de expressão é uma opção de segmentação de palavras-chaves mais precisa do que a correspondência ampla e poderá ser uma boa opção a considerar na sua estratégia de publicidade em Google Ads.

CORRESPONDÊNCIA EXATA

A correspondência exata pressupõe a exibição dos seus anúncios quando alguém efetuar uma pesquisa cujo significado corresponde exatamente à sua palavra-chave ou então quando se trata exatamente desta.

As variantes aproximadas para as quais a sua palavra-chave pode vir a ser exibida incluem erros ortográficos, formas no singular e plural do mesmo termo de pesquisa, termos derivados, abreviaturas, termos com e sem acentuação, e palavras funcionais, que são basicamente preposições, conjunções e artigos, do tipo "como", "para", "pois", "mas", "a", "o", etc; que não alteram o significado da pesquisa em si.

Exemplo prático de utilização:

Palavra-chave com correspondência exata:
[estratégia de marketing digital]

O anúncio pode ser apresentado para as seguintes palavras-chaves:
estratégia marketing digital
marketing digital estratégia
estratégia para marketing digital
estratégia mkt digital
estratégias de marketing digital

No caso da correspondência exata, os seus anúncios não são exibidos em palavras-chaves compostas por termos adicionais, do gênero "estratégias de marketing digital para pequenos negócios", por exemplo.

Este tipo de correspondência é hipersegmentado e, por norma, não dá oportunidade a uma expansão quantitativa do número de palavras-chaves para as quais o seu anúncio é exibido, ou seja, é muito pouco provável que sinta um aumento no número de exibições do seu anúncio utilizando palavras-chaves de correspondência exata.

No entanto, a utilização deste tipo de correspondência garante que o seu anúncio só é exibido quando alguém pesquisa pela palavra-chave definida na sua campanha, garantindo, naturalmente, uma maior qualidade no tráfego gerado.

CORRESPONDÊNCIA NEGATIVA

A correspondência negativa, ou palavras-chaves negativas, permite-lhe excluir termos de pesquisa da sua campanha e garantir que os seus anúncios nunca são exibidos em resposta a essas buscas. Este tipo de correspondência permite-lhe separar o trigo do joio mais facilmente e garantir que os seus anúncios só são apresentados para determinadas palavras-chaves.

Este tipo de correspondência negativa faz sentido quando um utilizador pode visualizar uma campanha sua, mas na realidade estava à procura de um outro tipo de produto ou serviço similar, mas não igual.

Imagine que a sua empresa vende mobiliário para casa. Possivelmente seria interessante "negativar" palavras-chaves como "mobiliário de escritório" ou "móveis para escritório", uma vez que, embora seja mobiliário, não se trata do tipo que a sua empresa comercializa.

Contrariamente a outros modelos de correspondência, a negativa divide-se em três modelos de palavras-chaves:

1. Correspondência ampla negativa
2. Correspondência de expressão negativa
3. Correspondência exata negativa

Aplicando os mesmos conceitos de correspondência de palavras-chaves às negativas, é possível "negativá-las" através de diferentes tipos de correspondências, que, naturalmente, irão segmentar mais ou menos a exibição dos seus anúncios.

No fundo, é exatamente o mesmo conceito de tipos de correspondência que vimos anteriormente, aplicado às palavras-chaves negativas que pretendemos que não acionem a exibição dos nossos anúncios numa campanha de Google Ads.

ANÁLISE DE PALAVRAS-CHAVES

Como vimos no capítulo sobre marketing de conteúdo, a análise de palavras-chaves é um procedimento importante não apenas ao nível da produção de conteúdo, como também da exibição de anúncios através de publicidade no Google Ads.

Ferramentas como o KWFinder (*http://bit.ly/appkwfinder*) ou o planejador de palavras-chaves do Google (*http://bit.ly/GoogleKP*) ajudam-no nessa tarefa de análise e planejamento de palavras-chaves. É importante que faça este trabalho antes de iniciar a criação da sua campanha, para que saiba de antemão quais os termos de pesquisa que deverá ou não trabalhar.

Esta análise de palavras-chaves permite-lhe identificar com maior precisão e facilidade quais os termos de pesquisa que são mais utilizados na sua região (local) ou no país (global), para pesquisar pelo tipo de produto ou serviço que a sua empresa comercializa.

Faça uma *shortlist* de 20 a 40 palavras-chaves para começar e defina, com base nos vários tipos que vimos anteriormente, qual será o tipo de correspondência de cada uma delas.

Não vale a pena começar com uma lista de palavras-chaves gigantesca e um orçamento reduzido, portanto recomendo-lhe que arranque com uma lista menor e que vá desativando e adicionando novas palavras à sua campanha à medida que for medindo os resultados e o impacto dos anúncios no seu negócio.

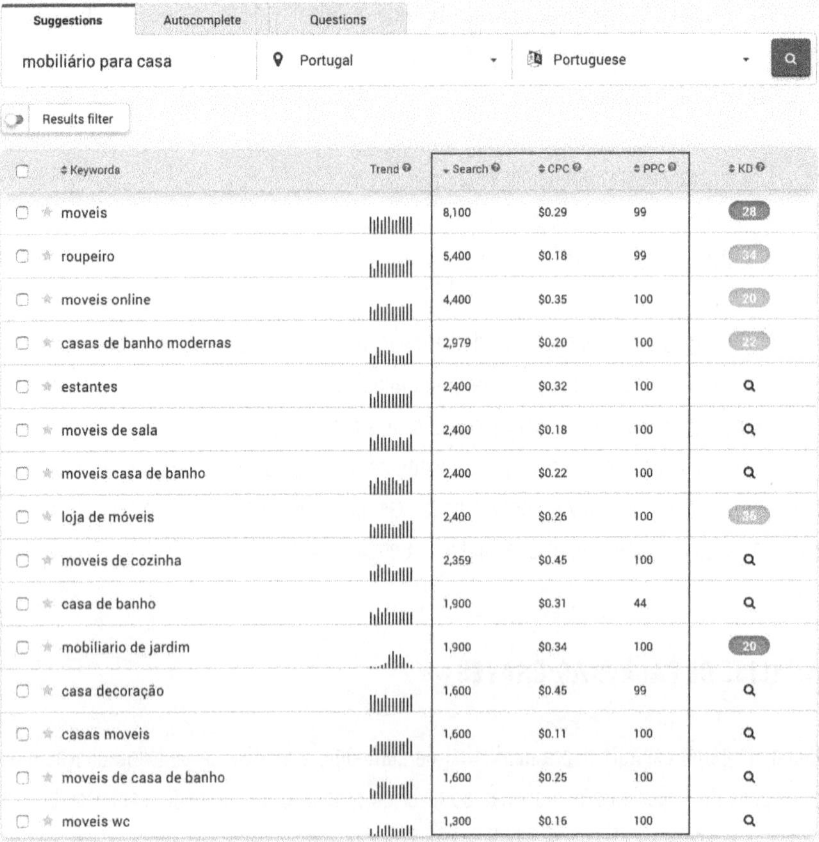

Keywords	Trend	Search	CPC	PPC	KD
moveis		8,100	$0.29	99	28
roupeiro		5,400	$0.18	99	34
moveis online		4,400	$0.35	100	20
casas de banho modernas		2,979	$0.20	100	22
estantes		2,400	$0.32	100	
moveis de sala		2,400	$0.18	100	
moveis casa de banho		2,400	$0.22	100	
loja de móveis		2,400	$0.26	100	35
moveis de cozinha		2,359	$0.45	100	
casa de banho		1,900	$0.31	44	
mobiliario de jardim		1,900	$0.34	100	20
casa decoração		1,600	$0.45	99	
casas moveis		1,600	$0.11	100	
moveis de casa de banho		1,600	$0.25	100	
moveis wc		1,300	$0.16	100	

Figura 220. Exemplo de pesquisa de palavras-chaves na ferramenta KWFinder.

Ao utilizar uma ferramenta como o KWFinder, é possível iniciar uma análise de palavras-chaves a partir de um determinado termo de pesquisa, no caso "mobiliário para casa", e ordenar os resultados por volume de pesquisa clicando na coluna "Search" da ferramenta.

Ao lado, temos uma coluna CPC, que significa o custo por clique médio em dólares para anunciar no Google Ads para essa palavra-chave, e também a coluna PPC, que indica o nível de concorrência no Google Ads para cada uma das palavras-chaves, sendo que 0 (zero) corresponde a nenhuma concorrência e 100 (cem) a muita concorrência.

Repare que na área do mobiliário a concorrência em anúncios de Google Ads é enorme, exceto para o termo de pesquisa "banheiro", onde o nível de concorrência é de apenas 44 em 100.

A minha recomendação é que utilize uma ferramenta de análise como o KWFinder, ou até mesmo o planejador de palavras-chaves do Google, para criar uma lista das primeiras 20 a 40 palavras-chaves relacionadas com o seu negócio e adicionar cada uma delas à lista na construção do seu primeiro anúncio.

CRIAÇÃO DO ANÚNCIO E CONCLUSÃO DA CAMPANHA

Para concluir a nossa primeira campanha de Google Ads, falta-nos criar o anúncio ou os anúncios propriamente ditos e submetê-la à aprovação do Google. Depois de adicionar a lista de palavras-chaves, nos respectivos tipos de correspondência desejados, clique em "Continuar" para avançar no processo de criação da sua campanha e iniciar a criação dos anúncios propriamente ditos.

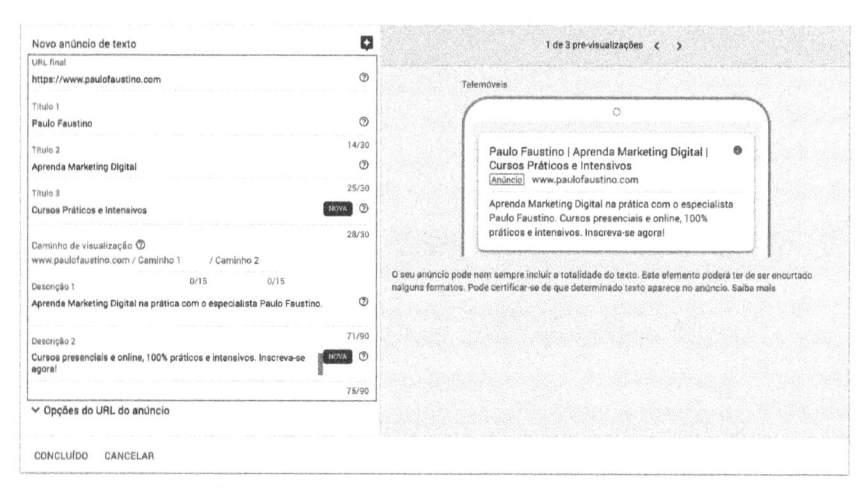

Figura 221. Criação de anúncio de texto no Google Ads.

Existem vários aspectos a ter em consideração na construção dos seus anúncios, sendo que o principal de todos é criar mais do que um por grupo de campanha, para garantir que é exibido o que tiver melhor *performance*, o que, naturalmente, irá gerar um maior retorno sobre o seu investimento.

Ao nível da construção do anúncio, deverá adicionar o URL para onde os utilizadores serão encaminhados depois de clicar na sua campanha e escrever os três títulos disponíveis para o topo. Como o Google coloca automaticamente um travessão entre cada um dos títulos, é recomendável que um não seja a continuação do outro, mas, sim, que se trate de ideias diferentes e complementares.

Por fim, deverá completar o seu anúncio com os dois campos de descrição disponíveis. Fique atento às limitações no número de caracteres, para garantir que os textos não ficam cortados.

Quando terminar a configuração do anúncio, clique em "Concluído".

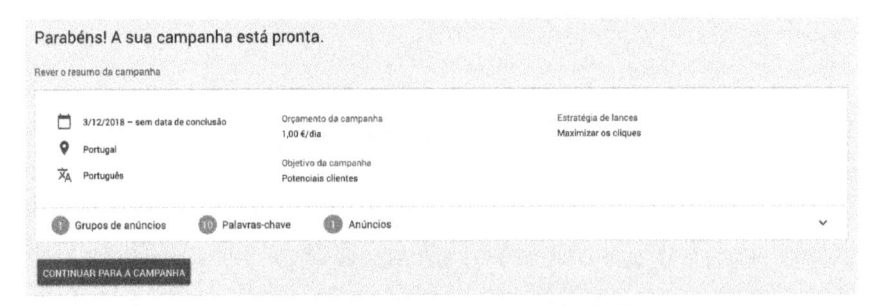

Figura 222. Conclusão da campanha de Google Ads.

Parabéns, criou a sua primeira campanha de anúncios de texto no Google Ads!

Agora que concluiu a criação da sua campanha, poderá clicar em "Continuar" para acompanhar o progresso desta e as métricas de desempenho dos seus anúncios, para cada uma das palavras-chaves correspondentes.

MÉTRICAS E RESULTADOS EM GOOGLE ADS

Figura 223. Exemplo de estatísticas e resultados em campanhas de Google Ads.

Quando falamos de campanhas de Google Ads, há muitas métricas e estatísticas que são passíveis de acompanhar e alinhar de acordo com a sua estratégia de marketing digital. No entanto, é fundamental que defina quais os indicadores-chave de *performance* (KPI) que pretende acompanhar ao longo da sua jornada, para que possa concentrar os seus esforços e análises nos números mais relevantes para a estratégia que traçou.

Como em quase todas as plataformas de publicidade, o Google Ads apresenta dezenas de diferentes indicadores-chave de *performance*, sendo que, na grande maioria dos casos, nem todos interessam, principalmente quando o objetivo são campanhas publicitárias simples e com objetivos fáceis de mensurar. Dentre as principais métricas a acompanhar, recomendo-lhe que preste especial atenção às seguintes:

Impressões – é o número de vezes que o seu anúncio foi impresso numa página de resultados de pesquisa do Google ou num *banner* publicitário que foi exibido num *website*. O número de impressões está intimamente relacionado com o número de cliques, no sentido em que um anúncio que gera muitas impressões e poucos cliques possivelmente precisa ser analisado e aperfeiçoado.

Cliques – é o número de vezes que uma pessoa clicou no seu anúncio depois de ele ser exibido numa página de resultados de pesquisa do Google ou num *banner* publicitário de um *website*, dependendo se faz anúncios na rede de pesquisa ou na rede de *display* do Google. Está intimamente ligado ao número de impressões.

CTR – é a taxa de cliques média, que é calculada entre o número de impressões e o número de cliques, utilizando uma fórmula muito simples: cliques ÷ impressões = CTR. Quanto maior for a taxa de cliques, melhor será o desempenho do anúncio em termos gerais.

CPC médio – é o custo médio por clique no seu anúncio para uma determinada palavra-chave. Como o Google Ads funciona num sistema de lei da oferta e da procura, o valor por clique varia por palavra-chave e consoante o nível de concorrência desta. É importante que se mantenha atento ao custo por clique dos seus anúncios e tome medidas para baixar o valor, tornando-os, a eles e às suas páginas de destino, mais relevantes.

Posição média – uma vez que o Google apresenta vários resultados pagos para uma mesma pesquisa, só um pode aparecer primeiro. A posição média é o reflexo desse posicionamento, sendo que uma posição média de 1,5 significa que o seu anúncio está mais vezes a ser exibido como primeiro do que como segundo, enquanto uma posição média de 1,9 quer dizer que é exibido com maior frequência na segunda posição.

Conversões – no caso de geração de *leads* e vendas, é importante fazer o acompanhamento de conversões (ver mais à frente neste capítulo), de maneira a conseguir otimizar os seus anúncios corretamente e com um objetivo concreto. No caso, os anúncios de conversão apresentam, por norma, dados estatísticos relacionados com o número de conversões realizadas e o custo de cada uma delas.

Taxa de conversão – quando falamos de conversões, falamos também de taxa de conversão, que é basicamente um cálculo simples entre a quantidade de pessoas que clicaram no seu anúncio e as que converteram no objetivo definido, seja ele geração de *leads* ou vendas. Anúncios com elevadas taxas de conversão devem ser sempre a prioridade.

Dependendo do tipo de campanhas que decidir criar, poderá também acompanhar métricas de visualização de vídeo e *download* de aplicações móveis, por exemplo. Cada objetivo de marketing implica uma análise sustentada das suas principais métricas e resultados, portanto é recomendável que adapte o conhecimento à sua realidade.

ACOMPANHAMENTO DE CONVERSÕES

Quando falamos em anúncios de geração de *leads* ou de venda de produtos, é fundamental fazer o acompanhamento de conversões. Uma conversão é uma ação que determinamos medir, que pode ser uma venda, o preenchimento de um formulário, a instalação de uma aplicação móvel, uma chamada telefônica, etc.

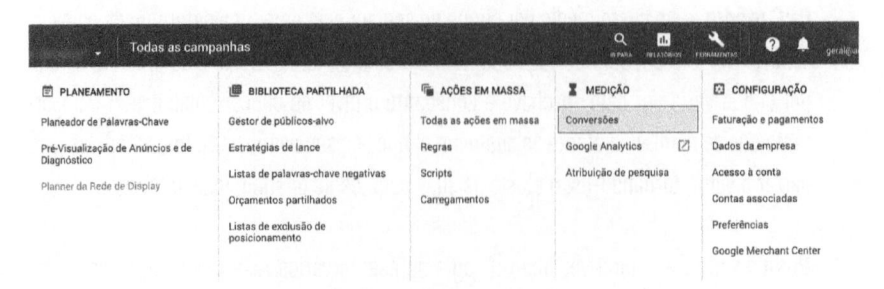

Figura 224. Menu de ferramentas do Google Ads.

Para ativar o acompanhamento de conversões, deverá ir ao menu "Ferramentas" e à opção "Conversões".

Selecione o tipo de conversões que pretende acompanhar. Saiba mais

Website	Aplicação	Chamadas telefónicas	Importar
Acompanhe vendas e outras ações no seu Website	Acompanhe instalações de aplicações e ações na aplicação	Acompanhe chamadas provenientes dos seus anúncios ou do seu Website	Importe conversões de outro sistema

Figura 225. Tipos de conversões em Google Ads.

Na página seguinte, o Google irá questioná-lo sobre o tipo de conversão que pretende medir. No caso de um *website* ou uma *landing page*, poderá realizar um acompanhamento de compra/venda, inscrição, potencial cliente, visita de uma página-chave ou outro tipo de conversão personalizada que pretenda medir.

No caso das aplicações móveis, poderá acompanhar o número de instalações das aplicações e/ou ações realizadas dentro delas próprias.

É ainda possível fazer um acompanhamento das chamadas telefónicas provenientes dos seus anúncios ou mesmo do seu *website*, caso assim o pretenda.

O modelo de acompanhamento de conversões mais comum é o primeiro, onde é possível parametrizar o acompanhamento de conversões num determinado *website*, blog ou *landing page*, para qualquer ação em específico.

O primeiro passo é atribuir um nome à sua conversão. À medida que for criando diferentes conversões para medir resultados em diferentes páginas ou anúncios, é importante separar as coisas devidamente.

Depois disso, deverá selecionar a categoria de conversão, que, como referi anteriormente, pode ser o acompanhamento de compra/venda, inscrição, potencial cliente, visita de uma página-chave ou outro tipo de conversão personalizada que pretenda medir.

Dependendo do que escolher na categoria, ainda poderá selecionar, na área "Valor", se pretende utilizar o mesmo valor para cada conversão, usar valores diferentes ou não atribuir qualquer tipo de valor. No caso de geração de *leads*, por norma, não se atribui um valor de conversão, uma vez que apenas geramos contatos de potenciais clientes, e não realizando vendas propriamente ditas.

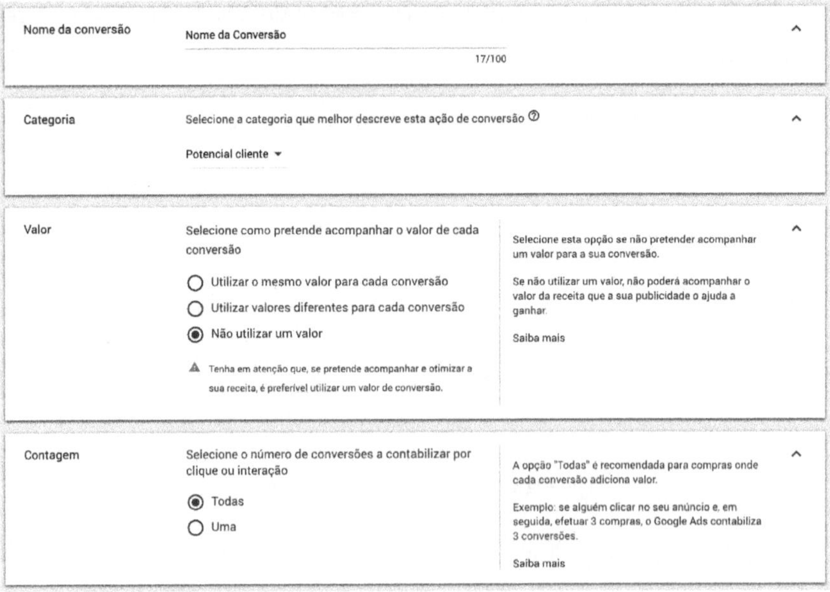

Figura 226. Configuração da conversão a medir nos anúncios de Google Ads.

Logo abaixo, poderá definir também como deseja contabilizar o número de conversões por clique ou interação. No caso de um *e-commerce*, poderá querer contabilizar todas as compras de um mesmo cliente, ou contabilizar apenas como uma conversão.

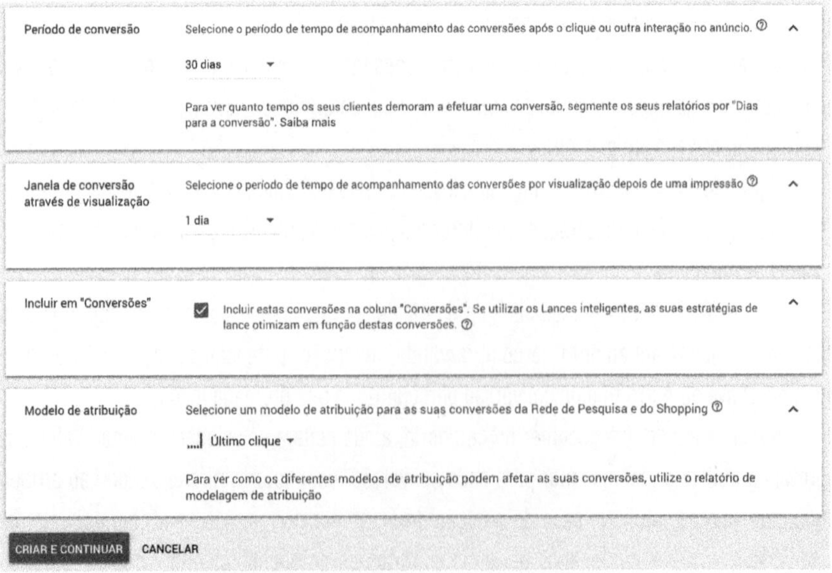

Figura 227. Configurações finais do tipo de conversão a medir.

Por fim, deverá selecionar um período de conversão, ou seja, quanto tempo os seus clientes demoram a efetuar uma conversão depois de clicarem no seu anúncio, de modo a ver essa informação refletida nos seus relatórios.

Na janela de conversão, poderá selecionar o período de acompanhamento das conversões por visualização depois de uma impressão do seu anúncio, e, no modelo de atribuição, a quem pretende atribuir a responsabilidade da conversão: se ao primeiro clique do utilizador num anúncio seu, se ao último.

Depois de configurada a conversão, clique em "Criar e continuar".

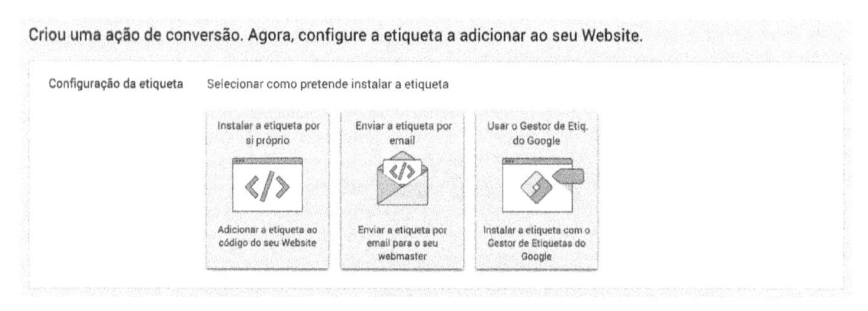

Figura 228. Configuração do código de acompanhamento de conversões.

Agora que criou a sua conversão, poderá instalar o código por si próprio no seu *website* ou enviar a etiqueta por *e-mail* para um programador que o possa auxiliar na implementação dessa etapa.

É possível também interligar a conversão criada com o Google Tag Manager, que é basicamente um gestor de etiquetas.

O primeiro código a colocar nas suas páginas é o global do *site*. Este código funciona da mesma forma que o pixel de conversão do Facebook e deve ser colocado no cabeçalho do seu *site*. O cabeçalho repete-se em todas as páginas, pelo que fará com que o código seja exibido em todo o *site*.

Este código permite-lhe monitorar vários tipos de ações que são realizadas dentro do seu *site* e, juntamente com o fragmento de conversão, medir ações concretas de conversão.

Simplificando: o código deve ser colocado no cabeçalho do seu *site*, de modo que apareça em todas as páginas. Só isso.

Depois de adicionar o código global, deverá acrescentar o fragmento de eventos de conversão, que é basicamente o código que dá o alerta de que uma determinada conversão aconteceu no seu *site*.

Ver código para ⓘ	HTML ▼
Etiqueta do site global	A etiqueta do site global adiciona visitantes às suas listas de remarketing básicas e define novos cookies no domínio, que irão armazenar informações acerca do clique no anúncio que direcionou um utilizador para o Website. Tem de instalar esta etiqueta em todas as páginas do seu Website. ◉ A etiqueta global do site não está instalada em todas as suas páginas HTML. ○ A etiqueta global do site já está instalada em todas as páginas, mas é proveniente de outro produto Google (como o Google Analytics) ou de outra conta do Google Ads. ○ A etiqueta global do site já estava instalada em todas as páginas quando criou outra ação de conversão nesta conta do Google Ads (719-229-2221) Copie a etiqueta abaixo e cole-a entre as etiquetas <head></head> de todas as páginas do Website. Só tem de instalar a etiqueta de site global uma vez por conta, mesmo que esteja a monitorizar várias ações.

```
<!-- Global site tag (gtag.js) - Google Ads: 926732310 -->
<script async src="https://www.googletagmanager.com/gtag/js?id=AW-926732310"></script>
<script>
  window.dataLayer = window.dataLayer || [];
  function gtag(){dataLayer.push(arguments);}
  gtag('js', new Date());

  gtag('config', 'AW-926732310');
</script>
```

TRANSFERIR O FRAGMENTO

Figura 229. Código global de acompanhamento de conversões.

Fragmento de evento — O fragmento de evento funciona com a etiqueta global do site para acompanhar ações que devem ser contabilizadas como conversões. Escolha se pretende acompanhar conversões num carregamento de página ou num clique. ⓘ

◉ Carregamento de página
Adicione o fragmento à página à qual um cliente acede após concluir uma conversão

○ Cliques
Adicione o fragmento à página que tem um botão ou link cujos cliques pretende acompanhar

Copie o fragmento abaixo e cole-o entre as etiquetas <head></head> das páginas que pretende acompanhar, logo após a etiqueta do site global

```
<!-- Event snippet for conversão-testes conversion page -->
<script>
  gtag('event', 'conversion', {'send_to': 'AW-926732310/xykECIuT15ABEJag87kD'});
</script>
```

TRANSFERIR O FRAGMENTO

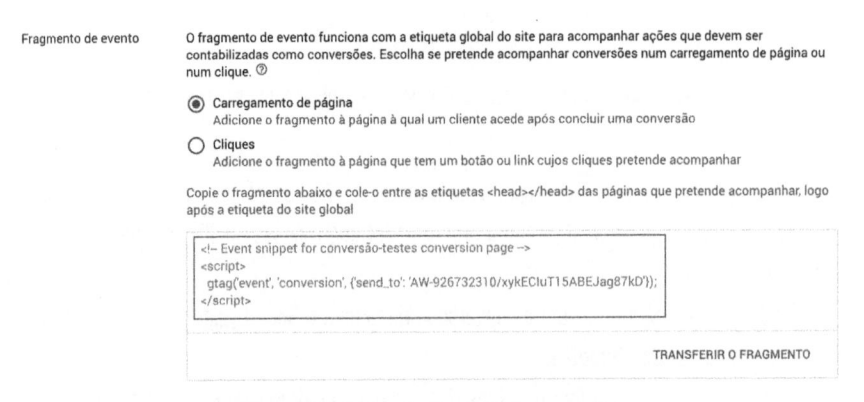

Figura 230. Fragmento de evento de conversão.

No caso de uma *landing page* ou de uma página de venda de produtos, este código é colocado, por norma, no final do caminho da jornada do cliente, que, no caso, é a sua página de "Obrigado".

Uma vez que é necessário medir conversões e entender em que etapa da jornada é que o seu cliente se encontra, a única forma de medir eficazmente se ele terminou o caminho é terminando essa mesma jornada numa página de agradecimento.

No caso de uma *landing page*, deverá construir uma página de agradecimento, para que, quando o seu cliente realizar a ação na sua *landing page*, termine posteriormente nela. Nessa página, deverá ter o código global do *site*, mas também o código de fragmento de evento, que irá entender que, por ter chegado ali, aquele potencial cliente gerou uma conversão.

Simplificando: o código de fragmento de evento de conversão deverá ser colocado apenas na página de obrigado/agradecimento, junto com o código global do *site*.

Depois de implementadas no seu *website* ou *landing page*, as conversões ficarão refletidas nos relatórios das suas campanhas, como resultado dos anúncios que realiza.

Figura 231. Acompanhamento de conversões em anúncios de Google Ads.

Nos relatórios de palavras-chaves, é possível ativar nas colunas, a exibição das "Conversões", bem como a "Taxa de conversão e custo por conversão", para que entenda de uma forma simples e rápida quantas conversões serão geradas para cada palavra-chave e o que é necessário fazer para melhorar a *performance* desses anúncios, para que possam gerar mais conversões, por um custo menor.

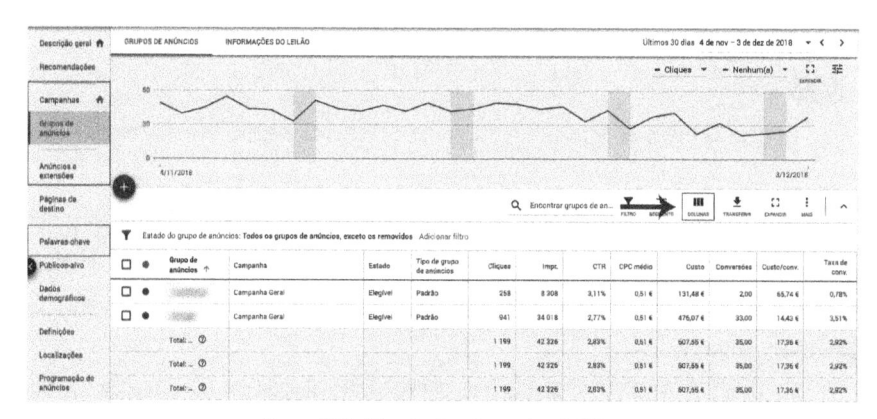

Figura 232. Ativação de colunas de relatórios.

Para visualizar a *performance* dos seus anúncios, poderá visualizar, do lado esquerdo, os seus resultados e métricas ao nível das "Campanhas", "Grupos de anúncios", "Anúncios" ou até mesmo "Palavras-chaves". Como as campanhas de Google Ads são organizadas de uma forma hierárquica, como vimos no início deste capítulo, isso significa que dentro de cada uma delas existe um ou vários grupos de anúncios e, dentro de cada um destes, pode haver também um ou vários anúncios. Dentro de cada anúncio, temos as diferentes palavras-chaves para as quais ele é exibido.

É uma ordem lógica relativamente simples de acompanhar, mas que inicialmente pode parecer meio confusa. No entanto, é importante que perceba que poderá visualizar os relatórios das suas campanhas a partir de qualquer uma dessas vistas.

Depois de entrar em qualquer uma delas, deverá clicar no ícone "Colunas" para visualizar todas as opções de colunas de dados, que poderá ativar ou desativar conforme as métricas que deseje acompanhar clicando em "Modificar colunas".

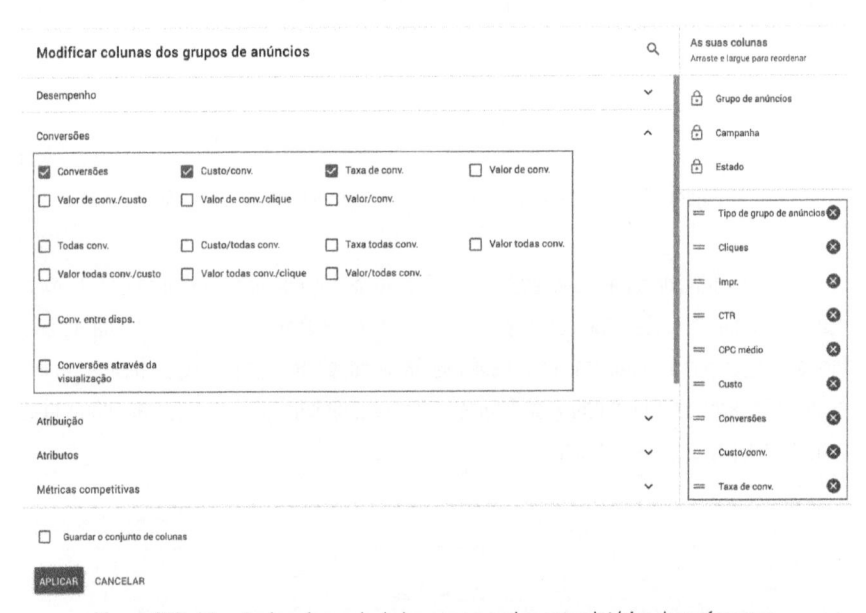

Figura 233. Ativação de colunas de dados a acompanhar nos relatórios de *performance*.

Depois de clicar em "Modificar colunas", poderá visualizar as diferentes informações que são possíveis de ativar ao nível de desempenho, conversões, atribuição, atributos, métricas competitivas, Google Analytics, detalhes de chamada, detalhes de mensagem, histórico de alterações, entre outras.

Para visualizar as conversões dos seus anúncios, recomendo-lhe que expanda o menu "Conversões" e ative pelo menos as colunas de "Conversões", "Custo por conversão" e "Taxa de conversão", para que possa entender de forma mais clara o desempenho daqueles em relação aos objetivos que determinou.

ASSOCIAR O GOOGLE ANALYTICS AO GOOGLE ADS

Quando falamos de medição de resultados, possivelmente um dos primeiros nomes que se recorda é do fantástico Google Analytics. Esta é uma ferramenta de medição de resultados, gratuita, que lhe permite ter uma visão mais ampla e objetiva de tudo o que acontece no seu *website*, blog, loja *online* e/ou qualquer outra propriedade que tenha.

No entanto, quando colocamos o Google Ads dentro da nossa estratégia de marketing digital, é importante que todos os resultados sejam medidos com a maior precisão possível e que esses dados estejam igualmente refletidos no Google Analytics, por forma a entendermos toda a jornada do cliente, desde o momento em que ele visualiza um artigo seu, até quando chega à página de agradecimento de venda de um produto.

A associação entre as contas de Google Analytics e Google Ads é feita a partir da primeira, portanto, caso não tenha uma conta criada, deverá fazê-lo em *https://analytics.google.com/analytics/web*.

Caso já tenha uma conta de Google Analytics, entre nela.

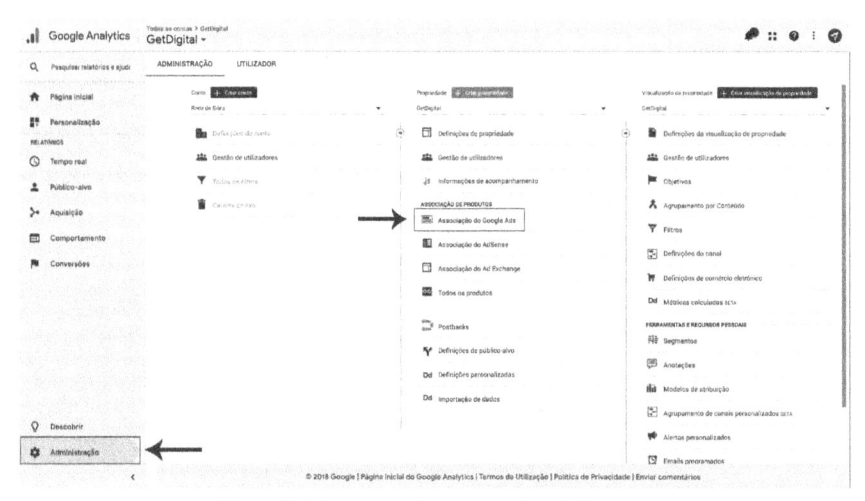

Figura 234. Associação de contas via Google Analytics.

Ao entrar na conta de Google Analytics, no canto inferior esquerdo, clique no menu "Administração", para entrar na página de administração de conta, propriedades e visualização de propriedades.

Na coluna central "Propriedade", clique na opção "Associação do Google Ads". É importante que entenda que o *e-mail* da sua conta de Google Analytics deverá ser o mesmo da conta de Google Ads, caso contrário, o sistema não conseguirá detectar que é o proprietário de ambas e não lhe permitirá efetuar a associação.

Figura 235. Associação de conta Google Ads com propriedade do Google Analytics.

Caso tenha o mesmo *e-mail* associado a ambas, poderá visualizar a deteção automática da sua conta e só precisará efetuar a associação da conta do Google Ads à do Google Analytics.

Clique no botão "Associar contas" e o processo ficará terminado. Os seus dados do Google Analytics e do Google Ads serão compartilhados entre ambas as contas e isso irá ajudá-lo a interpretar mais facilmente todas as ações realizadas e, principalmente, o impacto dos seus anúncios ao nível do seu *website*, blog, *landing page* ou loja *online*.

Outro aspecto muito interessante e relevante desta associação entre contas é o fato de estar agora em condições de criar um público de remarketing baseado no tráfego que o seu *website* recebe.

Um público de remarketing é basicamente um público-alvo de todos os visitantes do seu *website*, para os quais poderá anunciar através do Google Ads. Ao invés de realizar anúncios de Google Ads de uma forma mais ampla, na procura de utilizadores interessados no seu produto ou serviço, poderá tirar partido dos visitantes que estiveram no seu *website* e apresentar-lhes publicidade de uma forma mais direcionada.

Depois de associadas ambas as contas, o próprio Google lhe dará a possibilidade de começar a utilizar os públicos de remarketing no Google Analytics e anunciar através do Google Ads especificamente só para esse público.

Figura 236. Criar um público de remarketing no Google Analytics.

Clique no *link* "Começar a utilizar" para dar início ao processo de criação de um público de remarketing no Google Analytics.

Figura 237. Criar o primeiro público de remarketing no Google Analytics.

Ao clicar em "Começar a utilizar", o Google Analytics reencaminha-o automaticamente para a criação do seu primeiro público de remarketing. Este será criado com base no tráfego monitorizado pela sua conta do Google Analytics. Clique em "Passo seguinte" para configurar os destinos do público-alvo.

301

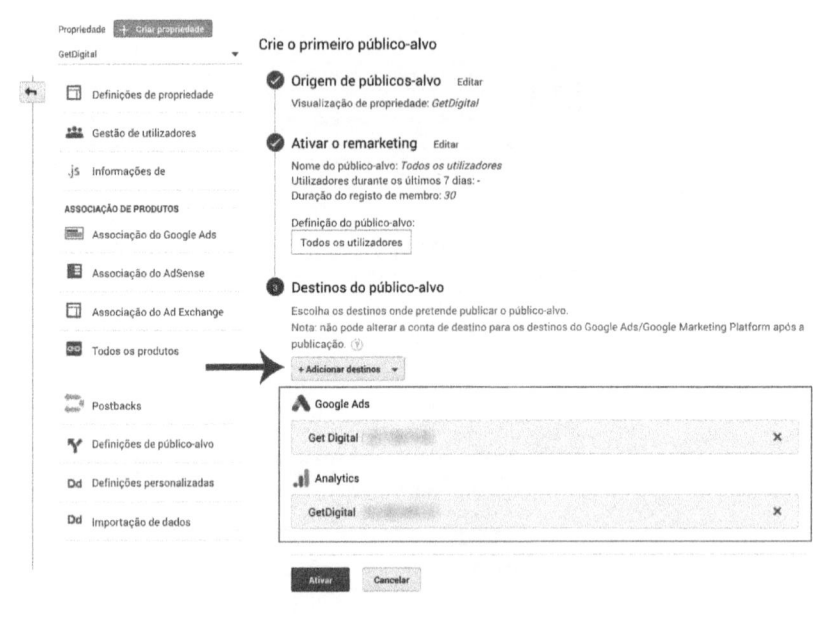

Figura 238. Adicionar destino do público-alvo de remarketing.

Para terminar o processo, deverá clicar no botão "Adicionar destinos", para selecionar em que locais pretende que esses públicos fiquem disponíveis.

Tenha em consideração que não pode alterar a conta de destino para os destinos do Google Ads após a publicação, portanto certifique-se de que envia a informação para a sua conta de Google Ads correta, para garantir que não existem erros. Confirme se o ID da sua conta de Google Ads é o mesmo e clique em "Ativar" para terminar o processo.

ANÚNCIOS DE REMARKETING EM GOOGLE ADS

Por fim, depois de realizada a associação entre ambas as contas, poderá criar anúncios especificamente para o seu público de remarketing.

Para o efeito, deverá criar uma nova campanha de anúncios de Google Ads e seguir todos os passos que referi ao longo deste capítulo, com a única diferença de que anunciaremos para um público-alvo específico.

Quando estiver criando a sua campanha de Google Ads, no final do processo de configuração, deverá expandir a opção "Públicos-alvo".

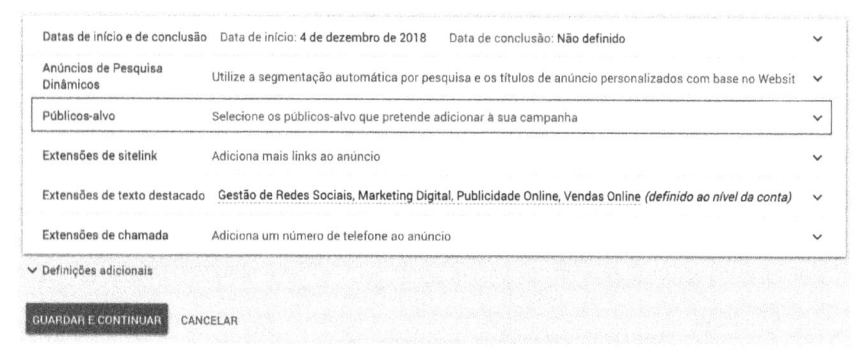

Figura 239. Anunciar para públicos-alvo específicos.

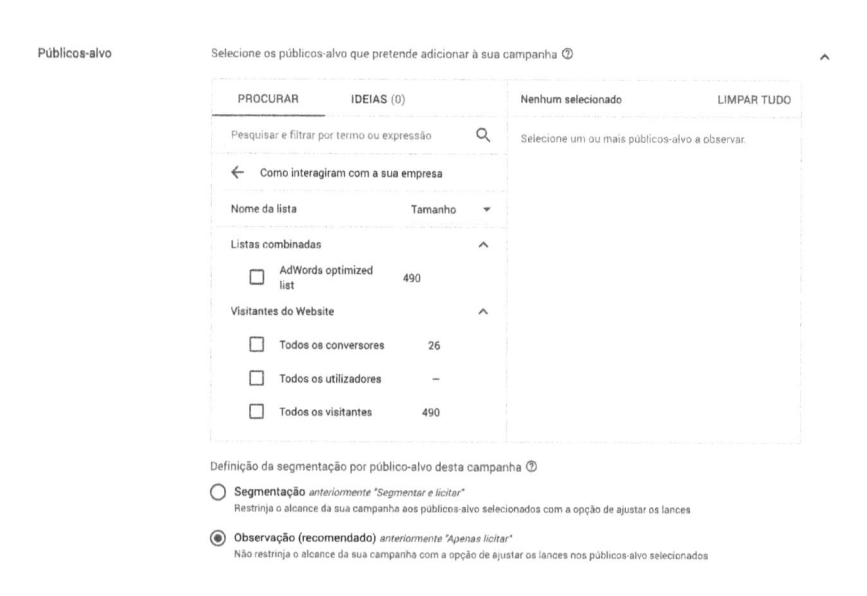

Figura 240. Público-alvo de remarketing em Google Ads.

Na procura de públicos, selecione a opção "Como interagiram com a sua empresa (remarketing ou públicos-alvo semelhantes)" e expanda os menus de listas combinadas e visitantes do *website*.

Deverá agora selecionar os públicos que deseja, por forma a anunciar especificamente só para eles, com base nos critérios de segmentação da sua campanha de Google Ads.

Parabéns, está apto a criar os seus primeiros anúncios de remarketing em Google Ads!

FATURAMENTO E PAGAMENTOS EM GOOGLE ADS

Partindo do princípio de que a sua conta de Google Ads é nova, necessitará configurar os dados de faturamento da sua empresa e adicionar um meio de pagamento à conta, caso contrário os anúncios não ficarão ativos.

Para fazer isso, deverá ir novamente ao menu "Ferramentas > Faturamento e Pagamentos" e preencher todas as informações fiscais do seu negócio e, posteriormente, os dados de pagamento da conta.

Assim que adicionar as informações, os seus anúncios ficarão ativos e começarão a ser apresentados na rede de pesquisa ou na rede de *display* do Google, consoante a opção que tenha definido na construção da campanha.

O Google Ads é uma plataforma extraordinária de publicidade, que deve ser integrada numa estratégia de marketing digital em praticamente todos os casos.

Quando falamos de um mercado B2B, o Google Ads é fundamental para gerar resultados, enquanto num mercado B2C deve ser utilizado com criatividade, tanto na geração de *leads*, como na de vendas em shopping, por exemplo.

> Esta é a nona peça do seu *puzzle* de estratégia de marketing digital.

CAPÍTULO IX
AUTOMAÇÃO DE MARKETING

Quando falamos de uma estratégia de marketing digital, é impossível não abordarmos os conceitos de *e-mail* marketing e automação de marketing. Ao contrário do que muitos profetas da Internet dizem, o *e-mail* marketing está longe de ter morrido e continua a ser das principais ferramentas de marketing digital e uma das mais eficazes quando o assunto é retenção de leitores e conversão em vendas.

Por mais que seja possível comprar tráfego, fazer campanhas de Facebook incríveis ou trabalhar a otimização dos seus conteúdos corretamente, nada chegará perto das taxas de conversão com *e-mail* marketing, muito menos quando integramos processos simples de automação de marketing, que nos poupam milhares de horas de trabalho.

Contrariamente a outras formas de comunicação digital, o *e-mail* marketing tem a grande vantagem de ser um tipo de comunicação um para um, ou seja, enviamos um *e-mail* personalizado diretamente para uma pessoa que consentiu que a contatássemos com esse objetivo.

É o mesmo que imaginar que tem uma loja e sabe quais as pessoas que passam na rua e estão interessadas em ouvir o que tem para dizer ou comprar lá.

O poder do *e-mail* marketing está precisamente nessa conexão entre o locutor e o ouvinte, com a vantagem de que tem a permissão dessa pessoa para se comunicar com ela, o que faz com que tenha a certeza de que ela tem realmente interesse em ouvi-lo, ao contrário de outras formas de comunicação digital, em que disparamos mensagens para todos na ânsia de encontrar o público-alvo certo e que nos queira ouvir, como acontece com os anúncios de Facebook.

Se tivermos em consideração que mais de 99% dos consumidores acedem à sua caixa de correio eletrônico diariamente[1] e que 78% dos *teenagers* utilizam *e-mail*,[2] então verificamos que o *e-mail* marketing se torna uma ferramenta imprescindível numa estratégia de marketing digital.

Quer seja um iniciante, quer se trate de um utilizador intermédio ou de um *expert*, encontrará, neste capítulo, conteúdo, dicas e estratégias para melhorar as suas conversões e vendas usando o *e-mail* marketing e a automação de marketing de uma forma totalmente eficaz, alinhada com a sua estratégia de conteúdo e comunicação digital.

O QUE É O *E-MAIL* MARKETING?

Se não está familiarizado com estratégias de *e-mail* marketing, então saiba de antemão que deixa muito dinheiro em cima da mesa. O *e-mail* marketing consiste em comunicar com os seus leitores, ou *leads*, através de comunicações feitas por *e-mail*.

Essas comunicações são feitas através de plataformas de *e-mail* marketing, ou de automação de marketing, que estão disponíveis na Internet para que possa enviar *e-mails* para grandes ou pequenas quantidades de contatos sem que seja considerado um *spammer* ou esteja a infringir a regulamentação geral de proteção de dados (RGPD).

A maioria das grandes empresas usa o *e-mail* marketing para comunicar com os seus clientes, seja para oferecer descontos, para comunicar novos lançamentos de produtos, ou simplesmente para informar.

Poderá utilizar o *e-mail* marketing para comunicar o que bem entender, da forma que bem entender. No entanto, esta ferramenta de comunicação digital é utilizada frequentemente nos seguintes casos:

- Comunicar descontos em produtos ou saldos;
- Confirmar uma compra que um cliente realizou numa loja *online*;
- Comunicar novos lançamentos de produtos;
- Informar sobre alterações no *site* ou na loja *online*;
- Informar que foi publicado um novo artigo no blog;
- Vender um produto físico ou digital;
- Etc.

O *e-mail* marketing pode e deve ser utilizado para mais do que uma destas ações. Isso implicará regras e alguma estratégia, coisas de que falaremos ao longo deste capítulo.

Quando o *e-mail* marketing começou a ganhar visibilidade no mundo do marketing digital era muitas vezes confundido com as estratégias de comunicação por "marketing direto", que se utilizavam antigamente e que consistiam em enviar comunicações não solicitadas diretamente para as caixas de correio das casas das pessoas.

O *e-mail* marketing entretanto evoluiu e as plataformas também, oferecendo soluções tecnológicas bem mais avançadas e que evitam ao máximo o envio de comunicações não solicitadas por *e-mail*, garantindo que os profissionais de marketing e empresas respeitam os seus consumidores e, principalmente, as leis de comunicação.

PORQUE DEVE UTILIZAR O *E-MAIL* MARKETING NA SUA ESTRATÉGIA

Existem diversas razões para utilizar uma estratégia de *e-mail* marketing no seu negócio digital. Referi anteriormente algumas dessas vantagens, sendo que a principal é ter a oportunidade de comunicar diretamente com uma pessoa que está interessada em ouvi-lo.

O poder deste tipo de comunicação é realmente imensurável, uma vez que é o mesmo que sairmos à rua e sabermos antecipadamente quais as pessoas que devemos abordar para tentarmos vender o nosso produto. Já imaginou como isso seria fantástico?

Dentre as várias vantagens que existem em utilizar o *e-mail* marketing como uma estratégia válida de comunicação digital, destaco aquelas que são as principais razões pelas quais deve adotar imediatamente esta estratégia nos seus negócios digitais ou não digitais.

Independentemente de a sua empresa ser digital ou não, é fundamental que adote estas estratégias e comece a comunicar diretamente com o seu público de uma forma eficaz.

1. Interação com o seu público

Se tem uma caixa de subscrição de *newsletter* no seu *site* ou blog, sempre que alguém deixa o seu *e-mail* para a receber, consente que a contate sempre que tiver algo de relevante para dizer.

Infelizmente, a grande maioria das empresas e profissionais de marketing tende a trabalhar de forma errada as suas estratégias de comunicação digital e a não respeitar aquilo que é o propósito de a pessoa ter subscrito a sua *newsletter*.

É importante que nos coloquemos nos sapatos da nossa *persona* e tentemos identificar o propósito da sua ação, na medida em que essa pessoa, muito provavelmente, não decidiu subscrever a sua *newsletter* para constantemente receber campanhas publicitárias ou tentativas forçadas de vender algum produto.

Se o objetivo é criar uma interação com o seu público e uma relação de proximidade com ele, é fundamental que o conteúdo faça parte da sua estratégia, ou seja, que exista um equilíbrio entre as suas tentativas de venda e a comunicação de conteúdo relevante e que pode de alguma forma auxiliar a pessoa.

Por norma utilizo uma regra de cinco para um, ou seja, por cada cinco *e-mails* de conteúdo relevante, envio no máximo um com uma tentativa de venda de um qualquer produto. Desta forma, procuro que exista equilíbrio entre aquilo que foi o propósito da pessoa ao subscrever a minha *newsletter* (receber conteúdo de valor) e aquilo que eu gostaria que acontecesse (a pessoa comprar um produto meu).

Desta forma, é possível criar um maior nível de interação com o público e uma relação mais emocional entre locutor e ouvinte.

2. Educar o seu público

Ao contrário do que a grande maioria das pessoas pensa, o *e-mail* marketing não é apenas utilizado com o objetivo de vender algum produto ou serviço, antes pelo contrário.

Uma estratégia de comunicação digital devidamente pensada e planejada precisa também incluir a educação do público-alvo. Se testar enviar comunicações 100% comerciais com regularidade ou conteúdos educacionais para a sua base de *e-mails*, vai entender que existe uma diferença gritante entre ambas as estratégias.

Educar os seus *leads* é fundamental para que eles percebam a importância do seu conteúdo, a relevância daquilo que tem para dizer e também quais as soluções que a sua empresa tem para os problemas deles. No fundo, o que todo mundo quer é solucionar os seus problemas de alguma forma e a sua empresa pode ser uma parte importante nesse processo.

Se imaginar que uma boa parte da sua lista de *e-mails* são *leads* e que precisa transformá-los em clientes, é natural que precisará educá-los e fazê-los entender que a sua empresa é realmente a solução para os seus problemas.

Em termos práticos, e como falei no ponto anterior, é importante existir uma correlação entre aquilo que é o conteúdo de valor e aquilo que são tentativas de comunicação comercial.

Tal como não se começa uma casa pelo telhado ou um funil de marketing pelo fundo, é necessário construir toda uma relação de confiança com quem segue o seu trabalho e está disponível para o ouvir.

3. Alcance incrível

Ao contrário de outros meios de comunicação digital, como, por exemplo, a sua página do Facebook, quando envia um *e-mail* para os seus contatos, eles realmente recebem o seu *e-mail* (exceto quando ele cai no *spam* ou na aba de promoções do Gmail; aí não há salvação possível!).

No caso do Facebook, por exemplo, em que o alcance orgânico baixou consideravelmente ao longo dos anos, empresas e profissionais tenderão a ter cada vez mais dificuldades em fazer chegar as suas mensagens ao seu público-alvo. No caso do *e-mail* marketing, isso não acontece, uma vez que, ao enviar um *e-mail* para uma base de 1.500 contatos, a grande maioria deles irá recebê-lo na caixa de entrada. Isso não significa que irão abrir o *e-mail*, mas pelo menos terá a certeza de que eles o receberam.

O alcance orgânico de uma base de *e-mails* é muito mais poderoso do que qualquer outra ferramenta de comunicação digital que venha a utilizar. Se a isso juntarmos o fato de que essas pessoas querem receber os seus *e-mails* e ler o que tem para contar, então o resultado disso será consideravelmente melhor do que qualquer outra estratégia que opte por realizar nos seus negócios digitais.

4. Promover conteúdos

Se escreve com regularidade no seu blog, manter uma *newsletter* é fundamental para comunicar com o seu público e também como forma de promover os seus conteúdos. Se acompanha a *newsletter* do meu blog, sabe do que estou falando.

Uma estratégia de marketing de conteúdo pode incluir também o *e-mail* marketing como forma de promover esse material para uma audiência que o quer ler. Além do mais, quando alguém subscreve uma *newsletter* de um blog, é porque deseja ser a primeira pessoa a ler os novos artigos que publica.

Tirar partido deste tipo de comunicação é fundamental, não apenas pela questão da promoção do conteúdo, mas principalmente pelo fortalecimento da relação um para um.

5. Vender os seus produtos

Logicamente, numa estratégia de *e-mail* marketing, vender também é importante. Recomendo que essa não seja a prioridade quando envia um *e-mail* para os seus leitores, mas deverá fazer parte da sua estratégia de comunicação digital, numa relação equilibrada entre conteúdo relevante e tentativas de venda de produtos ou serviços.

O *e-mail* marketing gera uma conversão incrível em vendas, se respeitar os quatro pontos que mencionei anteriormente, ou seja, se trabalhar bem os seus *leads*, com conteúdo relevante, criando um nível de envolvimento e interação elevado com eles e nutrindo-os com conhecimento de uma forma totalmente desprovida de segundas intenções.

Uma estratégia que funciona muito bem é colocar a venda como um elemento secundário num *e-mail* de conteúdo. Na realidade, o seu público não sentirá que recebe um *e-mail* puramente comercial, embora exista uma tentativa de venda integrada no conteúdo.

6. Automação da comunicação

Com a evolução da Internet e dos *softwares* de *e-mail* marketing, um dos processos que tornou a experiência de comunicação mais simples foi a introdução da automação de marketing.

Hoje em dia, através de um *software* de envio de *e-mail* marketing, consegue programar os seus *e-mails* para serem disparados automaticamente mediante determinados gatilhos (*triggers*).

Por exemplo, se uma pessoa se inscrever na sua lista, receberá automaticamente um *e-mail* de boas-vindas. Se a pessoa não clicar num dos *links* do seu *e-mail*, será enviado outro no dia seguinte a relembrá-la. Se a pessoa não comprou o seu produto ou não abriu o seu *e-mail*, será enviado um novo *e-mail* com um novo título, dois dias depois, etc.

Nos dias de hoje, existem múltiplas opções de automação, o que significa que boa parte do seu trabalho pode ser programado para funcionar em piloto automático, enquanto se concentra na sua estratégia de marketing digital.

ERROS A EVITAR NO *E-MAIL* MARKETING

Quando falamos de *e-mail* marketing, muitas vezes esquecemos-nos da importância de ter uma estratégia e um planejamento bem definido. O que não falta na Internet são *spammers* a tentar convencê-lo de que precisa comprar um produto.

Logicamente, quando se trabalha a comunicação digital de uma forma profissional, é importante ter noção dos erros que deve evitar e do que é realmente proibido fazer, caso contrário, poderá levar tudo a perder, manchando de forma catastrófica toda a sua credibilidade e a notoriedade da marca, produto ou serviço.

Sei que por norma pensamos que os erros não são assim tão importantes; no entanto, gostaria que tivesse em atenção a informação que lhe preparei a respeito deste tema.

- **Não compre listas de *e-mails***. Se acha que comprar uma lista de *e-mails* segmentada será a salvação para a venda do seu produto, lamento dizer-lhe que está enganado. Além de ser ilegal enviar comunicações para pessoas que não deram a sua autorização para esse fim, tentará comunicar para um público que nunca ouviu falar de você, muito menos da sua empresa. Neste tipo de campanhas, é muito comum que as taxas de abertura de *e-mails* sejam péssimas e que as conversões também. A juntar a isso, ainda corre o risco de a sua mensagem ser considerada *spam* e entrar numa lista negra de *e-mails* (*blacklist*).
- **Não tente vender desesperadamente**. Como já referi anteriormente, se a cada dez *e-mails* que enviar para a sua lista, oito forem a tentar vender alguma coisa, além de passar a mensagem de que está desesperado para vender, em muito pouco tempo destruirá a sua reputação. Os seus leitores não são bobos e querem ser nutridos com conteúdo de qualidade. Foi essa a razão pela qual entraram na sua lista.
- **Não segmentar as suas campanhas**. Suponhamos que tem uma loja de *e-commerce* em três idiomas. Sempre que envia uma *newsletter* para toda a sua base de *e-mails*, sem segmentar os seus clientes, comete um erro monstruoso. É o mesmo que imaginar uma publicidade na televisão em mandarim, com o objetivo de vender um produto a alguém que vive em Portugal. A segmentação de campanhas, por idioma, interesse, produto, etc; faz todo o sentido e melhora drasticamente os seus resultados ao nível da conversão em vendas.
- **Não parar de enviar *e-mails***. As duas principais razões para uma pessoa cancelar a subscrição de uma lista de *e-mails* são: número de *e-mails* que envia e tentativas

constantes de vender algo sem entregar conteúdo absolutamente nenhum. A frequência com que envia um *e-mail* para a sua lista também determina o sucesso das suas campanhas de *e-mail* marketing. Não seja demasiado insistente; dê tempo aos seus leitores de eles consumirem os conteúdos que recomenda.

- **Não enviar *e-mails* de texto**. É incrível a quantidade de empresas que em pleno século XXI ainda enviam *e-mails* com uma única imagem. Tenha em consideração que *e-mails* de texto têm uma *performance* muito superior a *e-mails* de imagem. Além do mais, *e-mails* de texto são mais leves, o que faz com que não sejam considerados correio não solicitado (*spam*). A juntar a isso, caso tenha alguma informação relevante no seu *e-mail*, se ele não for de texto, o seu leitor não poderá copiar a mensagem facilmente e isso não é uma experiência nada positiva.
- **Não ter objetivos definidos**. Da mesma forma que precisa fazer um planejamento de conteúdo antes de escrever um artigo para o seu blog, também tem de planejar as suas ações de *e-mail* marketing caso pretenda que estas sejam eficazes. Sempre que enviar um *e-mail*, este necessitará ter um objetivo concreto a cumprir. Esse objetivo pode ser gerar tráfego nos artigos do seu blog, levar os seus assinantes a comprar um produto, etc. Definir objetivos é fundamental quando trabalhamos com marketing digital. Especialmente porque, se não existir um objetivo, nunca saberá se a sua campanha foi eficaz ou não.
- **Não realizar testes A/B**. Testes A/B podem ser realizados em qualquer plataforma de *e-mail* marketing. Este tipo de testes serve para avaliar a *performance* de duas variações diferentes da mesma campanha, que, no caso, pode ser uma variação do título do *e-mail* ou parte do conteúdo, e depois comparar os resultados de ambas, para perceber qual foi a mensagem que gerou maior impacto junto do seu público. Testar os títulos dos *e-mails* pode ter um impacto significativo na taxa de abertura das suas campanhas.
- **Não acompanhar as métricas**. As métricas das campanhas de *e-mail* marketing servem essencialmente para entender o que está certo e errado e que estratégias precisam ser melhoradas no sentido de atingirem os objetivos que se propõem. Além do mais, as métricas muitas vezes enganam. Se os seus *e-mails* têm uma taxa de abertura de 60%, mas uma taxa de cliques de apenas 1%, a realidade é que está longe de cumprir o objetivo de direcionar o seu público para o seu *site*, por exemplo.

Existem naturalmente imensos erros a evitar quando o assunto é comunicação digital. Acima de tudo, quero que entenda o meio e a forma como os leitores consomem o seu conteúdo.

Se imaginar que cada mensagem eletrônica que envia é uma oportunidade única de conversar diretamente com uma pessoa, provavelmente terá maior cuidado na forma como irá escrever os seus próximos *e-mails*.

Nunca se esqueça da importância de escrever uma mensagem que realmente tenha valor para quem vai lê-la. Tudo o que não agrega valor é pura perda de tempo.

SOFTWARES DE AUTOMAÇÃO DE MARKETING

Existem inúmeros *softwares* de automação de marketing disponíveis no mercado. Alguns são extremamente simples de usar, outros são muito complexos. Existem também os que são muito acessíveis financeiramente e outros que nem tanto.

De todos os *softwares* que existem, os meus favoritos são:

- MailChimp (*www.mailchimp.com*)
- RD Station (*www.rdstation.com*)

O MailChimp oferece uma conta gratuita até 2.000 subscritores, e é provavelmente o *software* de automação de marketing mais simples de utilizar no mercado e também o mais usado em todo o mundo. Além das tradicionais campanhas de *e-mail* marketing, oferece também a criação de *landing page*s, anúncios para Facebook, Instagram e Google Ads, e, logicamente, a automação.

O caso do RD Station é muito diferente, uma vez que se trata de um s*oftware* de automação de marketing supercompleto, que integra a criação de *landing page*s, funis de marketing, automação de marketing, *e-mail* marketing, CRM e tantas outras ferramentas, num único produto.

Existem vários outros *softwares* de automação de marketing que poderá testar e experimentar. Aquilo que funciona melhor para mim não é, necessariamente, aquilo que funcionará melhor para você.

Além desses dois *softwares* que referi, existem ainda o E-Goi, Infusionsoft, Campaign Monitor, HubSpot, Aweber, GetResponse, entre muitos outros.

O mais importante numa boa ferramenta de automação de marketing é a taxa de entrega das suas campanhas e, logicamente, o nível de automação que é possível criar dentro da própria plataforma.

COMO FUNCIONA A AUTOMAÇÃO DE MARKETING

A automação de marketing não é mais do que criar processos e automações que são disparados de acordo com regras predefinidas.

Exemplo:

Alguém inscreve-se na sua "*Newsletter* > regra de inscrição > enviar *e-mail* de boas-vindas com acesso a conteúdo exclusivo para novos assinantes".

A ideia é criar diferentes automações para diferentes situações possíveis. Isso liberta-lhe tempo para se dedicar a outras coisas, enquanto os seus leitores recebem confortavelmente as suas comunicações digitais.

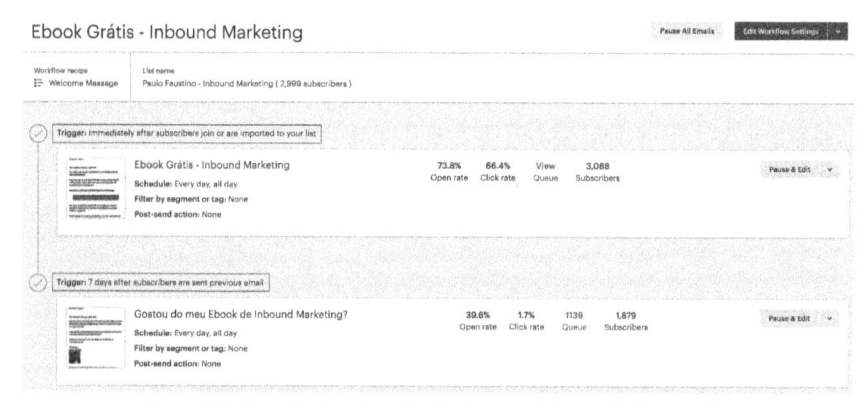

Figura 241. Exemplo de automação simples com dois *e-mails* de conteúdo.

Neste exemplo, criei uma automação simples, de apenas dois *e-mails*, com o intuito de nutrir uma lista de contatos interessada num *e-book* grátis sobre *inbound* marketing.

A primeira etapa da automação é enviar um *e-mail* com o *link* para o *download* do *e-book*. Essa mensagem eletrônica é disparada imediatamente após o subscritor entrar na lista de *e-mails* que criei para o efeito.

A segunda etapa é enviar um *e-mail*, sete dias após o primeiro, a questionar os leitores se gostaram desse meu *e-book* grátis sobre *inbound* marketing.

Isto seria um tipo de automação simples de criar, com o intuito de alimentar uma lista de *e-mails* com conteúdo relevante.

COMO CRIAR A SUA PRIMEIRA AUTOMAÇÃO DE MARKETING

Mais importante do que mostrar exemplos é colocarmos as "mãos na massa", pelo que vou explicar-lhe passo a passo como criar uma automação de marketing simples no MailChimp. Logicamente, à medida que for experimentando as potencialidades da ferramenta, é fundamental que as suas automações evoluam para coisas mais complexas e/ou com um maior número de regras e etapas.

Relembre-se de que a automação de marketing não é mais do que um processo de nutrição de *leads* com conteúdo que funciona em piloto automático. No entanto, esse processo de comunicação parte do princípio do funil de marketing, ou seja, há várias etapas até se fechar uma venda.

Resumindo, quando configurar a sua primeira automação, recorde-se de que o objetivo é sempre cumprir a jornada do cliente desde o momento em que ele entra no seu funil de marketing até àquele em que compra um produto ou serviço seu.

No caso, a entrada desse contato na sua lista de *e-mails* seria considerada a primeira etapa do funil de marketing, seguindo-se a nutrição com conteúdo e, posteriormente, uma tentativa de venda de um produto ou serviço. Na última etapa, temos a fidelização desse cliente e a repetição do processo.

Figura 242. Criação de uma conta no MailChimp.

Para iniciar o processo, vamos criar-lhe uma conta no MailChimp. A inscrição na ferramenta é gratuita e poderá utilizá-la sem custos até 2.000 assinantes; no entanto, é importante que tenha em consideração que as contas gratuitas não conseguem utilizar as funcionalidades de automação de marketing, portanto o ideal seria começar desde já com uma conta paga.

Preencha as informações necessárias para a criação da sua conta e vá seguindo os passos até chegar ao painel de criação do MailChimp. Durante este processo, lhe serão pedidas informações pessoais ou da sua empresa para a correta configuração da sua conta de utilizador.

Figura 243. Processo de registro no MailChimp.

CRIAR UMA LISTA DE CONTATOS NO MAILCHIMP

Para criar a sua primeira automação de marketing, deverá primeiro criar uma lista de *e-mails* na qual serão guardados todos os contatos dos *leads* interessados em receber comunicações suas, uma vez que não é possível comunicar sem que ela exista previamente.

O MailChimp está dividido em apenas cinco menus: o menu "Campanhas", onde constarão todas as campanhas de *e-mail* marketing realizadas; o menu "Templates", que apresenta todos os modelos de *template* utilizados nas suas comunicações; o menu "Listas", onde se encontram as diferentes listas de *e-mails* que criou; o menu "Relatórios", onde encontrará os relatórios de *performance* das suas campanhas de *e-mail*; e, por fim, o menu "Conteúdo", onde poderá aceder facilmente à galeria de conteúdos gráficos e de arquivos que carregou para dentro do MailChimp ao longo do tempo.

Clique no menu "Lists" para aceder à área de criação de listas de *e-mails*.

Para iniciar o processo de criação da sua primeira lista de contatos, deverá clicar no botão cinza "Create list". Poderá posteriormente integrar esta lista com um qualquer *software* de criação de *landing page*s, com anúncios de geração de *leads* no Facebook, etc.

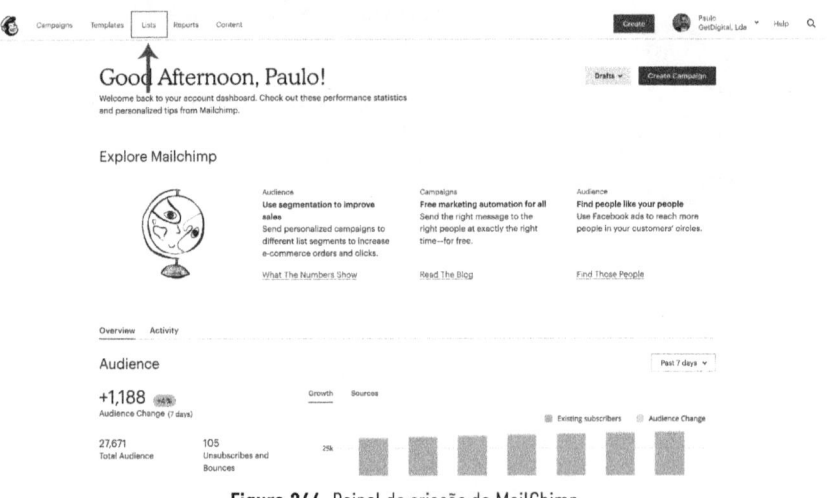

Figura 244. Painel de criação do MailChimp.

Figura 245. Criar uma lista de contatos no MailChimp.

Para criar a lista de *e-mails*, deverá preencher todas as informações solicitadas em seguida, nomeadamente o nome da sua lista (*List name*), que é apenas para referência interna, o endereço de *e-mail* padrão que irá enviar as *newsletters* (*Default from e-mail address*), o nome de quem as vai enviar (*Default from name*) e também a mensagem que os assinantes da sua lista podem visualizar, recordando-os de como é que entraram nela (*Remind people how they signed up to your list*).

Por fim, deverá optar se pretende que a sua lista seja *double opt-in*. Ou seja, o utilizador é obrigado a confirmar que pretende inscrever-se na sua lista de *e-mails* e, caso venha a utilizar os formulários de captura do MailChimp, ativar os campos de consentimento para estar de acordo com a regulamentação geral da proteção de dados (RGPD).

Depois de estes dados estarem preenchidos, a sua lista está criada!

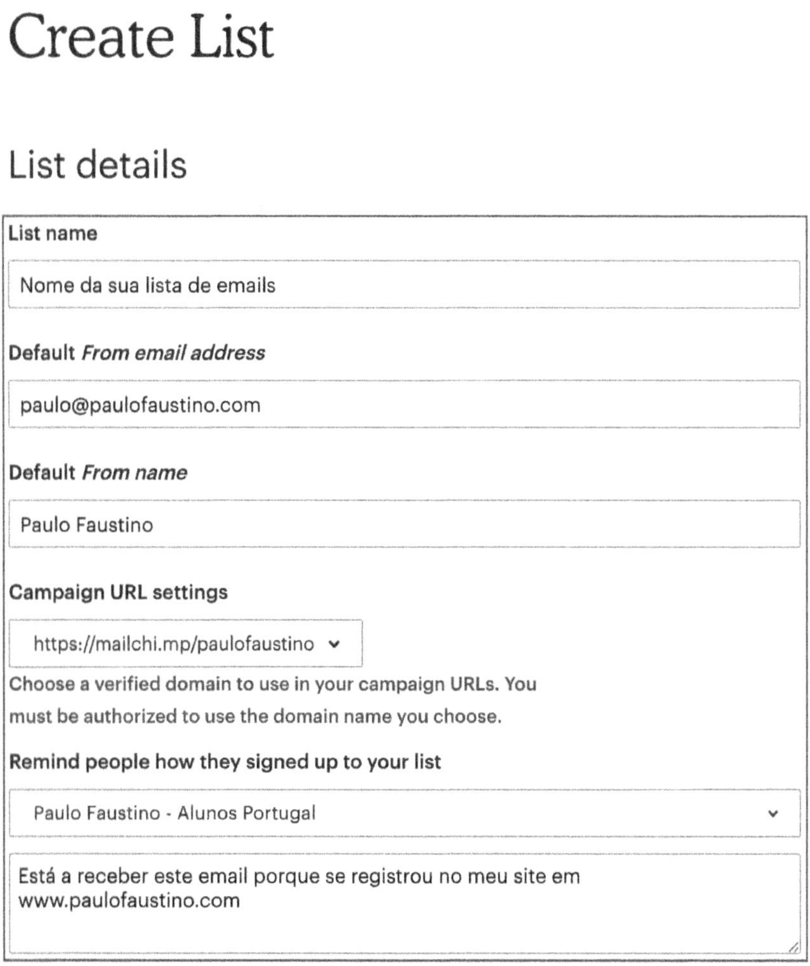

AUTOMAÇÃO DE MARKETING

Create List

List details

List name

Nome da sua lista de emails

Default *From email address*

paulo@paulofaustino.com

Default *From name*

Paulo Faustino

Campaign URL settings

https://mailchi.mp/paulofaustino ⌄

Choose a verified domain to use in your campaign URLs. You must be authorized to use the domain name you choose.

Remind people how they signed up to your list

Paulo Faustino - Alunos Portugal ⌄

Está a receber este email porque se registrou no meu site em www.paulofaustino.com

Figura 246. Campos de preenchimento na criação de uma lista de contatos no MailChimp.

Form Settings

☐ **Enable double opt-in**
Send contacts an opt-in confirmation email when they subscribe to your list.

☐ **Enable GDPR fields**
Customize your forms to include GDPR fields.

Notifications Sent to paulo@grupopagina.com · Edit

☐ **Daily summary**
Summary of subscribe/unsubscribe activity

☐ **One-by-one**
Subscribe notifications as they happen

☐ **One-by-one**
Unsubscribe notifications as they happen

Save   Cancel

Figura 247. Configurações de dupla confirmação e RGPD.

Nome Da Sua Lista De Emails

Switch list ˅

Stats ˅   Manage contacts ˅   Add contacts ˅   Signup forms   **Settings** ˅   Q

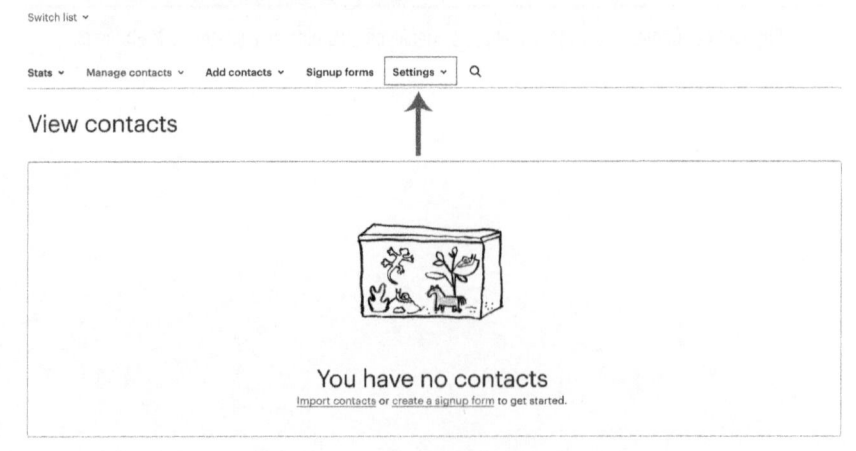

View contacts

You have no contacts
Import contacts or create a signup form to get started.

Figura 248. Configurações da lista de contatos no MailChimp.

Depois de criar a sua lista de contatos, é necessário que vá ao menu "Settings" e escolha a opção "List fields and *|MERGE|* tags", para configurar corretamente quais as informações que vai pedir a quem desejar inscrever-se na sua lista de *e-mails*.

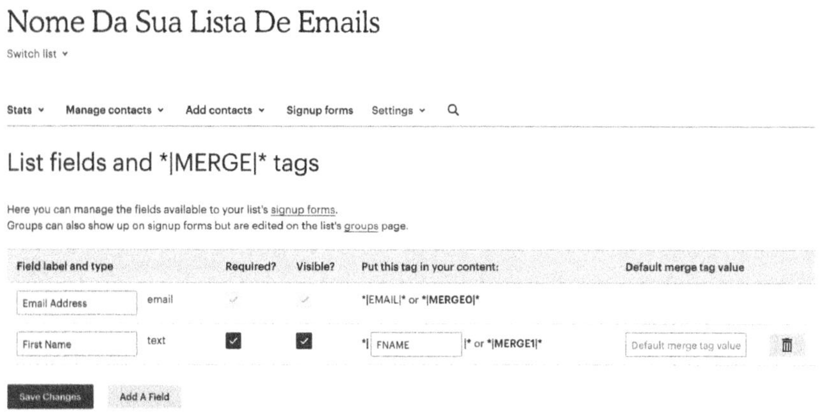

Figura 249. Configuração dos campos da lista de contatos no MailChimp.

Uma vez que falamos de criar uma automação de marketing que, na realidade, é uma automação de *e-mail* marketing, não faz sentido capturar mais informações além do primeiro nome e do endereço de correio eletrônico da pessoa, uma vez que poderemos tratá-la pelo nome próprio e necessitamos do *e-mail* para a comunicação.

Elimine os campos desnecessários e deixe somente os que fazem realmente sentido. É importante também que marque os campos como obrigatórios (*required*) caso eles o sejam mesmo.

Salve as alterações ("Save changes"), e a sua primeira lista está criada!

CRIAR UMA AUTOMAÇÃO NO MAILCHIMP

Para iniciar a criação da sua primeira campanha de automação no MailChimp, vá ao menu de campanhas ("Campaigns") e clique no botão cinza "Create campaign".

É também a partir desde local que poderá enviar campanhas de *e-mail* marketing sempre que desejar, criar *landing page*s a partir do MailChimp ou anúncios para Facebook, Instagram ou Google Ads.

A ferramenta evoluiu muito ao longo dos últimos anos e hoje oferece inúmeras soluções para tirar o máximo partido da sua estratégia de marketing digital.

Figura 250. Criação de uma campanha de *e-mail* no MailChimp.

Ao clicar na opção "Create campaign", abrirá um *pop-up* com as diversas opções de criação existentes no MailChimp. Para criarmos a nossa automação, devemos selecionar primeiro a opção "E-mail".

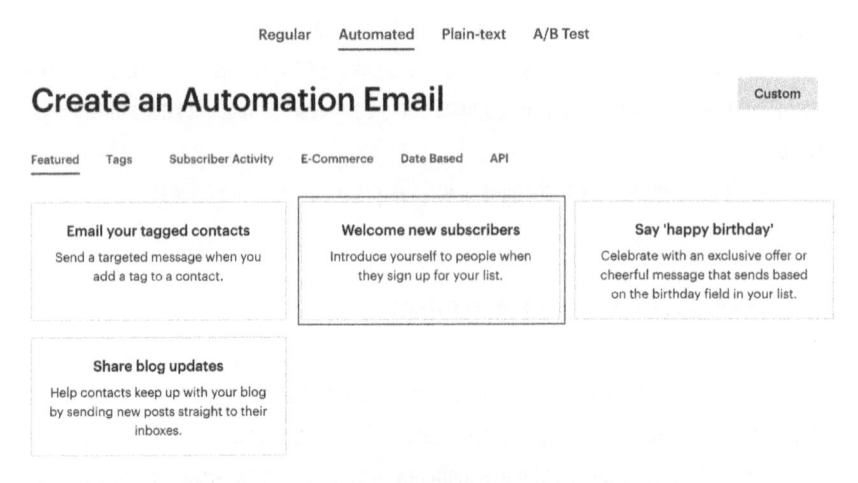

Figura 251. Criação de automação de *e-mail* marketing no MailChimp.

Para criar a sua automação, selecione primeiro "Automated" no topo e, posteriormente, escolha um dos fluxos de automação sugeridos pelo MailChimp, ou então, clicando no botão cinza "Custom", desenvolva a sua própria automação da forma que lhe for mais conveniente.

A título de exemplo, escolha a opção "Welcome new subscribers" para enviar um *e-mail* automatizado de boas-vindas aos seus subscritores.

Welcome message   Onboarding series   Education series

Welcome new subscribers

First impressions matter, so automate your welcome message to make sure no one slips through the cracks. Plus, you'll get 5 times more orders per recipient compared to bulk emails.

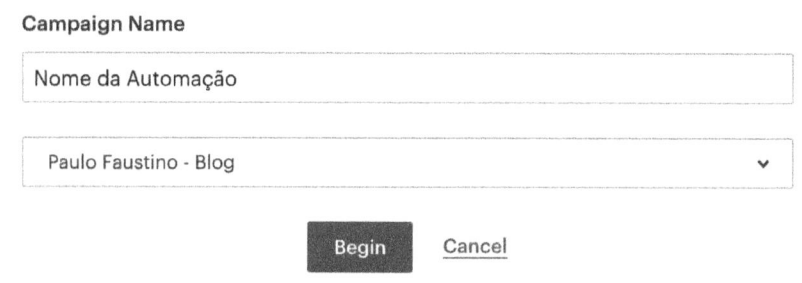

Campaign Name

Nome da Automação

Paulo Faustino - Blog

Begin   Cancel

Figura 252. Configuração da automação de *e-mail* marketing no MailChimp.

Comece por atribuir um nome à sua automação e, posteriormente, selecione a lista de contatos que a irá receber. Uma vez que já criamos a nossa primeira lista de contatos, poderá selecionar essa.

Clique em "Begin" para iniciar a criação da automação.

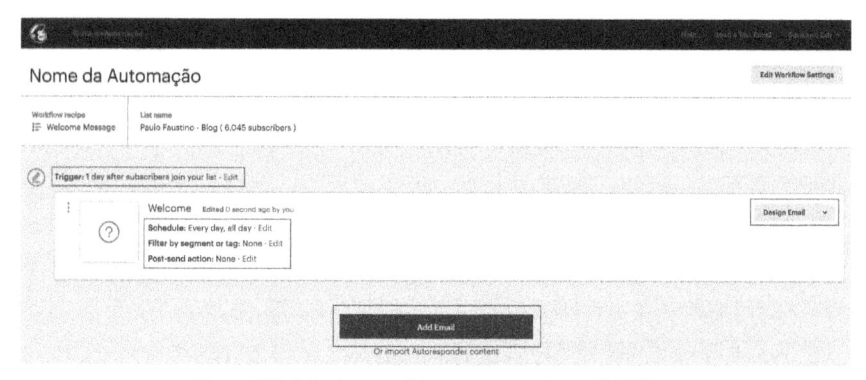

Figura 253. Primeiro *e-mail* de uma automação no MailChimp.

Para configurar corretamente a sua automação, existem diversos procedimentos a ter em consideração. O primeiro deles é alterar o gatilho (*trigger*) que faz a sua campanha de *e-mail* ser enviada para a sua lista de contatos automaticamente.

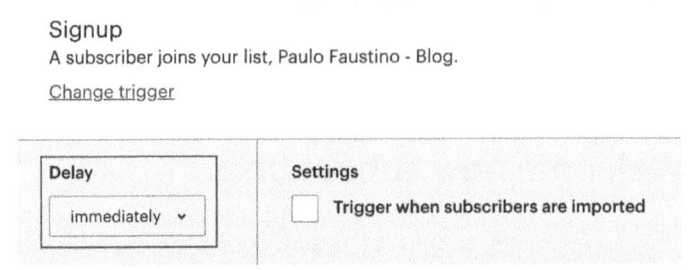

Figura 254. Alteração do atalho de disparo da campanha.

Altere o *delay* de disparo da campanha para "Imediatamente", de modo que todos os contatos que entrem na sua lista recebam de forma imediata o seu primeiro *e-mail*.

Caso o deseje, poderá ativar também a *checkbox* do lado, para que o atalho (*trigger*) seja válido também quando importar manualmente um subscritor para dentro da sua lista de *e-mails*. Clique em "Update Trigger" e finalize a configuração do seu atalho de disparo.

Poderá ainda, caso o deseje, alterar o agendamento de campanhas (*Schedule*) de todos os dias para qualquer dia ou horário da semana. Caso não pretenda enviar comunicações no final de semana, por exemplo, poderá alterar essa configuração e definir quando quer que a automação seja válida.

A mesma coisa relativamente a segmentos de público (*Filter by segment or tag*). Caso pretenda que a sua automação seja enviada somente para um determinado segmento de público na sua lista, poderá configurar essa particularidade também.

Por fim, do lado direito, clicando no botão "Design e-mail", poderá abrir o construtor de *template* de *e-mail* do MailChimp e criar a mensagem que será enviada aos seus subscritores automaticamente.

Para configurar o seu *e-mail* corretamente, primeiro deverá atribuir-lhe um nome, sendo que este é puramente para análise interna (*Name your e-mail*). De seguida, deverá criar um título chamativo para a sua mensagem (*e-mail subject*) e definir o nome e *e-mail* do remetente.

Clique em "Next" para avançar e escolher um *template*.

Recomendo que selecione um modelo de *template* e o customize da forma que bem desejar; mais tarde, guarde-o como um *template* seu, para comunicar sempre da mesma forma e com o mesmo tipo de *design* nas suas campanhas.

AUTOMAÇÃO DE MARKETING

Figura 255. Configuração de dados na campanha de automação de marketing.

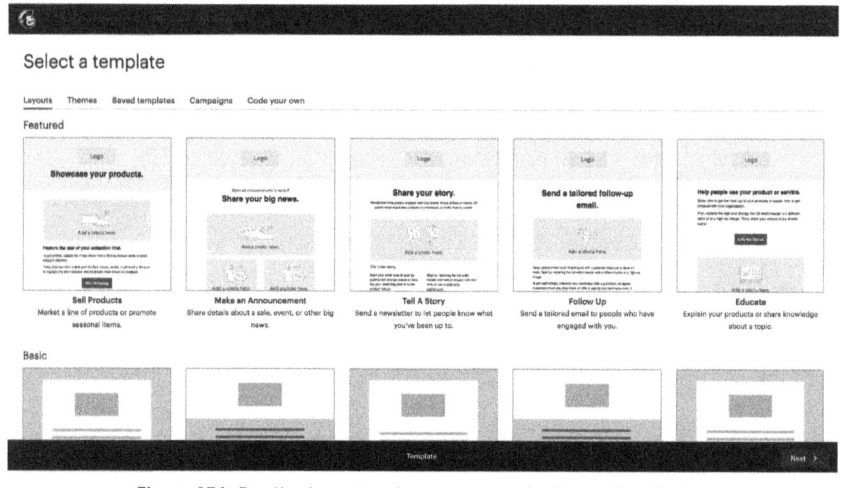

Figura 256. Escolha de um *template* para campanha de *e-mail* marketing.

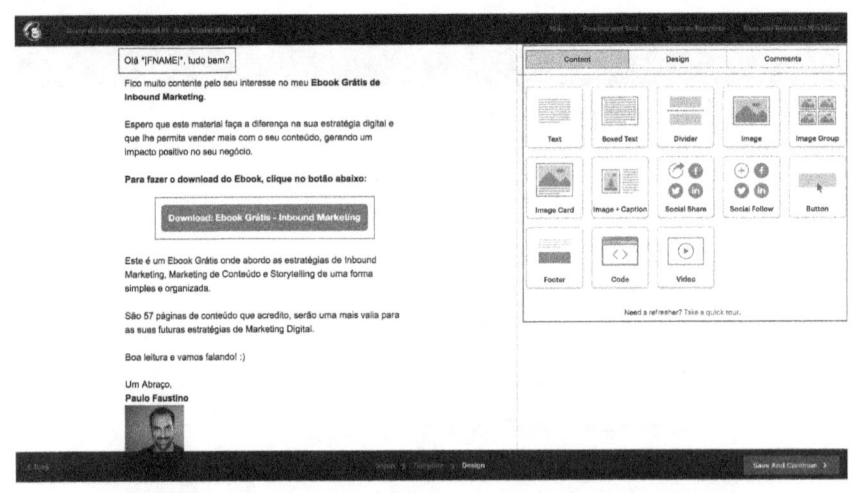

Figura 257. Criação de *design* e conteúdo de campanha de *e-mail* no MailChimp.

Construa a sua mensagem e o *design* das suas campanhas usando o construtor do MailChimp, que é muito simples e eficaz. Recomendo-lhe que os *templates* que utilizar sejam o mais simples possível, mas é importante que fique atento aos detalhes.

Se utilizar a *tag* *|FNAME|*, por exemplo, o MailChimp irá substituí-la automaticamente pelo nome do subscritor, e isso é uma variável de comunicação muito interessante de utilizar, uma vez que torna as suas mensagens mais pessoais.

Utilize também botões quando isso fizer sentido ou quando pretender que os seus subscritores realizem ações específicas, como clicar para comprar alguma coisa ou fazer um *download*.

Do lado direito, encontra várias opções de personalização das suas campanhas de *e-mail*. Seja criativo a construir o seu leiaute e, posteriormente, no menu superior, clique em "Save as template", para guardar o seu *template* para utilizações futuras.

Dessa forma, será possível manter uma coerência visual de comunicação.

Quando concluir a criação da sua campanha de *e-mail*, clique em "Save and continue" e, depois, em "Next", para avançar e concluir a sua automação.

Confirme se está tudo corretamente configurado e clique no botão "Start sending", para ativar a sua automação. Antes de a tornar pública, recomendo que se inscreva na sua própria lista de *e-mail*s e teste tudo antes de começar a gerar *leads* para os seus contatos.

Parabéns, criou a sua primeira automação de marketing!

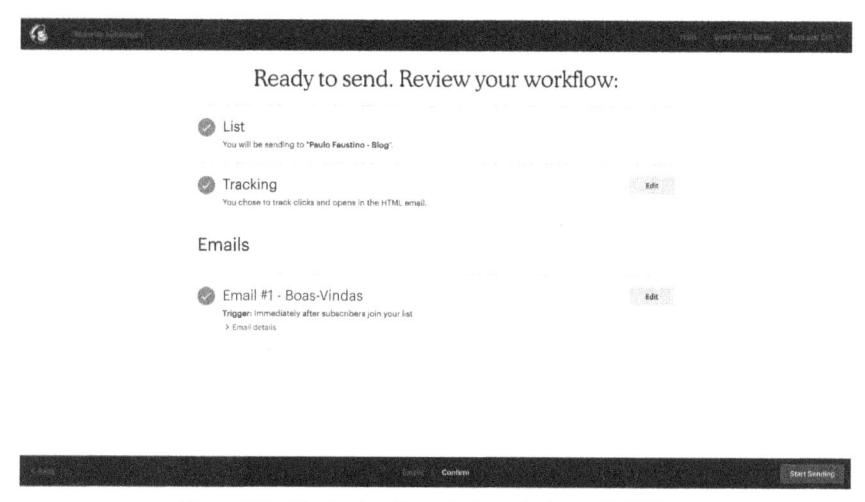

Figura 258. Ativação da automação de marketing no MailChimp.

RELATÓRIOS DE *PERFORMANCE* NO MAILCHIMP

Depois de iniciar a sua automação e o envio de campanhas de *e-mail* marketing, é fundamental que faça o devido acompanhamento das métricas e resultados de *performance* das campanhas no MailChimp ou em qualquer outra plataforma de automação de marketing.

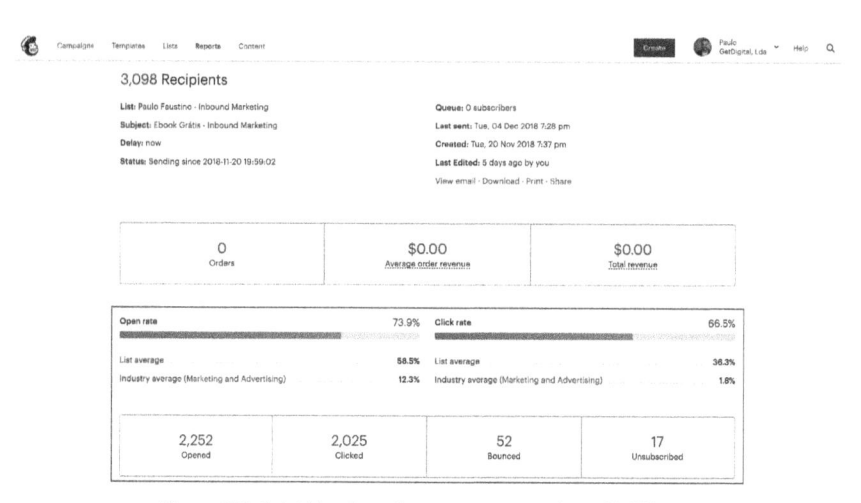

Figura 259. Relatórios de *performance* por campanha no MailChimp.

No menu "Reports", poderá visualizar os relatórios de todas as suas campanhas, automações, entre outras.

Ao selecionar uma campanha específica, fique atento não só à taxa de abertura da sua campanha, como também, principalmente, à taxa de cliques, ao número de *e-mails* que foram abertos, que foram clicados, que não chegaram ao destino ou foram devolvidos (*bounced*), e ao número de subscritores que cancelaram a sua subscrição no seguimento dessa campanha (*unsubscribed*).

Por vezes, algumas campanhas irão fazer disparar o número de cancelamentos de subscrição, pelo que é importante estar atento a esse fato, de modo a entender o que leva os seus subscritores a isso. Certamente que alguma coisa no conteúdo dos seus *e-mails* os incomoda e é necessário aperfeiçoá-lo, por forma a reduzir o número de abandonos e cancelamentos.

Fique atento a estas principais métricas de *e-mail* marketing e estude o seu público, para que lhe possa entregar mais daquilo que ele gosta do que daquilo que o faz desistir.

COMO EVITAR QUE *E-MAILS* CAIAM NO *SPAM*

Existem várias estratégias para evitar que os seus *e-mails* caiam com frequência nas caixas de correio não solicitado (*spam*) dos seus leitores. Obviamente, uma boa parte dessas coisas são possíveis de controlar, outras nem tanto. Se uma boa parte dos seus leitores marcar os seus *e-mails* como *spam* com frequência, é natural que em pouco tempo estes comecem a ser considerados como tal pelos principais provedores do mercado, como o Gmail ou o Hotmail.

Para evitar que os seus *e-mails* sejam considerados potencial *spam*, siga algumas das regras mais simples:

- Evite pontos de exclamação ou interrogação (!!!????) em demasia nos títulos dos seus *e-mails*;
- Evite enviar *e-mails* com muitas imagens. Quanto mais pesado for um *e-mail*, maior será a probabilidade de ele cair na caixa de *spam*;
- Cuidado com a linguagem ofensiva. O conteúdo do seu *e-mail* também determina se se trata de *spam* ou não;
- Entregue valor aos seus leitores. Se os seus *e-mails* não tiverem real valor, serão marcados como *spam* pelos leitores com muito maior frequência;
- Não envie *e-mails* para pessoas que não subscreveram a sua lista. Elas irão, automaticamente, marcar os seus *e-mails* como *spam*;
- Alguns servidores *web* que utilizam Apache têm um SpamScore para detectar que determinados IP são considerados *spammers* ou não. Fique atento a isso;

- Mantenha as métricas das suas campanhas debaixo de olho para perceber se os seus leitores receberão e abrirão os seus *e-mails*. Se isso não acontecer, provavelmente os seus *e-mails* cairão nas caixas de *spam* e as suas taxas de abertura despencarão.

O mais importante é entregar sempre valor agregado aos seus leitores. Quanto mais conteúdo enviar e quanto mais relevante ele for, maiores serão as suas chances de sucesso e de os seus leitores continuarem a receber os seus *e-mails* tranquilamente.

DICAS PARA MELHORAR AS SUAS CAMPANHAS DE *E-MAIL* MARKETING

Agora que já entendeu como funciona a automação de marketing e o *e-mail* marketing, quais as ferramentas que estão disponíveis no mercado, quais os erros que deve evitar nas suas campanhas e como tirar o máximo partido da sua comunicação digital, está na hora de trabalharmos no sentido de melhorar as suas campanhas de *e-mail* marketing.

1. Um bom título faz toda a diferença

Os títulos dos *e-mails* fazem uma diferença incrível nas taxas de abertura, mas principalmente nos resultados das campanhas. No entanto, evite escrever títulos sensacionalistas apenas com o objetivo de atrair mais leituras, porque, se o conteúdo não corresponder ao título do *e-mail*, é bem provável que os leitores o marquem como *spam*. Bons títulos são aqueles que, de uma forma muito objetiva, criam o desejo de clicar no *e-mail*, oferecendo um conteúdo relevante.

- Os títulos com maiores taxas de abertura têm, no máximo, entre 6 e 10 palavras;
- Títulos de *e-mails* com o nome da pessoa geram, no mínimo, mais 40% de abertura;
- Foque os seus títulos naquilo que o leitor irá ganhar ao abrir o seu *e-mail*;
- Títulos em CAIXA ALTA normalmente geram menos abertura e são marcados mais frequentemente como *spam*;
- Desperte a curiosidade do leitor para clicar. Títulos mais sugestivos geram maiores taxas de abertura.

Para entender o que seria um bom ou um mau título, vejamos este exemplo:

"Publiquei um novo artigo no meu blog"

ou então:

"15 estratégias incríveis para gerar mais tráfego no seu blog"

Logicamente, entenderá a diferença entre estes dois títulos. Ambos poderiam encaminhar o leitor para o mesmo conteúdo, mas qual deles lhe despertaria mais a atenção?

É importante caprichar nos títulos dos *e-mails*, uma vez que eles são a primeira coisa que o leitor lê antes de decidir clicar e abri-los. Um bom título poderá resultar num aumento de *performance* considerável na sua estratégia de *e-mail* marketing.

2. Um bom *call-to-action* faz toda a diferença

Se pretende que os seus leitores cliquem num determinado *link* dentro do seu *e-mail*, é importante deixar claro esse *call-to-action* (chamada para a ação).

Os seus *e-mails* devem conter sempre *links*, exceto quando não existe um objetivo além de informar o leitor de alguma coisa nova. Em todos os outros casos, é desejável que os seus leitores visitem o seu blog para ler um artigo novo que escreveu, comprar um produto que está vendendo, etc. Em todas estas situações, um bom *call-to-action* faz toda a diferença.

Relembre-se de que já falamos sobre a importância de um bom *call-to-action* no capítulo de *landing pages*. Aplica-se precisamente os mesmos conceitos no *e-mail* marketing. Se queremos que o utilizador compre, devemos usar uma chamada para a ação clara nesse sentido.

3. *E-mails* responsivos

Mais de 70% dos *e-mails* enviados na Internet são lidos em *smartphones* ou *tablets*. Isso significa que a maior fatia dos seus leitores irá abri-los a partir de um dispositivo móvel, o que quer dizer que, se eles não forem responsivos, simplesmente não serão lidos. Serão apagados.

Quando desenhar as suas campanhas de *e-mail*, preste especial atenção à versão *mobile*. Ela terá um impacto muito maior nos resultados das suas campanhas do que qualquer outro aspecto relacionado com o conteúdo.

É importante pensar no *mobile* primeiro, e ter em consideração, por exemplo, a dimensão do texto, o posicionamento do *call-to-action*, o primeiro *link*, etc. Para tirar maior partido da versão *mobile* dos seus *e-mails*, considere as seguintes dicas:

- **Dimensão do conteúdo** – tendo em consideração que a grande maioria dos utilizadores os lê em *smartphones* ou *tablets*, os seus *e-mails* precisam ser curtos e objetivos. Textos longos não combinam com *mobile*.

- **Posição do *call-to-action*** – em *mobile*, é importante que o primeiro *link* do seu texto apareça acima da dobra, antes de o utilizador fazer *scroll* no *e-mail*. Não se esqueça também de adaptar a dimensão do conteúdo para que no *mobile* se consiga ler o *e-mail* com clareza.
- **Dimensão das imagens** – se utiliza imagens nos seus *e-mails*, tenha a certeza de que elas aparecem corretamente em *mobile* e não saem da área de visão do utilizador. É muito importante que as imagens que usa para *desktop* se adaptem à versão *mobile* dos seus *e-mails*, caso contrário a experiência de leitura será péssima.

Tal como nos *websites*, os *e-mails* precisam de ser trabalhados e pensados primeiro para *mobile* e depois para *desktop*. Ainda para mais, quando, recorde-se, 70% dos *e-mails* da Internet são lidos em *smartphones* e *tablets*.

4. Personalização dos *e-mails*

Todo mundo gosta de receber um *e-mail* que comece, por exemplo, com um "Olá, Paulo...".

Este nível de personalização torna a mensagem mais pessoal e isso é algo que gera um resultado muito positivo e, naturalmente, uma taxa de abertura maior nas campanhas.

Para fazer isso, precisará pedir pelo menos o primeiro nome da pessoa e o endereço de *e-mail* dela. A grande maioria das plataformas de *e-mail* e automação de marketing permite usar *tags* para marcar automaticamente o nome da pessoa, tornando as mensagens mais apelativas e conferindo-lhe um tom bem mais pessoal. Vimos isso anteriormente na construção de uma campanha de automação no MailChimp.

A variável de nome deve ser utilizada tanto nos títulos dos *e-mail*s, como no corpo do texto. Quanto maior for a personalização da mensagem, menos ela parecerá uma comunicação em massa.

5. Pense no utilizador primeiro

Da mesma forma que, ao escrever um artigo para o seu blog, esse conteúdo tem de ser relevante para o leitor, com um *e-mail* o princípio é exatamente o mesmo.

Se o conteúdo dos seus *e-mails* não for útil para os seus leitores, é muito provável que os resultados das suas ações de *e-mail* marketing não sejam positivos. Sempre que enviar um *e-mail*, pense primeiro na relevância da mensagem que está prestes a veicular. Quanto mais útil o *e-mail* for para o utilizador, maiores serão as chances de ele querer continuar a receber mensagens suas.

6. Utilize um P. S. para chamar a atenção

Em alguns dos seus *e-mails*, recomendo que utilize a estratégia de utilização do P. S. no final do *e-mail*. Este recurso funciona extremamente bem para chamar a atenção do leitor e relembrá-lo de algo importante que ele tem de fazer, como inscrever-se no seu curso ou comprar o bilhete para um evento.

É recomendável que o produto que esteja a tentar vender através da sua comunicação por *e-mail* esteja alinhado e contextualizado com o conteúdo deste. Contextualização é fundamental para gerar bons resultados.

7. Faça testes A/B para tudo

Uma das melhores formas de entender o comportamento dos seus leitores é testando diferentes variações dos seus *e-mails*. A grande maioria das plataformas de *e-mail* marketing permite realizar testes A/B com diferentes títulos de *e-mail*, diferentes textos, etc.

Tudo aquilo que for possível testar o ajudará a tomar decisões no futuro e a saber como melhorar a sua comunicação em futuros *e-mails*. Num teste A/B, por norma, deve-se realizar uma distribuição da campanha em 50/50, ou seja, duas versões diferentes do mesmo *e-mail*: uma enviada para 50% da lista e outra para os restantes 50%.

Tome decisões com bases nos resultados obtidos.

8. Use um endereço de resposta válido

Quando envia uma campanha de *e-mail* marketing com um endereço de resposta do tipo "não--responder@site.com", perde-se uma das grandes mais valias do *e-mail* marketing: estabelecer ligações um para um. Endereços do tipo "noreply" cortam toda a comunicação com a sua base de leitores.

É importante que utilize um endereço de *e-mail* válido e que incentive os leitores a responderem às suas mensagens. Dessa forma, conseguirá criar relações mais fortes com eles e, a longo prazo, isso fará toda a diferença.

9. Mantenha a sua lista de contatos limpa

Manter a sua lista de contatos limpa é importante. De pouco vale ter uma lista de 20.000 contatos, se a taxa de abertura média das suas campanhas é de apenas 10%. Isso significa que, em média, apenas 2.000 leitores abrem os seus *e-mails*, enquanto os restantes 18.000 simplesmente não o fazem.

As plataformas de *e-mail* marketing, como o MailChimp, por exemplo, permitem criar segmentações nas listas de modo a ajudá-lo a filtrar os seus contatos mais ativos e os menos ativos.

É igualmente interessante criar filtros para contatos que não abrem *e-mails* seus há mais de dez campanhas consecutivas. Ficará surpreendido com a quantidade de pessoas que estão na sua lista de *e-mails* e que não abrem uma campanha há vários meses. Basicamente, paga para ter essas pessoas na sua lista, mas o retorno delas é um zero absoluto.

O meu conselho é que, a cada três meses, faça uma limpeza nas suas listas de contatos. Além de poupar algum dinheiro, mantém apenas os leitores mais fiéis e responsivos às suas campanhas. De pouco vale ter uma lista grande se não lhe gera retorno.

Espero que tenha entendido a importância do *e-mail* marketing e, principalmente, da automação de marketing numa estratégia de marketing digital. Eu próprio utilizo processos de automação de marketing com muita frequência, de modo a aliviar a carga de trabalho e a automatizar processos que até então eram feitos de forma totalmente manual.

Esta é a décima e última peça do seu *puzzle* de estratégia de marketing digital.

CONCLUSÃO

Antes de mais, obrigado pela sua leitura!

Fico grato por ter chegado até aqui e espero que tenha valido a pena cada minuto do tempo que decidiu investir a ler o meu livro.

O marketing digital tem vindo a evoluir a um ritmo alucinante; no entanto, é importante parar para perceber o que é realmente importante num mundo recheado de tantas ferramentas, plataformas, técnicas e táticas.

A grande maioria dos negócios e dos profissionais tende a esquecer-se do básico e a lançar-se na expectativa de que algumas das ferramentas hoje existentes possam resolver todos os seus problemas. E a realidade é que até podem fazê-lo; no entanto, quando se pensa estrategicamente e a longo prazo, isso deixa de fazer sentido.

Uma boa estratégia de marketing digital é aquela que conecta todas as peças do *puzzle* e faz brilhar a sua marca, produto ou serviço de uma forma totalmente integrada, em que todos os canais comunicam no mesmo sentido e com o mesmo objetivo.

É comum, nas minhas formações presenciais e *online*, aperceber-me das inúmeras dificuldades que a grande maioria dos empresários tem para entender como juntar todas essas peças e construir o seu *puzzle* de uma forma lógica e com sentido.

Espero que este livro o tenha elucidado sobre aquelas que considero serem as melhores práticas numa estratégia global de marketing digital, sem entrar demasiado a fundo na tecnologia e no que ela é capaz de fazer, mas apresentando uma visão prática, clara e de simples interpretação sobre qual o caminho a seguir para realizar com sucesso a transformação digital do seu negócio.

Espero que este meu livro possa elucidar todos aqueles que tiverem a oportunidade de o ler.

A você, leitor, o meu agradecimento por ter escolhido a minha obra.

Caso tenha alguma dúvida, ou me queira transmitir a sua opinião sobre este meu livro, poderá contatar-me pelo do *e-mail* paulo@paulofaustino.com. Terei o maior prazer em responder-lhe pessoalmente. Afinal de contas, não há nada mais poderoso do que uma conexão um para um, não é mesmo?:)

Um abraço forte,
Paulo Faustino

NOTAS

Introdução
1. Michael Winnick, "Putting a Finger on Our Phone Obsession", *dscout.com*, 16 de junho de 2016, https://blog.dscout.com/mobile-touches.
2. Felim McGrath, "87% of internet users now have a smartphone", *globalwebindex.com*, 22 de fevereiro de 2016, https://blog.globalwebindex.com/chart-of-the-day/87-of-internet-users-now-have-a-smartphone.
3. Roger Cheng, "By 2020, more people will own a phone then electricity", *cnet.com*, 3 de fevereiro de 2016, https://www.cnet.com/news/by-2020-more-people-will-own-a-phone-than-have-electricity.
4. Facebook Inc., "Facebook reports first quarter 2018 results", *fb.com*, 25 de abril de 2018, https://investor.fb.com/investor-news/press-release-details/2018/Facebook-Reports-First-Quarter-2018-Results/default.aspx.

Capítulo I
1. Mark W. Schaefer, "31 business building benefits of Buyer perso*nas*", *businessesgrow.com*, 12 de fevereiro de 2014, https://www.businessesgrow.com/2014/02/12/31-business-building-benefits-buyer-personas.

Capítulo II
1. Heath Evans, "Content is King – Essay by Bill Gates 1996", *medium.com*, 30 de janeiro de 2017, https://medium.com/@HeathEvans/content-is-king-essay-by-bill-gates-1996-df74552f80d9.
2. Paulo Rios, "Everything you need to sell your boss on business blogging", *hubspot.com*, 29 de dezembro de 2011, https://blog.hubspot.com/blog/tabid/6307/bid/30278/Everything-You-Need-to-Sell-Your-Boss-on-Business-Blogging.aspx.
3. Jia Li Lily Zhu, "River Pools and Spas: Blogging for sustainable business growth", julho de 2010, http://cdn2.hubspot.net/hub/53/blog/imu_curriculum/river_pools_and_spas_blogging_for_sustainable_business_growth.pdf.
4. Heidi Cohen, "How one blog post generated $2 million sales", *heidicohen.com*, 18 de fevereiro de 2014, https://heidicohen.com/blog-post-generated-2-million-sales.
5. Search Engine Land, "The periodic table of SEO success factors", *searchengineland.com*, https://searchengineland.com/seotable.
6. Lindsay Kolowich, "How often should companies blog? [New benchmark data]", *hubspot.com*, 9 de abril de 2015, https://blog.hubspot.com/marketing/blogging-frequency-benchmarks.
7. Jess Maria, "45 Video marketing statistics", *virtuets.com*, https://www.virtuets.com/45-video-marketing-statistics.

Capítulo III

1. Dave Chaffey, "Comparison of Google clickthrough rates by position", *smartinsights.com*, 9 de julho de 2018, *https://www.smartinsights.com/search-engine-optimisation-seo/seo-analytics/comparison-of-google-clickthrough-rates-by-position*.
2. Brian Dean, "Google's 200 ranking factors: The complete list (2018)", *backlinko.com*, 16 de maio de 2018, *https://backlinko.com/google-ranking-factors*.
3. Danny Sullivan, "FAQ: All about the new Google "Hummingbirg" algorithm", *searchengineland.com*, 26 de setembro de 2013, *https://searchengineland.com/google-hummingbird-172816*.
4. Brian Dean, "We analyzed 1 million Google search results. Here's what we learned about SEO", *backlinko.com*, 2 de setembro de 2016, *https://backlinko.com/search-engine-ranking*.
5. Barry Schwartz, "The Google speed update: Page speed will become a ranking factor in mobile search", *searchengineland.com*, 17 de janeiro de 2018, *https://searchengineland.com/google-speed-update-page-speed-will-become-ranking-factor-mobile-search-289904*.
6. David Segal, "The dirty little secrets of search", *nytimes.com*, 12 de fevereiro de 2011, *https://www.nytimes.com/2011/02/13/business/13search.html*.
7. Fábio Ricotta, "Decolar.com, the major brazilian travel site was banned from Google", *moz.com*, 4 de março de 2011, *https://moz.com/ugc/decolarcom-the-major-brazillian-travel-site-was-banned-from-google-12020*.
8. Steve Raysen, "Content, shares, and *links*: Insights from analyzing 1 million articles", *moz.com*, 8 de setembro de 2015, *https://moz.com/blog/content-shares-and-links-insights-from-analyzing-1-million-articles*.
9. Matthew Howells-Barby, "The anatomy of a shareable, linkable & popular post: A study of our marketing blog", *hubspot.com*, 16 de setembro de 2015, *https://blog.hubspot.com/marketing/seo-social-media-study*.

Capítulo IV

1. Jakob Nielsen, "How long do users stay on web pages?", *nngroup.com*, 12 de setembro de 2011, *https://www.nngroup.com/articles/how-long-do-users-stay-on-web-pages*.
2. Alexandre N. Tuch, Eva Presslaber, Markus Stoecklin, Klaus Opwis, Javier Bargas-Avila, "The role of visual complexity and prototypicality regarding first impression of *websites*: Working towards understanding aesthetic judgments", *ai.google*, 17 de agosto de 2012, *https://storage.googleapis.com/pub-tools-public-publication-data/pdf/38315.pdf*.
3. Oli Gardner, "How to otimize contact forms for conversions", *unbounce.com*, 11 de abril de 2013, *https://unbounce.com/conversion-rate-optimization/how-to-otimize-contact-forms*.
4. Dan Zarrella, "Which types of form fields lower *landing page* conversions?", *hubspot.com*, 11 de outubro de 2010, *https://blog.hubspot.com/blog/tabid/6307/bid/6746/Which-Types-of-Form-Fields-Lower-Landing-Page-Conversions.aspx*.
5. Kissmetrics, "How colors affect conversions", *kissmetrics.com*, abril de 2013, *https://blog.kissmetrics.com/wp-content/uploads/2013/04/how-colors-affect-conversion-rates.pdf*.
6. Joe Clark, "Building accessible websites", *joeclark.org*, 2002, *https://joeclark.org/book/sashay/serialization/Chapter09.html*.
7. Robin Johnson, "How EA turned a big win into a metropolis", *otimizely.com*, 14 de junho de 2013, *https://blog.otimizely.com/2013/06/14/ea_simcity_otimizely_casestudy*.

8. Becca Lindquist, "Black & Decker discovers big win in 'Buy now' vs. 'Shop now' test", *otimizely.com*, 3 de julho de 2014, https://blog.otimizely.com/2014/07/03/black-decker-discovers-big-win-in-buy-now-vs-shop-now-test.
9. Joshua Porter, "The button color A/B test: Red beats green", *hubspot.com*, 2 de agosto de 2011, https://blog.hubspot.com/blog/tabid/6307/bid/20566/the-button-color-a-b-test-red-beats-green.aspx.
10. Unbounce, "Conversion benchmark report: Data-driven insights on *landing page* conversion rates per industry", *unbounce.com*, março de 2017, https://thelandingpagecourse.com/docs/unbounceconversionbenchmarkreport-march2017.pdf.
11. Jakob Nielsen, "F-Shaped pattern for reading web content (original study)", *nngroup.com*, 17 de abril de 2006, https://www.nngroup.com/articles/f-shaped-pattern-reading-web-content-discovered.
12. Kara Pernice, "F-Shaped patter of reading on the web: Misunderstood, but still relevant (even on mobile)", *nngroup.com*, 12 de novembro de 2017, https://www.nngroup.com/articles/f-shaped-pattern-reading-web-content.
13. Akamai Technologies, Inc., "Akamai Reveals 2 Seconds As The New Threshold Of Acceptability For Ecommerce Web Page Response Times", *akamai.com*, 14 de setembro de 2009, https://www.akamai.com/us/en/about/news/press/2009-press/akamai-reveals-2-seconds-as-the-new-threshold-of-acceptability-for-ecommerce-web-page--response-times.jsp.
14. Fiona Fui-Hoon Nah, "A Study on Tolerable Waiting Time: How Long Are Web Users Willing to Wait?", *unl.edu*, https://business.unl.edu/research/articles/548/.

Capítulo V

1. We Are Social, "Digital in 2018 Global Overview", *slideshare.net*, 29 de janeiro de 2018, https://www.slideshare.net/wearesocial/digital-in-2018-global-overview-86860338?ref=https://hootsuite.com/pt/pages/digital-in-2018.
2. Statista, "Social media marketing spending in the United States from 2014 to 2019 (in billion U.S. dollars)", *statista.com*, https://www.statista.com/statistics/276890/social-media-marketing-expenditure-in-the-united-states.
3. Ana Gotter, "The Complete Resource to Understanding Facebook Ads Cost – 2017 Benchmarks!", *adespresso.com*, 22 de maio de 2018, https://adespresso.com/blog/facebook-ads-cost.

Capítulo VI

1. "Number of monthly active Instagram users from January 2013 to June 2018 (in millions)", *statista.com*, https://www.statista.com/statistics/253577/number-of-monthly-active-instagram-users.
2. We Are Social, "Digital in 2018 Global Overview", *slideshare.net*, 29 de janeiro de 2018, https://www.slideshare.net/wearesocial/digital-in-2018-global-overview-86860338?ref=https://hootsuite.com/pt/pages/digital-in-2018.
3. "Usage penetration of Instagram in selected countries as of January 2018", *statista.com*, https://www.statista.com/statistics/325567/instagram-penetration-regions.
4. "Distribution of Instagram users worldwide as of October 2018, by age and gender", *statista.com*, https://www.statista.com/statistics/248769/age-distribution-of-worldwide-instagram-users.
5. "The Social Series: Who's Using Instagram? | Infographic", *emarketer.com*, 22 de outubro de 2018, https://www.emarketer.com/content/the-social-series-who-s-using-instagram.
6. "Number of daily active Instagram Stories users from October 2016 to June 2018 (in millions)", *statista.com*, https://www.statista.com/statistics/730315/instagram-stories-dau.

Capítulo VII
1. "About LinkedIn", *linkedIn.com*, *https://news.linkedIn.com/about-us#statistics*.
2. "Most famous social network sites worldwide as of October 2018, ranked by number of active users (in millions)", *statista.com*, *https://www.statista.com/statistics/272014/global-social-networks-ranked-by-number-of-users*.
3. "10 Surprising Stats You Didn't Know about marketing on LinkedIn [Infographic]", 1 de fevereiro de 2017, *linkedIn.com*, *https://business.linkedIn.com/marketing-solutions/blog/linkedIn-b2b-marketing/2017/10-surprising-stats-you-didnt-know-about-marketing-on-linkedIn*.

Capítulo VIII
1. "Google's ad revenue from 2001 to 2017 (in billion U.S. dollars)", *statista.com*, *https://www.statista.com/statistics/266249/advertising-revenue-of-google*.
2. "Alphabet's quarterly revenue breakdown", *theatlas.com*, *https://www.theatlas.com/charts/Byjm9s747*.
3. "Average display advertising clickthrough rates", *smartinsights.com*, 19 de agosto de 2018, *https://www.smartinsights.com/internet-advertising/internet-advertising-analytics/display-advertising-clickthrough-rates*.

Capítulo IX
1. "DMA insight: Consumer e-mail tracker 2017", *dma.org.uk*, 12 de janeiro de 2018, *https://dma.org.uk/research/dma-insight-consumer-e-mail-tracker-2017*.
2. "2017 Consumer Digital Usage & Behavior Study", *adestra.com*, *https://www.adestra.com/resources/2017-consumer-digital-usage-behavior-study*.

DVS EDITORA

www.dvseditora.com.br